동물에서 유래된 인간
다윈주의의 도덕적 함의

나남
nanam

한국연구재단 학술명저번역총서
서양편 272

동물에서 유래된 인간
다원주의의 도덕적 함의

2009년 9월 30일 발행
2009년 9월 30일 1쇄

지은이_ 제임스 레이첼즈
옮긴이_ 김성한
발행자_ 趙相浩
발행처_ (주) 나남
주소_ 413-756 경기도 파주시 교하읍
      출판도시 518-4
전화_ (031) 955-4600 (代)
FAX_ (031) 955-4555
등록_ 제 1-71호(79.5.12)
홈페이지_ http://www.nanam.net
전자우편_ post@nanam.net
인쇄인_ 유성근 (삼화인쇄주식회사)

ISBN 978-89-300-8419-2
ISBN 978-89-300-8215-0 (세트)
책값은 뒤표지에 있습니다.

'한국연구재단 학술명저번역총서'는 우리 시대 기초학문의 부흥을 위해
한국연구재단과 (주)나남이 공동으로 펼치는 서양명저 번역간행사업입니다.

동물에서 유래된 인간

다윈주의의 도덕적 함의

제임스 레이첼즈 지음 | 김성한 옮김

나남
nanam

옮긴이
• • •
머리말

사람들이 동의하는지의 여부를 떠나 다윈의 진화론이 후대에 미친 영향은 실로 막대하다. 물론 인간을 포함한 모든 생물들이 자연선택을 거쳐 오늘에 이르게 되었다는 생각이 뭐가 그리 혁명적이냐고 반문을 하는 사람도 있을 것이다. 하지만 진화론이 어떤 함의를 가질 수 있는가를 파악하려 하고, 이를 서구 사회를 지배했던 생각과 비교해 볼 경우, 진화론의 파괴력이 가공할 만하다는 것을 알게 된다. 예를 들어 진화론에 따르면 인간과 인간 아닌 동물 간의 절대적인 경계는 없다. 양자는 단지 양적인 측면에서만 차이가 날 뿐 양자를 구분할 절대적 기준은 존재하지 않는다. 또한 진화론은 인간을 포함한 모든 생물이 우월한 존재이기 때문에 지금까지 살아남은 것이 아니며, 단지 주변 환경에 적절하게 적응한 변이가 우연히 살아남았을 따름임을 보여준다. 이러한 사실을 포함하여 진화론이 드러내는 다양한 사실들을 통해 밝힐 수 있는 것은 오직 인간만이 신의 형상을 본떠 만들어진 존재가 아니며, 합리성 또한 인간만의 고유한 능력이라 말할 수 없다는 점인데, 이는 서구 사회의 토대를 뒤흔들 수 있는 생각이다.

그런데 이와 같은 진화론적 사실이 도덕에 시사하는 바는 무엇일까? 지금까지 진화론과 도덕의 관계에 대해서는 크게 진화론이 도덕에 시사하는 바가 있다는 입장과 없다는 입장으로 양분되어 있었다. 이 중 전자는 스펜서(Herbert Spencer) 등으로 대표되는 사회진화론자들이 취한 입장으로, 지금까지 이러한 입장은 사실에서 가치를 임의로 도출하는 자연주의적 오류를 범하기 때문에 철학적으로 받아들일 수 없는 것으로 파악되었다. 이러한 비판은 설득력 있는 태도로 간주되었고, 이에 따라 대부분의 철학자들은 윤리학과 진화를 별개의 영역으로 생각해 왔다. 하지만 레이첼즈에 따르면 자연주의적 오류라는 비판을 통해 진화론과 윤리학을 완전히 나누어 버리는 것은 다소 성급한 태도다. 그에 따르면 비록 사실로부터 가치를 연역(*deduce*) 하지는 못해도 특정한 사실을 통해 일정한 가치를 지지(*support*) 할 수는 있다. 그는 이와 같은 제3의 입장을 취하게 되었을 때 우리가 일종의 평등의 원리인 도덕적 개체주의(*moral indivi-dualism*), 즉 '처우의 차이를 정당화할 수 있는 개체들 간의 적절한 차이가 존재하지 않는 이상 우리는 개체들을 동일한 방식으로 처우해야 한다'는 입장을 받아들이게 될 것이라고 주장한다. 이 책에서 레이첼즈가 여기까지 도달하는 과정은 상당히 완만하다. 하지만 속도가 완만한 만큼 그 설득력은 상당한 무게가 있다.

이 책은 전체적인 서술방식이라는 측면에서 매우 독특한 철학 서적이다. 저자인 레이첼즈는 철학적 논의의 배경으로 역사를 소개하기도 하고, 다양한 사례를 제시하면서 철학에 대해 친근함을 느끼게 한다. 레이첼즈는 엄격하고도 딱딱한 직접적인 논증을 활용하기보다는 주변 경치 구경을 하면서 서서히 자신의 결론을 받아들이게 하려 하는데, 이러한 방식은 이 책에 담겨 있는 철학적 주장들을 큰 부담 없이 읽어나갈 수 있게 한다. 이는 이 책이 갖는 상당한 장점이라 할 것이다. 그렇다고 이 책이 깊이가 없는 것은 아닌데, 개인적으로 역자는 윤리적 사유와 관련해서 이 책 이상으로 많은 영감을 받은 책은 별로 접해 보지 못했다. 특히 레이첼즈의 도덕적 개체주의에 대한 상세한 설명은 규범 윤리에 대한 역자의 생각을 정리하는 데에 많은 도움이 되었다. 역자는 그의 설명을 통해 싱어(Peter Singer) 의 《동물해방》을 번역하면서 알게 되었던 이익 등 고려의 원리 (*Principle of Equal Consideration of Interests*) 가 현실 속에서 어떠한 방식으로 적용될 수 있는가를 훨씬 구체적으로 파악할 수 있는 소득을 얻을 수 있었다.

올해는 다윈 탄생 200주년, 《종의 기원》 발간 150년이 되는 해다. 진화론의 윤리학적 함의를 공부하는 역자로서는 어떤 방식으로든 금년 내에 관련 서적을 출간하고 싶었다. 이 책은 그러한 바람의 결과물로, 진화론을 공부하는 사람으로서 뜻 깊은 2009년에 작은 결과물을 낸다는 것에 약간의 뿌듯함을 느낀다. 물론 역자가 직접 집필한 연구서를 출간하는 것이 아니라는 점이 다소 아쉽기는 하다. 그럼에도 어설픈 연구서를 내기보다는 훌륭한 번역서를 내는 것이 많은 사람들에게 도움이 될 수 있다는 생각으로 역자의 무능함에 대해 자위를 해 본다.

이 책을 번역하면서 역자는 많은 사람의 도움을 받았다. 무엇보다도 가장 먼저 생각나는 분들은 부모님이다. 바쁘다는 핑계로 효도 한 번 제대로 하지 못하고 사는 못난 아들을 따뜻하게 감싸주시면서 늘 용기를 북돋아주시는 부모님의 은혜에 대한 고마움을 필설로 다할 수 없을 것이다. 직접적인 번역과 관련해서 특별히 고마움을 표시해야 할 분은 최훈 교수님이다. 최훈 교수님은 원고를 꼼꼼히 읽으면서 일일이 문제점을 지적해 주셨는데, 바쁘신 와중에도 그와 같은 작업을 해주신 최훈 교수님의 친절함에 감사함을 넘어 놀라움이 느껴진다. 이 밖에 김민건, 황설중 두 분께도 진심으로 감사드린다. 두 분으로 인해 역자는 번역을 하면서 많은 고민들을 해결할 수 있었다. 마지막으로 빠듯한 출판 일정에도 역자의 부탁을 기꺼이 들어주신 나남출판사 사장님과 편집부 선생님들께 고마움을 전한다.

주지하다시피 진화론은 단지 생물학뿐만이 아니라 다양한 학문 분야에 광범한 영향을 미쳤다. 특히 진화론은 단지 동물의 세계 외에 인간과 인간의 사회까지도 진화론의 패러다임으로 설명하려 했으며, 이에 따른 자연스런 귀결로 인문·사회과학에 커다란 영향을 미쳤다. 하지만 그 영향은 대체로 진화론의 도전에 대한 인문·사회과학 분야의 응전이라는 측면에서의 영향이었으며, 인문·사회과학에 종사하는 사람들은 이러한 도전을 그리 탐탁하게 여기지 않았다. 이에 반해 이 책은 인문학자인 저자가 진화론을 적극적이면서도 비판적으로 수용하여 자신의 입장을 개진하고 있는데, 진화론이 인문·사회과학 분야에 미친 영향에 관심을 갖는 사람이라면 이 책을 일독해 볼 것을 감히 권해 본다.

(이 책에서 출처를 제외한 한글로 된 모든 각주는 옮긴이 주임을 일러둔다.)

2009년 9월
가을이 느껴지는 국제캠퍼스 연구실에서
김 성 한

동물에서 유래된 인간
다윈주의의 도덕적 함의

차
례

서 론

교만하게도 인간은 자기 자신을 신성이 개입할 만한 가치를 지닌 위대한 작품이라고 생각한다. 내 생각에는 인간이 동물에서 유래되었다고 파악하는 것이 더욱 겸허하며 진실에 가깝다. [1]

위의 인용문은 다윈이 《종의 기원》을 출간하기 21년 전인 1838년에 쓴 글이다. 그는 우리를 압도할 만큼 많은 증거를 통해 이러한 생각을 뒷받침하려 했고, 그렇게 하면서 그는 우리 자신을 보는 우리의 시각에 심대한 변화를 초래하려 했다. 다윈 이후 우리는 우리가 더 이상 창조에서 특별한 지위를 차지한다고 생각할 수 없게 되었다. 이제 우리는 우리도 맹목적이면서 무목적적으로 작용하는, 여타 동물 왕국의 모습을 만들어 낸 진화력의 산물임을 깨닫지 않으면 안 된다. 사람들은 흔히 이와 같은 사실이 깊은 철학적 의의를 갖는다고 말한다.

사람들은 다윈주의가 종교에 시사하는 바가 무엇인지에 대해 종종 논의한다. 성직자들은 처음부터 진화론이 종교와 양립할 수 없는 것이 아닌가라는 우려를 표명했다. 그들의 우려가 정당한지에 대해서는 여전히 논란이 계속되고 있으며, 이 책에서 나는 이에 대해 많은 이야기들을 하게 될 것이다. 그런데 다윈주의는 전통 도덕에 대해서도 문제를 제기한

---

1) Darwin, *Notebooks*, p. 300.

다. 전통 도덕은 전통 종교와 다를 바 없이 인간을 신의 '위대한 작품'으로 가정하고 있다. 이러한 가정으로 인해 인간은 이 지구상의 다른 어떤 동물보다도 우월한 도덕적 지위를 부여받는다. 전통 도덕은 인간의 생명만을 신성하게 파악하며, 인류애가 최고의 숭고한 미덕이라는 입장을 취한다. 그런데 만약 인간이 모습만 바뀐 원숭이에 불과하다면 방금 언급한 모든 것들에 대해 어떻게 생각해야 할 것인가?

흥미로운 점은 철학자들이 지금까지 이와 같은 의문에 거의 관심을 보이지 않았다는 사실이다. 호사가들은 다윈에게서 커다란 철학적 교훈을 얻을 수 있다거나, 다윈이 커다란 위협을 야기했다고 생각할 것이다. 하지만 대체로 보았을 때 지금까지 학자들은 이에 동조하지 않았다. 물론 다윈의 이론이 발간된 직후 수십 년 동안 일부 철학자들은 분명 그의 이론에 대해 많은 이야기를 했다. 이에 따라 다윈주의가 모든 방면에 깊은 함의를 갖는다는 생각이 유행하게 되었다. 하지만 이와 같은 흥미는 급속하게 수그러들었다. 20세기에 발표된 가장 영향력 있는 철학적 저술들을 검토해 보면 우리는 그러한 저술들이 다윈을 거의 언급하지 않는다는 사실을 발견할 수 있다. 물론 협소하게 과학철학에만 천착하고 있는 저술들은 그의 이론을 다루고 있다. 하지만 더욱 일반적인 관심을 다루고 있는 철학 저술, 특히 윤리에 관한 서적에서는 대체로 다윈의 이론이 무시되고 있다. 통속적인 생각과는 달리 철학자들이 다윈주의를 언급하는 경우는 다윈주의가 별다른 철학적 함의를 갖지 않는다고 이야기할 때이다.

그러한 철학자들은 비트겐슈타인(Ludwig Wittgenstein)의 평가에 동의하고 있는 것처럼 보인다. 비트겐슈타인은 다음과 같이 말했다. "다른 자연과학의 가설과 마찬가지로 다윈의 이론 역시 철학과 별다른 상관이 없다."2)

물론 약간의 예외가 없지 않았던 것은 아니었다. 하지만 대체로 철학자들은 다윈에게 별다른 관심을 기울이지 않았다. 이처럼 철학자들이 다

---

2) Wittgenstein, *Tractatus*, p. 49.

원에게 무관심했던 이유는 무엇인가? 이는 한때 터무니없는 주장이 제기
되었던 데 대한 반작용일 수 있다. 맑스(Karl Marx)는《종의 기원》을 처
음으로 읽고 나서 다음과 같이 주장하였다. "다윈의 저서는 매우 중요하
며, 자연선택 개념은 계급투쟁의 역사를 매우 훌륭하게 설명해 준다."[3]
이후의 사회주의자들 또한 다윈에게서 자신들의 정치적 입장을 뒷받침해
주는 과학적 근거를 발견했다고 주장함으로써 맑스와 유사한 생각을 개
진했다. 흥미로운 것은 자본주의자들도 자신들이 다윈을 따르고 있음을
자처하고 있다는 점이다. 19세기 후반 그들은 경쟁적 경제체계를 정당화
하기 위해 '적자생존'의 개념을 끌어들인다. 예를 들어 1900년 미국의 사
업가 앤드류 카네기(Andrew Carnegie)[4]는 다음과 같이 적고 있다. 우리
는 "커다란 불평등을 받아들이고 환영하지 않으면 안 된다. 다시 말해 소
수가 장악하는 사업, 산업과 상업의 집중, 그리고 이들 간의 경쟁 규칙들
이 미래의 인류 발전에 도움이 될 뿐만 아니라 필수적임을 받아들여야 한
다. 그 이유는 오직 자본주의만이 적자생존을 보장하기 때문이다."[5] 설
상가상으로 이후 히믈러(Heinrich Himmler)[6]는 다윈주의가 '부적절한'
유대인들을 유럽에서 숙청하는 일을 정당화했다고 주장하기에 이른다.
이와 같은 터무니없는 주장에 대한 격노의 감정이 비트겐슈타인과 같은
반응을 촉발했음에 틀림없다. 이 모든 사태에 직면하여 일부 사람들은
거두절미하고 다윈의 이론이 생물을 다루는 이론이지 정치, 경제, 윤리,
종교 혹은 다른 어떤 것에 관한 이론도 아니라고 말하고 싶을 것이다.[7]

---

3) Marx, Zirkle, *Evolution, Marxian Biology, and the Social Scene*, p. 86에서
   재인용.
4) 〔역주〕 스코틀랜드 태생의 미국 실업가. 19세기 후반 미국의 철강 산업을 거
   대하게 성장시킨 장본인이며 당대 최고의 자선 사업가였다.
5) Carnegie, *The Gospel of Wealth*, p. 399.
6) 〔역주〕 2차 세계 대전 당시 독일 정치가. 나치스에 입당하여 아돌프 히틀러의
   봉기에 가담했고, 1936년 경찰부문 전체를 장악하여 친위대와 경찰을 근간으
   로 당과 국가를 배후에서 지배했다. 강제 수용소까지 친위대의 감독 아래에
   두어 유대인 대학살과 탄압의 원흉이 되었다.

지식인들은 이상에서 언급한 바와는 또 다른 이유로 다윈주의가 도덕적인 함의를 갖지 않는다고 생각하려 한다. 오늘을 살아가는 상당수의 사람들은 참된 도덕과 상충된다는 이유로 다윈주의를 받아들이지 않으려 한다. 오늘날 다윈주의에 부정적인 사람들은 대부분 이와 같은 생각을 가지고 있는 것처럼 보인다. 일부 미국인들은 공립학교에서의 진화론 교육을 금지하고 싶어한다. 그들은 진화론에 대한 일반인들의 부정적인 감정을 고쳐시키기 위해 진화론이 종교나 도덕에 대해 갖는 것으로 추정되는 부정적인 의미를 지적한다. 8) 이는 새삼스러운 것이 없을 정도로 뻔한 논의다. 오늘날 다윈주의가 전통적 가치를 손상시킨다는 견해는 다윈주의를 반대하는 논거로 너무나도 흔히 사용되고 있다. 이에 따라 과학적으로 사고하는 사람들은 그와 같은 견해를 즉각적으로 거부해야 할 무지한 의견에 지나지 않는다고 생각하려 한다. 9)

진화론을 옹호하는 주요 인물들은 바로 이와 같은 입장을 취한다. 그들은 자신들의 이론이 도덕이나 종교에 함의하는 바가 없기 때문에 이들

---

7) 〔역주〕 진화론과 철학의 상관관계에 대해서는 크게 두 가지 입장이 있을 수 있다. 진화론이 적극적으로 철학에 시사하는 바가 있다는 입장과 그렇지 않다는 입장이 그것이다. 전자는 19세기의 사회진화론자들이 취했던 입장으로, 그들은 진화론의 성과를 수용하여 자신들의 철학적 입장을 구축하려 했는데, 이것이 오용되어 각종 차별을 뒷받침하는 논거로 사용되기도 했다. 한편 후자는 이와 같은 사회진화론의 병폐에 대응하여 나타난 현상으로, 특히 무어 (George Moore)의 자연주의적 오류(naturalistic fallacy) 비판은 이후 철학자를 비롯한 많은 사상가들이 진화론과 철학이 별개라는 생각을 갖게 하는데 기여했다. 저자는 이러한 입장과 별개로 진화론이 기존의 윤리적 입장의 토대를 재고하는데 기여할 수 있다고 생각하고 있다.

8) 〔역주〕 진화론은 인간과 동물의 질적인 차이를 부정하며, 종교에 대해 회의적인 생각을 갖게 하는 등 인간에 대한 긍정적인 생각들을 뒷받침하는 전통적인 사고를 재고케 한다는 측면에서 사람들에게 부정적인 느낌을 줄 수 있다.

9) 〔역주〕 진화론에 대해서는 그것이 종교를 포함한 인간사의 여러 분야에 함의하는 바로 인해 사람들이 부정적인 느낌을 가질 수 있으며, 이로 인해 진화론에 대한 순수한 과학적 탐구마저도 방해를 받을 수 있다. 때문에 상당수의 진화론자들은 진화론과 종교가 별개라는 입장을 취한다.

분야에 위협을 가할 수 없다고 주장한다. 당대 최고의 다윈주의 옹호론 자이면서 가장 유능한 다윈주의 저자 중의 한 명인 굴드(Sthphen Jay Gould) 10) 는 '과학이냐 종교냐'라는 어리석은 이분법에 대해 유감을 표명 했으며, 독자들에게 "나는 일상적으로 말하는 신자(信者) 는 아니지만 내 자신이 비종교적이라고 생각하지 않는다"11) 라고 안심시켜줌으로써 전통 적인 보수진영의 도전에 대응하였다. 12) 그는 다윈주의가 오래된 가치와 상충되지 않으며, 나아가 어떤 종류의 가치와도 충돌되지 않는다고 계속 해서 역설한다.

> 도대체 자연의 사실들이 우리 삶의 도덕적 가치를 우리 자신이 결정 하는 데 어떤 장애가 될 수 있단 말인가? 우리는 자연 그대로의 우리 로 존재하지만, 우리가 자연적으로 물려받은 바의 의미를 우리의 선 택에 따라 해석한다. 종교가 지구의 연령을 정할 수 없는 것과 마찬 가지로, 과학 또한 더 이상 우리가 어떻게 살아야 하는가에 대한 의 문에 답을 줄 수 없다. 13)

이와 같은 방식으로 논쟁이 이어지게 되면 오직 두 가지 입장만이 가능 한 것처럼 보이게 된다. 즉 다윈주의가 전통 가치를 훼손했기 때문에 배 척해야 한다는 근본주의자의 입장과 다윈주의가 전통 가치에 어떤 위협 도 가하지 않는다는 진화론자의 대응만이 존재하는 듯이 보이게 되는 것

---

10) 〔역주〕 뉴욕에서 태어난 미국의 고생물학자, 진화생물학자, 과학사가였다. 콜롬비아 대학에서 박사학위를 취득한 후 1967년부터 하버드 대학에서 교수 를 지냈다. 1972년 닐스 엘드리지(Niles Eldredge) 와 함께 단속평형이론 (*punctuated equilibrium*) 을 제창했다. 이는 비교적 짧은 기간의 환경 압력에 의해 급격하게 진화적 변화가 일어난다는 이론이다.

11) Gould, 'Darwinism Defended', p. 70.

12) 〔역주〕 전통 보수진영에서는 종교와 진화론이 양립 불가능하다고 파악하며, 이에 따라 진화론을 적극적으로 배격하려 한다. 하지만 굴드는 양자의 영역이 다르며, 이에 따라 양립 가능하다는 입장을 취한다.

13) Gould, 'Darwinism Defended', p. 70.

이다. 그런데 이와 같이 선을 그을 경우 다원주의가 진화의 적(敵)들의 편을 들지 않으면서 도덕에 영향을 미칠 가능성, 특히 전통 도덕에 부정적인 영향을 미칠 가능성을 진지하게 검토해 보기가 어려워진다. 14) 이의 결과로 지식인층에서는 "다원주의가 윤리에 함의하는 바가 없다"고 생각하는 것이 계몽의 지표로 인식되고 있다. 15) 그런데 안개 속에서 길을 잃는 경우16)는 제 3의 선택지가 될 수 있다. 이러한 선택지란 전통적인 도덕과 양립할 수 없는 다원주의가 그러한 도덕을 거부하고, 이와 동시에 이를 좀 더 나은 도덕으로 대체할 수 있는 이유를 제공한다고 생각하는 것이다. 17)

하지만 굴드의 주장에서 암시된 바와 같이 다원주의로부터 도덕적 교훈을 발견하는 데에 회의적인 입장을 취하는 더욱 근원적인 이유가 있다. 사실과 가치, 다시 말해 '존재와 당위'의 관계에 관한 해묵은 문제로 인해 우리는 다원주의에서 도덕적 교훈을 얻는 데에 의혹의 눈길을 보내

---

14) 〔역주〕 저자가 생각하고 있는 제 3의 가능성은 전통 도덕에 영향을 미칠 수 있음에도 진화론을 받아들이고, 이를 근거로 새로운 도덕을 제창하려는 입장이다. 이렇게 본다면 우리는 세 가지의 경우를 생각해 볼 수 있다. (1) 진화론을 받아들이는 것이 전통 도덕에 영향을 미친다고 생각하여 진화론을 배척하는 입장. (2) 진화론이 전통 도덕에 어떠한 영향도 미치지 않는다고 생각하는 입장. (3) 진화론을 받아들이는 것이 전통 도덕을 손상함에도 진화론을 옹호하고, 이를 근거로 새로운 도덕을 제시하려는 입장. 여기서 흑백 논리로 문제를 이해하려 할 경우, 또 다른 선택지인 (3)의 입장을 간과할 수 있을 것이다.

15) 〔역주〕 대체적으로 20세기의 철학자들은 철학과 진화론이 관련성을 갖는다는 생각이 19세기 사회다원주의의 오류를 재현한다고 생각했다. 앞에서의 비트겐슈타인의 주장을 상기해 볼 것.

16) 〔역주〕 지금까지 전통 도덕이 우리에게 주었던 확신을 벗어나는 것은 일종의 미지의 세계로 뛰어드는 격이며, 이를 저자는 안개 속에서 길을 잃는 경우에 비하고 있다.

17) 〔역주〕 기존의 세계관이 의심받을 경우 연이어 전통 도덕 또한 손상을 입을 수밖에 없다. 이 때 우리는 일종의 정신적 박탈감을 느끼고 방황하게 될 것인데, 이런 상황에서 우리는 새로운 세계관인 진화론에 부합되는 새로운 도덕을 마련하기 위해 힘쓸 수 있을 것이다.

는 것이다. 원칙적으로 우리는 사실에 관한 전제로부터 어떠해야 한다는 가치에 관한 결론을 타당하게 도출해 낼 수 없다. 정통적인 다윈의 이론은 사실의 문제를 다룬다. [18] 그의 이론은 사실이 무엇인지를, 다시 말해 종의 진화에 관한 사실을 우리에게 알려준다. 따라서 엄격한 의미에서 봤을 때 그의 이론에서는 가치의 문제에 관한 어떠한 결론도 도출되지 않는다. 우리가 원숭이와 동종이라고 해서 우리 자신을 보잘 것 없다고 생각해야만 한다든가, 우리 삶의 중요성이 낮아진다든가 혹은 인간이 '단순히' 다른 동물 가운데 한 종류의 동물에 지나지 않는다는 결론이 도출되지는 않는다. 종교의 주요 교리가 거짓이라는 결론이 도출되는 것도 아니다. 흔히 언급되는 바와 같이 자연선택은 신이 인간 창조를 위해 선택한 수단일 수가 있다. 만약 그렇다면 인간은 과거와 다를 바 없이 신의 축복을 받은 피조물의 제왕으로 간주될 수 있다.

  그럼에도 무엇인가 석연치 않은 생각이 남는다. 인간과 자연에 대한 이전까지의 생각을 송두리째 뒤엎은 다윈주의가 아무런 혼란스러운 결과를 야기하지 않는다고 생각하는 것이 과연 타당한가? 전통 도덕은 인간의 생명이 소중하고 가치를 지녔다는 생각에 근거를 두고 있다. 그런데 우리가 우리 자신에 대한 과장된 생각, 그리고 우리만의 거주지로 만들어진 세계에 대한 그림을 포기해야 한다면, 이와 동시에 이러한 개념들에 의거하고 있는 우리의 도덕 원리들마저 포기해야 하는 것은 아닌가? 물론 사실로부터 가치를 도출할 수 없다는 훌륭한 논점이 존재한다. 또한 우리가 진화론에 반대하는 사람들과 뜻을 함께하고 싶어 하지 않을 수도 있다. [19] 그럼에도 다윈의 발견이 전통 도덕의 일부는 물론이고 전통

───────────

18) 〔역주〕 과학으로서의 진화론은 사실의 문제를 다룬다.

19) 〔역주〕 다윈주의의 이론적 배경을 살펴볼 경우 우리는 다윈주의가 전통 도덕에 부정적인 영향을 미칠 것이라고 생각하게 된다. 심지어 자연주의적 오류라는 논리적 오류를 범하게 된다는 사실을 알고 있음에도 우리는 이러한 느낌을 지울 수 없다. 그런데 저자는 자연주의적 오류라는 비판을 극복하고 우리의 직관적인 느낌을 정당화할 수 있는 방법이 있다고 생각한다.

종교마저도 훼손했다는 느낌은 사라지지 않을 것이다. 나는 이것이 정당한 느낌이라고 생각한다. 그 관계가 단순한 논리적 함축(*entailment*) 보다는 복잡하지만 다윈의 이론과 이러한 커다란 문제들 사이에는 일정한 관련성이 있다. 20)

이 책에서 나는 다윈의 이론이 전통 가치를 분명 훼손한다고 주장할 것이다. 특히 그의 이론은 인간의 생명이 특별하고도 유일한 가치를 가지고 있다는 전통적인 견해를 훼손한다. 이처럼 나는 다윈주의자이지만 다윈의 친구들이 평소 반대했던 논제를 옹호할 것이다. 21) 하지만 다윈 반대론자들이 취한 입장과는 달리 나는 다윈주의가 갖는 이러한 함의가 도덕적으로 유해하다는 입장을 취하지 않는다. 나는 내가 옹호하는 입장이 환영 받아 마땅하고 결코 거부되어서는 안 될 긍정적이고도 유용한 입장이라고 믿는다. 인간 생명이 특별히 중요하다는 생각을 포기한다고 해서 우리들이 도덕적으로 표류하게 되는 것은 아니다. 이는 단지 지금까지와는 다른, 더욱 훌륭한 근거가 필요함을 시사할 따름이다.

다윈은 《종의 기원》이 '하나의 긴 논증'이었다고 말했다. 건방져 보일지는 몰라도 나는 이 책 또한 마찬가지라고, 즉 이 책 또한 심혈을 기울여 하나의 긴 논증을 제시하고 있다고 말하고 싶다. 이 책은 상당한 양의 지성사(知性史)가 포함되어 있다. 이러한 역사를 상세히 다룬 이유는 한편으로는 논의의 배경을 제공하기 위해, 다른 한편으로는 철학적 논증을 가능하게 하는 인간사의 맥락 속에서 나의 철학적 논증을 제시하기 위해서다. 철학적 논증들은 흔히 역사와 무관하며(*ahistorical*), 22) 그 논리적

---

20) 〔역주〕 저자는 전제로부터 결론이 필연적으로 도출되는 논리적 함축 관계는 아니라고 해도, 전제로부터 결론을 이끌어내는 것이 매우 합당할 수 있는 여러 경우가 있을 수 있으며, 진화론이 전통 도덕을 손상하는 경우도 이에 해당한다고 주장한다.

21) 〔역주〕 다윈의 친구들은 진화론이 전통적인 가치관에까지 영향력을 행사한다고 생각하지 않았다. 하지만 레이첼즈는 이들과 달리 진화론이 유독 인간만을 존중하는 전통 가치를 훼손한다고 주장하고 있다.

22) 달리 말해 시간이 흐름에 따라 달라지는 것이 아니라는 것.

타당성이 문화적 맥락과 독립되어 있는 일련의 추론의 연쇄로 이루어진
다. 이러한 비역사적 서술 방식에는 전혀 잘못이 없으며, 실제로 이는 금
세기 전반을 통틀어 철학자들이 표준으로 삼고 있는 바다. 하지만 이 책
에서 나는 그와 같은 관행을 버리고 흔히 논증이 포함된 철학 서적에서
살펴볼 수 있는 것보다 다소 많은 역사적 자료를 포함시켰다.

나의 논증은 다음과 같이 간략하게 요약할 수 있다.

1. 전통 도덕은 인간이 특수한 도덕 범주라는 생각에 바탕을 두고 있
다. 도덕적 관점에서 보았을 때 인간의 생명은 특별하고 유일한 가치를
지니는 반면 인간 아닌 존재의 생명은 상대적으로 작은 가치를 지닌다.
이에 따라 도덕의 목적은 대체로 인간 및 그들의 권리와 이익을 보호하는
데에 있는 것으로 파악된다. 일상적으로 이러한 착상은 인간이 존엄하다
는 사실을 나타낸다고 일컬어진다. 하지만 이러한 착상이 논리적 진공
속에 존재하는 것은 아니다. 전통적으로 이러한 착상은 두 가지 생각, 첫
째, 인간이 신의 형상에 따라 창조되었다는 생각, 둘째, 인간만이 유일
한 이성적 존재라는 생각을 통해 뒷받침 되었다.

2. 다윈의 이론은 인간이 존엄하다는 생각이 잘못되었음을 함의
(*entail*) 하지 않는다. 그러한 생각을 함의한다고 말하는 것은 당위를 존
재로부터 도출할 수 없다는 논리적 제약을 위배하는 격이다. 하지만 다
윈주의는 전통 교리의 버팀목을 제거하며, 이를 통해 전통 교리를 훼손
한다. 다윈주의는 인간이 신의 형상에 따라 창조되었다는 생각과 인간만
이 유일한 이성적 존재라는 생각을 모두 훼손한다. 나아가 다윈주의가
옳을 경우 인간이 존엄하다는 생각을 뒷받침하는 어떤 다른 방식이 발견
될 가능성은 거의 없다. 이에 따라 인간이 존엄하다는 생각은 신뢰를 상
실한 형이상학의 도덕적 잔재임이 밝혀지게 된다.

3. 나는 도덕적 개체주의 (*moral individualism*) 라는 개념을 제시함으로
써 인간이 존엄하다는 신조를 대신하고자 한다. 나는 이러한 개념이 진
화론적 견해와 더욱 적절히 조화를 이룬다고 주장한다. 도덕적 개체주의
에 따르면 어떤 존재가 인간이라는 단순한 사실은 그를 특별하게 고려할

근거가 될 수 없다. '한 개체를 어떻게 처우해야 하는가'는 그가 어떤 우
선적으로 고려되는 집단 — 이것은 인간 집단일 수도 있다 — 의 성원인
지의 여부보다는, 그가 갖는 독특한 특징에 좌우된다. 나는 이와 같은 접
근 방식이 도덕적으로 건전하다는 생각을 뒷받침할 여러 이유를 제시할
것이며, 세상을 진화론적 시각에서 바라볼 경우에 그러한 접근 방식이
우리가 취할 수 있는 자연스러운 견해라고 생각하게 하는 이유를 제시하
고자 한다.

　4. 마지막으로 인간이 존엄하다는 생각을 버리고 그 대신 도덕적 개체
주의를 채택하는 것은 우리의 실천에 영향을 준다. 인간의 생명은 더 이
상 전통적 사고로부터 부여된 일종의 미신적 경외의 대상으로 간주되지
않을 것이며, 인간 아닌 존재들의 생명이 더 이상 무관심의 대상이 되지
않을 것이다. 이는 어떤 의미에서 인간 생명의 가치가 절하되는 반면, 인
간 아닌 존재의 생명의 가치가 증진된다는 것을 뜻한다. 그 결과 자살이
나 안락사와 같은 문제에 대한 견해가 수정될 뿐 아니라 동물을 어떻게
처우할 것인가에 대한 견해 역시 수정될 것이다. 나는 인간이 특별하다
고 가정하지 않으면서 도덕을 재구성하려는 시도를 통해 도덕을 더욱 강
화시키고, 이를 좀더 합리적으로 만들 수 있음을 보여주었으면 한다. 이
러한 시도를 통해 우리는 인간 및 인간 아닌 동물의 처우와 관련한 더욱
훌륭한 윤리를 갖게 될 것이다.

　내가 탐구하고자 하는 또 한 가지 주제가 있다. 나는 다윈의 연구가 어
디까지 영향을 미칠 수 있는가를 탐색해 보고자 한다. 우리가 앞으로 살
펴보게 되겠지만 다윈이 도덕과 종교에 대해 언급한 내용은 적지 않았
다. 하지만 그러한 주제에 대한 그의 언급들은 흔히 무시되거나 단지 주
변적인 흥밋거리로 다루어졌을 따름이다. 여기에는 도덕과 종교 문제에
대한 다윈의 견해가 그의 엄밀한 과학적 설계와 무관하며, 상대적으로
가치가 없다는 가정이 전제되고 있는 것처럼 보인다. 하지만 다윈 본인
은 자신의 모든 사고가 서로 연결되어 있다고 생각한 것처럼 보인다. 나

는 다윈이 옳았다고 주장할 것이다. 다윈은 모든 주제들에 대한 자신의 관점들을 밀접하게 연결시킨 체계적인 사상가였다. 이와 같은 측면에서 그는 긍정적인 평가를 받을 수 있을 것이다. 오늘날 다윈이 심오한 사상가였다는 데에 동의하지 않는 사람들은 거의 없다. 하지만 나는 다윈이 광범한 주제 영역에서 일반적으로 생각하는 것보다 더 심오한 사상가였음을 보여주고자 한다.

제 1 장

다윈의 발견

19세기 사상의 위대한 혁명가인 찰스 다윈과 칼 맑스는 거의 동시대 사람이었다. 그들은 1882년과 1883년 불과 몇 달 차이로 사망했다. 가장 중요한 작품을 집필하던 삼십여 년 동안 그들은 서로 26㎞ 떨어진 곳에서 살았다. 맑스는 런던에서, 다윈은 다운의 캔티쉬 마을(Kentish village of Downe)에 있는 자신의 집에서 살았다. 그럼에도 그들은 한 번도 만난 적이 없다. 그들의 생활이나 성격이 너무나 달랐다는 점을 감안할 때 이는 그리 놀랄 일은 아니다. 맑스는 생애의 대부분을 절망적인 빈곤 속에서 지냈으며, 간혹 가족을 부양할 수 없는 경우마저 있었다. 그는 정치활동으로 인해 이 나라 저 나라로 쫓겨 다녔다. 무엇보다도 맑스는 당대의 커다란 공적인 사건들, 즉 산업화, 정치적 혁명 그리고 그가 목도한 커다란 사회적 변화 등에 관심을 집중했다. 이와 대조적으로 다윈은 그러한 사건에 관심을 두지 않았다. 특권 계층에서 태어난 그는 한자리에 정착하여 살았고, 시종들과 사랑하는 가족에 둘러싸여 평온한 생활을 할 수 있었다. 그의 생활은 19세기 영국 신사의 전형이라 할 것이다. 그의 혁명은 전혀 성격을 달리하는 유형의 것이었다.

다윈의 유년기와 청년기

1809년 2월 12일 다윈이 태어났을 때 그의 집안은 전도가 양양했다. 요컨대 그의 집안은 잘 알려진 가문이었다. 찰스의 아버지 로버트 워링 다윈 2세(Robert Waring Darwin Ⅱ)는 슈르즈버리(Shrewsbury)에서 잘 알려진 의사로, 유명한 이론진화론자인 에라스무스 다윈(Erasmus Darwin)의 아들이었다. 찰스가 여덟 살 때 돌아가신 어머니 수산나 웨지우드(Susannah Wedgwood)는 유명한 도자기 창업자인 조시아 웨지우드(Josiah Wedgwood)의 딸이었다. 로버트 다윈은 아들이 장래에 아무것도 이루지 못할 것이라고 생각하고 이내 실망했다. 로버트 다윈은 "너는 사냥, 개, 그리고 쥐잡기 외에는 관심거리가 없구나. 네 자신도 수치스럽겠지만 너는 가문에도 치욕을 안겨 줄 것이다"[1]라고 찰스를 책망했다고 전해진다. 1876년 가족들을 위해 사적으로 쓴 《자서전》(Autobiography)에서 다윈은 청년시절 자신의 미래가 밝지 않았다고 회고하고 있다. 일반적으로 그의 전기작가들도 이런 평가에 동의한다. 클라크(Ronald W. Clark)는 "다윈은 약간의 천재성도 눈에 띄지 않는 평범한 청년이었다"[2]고 단호하게 말한다.

그러나 이와 같은 판단은 그에게 지나치게 가혹한 듯하다. 심지어 소년 시절에도 다윈의 자연에 대한 사랑은 예사롭지 않았다. 곤충, 특히 딱정벌레 채집과 연구에 탐닉하는 그의 열정은 대단했다. 그는 《자서전》에 다음과 같이 쓰고 있다. "하루는 고목 껍질을 벗겼더니 두 마리의 희귀한 딱정벌레가 발견되었다. 그리하여 양손으로 각각 한 마리씩 잡았는데, 이때 제3의 신종을 발견하고 그놈을 놓치지 않으려고 오른손에 쥐고 있던 한 놈을 내 입속에 확 집어넣었다. 어이쿠! 그놈은 아주 지독한 액체를 분사했고, 혀가 타는 듯하여 그놈의 딱정벌레를 뱉어 버려야 했다.

---

1) Darwin, *Autobiography*, p. 28.
2) Clark, *The Survival of Charles Darwin*, p. 6.

이때 그놈뿐 아니라 세 번째 딱정벌레도 놓쳐 버렸다."3) 그는 자신이 관찰한 내용을 아주 상세하게 기록하는 열정적인 관찰자였다. 그가 1826년에 쓴 일기장을 들여다보면 이러한 혈기 왕성한 작업정신을 충분히 미루어 짐작할 수 있다.

> 가시고슴도치갯지렁이(*Aphrodita Aculeata of Linnaeus*)4)를 잡았다. 길이가 약 7.6～10.1센티 정도이며, 입을 건드리면 공처럼 돌돌 감으려고 애쓰나 그 동작이 매우 느리다. 터튼(Turton)은 이러한 동물이 두 개의 촉수만 가졌다고 말했다. 린네는 네 개라고 하지 않았던가? 나는 네 개를 봤다고 생각했다. 나는 팔레타 불가리스(*Palleta Vulgaris*)와 소울린 실리커(*Solen Siliquor*)에서도 각각 세 개의 촉수를 발견했다.5)

이러한 메모는 셀 수 없이 많다. 분명 그는 자신이 따른 몇몇 선배들의 견해에 따라 터튼과 린네 둘 중에 누가 옳았는가를 발견하고자 하는 야망에 불타고 있었다. 1827년 그는 자연사 연구기관인 플리니안(Plinian)학회에 참여했으며, 3월 27일의 의사록에는 다음과 같이 기록되어 있다.

> 다윈은 자신이 발견한 두 가지 내용을 협회에 통보했다. 첫째, 플루스트라(*Flustra*)6)의 알이 운동 기관을 가지고 있다는 것이며, 둘째, 지금까지 조그만 흑색의 구형 동체를 어린 포커스 로리우스(*Fucus

---

3) Darwin, *Autobiography*, p. 62.
4) 〔역주〕바닷가 모래 혹은 진흙바닥을 기어 다니는 작고 머리 없는 생쥐처럼 생긴 생물. 생쥐 같은 생김새를 하고 있지만 이는 다모류(*polychaete*)에 속하는 한 종이다. 가시고슴도치갯지렁이의 등은 미세한 회색의 털로 된 표피와 거칠고 무지개 빛깔의 가시들이 테로 둘러져 있다. 영국 해안가에서 흔히 볼 수 있는데, 특히 진흙이 있는 모래지역에 많이 서식한다.
5) Clark, *The Survival of Charles Darwin*, p. 10에서 인용.
6) 〔역주〕정식 명칭은 Flustra foliacea다. 이러한 이끼벌레류 동물은 분기한 편평한 엽상체로 이루어졌으며, 간혹 해초로 오인되기도 한다.

lorius)로 잘못 알고 있었으나 사실은 그것이 폰토브델라 무리카타 (*Pontobdella muricata*)의 알이었다는 내용이었다.[7]

그 당시 다윈의 나이는 18세였다. 위의 인용문이 다윈의 '천재성'을 보여준다고 할 수 없지만 그럼에도 나는 대부분의 부모가 아들이 이와 같은 일을 했을 경우 그에게서 비범함을 발견해 낼 것이라고 감히 말한다. 미국의 일부 대학에서는 이보다 시시한 발견을 한 사람에게도 종신 재직권을 부여한다.

어쩌면 로버트 다윈이 아들에게 그와 같은 태도를 보인 것은 그 당시 자연사(自然史)[8]를 비전문가들이 다루는 경우가 비일비재했기 때문인지도 모른다. 그는 남자가 그러한 일을 평생 과업으로 선택하기에는 다소 부족하다고 생각했음에 틀림없다. 그는 자연사 연구를 일종의 기분 전환이나 학문적 취미거리 정도로 생각하는 편이 더욱 적절하다고 생각했을 것이다. 어쨌거나 찰스는 16세 때 공부를 하기 위해 에든버러 (Edinburgh)로 옮겨 갔다. 아버지처럼 의사가 되었으면 했기 때문이었다. 하지만 별다른 성과가 없었다. 그 이유 중의 하나는 찰스가 너무 내성적이어서 마취제(그 당시에는 없었던) 없이 시행되는 수술 장면을 도저히 견딜 수 없었기 때문이었다. 뿐만 아니라 후일 고백했듯이 찰스는 돈 걱정을 할 필요가 없었으며, 이로 인해 "의학을 공부하기 위해 피나는 노력을 할 필요성을 느끼지 못했다".[9] 그리하여 찰스는 아버지의 기대에 부응하지 못하고 단 두 학기 만에 에든버러를 떠났다.

아들이 여전히 장래성이 없는 청년이라고 생각했던 로버트 다윈은 이제 찰스에게 성직자가 되길 권했다. 이는 다른 대안이 없기 때문이기도 했다. 심사숙고 끝에 다윈은 그러한 제안을 받아들였다. 그는 시골 목사로

---

7) Clark, *The Survival of Charles Darwin*, p. 11에서 인용.
8) 〔역주〕인류가 나타나기 이전의 자연의 발전이나 인간 이외의 자연계의 발전의 역사.
9) Darwin, *Autobiography*, p. 46.

서의 조용한 생활을 함으로써 자연사를 연구하기 위한 충분한 시간을 확
보했다. 뿐만 아니라 그는 후일 "당시 나는 성경의 모든 말씀이 엄격하고
도 문자 그대로의 진리임을 조금도 의심하지 않았다"[10] 라고 회고했는데,
그는 이처럼 신앙생활을 방해하는 어떤 것도 존재하지 않는다고 믿었다.

1827년 다윈은 케임브리지로 갔고, 거기서 3년 반 만에 학위를 취득했
다. 그때까지만 해도 그는 여전히 목회자가 될 생각을 하고 있었다. 그는
학급에서 10등으로 졸업했지만 우수한 학생으로 알려지지는 않았다. 다
윈 자신의 설명에 따르면 그는 "그곳에서 헛되이 세월을 보냈으며, 그것
은 단지 헛되이 세월을 보낸 것 이상으로 나빴다".

> 나는 사격과 사냥, 이들을 할 수 없을 때는 시골 들판을 가로지르는
> 승마에 미쳐 있었다. 이러한 것들에 열광한 나머지, 나는 방탕하면
> 서 비천한 일부 청년들과 함께 스포츠 모임의 일원이 되었다. 상류
> 층의 사람들이 끼어 있기도 했지만 흔히 우리는 함께 저녁식사를 했
> 고, 어떤 경우는 유쾌하게 노래를 부르면서 지나칠 정도로 과음을
> 했으며, 그 후 카드놀이를 하기도 했다. [11]

아마도 이와 같은 품행 역시 로버트 다윈이 아들의 장래를 어둡게 생각
하는 데 일조했을 것이다. 하지만 《자서전》에서 이 당시를 회고하는 찰
스 자신의 느낌은 복합적이었다. "이와 같이 보낸 낮과 밤들을 응당 부끄
럽게 느껴야 하겠지만 몇몇 친구들은 아주 괜찮았으며, 우리 모두가 매
우 진취적인 기상을 가졌기 때문에 그 시절을 매우 즐거웠다고 회상하지
않을 수 없다."[12]

그러나 다윈이 케임브리지에서 완전히 세월을 헛되이 보낸 것은 아니
다. 그는 자연사를 계속 연구했으며, 그를 격려해 준 두 교수와 친하게

---

10) 앞의 책, p. 57.
11) Darwin, 위의 책, p. 60.
12) 위의 책.

되었다. 한 명은 지질학 교수인 세즈윅(Adam Sedgwick)[13]이었고, 다른 한 명은 핸슬로(John Henslow)[14]였다. 다윈에 따르면 핸슬로는 "모든 학문 분야를 잘 알고 있는"[15] 사람이었다. 두 교수는 지역사회 연구를 위한 긴 답사 여행에 그를 데리고 다녔다. 다윈은 "일부 인사들이 나를 핸슬로와 함께 걸어 다니는 사람"[16]이라고 불렀다고 말했다. 결과적으로 핸슬로와의 우호적인 관계는 다윈에게 매우 중요했다. 왜냐하면 그러한 관계로 인해 결국 다윈은 자연사 연구자로서 **비글호**[17]에 승선할 기회를 얻을 수 있었기 때문이다.

항해 제안은 다윈이 슈르즈버리의 집에 돌아온 직후 이루어졌다. 정식 교육이 끝나고 특별한 미래에 대한 전망도 없는 상태에서 다윈은 다음으로 해야 할 일에 대해 고민하고 있었다. 이때 마침 핸슬로 교수로부터 편지가 왔다. 편지에는 피츠로이(Robert FitzRoy)[18] 선장이 남미의 수로 측량 항해를 마치고 최근 귀국했으며, 그가 두 번째 항해를 할 때 자연사 연구자의 조력이 필요하다고 하여 그 일에 다윈을 추천했다는 내용이 적혀 있었다. 당시 비글호는 세계일주 항해를 계획하고 있었고, 브라질, 아르헨티나, 칠레, 페루의 해안선과 그 외 태평양의 여러 섬에 대한 상세

---

13) 〔역주〕 영국의 지질학자. 현대 지질학의 창시자 중 한 명이다. 3억 9,500만~3억 4,500만 년 전의 지질 시대를 데본기, 5억 7,000만~5억 년 전의 지질 시대를 캄브리아기로 처음 명명했다.

14) 〔역주〕 영국의 식물학자이면서 지질학자. 케임브리지 대학교의 광물학과 식물학 교수였다. 다윈의 친구이자 스승이었으며, 다윈에게 비글호 항해를 권했던 인물이다.

15) Darwin, *Autobiography*, p.64.

16) 위의 책.

17) 〔역주〕 다윈이 자연사 연구자로 활동하면서 세계를 일주할 때 탔던 배로, 당시 선장은 로버트 피츠로이였다. 다윈은 1831년 12월 27일 비글호를 타고 영국의 데번포트를 출발해 지구를 일주한 후 1836년 10월 2일 영국의 팰머스로 돌아왔다.

18) 〔역주〕 영국의 해군 장교·수위 측량사·기상학자. 자연사 연구자인 찰스 다윈이 타고 해외로 나갔던 '비글호'의 항해를 지휘했던 선장이다.

한 조사를 목적으로 하고 있었다. 항해는 5년이 걸릴 예정이었다. 그 일을 이미 제안받았던 다른 두 사람의 자연사 연구자가 거절한 것과는 달리 다윈은 그러한 제안을 기꺼이 승낙했다. 처음 이야기를 꺼냈을 때 그의 아버지는 항해에 동참하는 것을 허락하지 않았다. 하지만 삼촌의 도움으로 찰스는 결국 아버지의 마음을 가까스로 누그러뜨렸다.

비글호 항해는 다윈의 생애에서 커다란 획을 긋는 사건이었다. 이 항해는 별다른 목표도 없는 목사가 될 뻔했던 그가 훌륭한 과학자로 전환하는 계기가 되었다. 그런데 어떻게 해서 그가 이러한 임무를 맡게 되었을까? 전도유망한 자연사 연구자로서의 평판이 그가 그러한 임무를 맡게 된 이유라는 생각은 그럴듯하긴 하지만 정확한 평가는 아니다. 나중에 알려진 바와 같이 과학적 소양은 그러한 임무를 맡기 위한 여러 조건들 중에 하나 — 어쩌면 이는 중요한 조건이 아니었을지도 모른다 — 에 불과했다. 선장 피츠로이는 이야기 상대를 구하려 했다. 선장의 입장에서 그는 선원들과 사교적으로 접촉할 수 없었고, 당연히 5년 동안의 바다생활을 대화할 상대도 없이 보내고 싶지 않았다. 이러한 사실은 다윈이 핸슬로에게서 받은 편지에 분명하게 씌어 있다. "선장 피츠로이는 (내가 알기로) 단순한 수집가보다는 말동무를 더 원하며, 아무리 훌륭한 자연사 연구자라도 신사가 아니라면 함께 항해를 떠나지 않으려 할 것일세."[19] 이처럼 다윈은 '수집' 임무가 부차적인, 선장 피츠로이의 만찬 상대로 채용된 것이다. 다윈은 또 하나의 자격조건을 갖추고 있었다. 즉, 그는 돈을 넉넉하게 가지고 있었던 것이다. 그 직책을 맡은 사람은 아무런 보수도 받지 못했으며, 승선한 자연사 연구자(다윈)는 사실상 대부분의 경비를 지불해야만 했다. 다윈은 그 당시로는 매우 커다란 액수인 천오백~이천 파운드의 돈을 항해를 위해 지출한 것으로 추정된다. 다윈 자신이 쓴 모든 저서 — 엄청나게 잘 팔린 책들 — 를 통해 벌어들인 평생 동안의 수입이 일만 파운드였음을 감안해 볼 때 우리는 이 금액이 얼마나 큰 액

19) Darwin and Henslow, *Darwin and Henslow*, p. 30.

수인지 알 수 있다.

　다윈은 이 항해 때문에 또 다른 대가를 치렀다. 다윈은 아버지 친구의 딸인 오웬(Fanny Owen)과 한동안 사랑에 빠졌다. 1831년 12월 27일 비글호가 출항할 때 다윈은 그녀가 자신을 기다리리라 생각하면서 떠났다. 그가 22살 때였다. 남미에 있는 동안 그는 화니가 다른 사람과 결혼했다는 소식을 여동생에게서 들었다.

1831년에는 세상이 어떻게 보였을까?

　다윈이 발견을 위한 항해를 시작했을 무렵 그가 탐구하려는 과학의 수준은 어느 정도였을까? 1831년 한 젊은 자연사 연구자에게 세상은 어떻게 보였을까? 어떤 의미에서 1831년은 그리 오랜 옛날이 아니다. 그해에 탄생한 사람들의 손자들 중 현재 살아있는 사람들은 상당수다. 하지만 과학계의 당시 상황을 감안한다면 1831년은 전혀 다른 시대에 해당한다고 볼 수 있다.

　그 당시 사람들은 일반적으로 지구의 나이가 몇천 년밖에 되지 않는다고 생각하고 있었다. 그렇게 생각하지 말아야 할 이유가 있었겠는가? 다윈이 태어나기 얼마 전까지만 해도 달리 생각할 이유가 별로 없었다. 천체나 지구에 대해 알려진 내용 중 지구의 역사가 훨씬 오래되었음을 시사하는 것은 전혀 없었다. 오늘날 우리는 우주가 빅뱅[20]으로 인해 150억 년 전에 시작되었으며, 지구는 약 46억 년 전 성운의 중앙면 주변에 있는 잔유물에서 형성되었다고 알고 있다(혹은 적어도 알고 있다고 생각한다). 그러나 1831년에는 그와 같이 믿어지지 않은 사실을 상상할 수 있는 사람은 아무도 없었다. 그 당시 많은 사람들이 창조가 시작되었다고 생각한 해는 기원전 4004년이었다. 이 연대는 아마(Armagh)[21]의 대주교 어셔

---

20) 〔역주〕 빅뱅은 천문학 또는 물리학에서 우주의 처음을 설명하는 이론이다. 이러한 이론에 따르면 태초에 물질은 물론 시공간도 없던 상태에서 갑자기 큰 폭발과 뒤이은 급팽창이 일어나면서 시공간과 물질이 탄생했다.

(James Ussher) 22)가 성서 계보를 통해 계산한 것이며, 그 내용은 공인된 성경 속에 1701년부터 줄곧 포함되어 있었다. 앞으로 살펴보겠지만 일부 과학자들은 이미 그와 같은 역사가 잘못되었음을 보여줄 수 있는 연구를 수행했다. 하지만 그 당시 그들의 견해는 소수의 의견에 불과했다.

더욱이 교육받은 사람들은 대부분 지구가 **지금과** 완전히 **동일하게** 창조되었다는 데에 동의하고 있었다. 반복해서 말하지만 그들이 그와 달리 생각할 이유가 거의 없었다. 개략적인 지구의 역사를 살펴봤을 때, 인간이 기록을 남긴 이래 삼라만상은 줄곧 동일한 모습을 유지하고 있었다. 동일한 대륙이 있었고, 동일한 대양이 있었으며, 그 안에 서식하는 동일한 식물과 동물이 있었다. 이렇게 보았을 때 창조에 대한 성서의 설명은 상식적인 경험에 부합되었다.

그런데 성서의 설명은 단순히 세상의 역사를 알리는 이상의 역할을 했다. 이는 삼라만상이 현재의 모습과 같은 **이유**를 설명하기도 했다. 세상은 경이로 가득 차 있다. 세상은 자연의 질서 내에서 각기 자신의 특별한 자리에 절묘하게 적응된, 매우 복잡하게 설계된 식물과 동물들로 가득하다. 다윈처럼 자연을 연구하는 사람들보다 이러한 사실을 잘 아는 사람은 없었다. 그런데 이것이 어떻게 가능할까? 어떻게 세상이 이와 같은 경이로움을 담고 있을 수 있을까? 그 당시 사람들은 이를 설명할 수 있는 방식에는 오직 두 가지만이 있다고 생각했다. 첫째, 이 모든 것이 우연적으로 발생했다는 설명이 있었는데, 이는 받아들이기에 너무 억지스러웠다. 두 번째 설명이자 유일하게 합당하다고 파악되었던 설명은 어떤 의도적인 손이 삼라만상을 만들어 냈다는 것이었다. 다윈이 케임브리지에서 공부하고 있을 당시 페일리(William Paley) 23)의 《신성의 존재와 속성에 대

---

21) 〔역주〕 북아이랜드 남부의 주 이름.

22) 〔역주〕 로마 가톨릭 대주교였던 그는 천지창조가 창세기에 기록된 그대로 연속적으로 일어났다고 가정하고, 성경에 나타난 아담 후손의 계보를 토대로 계산한 결과 기원전 4004년 10월 23일 밤에 인류가 창조되었다고 발표했다.

23) 〔역주〕 18세기의 저명한 설계론자. 그는 어떤 사람이 어느 시골의 불모지를

한 증거》(Evidence of the Existence and Attributes of the Deity) 는 모든 학생들의 필독서였다. 1802년 최초로 출간된 페일리의 이 서적은 '설계 논증'의 고전에 해당하는 책이었다. 책에서 그는 "설계의 징표는 묵살하기엔 너무나도 뚜렷하다. 설계는 설계자가 있어야 한다. 그 설계자는 인격체(person)이어야 한다. 그 인격체는 신이다"[24] 라고 주장했다. 비글호를 타고 출항하기 불과 얼마 전에 다윈은 이러한 이론을 공부했고, 그는 이것이 반박할 수 없는 논증이라고 생각했다.

이러한 생각들의 조합, 다시 말해 신이 비교적 멀지 않은 과거에 우리가 현재 파악하는 바와 거의 동일한 상태에 놓여 있는, 영원히 변치 않는 본성을 지닌 종들이 살고 있는 지구를 창조했다는 생각은 오늘날 '창조론'으로 알려져 있다. 오늘날 창조론은 그다지 좋은 평판을 얻지 못하고 있다. 창조론은 기독교 근본주의자의 손에 의해 매우 조잡스런 초(超)심리학[25]이나 미확인비행물체학 등에 비견되는 생경한 사이비 과학으로 퇴락했다. 하지만 19세기 초반까지만 해도 이는 교육받은 대다수의 사람들이 받아들이는 매우 합당한 견해였으며, 어느 정도 그 당시의 지식에 의해 뒷받침되고 있었다. 약간의 조건을 덧붙일 경우 22세의 다윈 역시 창조론자였다고 말해도 크게 잘못은 아닐 것이다.

하지만 바야흐로 과학이 변하기 시작하고 있었으며, 비글호가 영국을 떠날 즈음에는 커다란 사고의 전환이 진행되고 있었다. 처음에는 오직 일부 선구적인 과학자들만이 오랜 사고방식에 과감하게 도전장을 내밀었다. 그 중 한 사람은 허턴(James Hutton)[26]이었다. 그는 스코틀랜드의

걸어가다가 시계를 발견한다고 가정한다. 그 시계의 정밀함에서 얻어지는 유일한 결론은 그 구조를 이해하고 그 용도를 설계한 제작자가 있다는 것이다. 페일리는 눈 또한 망원경이나 안경과 마찬가지로 지성에 의한 설계를 보여준다고 말하며, 복잡한 기관을 갖춘 생명체의 존재는 창조자가 있음을 암시한다고 주장한다.

24) Paley, *Evidences*, p. 473.
25) 〔역주〕 초감각적 지각(*ESP*)・염력(念力: *PK*) 등 우리가 현대과학으로 설명할 수 없는 심리적 능력을 탐구하는 분야.

의사로, 취미삼아 지질학을 공부한 사람이었다. 다윈이 태어나기 14년
전에 출간한 저서 《지구론》(Theory of the Earth)에서 허턴은 오랜 시간에
걸쳐 완만하면서도 균일하게 작용한 바람, 물, 그리고 기후 등으로 인해
지표면의 특징이 형성되었다고 주장했다〔후일 이와 같은 일반적인 접근 방
식은 '균일설'(uniformitarianism)27)로 알려지게 된다〕. 강의 협곡은 이와
같은 생각을 뒷받침하는 뚜렷한 사례다. 우리는 자연력이 작용하여 지면
이 닳아 없어지면서 침식이 일어나는 과정을 관찰할 수 있다. 지질학적
증거를 조사해 보면, 실제로 이와 같은 과정을 거쳐 강의 협곡이 형성된
듯이 보인다. 그런데 허턴은 이와 같은 현상이 나타나는 데에는 많은 시
간이 소요되며, 이에 따라 지구의 나이는 수천 년이 아니라 수만 년이어
야 할 것이라고 주장했다.

　허턴의 주장은 생물학자들이 골치 아파하던 다른 문제, 즉 화석을 설
명하는 데에 도움이 되지 않았다면 무시되었을지도 모른다. 처음에 화석
은 단순히 호기심거리 정도로만 치부되었던 조그만 암석이었다. 그런데
그 구조가 살아있는 생물의 구조와 놀라울 정도로 유사했다. 그런데 암
석이 어떻게 살아있는 생물의 모습을 닮을 수 있을까? 일부 생물학자들
은 이들이 노아의 홍수 때 멸종한 동물들의 잔재라고 주장했다. 즉 이들
이 방주에 타지 못한 동물들의 잔해라는 것이다. 그렇다면 그들이 돌로
변했어야 하는 이유는 무엇일까? 동물들은 죽어서 돌로 변하지 않고 썩
어 없어진다. 그런데 만약 허턴의 견해가 옳다면 화석의 존재가 해명될

26) 〔역주〕 근대 지질학의 창시자. 그는 면밀한 지질조사 과정을 통해 오늘날 일
　　상적으로 일어나고 있는 자연의 변화가 과거에도 동일하게 지속적으로 일어
　　났다는 사실을 밝혀냈다. 이것이 바로 근대 지질학의 본격적인 시작을 알린
　　'균일설'이다.
27) 〔역주〕 이 학설에 따르면 지층과 화석은 넓은 지역에 걸쳐서 큰 격변에 의해
　　일시에 생성된 것이 아니다. 지층은 과거에도 현재 우리가 보는 모습과 동일
　　한 과정과 진행 속도로 변화를 거쳤을 것이며, 이러한 과정은 현재뿐만 아니
　　라 앞으로도 계속 되풀이될 것이다. 이처럼 지층은 매우 느린 속도로 매우
　　조금씩 오랜 기간 동안에 쌓여서 형성된다.

수 있었다. 죽은 생물이 썩으면서 그들을 구성하던 자연 물질은 그 주변을 둘러싸고 있던 토양 속에서 돌과 같은 물질로 서서히 변했을 것이다. 하지만 이러한 착상은 화석이 수백만 년 전에 생존했던 생물들의 잔해임을 시사한다. 적어도 이러한 견해는 우리를 혼란에 빠지게 한다.

산업혁명 또한 진화론이 탄생하기까지의 이야기에서 한몫을 담당했다. 19세기 초반 점차적인 산업화 과정의 일환으로 영국 전역에 운하가 건설되었다. 그런데 굴착작업 중에 지층이 뚜렷하게 노출되었으며, 이는 관찰력이 뛰어난 많은 사람들의 관심을 끌었다. 특별히 예리한 관찰자였던 스미스(William Smith)[28] ─ 나중에 그는 '지층'(*Strata*) 스미스로 알려지게 되었다 ─ 는 각 지층마다 **독특한 바위와 화석** 패턴을 갖추고 있음에 주목했다. 스미스는 지층과 직접적으로 연결된 화석만을 보고서도 상이한 지층을 규명해 내는 방법을 터득하여 지층과 화석 사이에 일정한 상관관계가 있음을 보여주었다. 즉, 그러한 화석을 보여줄 경우 그는 어떠한 지층에서 그것이 채취되었는가를 말해 줄 수 있었다.

이 모든 관찰의 결과로 지구상에 존재하는 생명체에 대한 새로운 사실이 드러나고 있었다. 즉, 지구의 나이가 수백만 년이고, 지금은 사라진 생물들이 과거에 서식하고 있었으며, 그 잔해가 화석의 기록으로 보존되어 있다는 사실이 밝혀지게 되었던 것이다. 나아가 지구상에 생명체가 살았던 순서는 지층 내에서의 위치를 통해 확인할 수 있었다. 즉, 하층에 있는 생명체는 상층에 있는 생명체보다 앞서 살았던 생물이었던 것이다.

이 밖에도 다른 일이 있었다. 프랑스의 해부학자 퀴비에(Georges Cubier)[29]는 비글호가 출항한 지 1년이 지난 후 생을 마감했는데, 그는

---

28) 〔역주〕영국의 공학자이자 지질학자. 층서학(層序學) 발전에 대한 공헌으로 널리 알려져 있다. 그가 만든 잉글랜드와 웨일스의 지질도는 현대 지질도의 양식을 정했으며, 그가 지층에 적용한 다양한 명칭들 중 다수가 지금도 사용되고 있다.

29) 〔역주〕프랑스 비교해부학자이자 고생물학자. 그의 연구는 동물계 전반을 포괄했으며 특히 연체동물·어류·포유류 화석 연구는 유명하다. 화석 동물의 근육 복원 방법을 확립하여 고생물학의 기초를 마련했다.

두 가지 커다란 공헌을 했다. 첫째, 그는 유사성과 상이성을 끈질기게 비교하면서 서로 다른 생물의 해부학적 구조를 연구했다(이로 인해 그는 비교해부학의 창시자로 인정받았다). 이러한 연구를 통해 그는 마침내 해부학적 상관관계에 대한 지식을 얻게 되었는데, 이에 따라 그는 불과 몇 개되지 않는 뼈를 가지고도 동물의 전체적인 모습을 복원할 수 있었다. 이러한 기술은 화석을 다루는 데 매우 중요했다. 흔히 지층에서 발견되는 동물들의 뼛조각은 얼마 되지 않았다. 그런데 이제 퀴비에의 연구를 바탕으로 그와 같이 일부의 뼛조각으로부터 동물의 전체적인 모습이 어떠했는가에 대한 식별력 있는 평가를 할 수 있게 되었다.

퀴비에의 두 번째 공헌도 마찬가지로 중요했다. 그 당시 대부분의 생물학자와 마찬가지로 그는 생물학적 분류체계에 커다란 관심을 가지고 있었다. 그는 해부학 연구를 참고로 하여 개선된 분류체계를 개발했는데, 이는 그 당시까지 개발된 것 중 가장 정교했다. 물론 이러한 체계는 살아있는 생물들을 분류하기 위해 개발된 것이었다. 하지만 퀴비에는 그것이 화석에도 동일하게 적용될 수 있음을 발견했다(그래서 그는 고생물학의 창시자로도 인정받았다). 이에 따라 오래 전에 사멸한 동물들도 살아있는 동물과 동일한 가족의 성원, 다시 말해 그들의 친척처럼 보이게 되었다. 이외에도 지층에서 단순한 생명의 형태로부터 복잡한 생명 형태로의 뚜렷한 추이를 살펴볼 수 있다는 놀라운 사실을 조직적이면서 과학적으로 파악하는 방법이 열리게 되었다. 대략적으로 말하자면, 최하층에는 오직 무척추동물만이 발견되었지만 상층으로 가면서 어류나 바다동물, 그 다음으로 조류와 파충류, 마지막으로 최상층에서 포유동물의 잔해가 발견되었던 것이다.

이와 같은 제반 사실을 감안할 때 결론은 정당하게 도출되어 나온다. 즉, 생물이 진화했다는 것이다. 종은 불변이 아니라 변한다. 우리는 현재 알고 있는 사실로 인해 이와 같은 결론을 기꺼이 받아들인다. 뒤를 돌아보면 모든 것이 명백해 보인다. 하지만 1831년 당시의 사람들에게는 여전히 많은 것들이 의문의 대상이었다.

그 당시 누군가가 진화적 변화의 가능성을 받아들이려 했다면, 우리는 그것이 퀴비에일 것이라고 생각하게 된다. 하지만 그는 진화의 가능성을 받아들이지 않았다. 비록 이 세상이 매우 오래되었고, 상이한 종이 상이한 시기에 살았음이 증명되었다고 생각하긴 했지만 그는 서로 다른 종이 또 다른 종에서 유래했다고 생각하지 않았다. 그 대신 그는 지구가 일련의 커다란 재앙을 겪었으며, 마지막 재앙이 어쩌면 노아의 홍수였을지도 모른다고 가정했다. 이러한 재앙으로 인해 생명들이 사라졌으며, 그러한 생명들은 이후 신의 새로운 창조행위를 통해 다른 생명으로 대체되었다. 이러한 입장은 균일설과 대비되어 '격변설'(catastrophism) 30) 로 알려져 있다. 오늘날의 입장에서 보았을 때에는 이상해 보일지 몰라도 격변설은 한때 많은 사람들이 받아들였던 이론이었다. 나중에 헉슬리(Thomas Huxley)가 자신만의 독특한 방식으로 말했던 것처럼,

> 자연의 기획은 참여하는 사람들이 마지막에 테이블을 뒤엎고 새로운 카드 패를 요구하는, 계속 이어지는 양승제 휘스트 놀이31)의 모습을 본뜬 듯이 보였는데, 이러한 기획은 그 누구에게도 충격을 주지 않은 듯하다. 32)

자신이 밝혀냈던 모든 것들을 잘 알고 있으면서도 퀴비에가 균일론자나 진화론자가 되지 않았던 이유는 무엇일까? 그 대신 그가 '재앙'과 같은 오래된 억측에 매달리기로 한 이유는 무엇일까? 그가 종교적으로 독실했으며 성서에 있는 이야기와 일치하는 설명을 원했다는 사실은 그에 대한 답변의 일부에 지나지 않는다. 과학 공동체 내에서 진화론이 거부된 또 다른 심층적인 이유가 있다. 즉, 진화론의 기본적인 착상이 이치에 닿지

---

30) 〔역주〕연속되어 나타나는 지층에서는 서로 다른 종류의 화석이 발견되는데, 격변설은 이러한 현상을 지구상에서 여러 번 반복되어 일어난 격변 때문이라고 설명한다. 프랑스 자연철학자인 퀴비에(Georges Cubier)가 체계화했다.

31) 〔역주〕카드놀이의 일종. 2게임을 연속해서 이길 때까지 여러 판을 한다.

32) Huxley, *Science and Culture*, p. 321.

않은 듯이 보였던 것이다. 진화론에 따르면 어떤 종류의 생명체는 서서히 다른 종류의 생명체로 변한다. 하지만 도대체 어떻게 그와 같은 일이 일어날 수 있는가? 어떤 가능한 메커니즘을 통해 그와 같은 변화를 설명할 수 있을까? 그러한 변화가 어떻게 일어날 수 있는가를 그럴 듯하게 설명할 수 있는 이론이 없을 경우 진화 개념은 믿기에 너무 억지스럽다.

이러한 상황은 더욱 최근에 있었던 과학사 에피소드와 비교해 볼 수 있을 것이다. 1960년대 이전의 수십 년간 지질학과 고생물학 분야에서는 대륙이 고정되지 않고 계속 움직이고 있다는 증거가 축적되고 있었다. 실제로 먼 옛날 어느 시기에는 인도를 포함한 모든 남반구의 대륙들이 남극을 포함하여 하나의 거대한 땅덩어리로 이어져 있었던 것으로 보인다. 현재 우리가 알고 있는 대륙들은 이러한 초(超)대륙(*supercontinent*)[33]이 점차 각 부분으로 이동하여 벌어짐으로써 오늘에 이르게 된 것이다. 많은 지질학적·고생물학적 사실은 이와 같은 가정을 떠나서는 이해할 수 없다.

그러나 이를 믿을 수 있는 과학자들은 극소수였다. '대륙 이동'[34]은 합당하지 않아 보이는 가설이었다. 어떻게 이것이 가능한가? 마치 수많은 큰 배들처럼 대륙 또한 바다를 가로질러 움직인다고 믿어야 하는가? 아니면 마치 가구들을 거실에 밀어 넣듯이 대륙 또한 대양저[35]를 따라 미끄러져 간다고 믿어야 하는가? 이것이 일어나는 방식을 설명할 수 있는 메커니즘이 없을 경우 대륙 이동설을 믿기엔 너무 억지스럽다. 이에 따

---

33) 〔역주〕 1915년 베게너(A. Wegener)가 대륙이동설을 제창하면서 제안한 가상의 원시대륙으로 판게아라고도 한다. 현재의 대륙이 고생대 말기까지는 하나로 뭉쳐 거대한 단일 대륙을 이루었다고 가정한다.

34) 〔역주〕 대륙이 수평으로 이동한다는 생각에 기초하여 지각의 성립을 설명한 학설. 지구상의 대륙은 예전에는 하나 또는 둘이었는데, 그 후 분리되고 이동하여 현재와 같은 상태로 되었다는 학설이다.

35) 〔역주〕 대륙사면에 펼쳐져 있는 넓은 해저지형으로 해양저 면적의 약 80%를 차지한다. 평균 수심은 4,000~6,000m이며, 경사가 극히 완만하며, 광활한 대지를 이루고 있다.

라 심지어 훌륭한 과학자들조차도 이를 믿지 않았던 것이다.

　1960년대에 와서 대륙의 이동이 어떻게 가능한가를 설명할 수 있는 입장이 정식화되었다. 판구조론(*plate tectonics*) 36) 이 그것이다. 지구의 표면은 서로가 움직이는 정도에 비례해서 움직이는 몇 개의 커다란 '판'들로 나누어져 있다. 이동은 너무나 경미하게 일어나기 때문에 최고의 민감성을 가진 계기가 아니면 이를 측정할 수 없다. 하지만 그러한 이동은 분명 일어나고 있으며, 대륙은 이러한 판들 위에 올라 타 있다. 오늘날 판구조론은 풍부한 증거를 통해 지지를 받고 있으며, 새로운 정설로 인정받고 있다. 대륙이 이동한다는 생각은 판구조론으로부터의 간단한 연역 결과에 지나지 않는다.

　판구조론은 4단계의 과정을 거쳐 수용되기에 이르렀다.

1. 그 누구도 이를 생각해 본 적이 없는 시기.
2. 점차적으로 늘어나는 증거가 이런 일이 일어났음을 시사하는 시기. 하지만 이는 말도 안 되는 생각처럼 보인다. 그 이유는 어떤 사람도 그것이 어떻게 가능한지를 상상할 수 없기 때문 — 그 누구도 이를 설명할 설득력 있는 메커니즘에 대해 생각해 낼 수 없다 — 이다. 이에 따라 과학자들은 이를 거부하고, 그 대신 증거에 대한 다른 설명방식을 구한다.
3. 이윽고 설득력 있는 메커니즘이 발견된다.
4. 추가적인 증거가 축적됨에 따라 이전에 불가능하게 보이던 생각이 널리 수용되기에 이른다.

　비글호가 항해를 시작한 무렵, 진화론의 상황은 이상에서 언급한 과정 중 두 번째 단계에 도달해 있었다. 진화가 일어났음을 시사하는 많은 증거가 있었지만 당시에 알려진 메커니즘 중 어떠한 것도 그것이 어떻게 가능한지를 설명할 수 없었다. 이에 따라 과학자들은 대체로 진화가 일어났다는 입장을 거부하면서 증거를 설명할 수 있는 다른 방식을 발견하고

---

36)〔역주〕지각의 표층이 판 모양을 이루고 움직인다는 학설.

자 했다. 대재앙론과 같은 이론은 그 예다.

　하지만 일부 모험정신을 가진 사람들이 진화론을 받아들이기로 작정한다. 찰스 다윈의 조부인 에라스무스 다윈은 그 중 한 사람이다. 1794~1796년 사이에 에라스무스 다윈은 1,400페이지에 달하는 두 권으로 된 《동물생리학 또는 생물의 법칙》(*Zoonomia or the Laws of Organic Life*)을 출간했다. 이 책에는 진화론을 옹호하는 내용이 담겨 있다. 이 책은 별다른 영향을 미치지 못했다. 왜냐하면 진화적 변화가 일어나는 이유를 조리 있게 설명해 내지 못했기 때문이다. 이는 사실을 다루는 과학 저술로서는 미흡한 점이 많았다. 찰스 다윈이 후에 언급했듯이, 이 책은 "주어진 사실들보다 사변적인 내용의 비율이 너무나도 높았다".[37] 찰스 다윈은 이 책을 읽고 감탄했지만 설득되지는 않았다.

　프랑스의 자연사 연구자 라마르크(Jean Baptiste Lamarck)[38]는 진화론을 지지하기 위해 노력했는데, 그의 노력은 더욱 흥미롭고 중요했다. 라마르크는 진화적 변화의 메커니즘을 제시해야 할 필요성을 전적으로 인정하고, 다윈이 출생한 그해에 출간한 《동물철학》(*Zoological Philosophy*)에서 그러한 시도를 했다. 라마르크는 모든 생물 내에는 그 생물을 더욱 복잡하고 완전한 방향으로 향하게 하는 추진력이 있다고 주장했다. 이러한 힘이 아무런 제약을 받지 않고 작동할 경우에는 자연스레 '위로 향하는 길'을 따라 발전이 이루어질 것이다. 하지만 발전의 흐름은 환경의 압력으로 인해 바뀐다. 그리고 생물 또한 위로 향하는 미리 정해진 길을 따라 움직여 가면서 구체적인 환경 속에서 살아남는 데에 도움이 되는 형질(*characteristics*)[39]을 개발해야 한다. 생물은 '획득 형질의 유전'이라

---

37) Darwin, *Autobiography*, p. 49.
38) 〔역주〕 프랑스의 자연사 연구자·진화론자. 생명이 무기물에서 가장 단순한 형태의 유기물로 변화되어 형성되었다고 하는 자연발생설을 주장하면서 이것이 여러 기관을 발달시키고 진화시켜 왔다고 주장했다. 그는 진화에서 환경의 영향을 중요시했으며, 획득형질이 유전된다는 용불용설(用不用說)을 제창했다. 대체로 보았을 때 오늘날 그의 용불용설은 적절한 진화 이론으로 받아들여지지 않고 있다.

42

불리는 과정을 거치면서 이러한 형질을 개발하는데, 후대에 '라마르크주의'로 알려지게 된 것은 그의 이론의 바로 이와 같은 부수적인 요소다.

라마르크는 특정한 지역 환경에서의 생물의 적응(내재적인 힘에 의해 이루어지는 주류적 발달에 대비되는)을 설명하고자 했는데, 이를 위해 그는 개별 동물의 여러 기관이 외적 상황에 반응하여 사용되거나 사용되지 않음으로써 변화를 일으킬 수 있다고 추측했다. 이후 이러한 변화는 자손에게 전해질 수 있을 것이다. 그는 이에 대한 사례로 기린을 든다. 기린은 그 당시 발견된 지 얼마 되지 않은 동물로, 전 유럽의 호기심의 대상이 되고 있었다. 라마르크는 오늘날의 기린이 나뭇잎을 먹는 원시 영양의 후손일 것이라고 상상했다. 영양은 더욱 높은 곳에 있는 잎을 먹기 위해 목, 혀, 그리고 다리를 뻗게 되었고, 이에 따라 약간씩 이러한 신체 부위의 길이가 늘어났을 것이다. 영양의 후손은 약간 길어진 부위들을 물려받았을 것이고, 이러한 과정이 대를 이어 반복되었을 것이다.

라마르크는 의미 있는 시도를 했으며, 만약 그의 이론이 타당했다면 다윈이 아닌 라마르크가 진화 생물학의 아버지가 되었을 것이다. 하지만 그의 이론은 타당하지 못했다. 모든 생물을 더욱 복잡하고 완전하게 만드는 '내재적인 힘'이 있다는 생각은 많은 사람들의 지지를 받지 못했으며, 실제로 이에 대해서는 그다지 할 말이 없었다. 이는 단순히 억측에 지나지 않은 생각으로 무시되었던 것이다. 하지만 획득형질이 유전되리라는 견해는 분명 장점이 있었다. 첫째, 이는 모든 생물의 신체가 가소(可塑)적[40]이며, 사용하거나 사용하지 않음으로서 변화가 이루어질 수 있다는 올바른 관찰에 의거하고 있었다. 둘째, 이는 자손에게 전해지는

---

39) 〔역주〕유전형질이라고도 함. 한 생물이 획득하거나 유전을 통해 물려받은 관찰 가능한 특성. 획득형질은 환경에 대한 반응으로 형성되고 유전형질은 부모로부터 자손에 전달된 유전자에 의해 생성되는데, 이 중 유전형질 또한 환경조건에 의해 변형되기도 한다. 1개의 유전자가 여러 형질에 영향을 끼칠 수 있고, 하나의 형질이 많은 유전자에 의해 조절될 수도 있다.
40) 〔역주〕고체가 외부에서 탄성 한계 이상의 힘을 받아 모습이 바뀐 뒤 그 힘이 없어져도 본래의 모양으로 돌아가지 않는 성질.

물질(19세기 사람들은 이를 생식세포로 불렀다) 이 신체의 다른 부분('체세포')과 상호 작용하며, 이에 영향을 받을 수 있다는 데에 근거를 두고 있었다. 이처럼 '획득 형질의 유전'은 전혀 불합리한 가설이 아니었다. 하지만 이는 라마르크가 살아있을 당시에는 인정받지 못했다. 왜냐하면 그러한 가설은 사실에 부합되지 않는 듯이 보였기 때문이다. 천성적으로 말랐지만 운동을 통해 근육질이 된 동물이 반드시 근육질의 자손을 갖는 것은 아니다. 또한 개가 다리를 쓰지 않아 쇠약해졌다고 해서(오랫동안 다리가 묶여 있었기 때문에) 다리가 쇠약한 새끼를 낳지도 않는다. 뿐만 아니라 설령 획득형질이 후대에 전해진다고 하더라도 적응의 모든 의혹이 그것만으로 해소되지는 않을 것이다. 기린을 포함한 수많은 동물에게 도움이 되는, 포식자를 피하기 위한 위장술로서의 보호색은 어떻게 생각해야 할까? 원시 영양이 높은 곳에 있는 잎을 먹기 위해 애썼듯이 그들이 피부색을 바꾸기 위해서도 애를 쓴다고 상상해야 할까?

　이와 같은 문제점에도 불구하고 라마르크의 견해는 그가 죽고 난 후 수년이 흐른 후 유명세를 탔다. 다윈 자신도 이를 받아들여 자신의 이론의 일부로 삼았다. 19세기 후반 진화라는 사실이 수용되고 난 후 라마르크의 명성은 높아졌으며, 많은 과학자들에게 획득 형질의 유전은 다윈의 견해에 대한 합당한 대안인 듯이 보였다. 획득 형질의 유전은 20세기에 들어설 때까지 그 지위를 유지하고 있었다.

　어쨌거나 라마르크는 분명 올바른 길을 걷고 있었다. 그는 진화를 입증하기 위해 무엇이 필요한가를 보이고자 노력했던 것이다. 그는 한 종의 동물이 어떻게 점진적으로 다른 종으로 바뀔 수 있는가를 과제로 삼아 해명하고자 했다. 하지만 그의 설명은 널리 수용되지 않았으며, 이로 인해 그는 다윈이 케임브리지에서 생활한 지 2년째 되던 해에 빛을 보지 못한 채 숨을 거두었다.

　이와 같은 이야기는 다윈의 시기에 이르기까지의 과학발달을 설명하고 있다. 그런데 이는 불가피하게 오해를 불러일으킨다. 왜냐하면 이러한 이야기는 진리를 향한 분명하고도 움직일 수 없는 진행이 있었다는 인상을 주기 때문이다. 하지만 이와 같이 조리 있는 이야기는 상세한 역사적 사건들의 뒤섞임 속에서 우리가 들려주고자 하는 요인들만을 뽑아놓은 사후적 지식이다. 특정한 과정이 진행되고 있는 시대를 살고 있는 사람들에게는 사태가 절대 그리 간단하게 파악되지 않는다. 이 모든 것이 다윈에게는 어떻게 보였을까? 다윈은 분명 이러한 발전에 대해서 잘 알고 있었다. 케임브리지에서 그는 평생의 친구가 된 위대한 지질학자 라이엘(Charles Lyell)[41] 을 만나게 되었다. 라이엘의 3권짜리 저서 《지질학 원리》(*Principles of Geology*)는 균일설을 매우 강력하게 지지했고, 지구가 탄생한 지 수백만 년이 흘렀으며, 재앙론이 조만간 사장될 이론이 되리라는 내용을 담고 있었다. 《지질학 원리》 제1권은 1830년에 출간되었다. 다윈은 이 책을 가지고 비글호에 승선했고, 이를 탐독한 후 자신이 읽은 어떤 저작보다도 '놀라울 정도로 뛰어난'[42] 책이라고 말했다. 이에 따라 다윈은 지구가 어셔 주교의 계산에 비해 훨씬 오래되었다고 믿게 되었으며, 자연을 연구하는 모든 학자들과 마찬가지로 화석에 대단한 흥미를 느끼게 되었다.

그러나 '종(種)이라는 커다란 문제'와 비교한다면 이는 사소한 문제였다. 우리가 과거를 돌이켜 보면서 아무리 흥미롭게 여겨도 초기의 진화론 옹호자들은 당대의 중요한 인물들은 아니었다. 다윈은 라마르크에 대해 들은 적이 있었다. 하지만 다윈이 생각하기에 라마르크는 논쟁을 벌일 만큼의 사상가는 아니었으며, 진화에 대한 그의 입장에 대해 별다른 관심이 없었다. 다윈은 자신의 《자서전》에서 에든버러에서의 경험을 회

---

41) 〔역주〕 영국의 저명한 지질학자. 지구상의 물리적 구조의 변화와 지구에서 살아가는 생명체의 변화는 모두 태초에 지구가 탄생할 때부터 작용한 법칙과 동일한 자연법칙의 지배를 받으며, 초자연적인 신의 개입의 영향을 받지 않는다고 주장했다. 이 개념은 '동일과정설'로 알려져 있다. 한편 그는 종들이 먹이와 영역을 두고 벌이는 싸움에서 어떤 종은 승리하고 어떤 종은 패배하기 때문에 결국 강한 종이 번성한다는 입장을 기꺼이 받아들였다. 라이엘은 지구 발달에 대한 해석뿐만 아니라 생물 진화의 기초를 확립한 업적을 남겼다.

42) Darwin, *Autobiography*, p. 77.

상하고 있다. "어느 날 함께 산책을 하는데 갑자기 '그랜트 박사'라는 사람이 라마르크와 그의 진화에 대한 의견에 대해 큰 소리로 칭찬하기 시작했다. 판단해 보건대 나는 그로부터 별다른 영향을 받지 않은 채, 소리없이 놀라면서 그의 말을 들었다."[43] 다윈에게 영향을 준 라이엘은 종의 변이성을 인정하지 않았는데, 비글호가 출항할 무렵 젊은 자연사 연구자 다윈 또한 종의 가변성에 대한 그의 회의론적 입장을 공유하고 있었다.

비글호의 항해

비글호의 임무는 항해 초기에 시작했던 남미의 해안 관측을 완수하는 것 외에 세계를 돌면서 일련의 연대 측정을 하는 것이었다(자연사 탐구는 이와 같은 긴 여행의 원래 목적이 아니었다). 연대 측정은 경도를 더욱 정확하게 정하는 데 필요했다. 이를 위해 장비사용 전문가인 피츠로이 선장은 22개의 경도 측정기를 배에 실었으며, 선원 중에는 이들을 관리할 기기 제작자가 포함되었다.

피츠로이는 여러 측면에서 전형적인 19세기의 선장이었다. 그는 완고한 규칙주의자였으며, 선원들이 두려워하면서 존경하는 지휘관이었다. 항해 4개월째에 다윈이 여동생에게 쓴 편지에는 다음과 같은 내용이 담겨 있었다. "지금까지 만난 사람 중 나폴레옹이나 넬슨을 연상케 하는 사람은 그가 처음이야. 물론 그가 영민하다고 할 수는 없어. 그럼에도 나는 그가 극복할 수 없을 정도로 위대하거나 높다고 생각하는 것은 없다고 확신해. 사람들에 대한 그의 지배능력은 상당히 흥미롭구나."[44] 출항 당시 피츠로이가 다윈보다 4살 위인 26살에 불과했다는 사실을 생각하면 더욱 호기심이 느껴진다.

그런데 이러한 사람은 흔히 커다란 덕 못지않게 커다란 결함을 아울러 가지고 있다. 피츠로이가 바로 그런 사람이었다. 다윈은 그에 대해 다음

---

43) 앞의 책, p. 49.
44) Darwin, *Correspondence* i. p. 226.

과 같이 썼다.

> 피츠로이는 매우 고귀한 특징을 많이 갖춘 비범한 성격의 소유자였
> 다. 그는 자신의 임무에 전념했고, 잘못에 관대하고, 대담하고, 단
> 호했으며, 누구에게도 지지 않을 정도로 정력적이었을 뿐만 아니라
> 그의 지배하에 있는 모든 사람들의 열정적인 친구였다. 그는 도와주
> 어야겠다고 생각한 사람들을 지원하기 위해 어떤 어려움도 감내하려
> 했다. 그는 미남인데다가 아주 예절바른 태도를 지닌 유달리 신사다
> 운 사람이었다. 45)

이와 같이 훌륭한 자질을 가졌음에도 피츠로이는 호감을 느낄 수 있는
동반자는 아니었으며, 그와 가까운 숙소에서 5년을 산 것이 행복한 경험
은 아니었다. 그는 동료들과 의견이 맞지 않을 때 양보할 줄 모르는 편협
하고 독단적인 사람이었다. 다윈은 피츠로이와의 대화에서 주로 그가 이
야기하고 자신은 듣는 입장이었다는 점에 대해 불만을 토로했다. 설상가
상으로 그는 성경을 신봉하는 대단한 종교적 광신자였으며, 열렬한 노예
제도 옹호론자(다윈은 이를 혐오했다)였다. 수년 후 다윈은 다음과 같이
회상했다.

> 우리는 여러 번 다퉜다. 화가 나면 그는 완전히 이성을 잃었다. 일
> 찍이 브라질의 바하이(Bahai)를 항해중일 때 그는 내가 극히 싫어하
> 는 노예제도를 옹호하고 찬양했다. 그리고는 자신이 많은 노예를 거
> 느린 노예 소유주를 방금 방문했는데, 그 소유주가 노예를 불러 모
> 아서 그들에게 행복하냐고, 자유롭게 되길 원하느냐고 물었더니 모
> 두가 "아니오"라고 답했다고 내게 이야기해 주었다. 이런 이야기를
> 듣고 나는 경멸어린 태도로 주인이 있는 곳에서의 노예들의 대답이
> 어떤 가치가 있다고 생각하느냐고 물었다. 이것이 그를 몹시 화나게
> 만들었고, 자신의 말을 의심하기 때문에 우리가 더 이상 함께 살 수

---

45) Darwin, *Autobiography*, pp. 72~3.

없다고 말했다. 46)

몇 시간이 지난 후 피츠로이의 노여움이 가라앉았고, 모든 것이 정상으
로 되돌아왔다. 어떤 방식으로 피츠로이를 칭찬하긴 했어도 다윈이 피츠
로이를 좋아하지 않았다는 점에는 거의 의심의 여지가 없다. 항해를 마치
고 3년이 지난 후인 1839년 다윈은 선장을 "모든 사물이나 사람을 비뚤어
진 시각으로 보는 데에 최고의 기술을 가진 사람"47)이라고 서술했다.

다윈은 배에 승선했던 다른 사람들과는 좋은 관계를 유지했다. 말할 것
도 없이 그는 '문벌이 좋은 사람'(gentleman)이었으나 오만하지 않았고,
그의 전 생애를 통하여 온갖 유형의 사람들과 쉽게 친구가 되었다. 이러
한 특징은 그가 농부나 비둘기 양육사뿐만 아니라 학자에게서 연구에 필
요한 자료를 제공받는 데 도움이 되었다. 비글호에 승선하고 있는 동안
그는 끊임없는 뱃멀미로 고생했다. 이와 더불어 다윈은 항해 경험이 부족
하다는 사실로 항해에 적합하지 못한 사람으로 낙인이 찍힐 수도 있었다.
하지만 그는 계속 불편을 느끼면서도 자기가 맡은 임무를 끈질기고도 헌
신적으로 수행함으로써 선원들의 존경을 받았다. 마침내 선원들은 여러
가지 방법으로 자진하여 다윈을 도우려 했다.

단 한 사람의 예외는 배의 의사인 맥코믹(Robert McCormick)이었다.
그 또한 자연사 연구자로서 비(非) 상근으로 근무하기로 되어 있었다. 19
세기에는 의사가 탐험에서 그러한 협약을 맺는 것이 일상화되어 있었다.
사실상 탐험을 하면서 '공식적으로' 수집의 역할을 담당해야 할 사람은 다
윈이 아니라 맥코믹이었다. 다윈이 배를 탄 것은 대체로 선장의 이야기
상대가 되기 위해서였다. 하지만 다윈에게는 맥코믹이 갖지 못한 이점이
있었다. 즉, 항구에 정박했을 때 맥코믹이 배안에 머물렀어야 함에 반
해, 다윈은 내륙 깊숙이 긴 답사를 할 수 있는 재원을 가지고 있었던 것이
다. 맥코믹과는 달리 다윈은 심지어 조수까지도 고용할 수 있었다. 얼마

---

46) 앞의 책, pp. 73~4.
47) Darwin, *Correspondence* ii. p. 80.

있지 않아 다윈의 작업이 맥코믹의 그것을 무색하게 만들었으며, 결국 2
년 후 맥코믹은 비글호를 떠나 영국의 집으로 되돌아갔다.

　다윈의 과제는 비글호가 방문하는 여러 장소의 지질, 화초와 동물군을
상세하게 관찰하는 것이었다. 그는 관찰 내용을 매일 일지에 기록하면서
매우 신중하면서도 상세하게 자신의 임무를 완수했다. 우리는 대부분 이
와 같이 5년의 세월을 보내는 것을 지겹다고 생각할 것이다. 하지만 딱정
벌레에 정신이 빠져 있는 젊은이에게 이와 같이 시간을 보내는 것은 참된
즐거움이었다. 2개월간의 항해 끝에 탐험대는 브라질에 도착했고, 다윈
은 다음과 같이 기록했다.

　　하루하루가 즐겁게 지나갔다. 하지만 즐거움이란 단어만으로는 한
　　자연사 연구자가 최초로 브라질의 밀림을 이리저리 돌아다니면서 느
　　끼는 바를 나타내기에 부족하다. 초원의 우아함, 기생초목의 신기
　　함, 화초의 아름다움, 광택이 나는 푸른빛의 잎. 하지만 무엇보다도
　　초목들의 무성함은 내 가슴을 경이로움으로 가득 채웠다. 자연사를
　　사랑하는 사람에게 이와 같은 나날들은 다시 경험해 볼 수 없는 깊은
　　즐거움을 선사한다. 48)

　이처럼 기분 좋은 날은 선장이 노예제도에 대해 장광설을 늘어놓은 시
기이기도 했다. 이렇게 보았을 때 항해는 출발부터 과학적 경이로움과
개인적 스트레스가 예상할 수 없을 정도로 뒤섞여 있었다.

　탐험은 남미 내륙과 그 주변에서 3년에 걸쳐 이루어졌다. 이 기간 동안
다윈은 수주에 걸쳐 동료들에게서 떨어져 여러 번 내륙 지방을 힘들게 여
행하곤 했다. 그의 여행 일정은 대부분 순간의 행운에 의해 결정되었다.
예를 들어 다윈의 탐험은 다음과 같은 방식으로 시작되었다. "나는 프리
우 곶(Cape Frio) 49) 북쪽, 수도에서 100마일 이상 떨어진 곳에 위치해

48) Darwin, *Journal of Researches*, pp. 11~12.
49) 〔역주〕브라질 리우데자네이루 주 남동부 대서양 연안에 있는 갑(岬). 리우
　　데자네이루 시에서 동쪽으로 113km 떨어져 있다. 1503년 아메리고 베스푸치

있는 사유지에 가려는 한 영국인과 만났다. 나는 함께 동행해도 좋다는 그의 친절한 제안을 기쁘게 받아들였다."50) 이런 식으로 다윈은 배가 연대 측정을 위하여 다른 곳에 가 있는 3개월간 여행을 떠났다. 그런데 그 당시도 정치적 음모로 분열된 땅에서는 이방인의 신변 안전이 보장되지 않았다. 아르헨티나에서의 한 약탈사건에 대하여 다윈은 아래와 같이 기술했다.

> 상륙하는 순간 나는 거의 죄수나 다를 바 없었다. 왜냐하면 도시는 광폭한 저항 세력들에 의해 거의 봉쇄되었기 때문이다. 나는 여러 장군들을 찾아다녔고(엄청나게 비싼 비용을 들여), 마침내 나는 여권 없이 도시로 걸어 들어가도록 승낙을 받았다. 이때 나는 날품팔이 노동자와 행낭을 남겨 두고 떠나야 했다. 그럼에도 나는 목이 달아나지 않고 여기에 있다는 사실만으로도 자비로운 신께 감사드린다.51)

남미에서 보여 준 다윈의 모험심은 영국에 돌아온 후 그가 영위하려 했던 조용한 삶과는 너무나도 대조적이다. 다운 하우스와 런던은 26km밖에 떨어져 있지 않지만, 다윈은 이 거리를 왕복하는 것조차도 버거워했다.

다윈은 관찰 결과를 기록하는 일 외에도 화석과 동식물의 표본을 대량으로 수집했는데, 그는 이들을 자신의 작업 내용을 기록한 수많은 편지들과 함께 영국으로 보냈다. 비교적 규모가 작은 영국의 학계에서 이러한 소식은 빠르게 퍼져 나갔으며, 이즈음에 다윈은 명성을 얻기 시작했다. 다윈이 학생이었을 때 관심을 가졌던 케임브리지 대학의 지질학자 세즈윅은 젊은 자연사 연구자가 "남미에서 놀랄 만한 일을 하고 있으며, 값으로 평가할 수 없는 수집물을 이미 고국으로 보냈다. … 그가 하찮은 인간으로 보일 뻔한 시기가 있었으나, 그의 명성은 이제 움직일 수 없어졌으며, 신이 그와 함께 하신다면 그는 유럽의 자연사 연구자들 중에서

_____

에 의해 발견되었다.

50) Darwin, *Journal of Researches*, p. 19.
51) Darwin, *Correspondence* i., p. 342.

커다란 명성을 얻을 것이다"52) 라고 말했다.

만약 다윈이 단순히 수집가이자 기록자였다면 절대로 그처럼 커다란 업적을 이루지 못했을 것이다. 그가 개별 사실에 대해 매우 열중했음은 분명하다. 하지만 그는 그것 이상으로 좀더 이론적인 유형의 문제들에 대해 끊임없이 스스로 의문을 제기했다. 그의 일지는 동물들이 지금과 같이 분포하고 있는 이유가 무엇이며, 그가 수집한 뼈의 주인이었던 종이 멸종해 버린 이유가 무엇이었을까 등과 같은 의문에 대한 깊은 사색으로 가득 차 있다. 이와 같은 마음 자세를 갖춘, 관찰 경험이 축적된 어떤 자연사 연구자가 '변이 가능성 가설이 어떤 혼란스러운 의문들을 푸는 열쇠가 되지 않을까'에 대해 곰곰이 생각해 보지 않았다면(아무리 헛되다고 해도), 그야말로 놀랄 만한 일이 아니겠는가? 다윈이 실제로 이러한 변이 가능성의 문제를 직접 자문해 보았는지 우리는 모른다. 하지만 우리는 그가 끊임없이 이런 문제에 대해 고심했으며, 항해가 끝날 무렵에는 불변성에 대한 자신의 오랜 믿음을 부정하는 단계에 접어들었다는 사실을 분명 알고 있다.

1835년 9월 비글호는 마침내 남미를 떠나 에콰도르에서 서쪽으로 1,046㎞ 떨어진 갈라파고스 섬에 도착했다. 13개의 큰 섬과 수없이 많은 작은 섬들로 이루어진 이 군도에는 주로 정치적 범죄로 추방된 에콰도르 흑인들이 살고 있었다. 탐험대는 이 섬에 5주간 머물렀고, 다윈은 3주를 해변에서 보냈다.

다윈의 이 섬 방문을 둘러싼 무성한 소문이 있으며, 이제 사실과 상상을 분리하기가 어렵게 되었다. 우리는 5년 동안 항해하면서 다윈이 종의 불변성에 대해 의문을 갖기 시작했다는 사실을 알고 있다. 하지만 그것이 언제일까? 그것이 점진적인 마음의 변화였기 때문에 정확한 날짜를 말할 수 없는가? 아니면 그를 깜짝 놀라게 한 구체적인 관찰 때문에 의문이 제기된 것인가? 후일 다윈은 갈라파고스 섬에서 보낸 수 주간이 자연

---

52) Sedgwick, *Life and Letters* i ., p. 380.

선택에 의한 진화를 파악하게 된 결정적인 시기였다는 믿음을 스스로 만들어냈다. 하지만 이는 다윈이 그곳에서 관찰했던 바가 자연선택을 완벽하게 보여주었다는 이후의 깨달음에 의해 유발된, 신뢰할 수 없는 기억이었을 수가 있다. 일지를 살펴보면 그 당시 다윈이 그곳에서 본 바에 대해 어떤 특별한 반응을 나타냈음을 시사하는 모습이 뚜렷하게 발견되지 않는다.

어찌되었건 갈라파고스 섬은 일종의 진화 실험 연구실이었다. 지질학적으로 갈라파고스 섬은 화산작용에 의해 근래에 탄생 — 수백만 년밖에 안 된 — 했으며, 그리하여 '토착' 생물이 없다. 그곳의 식물과 동물들은 본래 남미에서 건너왔을 것이다. 섬들은 최초의 이주 동식물들이 여러 섬들로 흩어져 정착할 수 있을 만큼 서로 가까운 거리에 있었다. 하지만 그러한 섬들은 동식물들이 일단 정착하고 나서는 서로 독립적으로 번식하는 개별적인 개체군 집단을 형성할 만큼 충분히 멀리 떨어져 있기도 했다. 최종적으로 지역 환경조건에 대한 상당한 적응이 이루어질 만큼 충분한 시간이 흘렀고, 이와 같은 과정을 거쳐 진화적 변화가 쉽사리 관찰될 수 있는 모든 조건이 갖추어지게 되었다. 섬에 서식하고 있는 동식물들은 거주지역 환경에 적응하면서 공통의 모체로부터 다른 종으로 진화했을 것이다. 다윈은 나중에 과거를 회상하면서 바로 이것이 자신이 관찰한 바였음을 깨달았다.

대중적으로 알려진 이야기에 따르면 다윈은 섬에서 발견된 거북과 핀치 새에 특히 감명을 받았다. 그는 일지에 거북을 장황하게 기록했는데, 아이 같은 모습이 느껴지는 다음과 같은 기록을 살펴볼 수 있다. "나는 심심찮게 거북의 등에 올라탔으며, 껍질의 뒷부분을 툭툭 치면 일어나서 걸어갔다. 이때 나는 중심을 유지하기가 매우 어려웠다."[53] 거북에 대한 관찰 중 뚜렷하게 주목받을 만한 내용은 거의 없다. 그러한 관찰에 대한 서술은 그가 다른 종을 언급할 때와 크게 다를 바가 없다. 하지만 이어서

---

53) Darwin, *Journal of Researches*, p. 385.

그는 다음과 같은 내용을 추가하고 있다.

> 지금에 와서야 나는 이 군도의 자연사에서 살펴볼 수 있는 단연 가장
> 주목할 만한 특징을 파악하게 되었다. 그것은 각기 다른 섬에 서로
> 매우 다른 일련의 생물들이 살고 있다는 사실이다. 이러한 사실에
> 대해 최초로 내가 관심을 갖게 된 것은 부총독 로슨(Lawson) 씨 때
> 문이었다. 그는 거북이 섬마다 서로 다른 모습을 하고 있으며, 이에
> 따라 어떤 거북이 어떤 섬의 거북인가를 명확하게 구분할 수 있다고
> 주장했다. 한동안 나는 그의 이러한 말에 별로 관심을 기울이지 않
> 았으며, 이미 두 개의 섬에서 수집한 내용들을 일부 섞어 놓았다.
> 나는 불과 80에서 97㎞ 떨어져 있고, 각각의 섬이 대부분 가시거리
> 내에 있으며, 완전히 동일한 바위로 이루어져 있고, 상당히 유사한
> 기후 조건하의, 거의 동일한 높이로 솟아있는 이들 섬들에 다른 모
> 습의 동식물이 살고 있으리라고는 생각조차 하지 못했다. … 이는 생
> 물 분포에 관한 매우 주목할 만한 사실이었는데, 나는 이를 뒷받침
> 할 수 있는 충분한 자료를 확보했다.[54]

나중에 다윈이 진화의 메커니즘에 대한 신비를 풀 때 '매우 주목할 만
한 사실'은 상당히 중요한 역할을 한다는 점이 밝혀진다.

핀치는 더욱 주목할 만했다. 다윈은 13종의 개별 핀치 종을 발견했는
데, 이들은 각각 서로 다른 섬에 서식하고 있었고, 각자 자신들이 살고
있는 구체적인 환경에 적응하고 있었다. 특히 각각의 핀치는 부리 모양
이 서로 달랐는데, 이들은 서로 다른 종류의 먹이를 구하는 데에 적절하
게 적응되어 있었다. 어떤 섬에는 견과류가 풍부했는데, 그 섬의 핀치는
견과를 깨서 먹는 데에 적합한 부리를 가지고 있었다. 또 다른 섬에 흔한
먹이는 곤충이었는데, 그곳 핀치는 곤충을 잡아채는 데 좋은 부리를 가
지고 있었다. 대체로 보았을 때 핀치의 부리는 이처럼 서로 달랐다. 다양
한 종류의 부리를 묘사하고 난 후 다윈은 다음과 같이 썼다.

---

54) 위의 논문, p. 394.

어떤 밀접한 관계가 있는 소규모의 조류집단의 점진적인 구조적 변
화와 다양성을 보고 있노라면, 우리는 이 군도에 원래 살고 있던 소
수의 핀치로부터 한 종이 선택되어 원래와 다른 용도를 위해 변형되
었다고 상상할 수 있다. 55)

오늘날 동물학자들은 이 새를 '다윈의 핀치'라 부른다. 이러한 사실과
이에 대한 다윈의 논평에 주목해 볼 때, 이 시기에 다윈은 종의 불변성에
대한 자신의 신념을 포기하기 직전의 단계에 다다랐음이 분명한 듯하다.
그에게는 '변이를 수반한 유전'(descent with modification)이 명백하게 느껴
졌다. 현재의 거북과 핀치는 공통 조상의 후손들로, 다윈이 말하고 있는
바와 같이 '다른 용도(ends)를 위해 모습이 변형되었다'. 이리하여 다윈이
갈라파고스에 살고 있는 동식물과 마주침으로써 진화론자가 되었다는 대
중적인 이야기가 만들어지게 되었다.

이는 그럴싸한 일화지만 유감스럽게도 사실이 아니다. 우선 거북에 대
해 말하자면 그들은 섬들마다 모습이 달랐지만 사실상 별개의 종은 아니
었다. 그들은 단지 한 종의 변이(variation) 56)에 불과했다. 다윈을 포함
한 모든 자연사 연구자들은 한 종이 널리 분포함으로써 변이가 발생하게
된다는 사실을 잘 알고 있다(아프리카인들과 스칸디나비아인들 간의 현저
한 차이는 그다지 주목할 만한 사실이 아니다). 일단 각각의 거북이 단지 변
이에 지나지 않음이 분명하다면, 그들이 뚜렷하게 다르다는 로슨 씨의
'의외의 사실에 대한 폭로'는 별다른 흥분거리가 아니다.

핀치들은 분명 독립된 종이며, 따라서 훨씬 흥미롭다. 그리고 위에서
인용한 유명한 문장은 다윈이 '변이를 수반한 유전'을 뚜렷하게 인식했음

---

55) 앞의 책, p. 381.
56) 〔역주〕같은 종의 생물에서 볼 수 있는 형질의 차이. 예를 들어 한 나무에
   달려있는 나뭇잎의 크기나 사람들의 키, 몸무게, 머리카락색이나 피부색의
   차이가 모두 변이이다. 변이는 모든 형질에 나타날 수 있으며, 어떤 형질이
   생존이나 생식에 유리하다면 자연선택에서 그 개체는 다른 개체보다 유리한
   입장에 놓이게 된다.

을 보여주고 있는 듯하다. 하지만 위의 문장은 자연선택 이론이 체계적으로 제시된 후 꽤 시간이 흐른 1845년 다윈의 신판 일지들이 출간되었을 때 추가된 내용이다. 초판에서는 이 문장이 보이지 않는다. 뿐만 아니라 핀치가 자연선택설을 완벽하게 예증하고 있고, 《종의 기원》이 비교의 사례들로 가득함에도 불구하고 책에서 핀치에 대한 내용은 보이지 않는다. 이렇게 보았을 때, 전해지는 이야기가 시사하는 바와는 달리 핀치에 대한 사례들이 다윈의 사유에서 두드러진 위치를 점하고 있었던 것 같지는 않다.

결론적으로 비글호 항해에 관한 다른 많은 일화들과 더불어 갈라파고스 방문은 종이 변하지 않는다는 다윈의 신념을 약화시키는 데에 중요한 역할을 했다. 하지만 그렇다고 갈라파고스 방문이 결정적으로 중요한 것은 아니었다. 더욱 설득력이 있는 주장은 다윈이 한두 가지의 놀랄 만한 발견이 아니라 그러한 발견을 포함한 많은 관찰에 종합적으로 영향을 받음으로써 진화론으로 서서히 전환했다는 것이다. 돌이켜 보았을 때 다윈에게 이들 섬에서 본 내용들이 특별히 중요하게 보였을 수 있는 이유는 그가 그곳에 머물렀을 시기가 비교적 항해의 후반이었고, 이때 이미 다른 축적된 경험과 의문들이 마음속에서 작동하기 시작했기 때문이었는지도 모른다.

물론 오늘날의 독자들은 대체로 다윈이 비글호 항해로 인해 자연선택 이론을 제창해 냈다고 생각하기 때문에 이에 관심을 갖는다. 그런데 그렇게 생각하는 것은 꿈보다 해몽이 좋은 격이라 할 수 있다. 하지만 항해는 진화론과 무관한 다른 성과를 거두기도 했다. 이러한 성과는 당대 과학자들에게는 직접적인 커다란 관심사 중의 하나였고, 이로 인해 다윈은 떠오르는 과학자로서의 명성을 굳히게 되었다. 항해 도중 다윈은 오랫동안 지질학자들을 난감하게 만든 의문을 해결했는데, 즉 그는 산호초 형성에 관한 난제를 해결했던 것이다. 그 당시 "바닥을 알 수 없는 대양으로부터 불쑥 솟아난 기이한 고리모양의 산호 땅"[57]으로 이루어진 환상(環狀)의 산호섬은 완전히 불가해한 것이었다. 산호가 고리모양을 이루는 이유는 무엇인가? 우리가 알기로 산호는 20 내지 30패덤 (*fathoms*) 58) 이상의 깊은 곳에서 살 수 없다. 그런데 산호가 어떻게 '바닥을 알 수 없는 대양'에서 고리모양을 형성했을까? 환상 산호섬은 어디에 기반을 두고 있을까?

다윈의 설명은 간단명료했다. 그는 산호가 섬을 둘러싸고 있는 얕은 물에서 자란다는 이론을 제안했다. 처음에는 섬에 인접하여 산호가 성장한다. 그러나 이윽고 지질학적인 힘으로 인해 땅이 바다 밑으로 느리게 가라앉기 시작한다. 그럼에도 살아있는 산호는 원래의 고리 형태를 따라 계속 위로 성장한다. 그 후 남아 있게 되는 것은 더 이상 남아 있지 않은 섬 모양의 윤곽을 따라 만들어진 고리 모양의 산호다. 우리는 이와 유사한 방식으로 섬과 육지를 둘러싸고 있는 산호초 또한 설명할 수 있다. 즉 이 경우는 땅 덩어리의 '침하'가 시작되었지만 환상 산호섬이 만들어지는 데에까지는 진행되지 않은 것이다.

다윈의 설명 패턴은 꽤 흥미롭다. 다윈은 자서전에서 "이론은 전체적으로 내가 실제 산호초를 보기 전 남미의 서부 해안에서 착안했다"59) 라고 적고 있다. 어떤 의미에서 이는 일종의 추측이었다. 하지만 이는 과학에서 반드시 필요하다고 할 수 있는 일종의 영감을 통한 추측이다. 다윈은 그 당시 알려진 사실을 근거로 탐사를 하면서 봤던 사실을 어떻게 설명할 수 있을까를 자문해 보았다. 다윈은 비글호에 승선해 있던 사람들이 태평양을 가로질러 서쪽으로 항해하면서 마주치는 산호초와 환상 산호섬을 면밀히 조사함으로써 자신의 설명을 확증하고 증명할 수 있었다. 자연선택 이론은 이와 유사한 정신에 입각해 체계화되어야 했다. 알려진 사실들은 혼란을 야기한다. 그러한 혼란은 제기된 이론이 확증될 경우 정리가 가능하다. 그 다음으로 더욱 심층적인 탐구를 통해 이론이 확증된다.

비글호는 귀국길에 호주를 방문하고 또 여러 섬에 정박한 후, 다시 남

57) Darwin, *The Structure and Distribution of Coral Reefs*, p. 88.
58) 〔역주〕1패덤=1.83m.
59) Darwin, *Autobiography*, p. 98.

56

미에 잠시 들렀다가 마침내 지구 일주 항해를 끝마쳤다. 함께 승선했던 동료들은 1836년 10월 2일 영국으로 되돌아왔다. 나중에 다윈은 "나는 항해 덕분에 처음으로 참다운 정신 훈련과 교육이 이루어질 수 있었다고 항상 느끼고 있다"[60] 고 회고하고 나서 다음과 같이 덧붙였다.

> 내 자신에 대해 판단해 보건대, 나는 항해 동안 최선의 노력을 기울였다. 이는 단순히 탐구가 주는 즐거움 때문이기도 했고, 자연과학의 어마어마한 양의 사실에 일부 사실을 추가하려는 강한 욕구 때문이기도 했다. 이와는 별개로 나는 과학자로 크게 성공하겠다는 야망을 가지고 있기도 했다. 이것이 동일 분야의 과학자들의 야망보다 더 컸는지 알 수 없지만 말이다.

시골 목회자가 되겠다는 생각은 사라져 버렸다. 이제 다윈의 유일한 목표는 과학자들 사이에서 '상당한 위치를 차지'하는 것이 되었다.

오늘날 《비글호의 항해》(*The Voyage of the Beagle*) 로 알려져 있는 다윈이 쓴 여행에 관한 장편의 서적은 3년 후 출간되었는데, 이는 곧바로 대중적인 성공을 거두었다. 1840년대의 여행 경험이 없었던 영국인에게 이 책은 이국땅에서 겪었던 환상적인 모험담으로 느껴졌다. 다윈은 지질학과 자연사뿐만 아니라 해적, 해골, 위험스러운 반란군, 환상적인 짐승, 식인 풍습, 살인 등의 이야기를 삽입했다. 책이 성공한 또 다른 이유는 다윈의 호감 가는 인품 때문이었다. 1인칭으로 쓴 이 책은 한 인간으로서의 다윈에 대한 내용으로 가득 찼으며, 그 사이로 그의 원기왕성하고 인간적이면서 재치가 넘치는 품성이 빛을 발했다. 심지어 책은 도덕적 기풍마저 뚜렷하게 느껴졌다. 그는 한 쪽 이상을 할애하여 노예제도를 통렬히 비판했는데, 그의 의견은 노예 폐지를 옹호하는 입장에서 쓴 글 중에서 가장 감동적인 것 중에 하나였다. 다음은 브라질에서 한 노예와 우연히 만난 장면에 대한 다윈의 서술이다.

---

60) 앞의 책, p. 77.

매우 시시한 일화를 한 가지 들려주겠다. 이때 있었던 일은 잔혹성
을 다룬 다른 어떤 이야기보다도 그 당시 내 마음을 아프게 했다. 나
는 매우 우둔한 한 흑인과 나루터를 건너고 있었다. 그를 이해시키
려고 애쓰는 가운데 나는 큰소리로 말하면서 손짓을 했는데, 그러면
서 내 손을 그의 얼굴 가까이에서 움직였다. 회상해 보건대 그는 내
가 흥분하고 있으며, 자신을 때리려 한다고 생각했던 것 같다. 왜냐
하면 즉시 그는 놀란 표정을 지으면서 눈을 내리깔고 손을 떨어뜨렸
기 때문이다. 그는 매우 힘이 센데도 자신의 얼굴을 향해 휘두르는
(자신이 생각하기에) 주먹을 막아 내는 것마저도 두려워했는데, 이
러한 모습을 보고 내가 느낀 놀라움, 혐오감, 그리고 수치스러움은
절대 잊지 못할 것이다. 이 사람은 대부분의 힘없는 동물들보다도
나쁜 대우를 받는 데에 익숙해지도록 훈련을 받았던 것이다. [61]

다윈은 또 다른 3권의 책을 썼는데, 이들은 항해 중 자신의 지질학적
탐사를 다룬 순전히 과학적인 저술이었다. 이를 통해 그는 '과학자들 가
운데에서 상당한 위치'를 급속하게 확보하게 된다. 선장 피츠로이도 항해
에 대한 책을 썼는데, 거기서 그는 창세기의 창조론이 진실임을 확인하는
증거를 확보했다고 주장했다. 그는 더욱 성마르고 비참한 모습으로 변해
갔다. 이내 그는 다윈의 성공을 시기하기에 이르렀고, 다윈의 명성이 높
아짐에 따라 그의 빈정댐은 늘어만 갔다. 그의 경력에 실패라는 말을 붙
이기는 어렵다. 1840년대에 그는 뉴질랜드의 총독으로 재임하기도 했다.
하지만 그의 종교적 입장은 완고해졌으며, 다윈을 자신의 경력상의 오점
이라고 생각했다. 1859년 마침내 다윈이 《종의 기원》을 출간한다. 그는
자신의 생각을 형성하는 데에서 항해가 중요했다는 말로 책을 시작했는
데, 피츠로이는 다윈의 이와 같은 이단적인 모습에 자책감을 느끼며 괴로
워했다.

본인이 깨닫지 못했을 수 있지만 피츠로이의 자책은 옳았을지도 모른
다. [62] 20대에 그와 같은 사람과 5년을 함께 보낸다는 것은 분명 흔적을

---

61) Darwin, *Journal of Researches*, pp. 24~5.

남긴다. 이러한 측면에서 다음과 같은 굴드의 의견은 합당해 보인다.

> 선상에서의 다윈의 입장을 생각해보라. 그는 자신이 비난할 수 없는 권위적인 선장과 매일같이 5년 동안 함께 식사를 해야 했다. 선장의 정치관과 태도는 다윈의 모든 신념과 맞지 않았으며, 근본적으로 다윈은 그를 싫어했다. 5년에 걸쳐 계속 설교를 듣게 되면서 어떤 '무언의 비법'이 다윈의 두뇌에 작용했는지 누가 알겠는가. 적어도 다윈의 철학과 진화론이 나타내는 유물론적, 반유신론적 경향을 고무하는 데에는 핀치보다 피츠로이가 훨씬 중요했을지도 모른다.[63]

《종의 기원》이 출간된 지 6년 후, 그리고 다윈주의를 여러 번 공개적으로 비난한 후 보잘 것 없는 인물이 되어버린 피츠로이 선장은 결국 자살했다.

자연선택을 발견하다

귀국 후 다윈은 런던에 거처를 마련했다. 그는 곧 지질학회에 가입할 수 있었는데, 이는 그가 과학적으로 성공하여 돌아왔음을 보여주는 징표였다. 그에게 학회에서 말할 기회가 자주 주어졌으며 — 당시 그는 최근에 여행을 했고, 이를 통해 회원들이 관심을 갖는 많은 주제들에 대한 직접적인 지식을 갖추고 있었다 — 일 년도 채 되지 않아 학회의 임원이 되었다. 이와 같은 배타적인 모임에 쉽게 가입할 수 있었던 것은 세즈윅 덕분이었다. 그는 다윈에 대해 잘 알지도 못하면서도 남미에서 온 다윈의 편지를 모임에서 큰 소리로 낭송해주었다. 이 모임의 지도자격인 라이엘은 다윈의 가장 가까운 친구가 되었다. 이제 다윈이 한량이나 목사가 될

---

62) 〔역주〕 저자는 여기서 피츠로이의 종교관을 포함한 생각 또는 태도가 다윈을 견디지 못하게 만들었으며, 이로 인해 다윈이 그의 생각과는 반대되는 진화론을 생각해 냈을지도 모른다고 다소 익살스럽게 이야기하고 있다.

63) Gould, *Ever Since Darwin*, p. 33.

수 없음은 분명해졌다. 그는 과학적 탐구에 모든 시간을 바치려 했다.

집으로 돌아온 지 10개월이 지난 1837년 7월 다윈은 첫 번째 "변형에 관한 노트"(Transmutation Notebook)를 공개했다. 이는 자신이 진화론 자임을 명백하게 밝힌 최초의(적어도 우리가 알기로는 최초의) 사건이었다. 그는 '진화'라는 용어를 전혀 쓰지 않았다. 그가 주로 사용한 용어는 처음에는 '변형'이었고, 나중에는 '형질 변이의 유전'이었다. 어떤 용어들이 사용되었건 다윈은 '신비 중의 신비', 즉 종의 문제에 대한 탐구를 기록하기 위해 이 노트를 썼다. 이제 그는 종의 진화를 받아들였고, 어떻게 그것이 가능한가를 발견하기 위해 전념했다. 자신보다 앞선 시대에 살았던 라마르크처럼 그 또한 변화의 메커니즘을 규명하기 위해 노력했다.

이후 2년 동안 다윈은 두 가지 생활을 병행했다. 공적으로 그는 종의 문제와는 전혀 무관한 연구에 종사했다. 그는 토양 형성에서의 지렁이의 역할이라던가, 스코틀랜드 북부 고지대의 그렌 로이(Glen Roy)에 있는 호안 단구열(*parallel road*)⁶⁴)의 지질학적 기원 등과 같은 주제를 가지고 지질학회에서 강연했다. 그는 비글호의 항해에 관한 책을 집필했고, 여행에서 가져온 수집물의 배치작업에 참여하기도 했다. 이와 동시에 그는 개인적으로 노트에서 자신을 더욱 강하게 사로잡은 과제, 즉 라마르크의 의문에 답하고자 노력했다.

1839년 말 그는 수수께끼를 풀 수 있는 실마리를 발견했다. 그는 자신이 나중에 '자연선택'이라 부른, 단순성이 매우 돋보이는 한 이론을 정식화했다. 이러한 이론에 따르면 진화적 변화는 세 가지 뚜렷한 사실들의 필연적 귀결이었다.

인구의 기하급수적 증가. 어떤 단일 종의 동물이나 식물 개체군의 크기는 제재를 가하지 않은 채 방치할 경우 세상이 넘쳐날 때까지 증가할 것이다. 예를 들어 보자. 한 부모가 10명의 자손을 출산하고, 이들이 각각

---

64) 빙하호와 관련된 지형으로, 빙하가 후퇴할 때 유출하천의 바닥이 저하되면서 호안단구가 만들어진다. 스코틀랜드의 그렌 로이(Glen Roy)에 있는 호안단구열이 가장 대표적으로, 애거시즈(Alexander Agassiz)가 보고한 바 있다.

또 다시 비슷한 수의 자손을 출산한다. 이런 식으로 계속 동일한 과정이 반복될 경우 1세대에는 1명, 2세대에는 10명, 3세대에는 100명, 4세대에는 1,000명으로 인구가 증가할 것이며, 이러한 과정이 무한정 지속될 것이다.

변이. 동일종 내의 개체들이 서로 완전히 동일한 경우는 없다. 그들은 각기 특수한 형질을 갖추고 있다는 점에서 서로 다르다.

유전. 개체들은 자신들의 특수한 형질을 후손들에게 전하려는 경향이 있다.

이들 세 가지 요인을 한꺼번에 묶는다면 어떤 일이 일어날까? 먼저 우리는 동물들(혹은 식물들)이 모두 살아남을 수 없음을 분명하게 알 수 있다. 만약 그들이 모두 살아남는다면 세상은 얼마 있지 않아 넘쳐 날 것이다. 이에 따라 생존 경쟁이 일어날 것이며, 여기에서 일부는 살아남고 일부는 죽어서 사라질 것이다. 그런데 만약 동물들 사이에 변이, 다시 말해 그들 간의 차이가 있다면 이는 일부 개체가 경쟁에서 유리할 수 있음을 의미한다. 이렇게 말하는 이유는 적어도 그들 사이에서 살펴볼 수 있는 일부 차이로 인해 먹을 것을 확보하거나 포식자를 피하는 등의 개인적인 능력에서 불가피하게 차이가 생길 것이기 때문이다. 유리한 형질을 가진 개체는 생존하여 번식할 가능성이 높다. 이에 따라 그러한 개체는 자신의 형질을 다음 세대로 전할 가능성이 높아질 것이다. 생존하지 못한 개체는 자신들의 특유한 형질을 후대에 전할 수 없을 것이다. 이에 따라 미래 세대는 유리한 형질을 가진 개체들을 닮게 되는 경향이 있다. 이러한 방식으로 종의 형질은 변하게 될 것이며, 이들의 형질이 충분히 변하였을 때 새로운 종이 나타날 것이다. 다윈의 이론에는 더 많은 내용이 담겨 있지만 이는 나중에 재차 거론하기로 한다. 이상에서 언급한 내용만으로도 그의 기본적인 착상을 설명하기에 충분하다.

가장 기본적인 형식이라는 측면에서 보자면 자연선택은 모든 사람이 익히 잘 알고 있는 단순한 사실로부터 추론을 통해 도출해 낸 이론이었다. 다윈은 사실들을 발견하지 않았다. 그의 창조적 재능은 그러한 사실

들을 종합적으로 고찰하고, 이들이 형성한 패턴을 인식하며, 이들의 함
의를 인지한 데에 있었다. 이는 과학 이론을 발견할 때 흔히 살펴볼 수 있
는 현상이다. 20세기 초 수년에 걸쳐 아인슈타인은 유사한 방식의 발견
을 했다. 자연선택 이론과 마찬가지로 특수 상대성 이론 또한 모든 과학
자들이 이미 알고 있던 사실로부터 예기치 않게 추론을 통해 이끌어낸 이
론이었다.

　1837년에서 1839년 사이는 다윈이 자신의 이론을 어떻게 도출해 냈는
지 알고 싶어 하는 학자들의 집중적인 검토가 이루어졌던 기간이었다.
다윈이 심사숙고했던 문제를 해결하기 위해 여러 사람들이 노력했지만
결국 헛수고에 그쳤는데, 다윈은 도대체 어떤 추론 과정을 통해 자신의
이론에 이르렀는가? 《회고록》에서 다윈은 이에 대한 답변을 제시했다.
그는 맬서스(Thomas Malthus)[65]의 저서 《인구론에 관한 소론》(*An
Essay on the Principle of Population*)을 읽고서 발견의 실마리가 풀렸다고
그에게 공로를 돌리고 있다.

　　1838년 10월, 그러니까 체계적인 탐구를 시작한 지 15개월이 지난
　　어느 날 나는 우연히 맬서스의 《인구론》을 재미삼아 읽게 되었다.
　　나는 동물과 식물의 습성을 오랫동안 계속 관찰해 왔기 때문에 어디
　　에서나 진행되고 있는 생존을 위한 투쟁을 이해할 만반의 준비가 되
　　어 있었다. 때문에 맬서스의 책을 읽으면서 나는 즉각적으로 경쟁의
　　상황하에서는 유리한 변이들이 보존되고, 불리한 것들은 사라지는
　　경향이 있으리라는 생각이 들었다. 아마도 이러한 경향 때문에 새로
　　운 종이 만들어졌을 것이다. 바로 여기서 나는 마침내 내가 적절히
　　활용할 이론을 발견하게 되었다.[66]

---

65) 〔역주〕영국의 경제학자. 그는 자신의 유명한 《인구론》에서 인구가 기하급수
　　적으로 증가하나 식량은 산술급수적으로 증가하므로 인구와 식량 사이의 불
　　균형이 필연적으로 발생할 수밖에 없으며, 여기에서 기근·빈곤·악덕이 발
　　생한다고 생각했다.

66) Darwin, *Autobiography*, p. 120.

언뜻 보았을 때의 느낌으로 이와 같은 주장을 판단할 경우 다윈은 한 번의 눈부신 통찰로 일시에 자연선택을 생각해 낸 듯이 보인다. 그러나 핀치의 이야기처럼 이것 또한 진리로 파악하기에는 너무 그럴 듯하게 보여 사실 같지가 않다. [67] 다윈은 《자서전》을 거의 40년 이후에 썼다. 이는 잘못되기 쉬운 노인의 기억을 기록하고 있다. 더욱 훌륭한 증거는 다윈의 비망록에서 살펴볼 수 있다. 여기에는 다윈이 자신의 이론을 형식화하기 위해 매진할 당시의 일상이 기록되어 있다. 그런데 비망록에서는 그와 같은 눈부신 통찰에 대한 기록을 살펴볼 수 없다. 다윈이 맬서스의 책을 읽으면서 위대한 발견이 문득 떠올랐던 것은 아니다. 그는 단지 자연선택에 의한 진화라는 전체 그림에 부합되는 또 다른 흥미로운 관찰거리를 발견했을 따름이다. 자연선택 이론은 여러 차례의 잘못된 착수 단계를 거친 후, 서서히, 이론 형성에 도움이 될 수 있는 수많은 관찰(맬서스의 이론은 그중의 하나에 불과하다) 이 이루어지고 나서 비로소 정식화된 것처럼 보이며, 이러한 관점이 진실에 가까운 듯하다. 비망록은 다윈이 먼저 하나의 이론을 철저하게 검토하고 그 다음 이론을 검토했고, 그렇게 하면서 다양한 의문을 제기했으며, 이에 대한 있을 수 있는 다양한 답변을 기록하면서 모든 것이 전반적으로 함께 끼워 맞춰질 때까지 다수의 착상들을 이러 저리 조작해 보았음을 보여준다.

1839년 이론이 최종적으로 완성되는 단계에 이르렀을 무렵, 다윈은 사촌인 엠마 웨지우드(Emma Wedgwood) 와 결혼했다. 엠마는 로버트 다윈을 설득하여 찰스가 비글호를 타고 항해하는 데 도움을 준 바로 그 삼촌의 딸이다. 독실한 신자였던 엠마는 남편의 이론을 결코 받아들이지 않았다. 그녀는 자신이 이단자와 결혼했음을 깨달았다. 결혼 직후 그녀는 찰스에게 감동적인 편지를 썼다. 편지에서 그녀는 자신의 사랑을 고백하면서 그의 자유분방한 사고가 그녀를 아프게 했다는 말도 하고 있

---

67) 〔역주〕 다윈이 갈라파고스 섬에서의 경험을 통해 순간적으로 자연선택을 통한 진화를 생각해 냈다는 설명은 각색된 이야기라는 것.

다. 그는 그녀의 마음을 결코 바꿀 수가 없었으며 그녀 또한 그의 마음을 바꾸지 못했다. 이와 같이하여 다윈은 배우자를 설득하지 못한 유명한 사상가의 반열에 오른다. 하지만 그들의 결혼생활은 행복했으며, 엠마는 여느 훌륭한 상류층 부인과 마찬가지로 남편의 연구를 위해 차분한 분위기를 마련하는 것을 자신의 의무로 삼았다. 그들은 런던에서 3년을 살았으며, 이후 1842년 런던에서 26㎞ 떨어진 작은 마을의 다운 하우스로 이사해서 평생을 살았다.

오랜 유예

조그만 다운 마을로 낙향했을 때 다윈은 명사로 환영받았다. 그 당시에는 이미 비글호의 항해에 대한 그의 책이 널리 알려져 있었다. 얼마 있지 않아 그는 지역 목사의 절친한 친구로, 또한 지역 복지의 충실한 공헌자로 마을을 이끌어가는 주민이 되었다. 또한 나이가 들어서는 마을의 판관이 되어 이웃간의 각종 분쟁을 조정했다. 그는 철저하게 전통적이면서도 존경받을 만한 생활을 했으며, 이는 그가 논쟁의 한가운데에 놓여 있을 때에도 도움이 되었다. 아무리 그의 생각에 대해서 말썽이 끊이지 않았고, 그러한 생각이 종교와 도덕을 위협했어도, 개인적으로 다윈은 질책의 대상이 되지 않았다.

다운 하우스에서 그와 엠마는 여덟 명의 자식을 낳아 키웠고, 그 중 둘은 아기 때 목숨을 잃었다. 그들의 가정은 모범적이었다. 다윈의 개인적인 생활에 드리웠던 어두운 그늘은 건강 문제였다. 그는 30년 이상을 만성적인 허약함으로 고생했다. 그는 드러눕지 않고는 한 시간 이상 연구할 수 없다고 불평하곤 했다. 그는 종종 그럴 기분이 아니라고 하면서 런던에 가려 하지 않았다. 우리는 그의 건강에 어떤 문제가 있었는지 정확히 알지 못한다. 오랫동안 그는 샤가스(*Chagas*) 병[68]을 앓고 있었던 것

---

68) 〔역주〕 편모충의 원충인 크루즈 트리파노소마(*Trypanosoma cruzi*)에 의해 감염된다. 흡혈곤충에 의해 사람에게 전파되며 중앙아메리카 및 남아메리카의

으로 알려졌다. 이는 그가 아르헨티나에서 감염되었을 가능성이 있는, 아프리카의 수면병(*sleeping sickness*)[69]과 관련이 있는 질병이다. 또 다른 가능성은 그가 아르헨티나에 흔한 브루셀라병(*brucellosis*) 혹은 파상열(*undulant fever*)[70]에 걸렸을 가능성이다. 어떤 사람은 다윈의 문제가 근본적으로 심리적인 것이었는지도 모른다고 말한다. 즉, 다윈은 자신이 개발하고 있는 이론의 특성과 그것이 야기할 것이 분명한 파문 때문에 걱정을 했고, 이로 인해 건강상의 문제가 발생했다는 것이다. 그 원인이 무엇이었던 간에, 좋지 않은 건강은 그의 대부분의 여생을 괴롭혔으며, 끊임없이 그의 연구를 방해했다.

다운으로 이사했을 즈음 다윈은 48쪽 분량의 자연선택 이론에 대한 '개요'를 썼다. 그리고 나서 1844년에는 자신의 이론을 훨씬 상세하게 보여주는 230쪽 분량의 긴 《소론》을 썼으며, 어떤 일이 생기더라도 틀림없이 이를 출판할 수 있도록 계약을 맺어 놓았다.

사람들은 이제 다윈이 자신의 이론을 발표하기 위한 준비를 마쳤다고 생각할 것이다. 그는 자신의 이론을 모두 마무리 지었고, 이를 뒷받침하기 위한 수많은 증거를 수집했다. 그는 정밀하고도 논리 정연하게 자신의 생각을 개진했다. 1844년에 쓴 《소론》은 단순한 개요가 아니었다. 이 책은 《종의 기원》을 아름답게 꾸며주고 있는 것과 같은 상세한 설명을 갖추고 있지 않다. 그럼에도 이는 대단히 세련된 책이었으며, 조금 과장되게 말하자면 그가 쓴 어떤 책 못지않게 잘 다듬어진 책이었다. 하지만 그는 이를 출간하지 않았다. 심지어 그는 이 책과 관련한 연구를 더 이상 진행하지도 않았다. 대신 그는 이를 제쳐 놓고 8년 동안 따개비(*barnacles*)[71]

농촌지역에서 발생하는 풍토병이다. 균이 들어간 지 1주일 후에 종창이 생기며 림프절이 붓는 등의 국소반응이 나타나고, 그 후 수 주 동안 열이 나고 심하게 쇠약해진다. 이후에는 주로 심장증후군, 특히 부정맥이 많이 나타나고 때로는 심장근육 속에 기생충이 자라고 염증이 생겨서 심부전이 올 수도 있다.

69) 〔역주〕 열대 아프리카의 전염병.

70) 〔역주〕 브루셀라(*brucella*) 박테리아로 인한 전염병. 열이 높아졌다 떨어졌다를 반복한다.

를 연구하는 데로 전환했다. 이는 다른 어떤 자연사 연구자라도 할 수 있는 관례적이고 흥미롭지 못한 연구였다. 그는 그 다음 14년 동안 종의 문제에 대하여 아무것도 발표하지 않았으며, 그리고 나서도 그는 어쩔 수 없이 책을 출간했다.

다윈이 이처럼 책의 출간을 늦췄던 이유는 무엇일까? 자연사의 최대의 문제를 해결한 바로 그 순간, 왜 그는 이러한 문제를 외면해 버렸을까? 이는 과학사에서 굉장히 흥미로운 문제 중의 하나다. 다윈은 자신의 연구를 출간할 경우 친구들이나 가족에게 불행을 초래할 수 있으며, 이 때문에 마음이 내키지 않았다고 실토함으로써 의문에 대한 어느 정도의 답변을 제시했다. 종교에 대한 모든 언급을 삼갔지만, 그럼에도 그의 이론은 기독교에 대한 공격으로 간주될 수 있음이 분명했다. 이는 틀림없이 맹렬한 논쟁으로 이어지게 될 것이고, 여기에서 그의 이름은 아마도 무신론자 혹은 그 이상의 나쁜 인물과 동일시될 것이다. 온건한 과학자로서의 명망이 높아지고 있음을 자랑스럽게 생각하고 있는 다윈이 그러한 논쟁을 좋아할 리 없었으며, 경건한 그의 아내는 더욱 그러했다.

이처럼 다윈은 책을 출간하지 않은 이유를 기꺼이 해명했으며, 그러한 해명거리를 찾아내기란 쉬운 일이었다. 그는 모든 것이 완벽해질 때까지는 자신의 이론이 공개되어서는 안 된다고 친구들에게 말하기 시작했다. 그는 풍부한 증거를 제공함으로써 심지어 가장 회의론적인 과학자들마저도 자신의 이론을 진지하게 받아들이게 되길 원한다고 말했다. 만약 추론에 아주 조그만 결점이라도 포함되어 있다면 전체적인 착상이 부정될 수 있었다. 뿐만 아니라 다윈은 자신의 이론에 대한 무수한 반대가 있으리라 예상했다. 그리하여 그는 그러한 반대를 미리 예상하고 가능한 많은 비판들에 미리 답할 수 있길 원했다. 그는 자신의 이론을 '확고'하게 만들기 위해 이 모든 것들이 선행되어야 하며, 그러기 위해선 책이 1844

---

71) 〔역주〕해안의 바위, 딱딱하고 고정된 곳에 집단으로 붙어사는 부착생물이다. 몸의 크기는 높이, 폭 1센티 정도이고 회갈색의 조그만 분화구 모양으로 패류와 같은 석회질의 딱딱한 껍데기 속에 몸체가 들어 있다.

년에 쓴 《소론》의 몇 배 분량이 되는 실로 방대한 저서가 되어야 할 것이라 생각했다.

그런데 왜 그는 이러한 방대한 저서에 전념하지 않고 종의 문제와 관련이 없는 따개비를 연구했을까? 이미 거둔 성공에도 불구하고 다윈은 자신이 과학자로서의 훈련이 부족하다고 느꼈다. 실제로 그 당시까지의 그의 업적은 대부분 지질학에 관한 것이었으며, 생물학에서의 연구는 대체로 깊이가 없었다. 예를 들어 유명한 핀치를 언급하자면 다윈은 그들이 모두 핀치임을 깨닫지 못했다. 대영박물관의 한 조류학자가 그에게 이를 지적해 주었어야 했던 것이다. 그는 심혈을 기울인 상세한 연구(전문가들은 이러한 연구를 통해 자신들의 기개를 보여준다)를 한 적이 없었다. 그런데 그는 생물학자로서의 연구 경험이 없을 경우 자신의 '방대한 책'이 세부적인 측면에서 오류를 범할 수 있으며, 이러한 오류로 인해 생물학자들이 자신의 책을 즉각적으로 무시해 버릴 것이라고 생각했다. 그리하여 그는 그때까지 해 보지 않았던 유형의 연구 ─ 단일종에 대한 상세하고도 충분한 전문적인 탐구 ─ 를 수행할 필요가 있다고 느꼈던 것이다. 따개비 연구는 바로 이와 같은 목적을 이루기 위한 과제였을 것이다.

저명한 식물학자 후커(Joseph Hooker)[72]는 당시 다윈의 절친한 친구였다. 후일 그는 다음과 같이 기술하고 있다.

〔다윈〕은 동식물의 특정 분류군에 대한 기술 등의 훈련이 필요하다고 느꼈는데, 그가 자신의 이론 발달의 어떤 단계에 이르러 신이 자신에게 이를 제안했다고 깨달았는지 말하기란 불가능하다. 하지만 그는 분명 이것이 체계적인 생물학 연구, 즉 형태학적, 해부학적, 지리학적, 분류학적, 그리고 서술적 연구를 위한 훈련이며, 이에 매진하는 것이 체계적인 생물학 연구를 위한 훈련이라 생각했다.[73]

---

72) 〔역주〕 영국의 식물학자. 다윈의 《종의 기원》 출판을 원조했다. 식물분류학과 식물지리학에 업적을 남겼다.

73) Hooker, *Life and Letters* ii. p. 299.

후커가 전하는 바에 따르면 다윈은 대화를 하면서 자신의 생물학자로서의 경력을 다음과 같이 세 단계로 나누었다. "케임브리지 등에서의 단순한 수집가 단계, 비글호에서의 수집가 겸 관찰자 단계, 그리고 수 년 후 조개삿갓[따개비] 연구 이후(그리고 오직 그 이후의)의 훈련된 자연사 연구자 단계."[74] 이러한 구분으로 미루어 본다면 조개삿갓에 대한 연구는 종 연구에서 벗어난 것이 전혀 아닌 듯이 보인다. 다윈의 관점에서 보았을 때 이는 중대한 문제를 탐구하기 위해 필요한 예비작업이었던 것이다.

다윈이 《종의 기원》의 발간을 유예한 이유에 관한 퍼즐을 푸는 데 필요한 또 다른 퍼즐 조각이 있다. 그루버(Howard Gruber)[75]는 내가 방금 개략적으로 설명한 《종의 기원》 발간 유예에 관한 전통적인 설명이 모든 사실을 설명하기에 불충분하다고 주장했다. 그는 '생물학자로서의 소양을 완전하게 할 필요성'이라는 논의를 통해서는 다윈이 조개삿갓에 매달려 8년을 보낸 것을 설명할 수 없다고 단호하게 말한다. 특히 그러한 설명은 그 기간 동안 자신의 연구 역사상 가장 중요한 발견을 세상에 드러내 보이지 않았던 이유를 설명할 수 없다. 그루버에 따르면 다윈이 출간을 지연한 또 다른 이유로 제시할 수 있는 것은 두려움이다. 이는 단순히 진화론을 옹호하는 논변이 비판받는 것에 대한 두려움이 아니었다. 1840년대에는 진화가 친숙한 개념으로, 그로 인한 충격치가 그다지 크지 않았다. 다윈이 실제로 두려워한 것은 자신이 옹호하는 특별한 형태의 진화론에서 핵심을 차지하고 있는 유물론[76] 철학에 대한 반감이었다. 다른 진화론자들은 활력, 인도하는 정신, 그리고 마음을 지배하는 힘 등을 이야기했음에 반해, 다윈에게는 오직 무작위적 변이와 자연선택만이 필요했다. 다윈은 자신의 비망록에서 육체로부터 분리된 비물질적인 영혼

---

74) 앞의 책.
75) 〔역주〕 인지심리학자로, 진화에 관한 다윈의 사유 발달 과정을 서술한 책으로 널리 알려졌다.
76) 〔역주〕 물질을 근본적인 실재로 보고 정신을 파생적인 것으로 보는 철학적 입장.

이라는 오래된 개념을 비웃고 있다. 그는 사고가 "두뇌의 분비작용"[77] 이라고 말했으며("오 그대 유물론자여!" 라고 그는 덧붙인다), 30년 후에는 인간이 갖추고 있는 '더욱 고차적인 특징들'이 물질작용의 소산이라고 공개적으로 밝히곤 했다. 그러나 젊은 시절의 다윈은 그러한 말을 하지 않을 만큼 영리했다. 그는 다음과 같은 사실을 잘 알고 있었다.

> 사실상 모든 학문 분야에서 억압이 이루어졌다. 강의는 금지되었고, 출판은 방해받았으며, 교수직은 거부되고, 적의에 찬 폭설과 조롱이 신문을 장식했다. 학자들과 과학자들은 이러한 현실에서 교훈을 얻고 자신들에게 가해지는 압력에 대응했다. 예를 들어 호응이 없는 생각들을 가지고 있는 사람들은 자신의 입장을 철회하거나 익명으로 책을 출판했고, 자신들의 생각들을 약한 형태로 제시하거나 수 년 동안 출판을 지연하곤 했다.[78]

다윈이 학생이었을 때 친구 한 명이 에든버러(Edinburgh)의 플리니우스학회(Plinian Society)에서 유물론적 관점의 논문을 발표한 적이 있는데, 이후 그 논문에 대한 모든 언급 — 이전 모임의 의사록에 담겨 있는 언명을 포함하여 논문을 발표하겠다는 의사를 표명한 — 이 기록에서 삭제되었다. 다윈은 여기에서 교훈을 얻고 수 년 동안 공개적으로 유물론을 지지하려 하지 않았다.

다윈은 자신의 이론이 공개되는 것에 대해 두려움을 가지고 있었을 것이다. 하지만 그는 자신의 이론을 공개하지 않고 유예하는 것이 그 나름의 위험성을 가지고 있다는 점 또한 알고 있어야 했다. 즉 누군가가 그 이론을 발견하고 먼저 출판할 위험성이 있었던 것이다. 다윗이 머뭇거리고 있는 동안 진화론은 점점 더 널리 확산되어 가고 있었다. 1850년대에 이단적 철학자 스펜서(Herbert Spencer)[79]는 자신이 '발달 가설'(*Development*

---

77) Darwin, *Notebooks*, p. 291.

78) Gruber, *Darwin and Man*, p. 203.

79) 〔역주〕 19세기 영국의 사회진화론자. 그는 진화를 모든 우주 현상을 관통하

Hypothesis) 이라 칭한 바를 옹호하는 일련의 대중적인 연구 결과를 내놓았다. 스펜서는 과학자가 아니었고, 진화가 어떻게 일어나는가에 대한 명확한 이론도 제시하지 않았다. 하지만 그는 다원이 이후 채택한 '적자생존'이라는 의미심장한 용어를 사용했다. 그런데 진화론을 널리 퍼뜨린 사람은 스펜서만이 아니다. 1844년 다원이 자신의 긴 《소론》을 마무리하고 있던 그 시점에 챔버스(Robert Chambers)[80]가 저술했지만 익명으로 출간된 《창조의 자연사적 흔적》(*Vestiges of the Natural History of Creation*) 이라는 책이 발간되었다. 이 책은 여러 생각들을 뒤범벅 해 놓은 것이었으며, 과학적 오류투성이었다. 그러면서도 이 책은 진화론을 옹호하고 있었으며(챔버스에 따르면 인간은 개구리의 후손이다), 베스트셀러였다. 다원은 이 책을 읽고 챔버스가 자신을 앞지르지 못했다는 사실을 발견하고서 안도의 한숨을 내쉬었다. 그러나 '종의 문제'에 대한 사람들의 관심이 매우 컸기 때문에 누군가가 이러한 문제에 대한 저서를 발간하는 것은 단지 시간 문제였다.

다원과 윌러스

《창조의 자연사적 흔적》의 독자들 중에는 측량사로 전환한 젊은 식물학자 윌러스(Alfred Russel Wallace)[81] 가 있었다. 레스터(Leicester)[82]

는 법칙으로 보았다. 그는 진화가 물질의 집중작용과 운동의 분산작용으로 인해 이루어진다고 생각하였으며, 이를 통해 천문, 지리, 생물, 심리, 사회 등 각 분야의 진화법칙을 밝히고자 했다.

80) 〔역주〕 스코틀랜드 사람으로, 대중적으로 인기를 얻은 첫 번째 진화론 책인 《자연사의 흔적》(*Vestiges of Natural History*) 을 썼다. 그의 입장에 보자면 한 종은 다른 종의 기원이다.

81) 〔역주〕 영국의 자연사 연구자·진화론자. 자연선택의 공동 발견자일 뿐 아니라, 식물과 동물의 분포를 연구하는 분야인 생물 지리학의 선구자이기도 했다. 다원과 거의 비슷한 시기에 진화론을 정식화했으나 결국 다원에게 주도권을 빼앗겼다. 다원의 연구가 심원함을 인정하고, 진화론에 관한 책인 《다윈니즘》(1889) 을 출판하기도 했으나 후에 가서는 다원과 다소 다른 이론을 전

의 교사였던 월러스는 그 책을 읽고 난 후 종의 문제에 온통 사로잡혔다. 자신에 앞섰던 다윈처럼 그는 종이 변한다는 사실을 받아들였고, 그러한 변화가 단순한 자연법칙에 따르는 것이 틀림없다고 확신했다. 그는 이와 관련한 법칙을 발견하겠다고 공언했다.

바로 이 시점부터 월러스에 대한 이야기는 놀라울 정도로 다윈의 것과 유사하다. 먼저 월러스는 발견을 하기 위해 개인적으로 항해를 떠났다. 그러나 다윈의 항해와는 달리 월러스의 탐험 여행은 특별히 종의 문제에 관한 증거를 수집하기 위해 이루어졌다. 그는 1847년부터 3년 동안 아마존에 머물면서 표본을 수집했다. 하지만 귀향길에 배에 불이 나서 수집품들이 모두 소실되었다. 월러스 자신도 겨우 목숨을 건졌다. 그는 불굴의 의지로 다시 말레이 군도(Malay Archipelago)로 출항하여 그곳에서 계속 탐구를 진행했다. 그곳에 있는 동안 그도 역시 개체군에 관한 맬서스의 책을 읽었으며, 그 결과 다윈이 몇 년 전에 형식화했으나 출판하지 않은 이론을 발견했다. 월러스는 다윈처럼 망설이지 않았다. 기본적인 착상은 짧은 시간 내에 제시할 수 있었고, 그는 그렇게 하지 않을 이유가 없다고 생각했다. 그는 간단한 보고서를 작성하여 즉시 영국으로 보냈다. 사실상 이는 다윈에게 보낸 것이었다.

월러스의 편지는 1858년 6월에 도착했다. 다윈은 대경실색했다. 그는 신음소리를 내며 다음과 같이 중얼거렸다. "설령 월러스가 내가 1842년에 쓴 내용의 사본을 가지고 있었다고 해도 이보다 훌륭하게 짧은 요약문을 작성할 수 없었을 것이다! 심지어 그가 사용하는 용어들은 현재 내가 쓰고 있는 여러 장들의 제목이 되고 있다."[83] 거의 20년 동안 발간을 미루다 보니 이제 다윈은 추월당하게 되었던 것이다.

월러스의 편지에 관한 일화는 잘 알려져 있다. 이는 과학사에서 가장

개한다. 생물 분포상의 경계선인 '월리스선(線)'을 그었다.

82) 〔역주〕영국 잉글랜드 중부 레스터셔카운티(Leicestershire county)의 행정 중심 도시.

83) Darwin, *Life and Letters* i. p. 473.

극적인 에피소드 중의 하나다. 그러나 이러한 중대한 편지가 청천병력
같이 날아온 것만은 아니었다. 다윈에게는 이와 같은 일이 일어나리라고
예상했거나 적어도 걱정했어야 할 이유가 있었다. 즉, 월러스는 이미 자
신이 그와 같은 이론에 이르는 길을 밟고 있음을 밝힌 바가 있었던 것이
다. 1855년 그는 《자연사 연보》(Annals and Magazine of Natural History)
에 "새로운 종의 도입을 규제하는 법칙에 관하여"(On the Law which has
Regulated the Introduction of New Species) 라는 제목의 논문을 게재했
다. 그 때까지 그가 '법칙'에 대한 설명을 제시할 수 있었던 것은 아니지
만 그가 올바른 방향으로 나아가고 있는 재능을 가진 사람임에는 분명했
다. 그리고 이러한 논문의 출간은 다윈과 그의 친구들을 긴장시켰다. 라
이엘은 다윈에게 더 이상 지체하지 말라고 촉구했다. 다윈은 계속 고집
을 부렸다. 그는 계속 책을 출간하지 않으려 했다. 그럼에도 그는 자신의
이론에 대한 입장을 표명하기 시작했다. 그는 월러스에게 논문을 칭찬하
는 편지를 보냈다. 하지만 편지에서 그는 이러한 특수한 영역이 이미 자
신의 수중에 있음을 월러스가 알아차릴 수 있도록 흔적을 남겼다. 그는
다음과 같이 말했다. "저는 우리가 상당히 유사하게 생각했으며, 어느 정
도 유사한 결론에 도달했음을 분명하게 목도합니다. … 이번 여름이면 종
들이 서로 다른 이유가 무엇이고, 어떤 방법으로 달라지게 되었는지의
문제를 다룬 저의 첫 비망록을 공개한 지 20년(!)이 됩니다. 현재 저는
저의 연구성과를 출간할 준비를 하고 있습니다."[84] 하지만 다윈은 자신
이 진행하고 있는 연구의 정확한 특징을 누설하지 않았다. 그는 "(지면의
제약으로 인해), 변이의 원인과 수단에 대한 나의 입장을 설명하기가 사
실상 **불가능하다**"라고만 계속해서 말했다.

　지면의 제약으로 자신의 이론을 설명하기가 불가능하다고 말하면서
다른 한편으로 다윈은 설명을 하기 시작(하지만 자신의 이론을 월러스에게
설명한 것은 아니었다)했다. 5개월 후 그는 미국의 식물학자 그레이(Asa

---

84) Darwin, 앞의 책, p. 453~4.

Gray) 85) 에게 자연선택 개념을 비교적 상세하게 서술한 장문의 편지를 썼다. 다윈이 그렇게 한 것은 자신의 연구결과를 '기록으로 남기고', 중립적인 입회인 앞에서 자신의 우선권을 확보하겠다는 의도 이외에 다른 뚜렷한 이유가 없다. 여하튼 그레이에게 편지를 보낸 지 3개월 후 우리는 월러스에게 재차 편지를 쓰면서 자신에게 우선권이 있으며, 자신의 이론을 단순히 편지로는 설명할 수 없다고 말하는 다윈을 다시 한 번 발견한다. "저는 제가 당신보다 훨씬 앞서가고 있다고 생각합니다. 하지만 제 사변적인 생각들은 여기에서 제시하기에 너무 긴 주제입니다."86) 다윈은 분명 불안해하고 있었다. 그가 월러스를 경쟁자로 생각하여 위협을 느꼈다는 것은 의심의 여지가 없다.

월러스는 다윈을 자신과 동일한 문제를 해결하기 위해 노력하고 있는, 자신에게 일련의 편지를 보내줄 정도로 친절이 넘치는 친구이자 저명한 동료로 파악했다. 월러스가 자신의 논문을 다윈에게 보낸 이유는 아마도 이전에 다윈과 서신 교환을 했기 때문이었을 것이다. 다윈은 월러스에게 "우리의 생각은 매우 유사합니다"라고 말했다. 월러스가 자신의 새로운 생각을 유명한 자연사 연구자와 공유하려 하면서, 동시에 그의 생각을 묻는 것은 너무나도 자연스러운 일이다.

1856년 중반 마침내 다윈은 1844년에 발간한 자신의 소론을 '방대한 서적'으로 발전시키는 중차대한 작업을 시작했다. 그러한 작업은 느리게 진행되었다. 왜냐하면 다윈은 또 다시 모든 세목들이 반박할 수 없도록 증명되어야 하며, 모든 가능한 반론에 답할 수 있어야 한다는 관념에 사로잡혔기 때문이다. 그는 《종의 기원》보다 네 배나 분량이 많은 책을 머리에 그렸다. 우리는 과연 그러한 책이 완성될 수 있었을까 라고 추측만 할 따름이다. 하지만 2년 후 월러스의 편지가 도착함으로써 모든 것이 변했다.

---

85) 19세기 미국의 식물학자. 북미의 식물 분포 연구에 종사했다. 북미와 유럽, 북미와 일본의 식물상(植物相)을 비교하여 식물의 구조와 지리적 관계를 고찰했으며, 다윈의 진화론을 지지했다.

86) Darwin, *Life and Letters* i . p. 466.

편지와 함께 온 논문은 "원형으로부터 무한히 이탈한 변이의 경향에 관하여"라는 제목이 붙어 있었다. 다윈은 이 논문을 어떻게 처리해야 할지 몰라 당혹스러워 했다. 다윈답게, 처음에 그는 자신이 모든 우선권을 포기하고, 대신 월러스의 논문이 출판되게 해야겠다는 반응을 나타냈다. 그는 라이엘에게 "그에게 즉시 편지를 써서 논문을 학회지에 싣겠다고 제안해야 할 듯합니다. 그렇게 하면 나의 독창성(그것이 어느 정도이건)은 산산조각이 날 것입니다"[87] 라고 말했다. 하지만 라이엘은 월러스가 그의 친구에 대한 우레와 같은 박수갈채를 빼앗아가길 원하지 않았다. 그리하여 그는 솔로몬의 판결과 같은 해결방안을 제시했다. 즉, 그는 두 사람의 논문을 동시에 출판하자고 제안했던 것이다. 그와 후커는 월러스의 논문과 다윈의 유사한 논문을 린네학회에서 발표하고, 다음으로 이들 논문이 학회지를 통해 동시에 출간될 수 있도록 주선했다. 라이엘은 이러한 작업이 신속히 이루어져야 한다고 말했다. 실제로 이러한 작업은 너무나도 신속하게 진행되었고, 이로 인해 그때까지 말레이에 체류하고 있던 월러스는 무슨 일이 일어나고 있는지조차 모르고 있었다.

다윈은 이러한 행동이 전혀 도덕적이지 못하다는 사실을 잘 알고 있었다. 월러스는 출판 문제에 대하여 아무런 언급도 하지 않았다. 그는 다윈이 흥미를 가지고 있음을 알고서 우호적인 서신 교환의 차원에서 자신의 논문을 다윈에게 보냈을 따름이었다. 라이엘의 합동 발표에 대한 제안에 답하면서 다윈은 이에 대한 의구심을 강조했고, "지금 출판하면 내 자신에 대한 불명예가 될 것"[88] 이라는 원래의 심정을 떨쳐 버릴 수 없다는 말로 답변을 마무리했다. 그러나 라이엘은 억지를 부려서 결국 다윈의 승낙을 얻어 내고 자신의 계획을 실행에 옮겼다. 월러스의 편지가 도착한 지 2주가 채 되지 않은 시기에 린네학회에서 월러스의 논문과 다윈의 짧은 논문에 대한 독회가 이루어졌다. 다윈은 그곳에 없었다. 그의 아들 중

---

87) Darwin, 앞의 책, p. 473.
88) Darwin, 위의 책, p. 475.

한 명이 이틀 전에 성홍열[89] 로 숨을 거두었기 때문이다. 하지만 다윈의 친구들은 린네학회 회원들에게 두 사람 중 누구에게 우선권이 있는지 확실히 알려 주었다. 두 논문 외에 그들은 다윈이 그레이에게 보낸 편지도 함께 읽었으며, 후커는 자신이 14년 전에 다윈의 논문을 보았음을 서면상으로 학회에 고지했다. 논문이 출간되었을 때 이들 보충 문서들도 아울러 출간되었다.

사실 누가 먼저인가의 문제는 논란의 여지가 없었다. 또한 두 자연사 연구자의 상대적인 순위 문제에 대해서도 아무런 의심의 여지가 없었다. 월러스는 탁월한 과학자인 반면 다윈은 위대한 천재였다. 그럼에도 이 에피소드는 전반적으로 구린내가 난다. 다윈은 영국 과학계의 회원으로, 기꺼이 그의 권익을 보호해 주려는 친구들로 둘러싸여 있었음에 반해, 월러스는 소박한 주변인이었다. 이것이 그들 각자의 과학적 재능 못지않게 어떤 일이 일어날지를 결정했다. 다윈에게 순수한 마음으로 보낸 자신의 논문이 사전 양해 없이, 그것도 논문의 영향을 최소화하려는 세 개의 문서에 둘러싸여 출판되었음을 알게 되었을 때 월러스의 기분이 어떠했을 것인가를 상상해 보라. 만약 그가 자신의 논문을 직접 출판사, 예를 들어 〈자연사 연보〉에 보냈다면 이야기가 사뭇 달라졌을 것이다. 이와 같이 비열한 일을 용기 없이 묵인했지만 다윈은 계속해서 이 일에 대하여 양심의 가책을 느끼고 있었다. 하지만 월러스는 인자한 인물이었으며, 그는 다윈의 연구가 자신의 연구보다 오래되었을 뿐 아니라 더 깊이가 있음을 주저하지 않고 인정했다. 다윈은 크게 안도했다. 공동 출판 건에 대하여 기쁨을 표시한 월러스의 또 다른 서신을 받고 다윈은 후커에게 편지를 보냈다. "저는 서신에 담겨 있는 그의 마음에 커다란 찬사를 보냅니다. 저는 그가 무슨 말을 할지 전혀 짐작할 수가 없었습니다. 그는 온화한 사람임에 틀림없습니다."[90]

---

89) 목의 통증과 함께 고열이 나고 전신에 발진(發疹)이 생기는 전염병.

90) Darwin, *Life and Letters* i . p. 500.

실제로 월러스는 이 모든 일들에 대하여 기뻐했다. 그는 대체로 다윈과 다른 사람들이 자신의 연구를 아주 높이 평가하고 있다는 사실에 대해 자랑스럽다는 반응을 나타냈다. 무슨 일이 있었는지 알고 나서 그는 어머니에게 편지를 썼다.

> 저는 영국의 최고로 저명한 두 분의 자연사 연구자 다윈과 후커 씨로부터 편지를 받고 너무나 기뻤습니다. 현재 다윈 씨는 위대한 책을 쓰고 있는데, 나는 그의 책과 동일한 주제를 다룬 나의 소론을 그에게 보냈습니다. 그는 이것을 후커 박사와 라이엘 경에게 보여줬으며, 그들은 이를 매우 높이 평가하여 즉시 린네학회에서 독회를 개최했습니다. 이와 같은 일로 인해 나는 귀국하게 되면 이들 저명인사와 교제를 할 수 있고 그들로부터 도움을 받을 수 있을 것입니다.[91]

라이엘과 후커는 다윈이 자연선택에 대해 상당한 분량의 글을 써 놓았음을 린네학회에 분명하게 고지했다. 이제 다윈은 자신의 이론을 더욱 길게 소개하지 않을 수 없는, 그것도 조속히 소개해야 할 상황에 이르렀다. 다음 해인 1859년 그는 《자연선택을 통한 종의 기원 혹은 생존 경쟁에서 유리한 종족의 보존에 대하여》(On the Origin of Species by Means of Natural Selection, or the Preservation of Favoured Races in the Struggle for Life)를 출간했다. 그는 이 연구서가 아직 완결되지 못한 방대한 서적을 발췌한 것이라고 말했다. 월러스 덕분에 20년간의 유예는 끝이 났다. 1864년 월러스는 다윈에게 다음과 같은 편지를 보냈다.

> 저는 자연선택 이론 자체가 당신의 것이며, 다른 누구의 것도 아니라는 입장을 항상 견지할 것입니다. 당신은 제가 그러한 주제에 대해 한 줄기 빛을 얻기 수 년 전에, 제가 생각지도 못한 것을 구체적으로 해결해 냈습니다. 그리고 제 논문이 하나의 영민한 사색 이상

---

91) Wallace, *Letters and Reminiscences* ii. p.57.

으로는 누구에게 확신을 주거나 주목받지 못했을 뻔했음에 반해, 당신의 책은 자연사 연구에 일대 변혁을 일으켰으며, 당대 최고의 사람들의 마음을 사로잡았습니다. 제가 말할 수 있는 제 공적이라면 당신이 글을 쓰고 그것을 바로 출판할 마음이 들게 하는 데에 어느 정도 기여했다는 정도겠죠. 92)

시간이 흐른 후 다윈은 사람들이 자연선택 이론을 '나의 관점'이 아니라 '월러스와 나의 관점'이라고 불러 주길 바랐다.

'하나의 긴 논증'

다윈과 월러스의 린네학회에서의 논문 발표는 평범하게 끝났다. 큰 논쟁은 없었다. 학회장 벨(Thomas Bell)은 나중에 연차 보고서를 내면서 평온했던 한 해였다고 회고했다. 하지만 《종의 기원》의 출간은 또 다른 문제였다. 이 책은 즉시 성공을 거두었다. 초판 1,250부가 하루 만에 매진되자 출판업자는 곧 바로 제2판 출판작업을 시작했다. 다윈은 놀랄 만큼 명료한 저자였으며, 그의 책은 교육받은 사람이라면 누구나 쉽게 읽고 이해할 수 있었다. 이는 어떤 문외한이라도 읽을 수 있는 전무후무한 최고의 과학서적이라 할 것이다. 일반 대중은 이 책을 읽고 당혹스러워했고, 교회는 비상이 걸렸으며, 과학계는 진화론을 지금까지 다루었던 것 이상으로 진지하게 다루지 않을 수 없었다.

후일 다윈은 자신의 《회고록》에서 "어떤 비판자가 '오! 그는 훌륭한 관찰자이긴 하지만 추리력은 없다'고 말했다"93) 라는 이야기를 했다. 나는 이것이 맞는 말이 아니라고 생각한다. 왜냐하면 《종의 기원》은 처음부터 끝까지 하나의 긴 논증이었으며, 상당수의 능력 있는 사람들을 납득시켰기 때문이다. 물론 자연현상에 대한 수많은 면밀한 관찰들이 이 책

---

92) 앞의 책 ii. p. 131.
93) Darwin, *Autobiography*, p. 140.

에 포함되어 있긴 하지만 그 핵심은 일련의 관찰이라기보다 연쇄적 추리
였다. 논증은 가장 평범한 상식을 통해 보았을 때에도 명백한 사실들에
호소하고 있으며, 더할 나위 없이 단순하다[이는 너무 단순해서 이후 다윈
을 충실하게 옹호했던 헉슬리(Thomas Huxley)가 처음 그의 논의를 보았을
때 "이를 생각하지 못한 내가 얼마나 멍청한가!"[94]라는 반응을 나타냈다. 이
전에 헉슬리는 진화론의 가설에 회의적이었다]. 뿐만 아니라 다른 기초 과
학이론과는 달리 그의 추리는 난해한 수학이 필요하지 않았다. 다윈은
이를 매우 다행으로 생각하고 있었는데, 그 이유는 그가 종종 애석하게
생각했던 바와 같이 그에게는 수학적 재능이 없었기 때문이었다.

《종의 기원》의 핵심 논증은 다음과 같이 요약할 수 있다.

1. 생물은 상당한 정도로 번식하는 경향이 있어서, 만약 살아남은 모
든 생물들이 또 다시 번식할 경우, 그들이 이내 세상을 가득 채울 것이다
(이는 이러한 경향이 억제되지 않으면 인구가 기하급수적으로 증가하게 되리
라는 맬서스의 의견이다).

2. 이러한 일은 일어나지 않는다(일어날 수 없다). 어떠한 종도 억제되
지 않고 번식을 계속할 수 없다. 각 개체군은 최대 규모에 도달하면 더 이
상 증가하지 않는다.

3. 이에 따라 상당수의 생물들이 번식할 수 있는 성체가 되기 전에 죽
게 된다.

4. 이와 같이 어떤 개체가 살아남고 죽는가를 결정하는 '생존 경쟁'이
있게 된다. 무엇이 이러한 경쟁의 결과를 결정하는가? 어떤 개체는 살아
남고 어느 개체는 죽게 되는 것을 결정하는 요인은 무엇인가? 두 가지 가
능성이 있다. 이것이 우연적인 원인에 의한 결과일 수 있고, 그 요인이
개별 개체들간의 차이와 관련될 수도 있다.

5. 다윈은 이러한 일이 무작위로 일어나는 경우가 있음을 인정한다.

94) Huxley, "On the Reception of *The Origin of Species*" in Darwin, *Life and Letters ii*. p. 197.

즉, 어떤 생물은 생존하여 번식을 함에 반해 다른 것은 그렇게 하지 못하는데, 그 이유를 생물이 가지고 있는 특유한 형질과 무관한 원인에 귀속시킬 수 있는 경우가 있다는 것이다. 한 생물이 벼락을 맞고 다른 것은 맞지 않을 수 있는데, 이는 단순히 운이라고 할 수 있다.

6. 하지만 다윈은 생사의 결정이 개별 생물들간의 차이에 기인하는 경우가 있을 수 있다고 말한다. 다음을 고찰해 보자.

(a) 종의 성원들 간에는 차이(변이)가 있다. 다윈은 이러한 변이가 어떻게, 그리고 왜 나타나는지 몰랐다. 하지만 그러한 변이가 나타나는 것만큼은 분명하다.

(b) 이러한 차이 중 일부는 그 생물의 환경과의 관계에 영향을 미칠 것이다. 그러한 영향은 그 생물의 생존 기회에 도움을 주는 방식이 될 수 있고 그렇지 않을 수도 있다.

(c) 이에 따라 일부 개체들은 자신들이 갖는 특유의 형질로 인해 다른 것들에 비해 생존(그리고 번식할) 가능성이 높아질 것이다.

7. 생물들이 후손들에게 자신들의 형질을 전한다. 다윈은 이러한 과정이 정확하게 어떻게 일어나는지 몰랐으나 이는 분명 일어난다. 즉, 한 생물의 자손은 윗세대가 가지고 있던 특유한 형질을 갖게 되는 경향이 있는 것이다.

8. 이에 따라 '생존 가치'를 갖는 형질이 전해지며, 이는 미래세대에 더욱 확산되는 경향이 있다. 이에 반해 다른 형질들은 그 종에서 소멸되는 경향이 있다.

9. 이와 같은 과정을 거치면서 한 종은 변할 것이다. 원래 혈통의 후손들은 그들의 선조들과는 다른 형질들을 갖게 될 것이다.

10. 처음에는 '다른' 생물들을 새로운 변종(variety)이라 부른다. 그런데 이러한 변화가 충분히 축적될 경우 우리는 그 결과를 새로운 종이라고 부른다. 이렇게 보았을 때 변종은 '발단이 되는 종'이다.

인위선택과의 유비

다윈은 이와 같은 논증을 제시하면서 《종의 기원》을 써 나가지 않았다. 대신 그의 전략은 선택 교배를 통해 식물이나 동물의 '개량종'을 의도적으로 창출해 내는 육종가[95] 들의 작업에 대한 논의에서 시작하는 것이었다. 육종가들의 업무는 모든 자연사 연구자들에게 친숙했으며, 다윈은 자신이 자연선택의 과정이 육종가들의 작업과 유사하다는 사실을 보여 줄 수 있다면 자신의 이론이 즉각적으로 설득력을 얻게 되리라고 생각했다.

육종가들은 무엇을 하는가? 예를 들어 우리가 우리 속에 더 쉽게 가두어 놓을 수 있도록 양의 다리를 짧게 하길 원한다고 가정해 보자. 이를 위해 기존의 양떼 중에서 제일 짧은 다리를 가진 개체를 선택하고, 이들을 격리시켜 서로 교배를 시킨다. 그들의 자손은 평균적으로 다른 양떼들보다 짧은 다리를 가지게 된다. 이윽고 제 2세대에서 긴 다리를 가진 개체들을 제거한다. 그리고 이러한 과정을 되풀이한다. 마침내 우리는 우리가 원하는 훨씬 짧은 다리를 가진 양의 혈통을 얻게 된다. 그런데 여기서 한 걸음 나아가 이러한 과정이 이루어지는 동안 우리가 짧은 다리를 가진 일부 양들의 털이 약간 낫다는 사실을 알게 되었다고 가정해 보자. 우리는 이 털이 더욱 좋다는 사실을 발견하고 그러한 털을 가진 개체들을 격리하여 오직 짧은 다리와 좋은 털을 가진 양들만을 번식시킨다. 마침내 바라는 두 가지 형질이 우성으로 자리 잡은 혈통을 얻게 된다. 양을 키우는 사람들은 모두 이런 종류의 양을 사육하기를 원할 것이다. 따라서 이 혈통은 얼마 있지 않아 다른 양보다 개체수가 많아질 것이며, 우리는 이러한 혈통의 양을 '전형적인' 양이라 믿게 된다(그리고 사람들이 이러한 형질의 기원을 조만간 잊게 된다면 어떻게 될까? 사람들은 신이 인간의 필요에 적절히 맞추어 동물들을 제공해 준 것에 대해 경이로움을 느끼게 될 것이다).

---

95) 가축이나 작물의 유전학적 형질을 개선하여 이용 가치가 높은 새로운 품종을 육성해 내는 일을 전문으로 하는 사람들. 그들은 기존 품종의 개량 또는 새 품종의 육성뿐만 아니라 새로운 종(種)을 만들어내는 일도 한다.

다윈은 다음과 같이 말한다. "이러한 과정에서 핵심적인 역할을 하는 것은 누적적으로 선택할 수 있는 인간의 힘이다. 자연은 잇따른 변이들을 제공한다. 인간은 자신들에게 유용한 특정한 방향으로 그러한 변이들을 추가해 간다. 이러한 의미에서 인간은 자신에게 유용한 품종을 만들어 냈다고 말할 수 있을 것이다."[96] 양 외에도 수많은 다른 사례들을 제시할 수 있다. 개는 긴 주둥이와 윤기 나는 외피를 갖도록 선택적으로 교배되었으며, 이로 인해 외관이 훌륭하게 '변형'되었다. 꽃들은 우리들이 가지고 있는 미의 표준에 맞도록 교배되었다. 다윈 자신은 딸기에 대해 언급한다.

> 분명 딸기는 재배되기 시작했을 때부터 계속 변해 왔다. 하지만 매우 사소한 변이들은 눈에 띄지 않았을 것이다. 그런데 원예가가 조금이나마 크고 일찍 열매가 맺는 딸기, 혹은 더 훌륭한 딸기를 골라서 묘목을 키우고, 또다시 그 중에서 가장 좋은 묘목을 골라 개량을 해 나갔다. 이와 같은 과정을 거쳐 (다른 종과의 교배의 도움을 어느 정도 받아서) 지난 반세기 동안 나타났던 수많은 훌륭한 변종 딸기들이 탄생하게 된 것이다. [97]

이와 같은 과정은 수천 가지의 식물과 동물의 변이를 개발하는 데에 영향을 미쳤다. 실제로 다윈이 언급한 바와 같이 우리가 재배하는 거의 모든 식물이나 가축들은 실제로 이와 같은 과정을 거쳐 탄생했거나 변형된 것이다. 그들이 우리의 필요에 적절히 부합되는 이유, 그리고 그들이 야생의 변이들과 그처럼 다른 이유는 바로 이에 기인한다. 그런데 이러한 과정은 의식적으로 이루어질 수 있지만 무의식적으로도 이루어질 수 있다. 우리들에게 중요한 형질을 갖추고 있는 식물이나 동물은 소중하게 다루어지고 보호받지만 우리의 관심을 끌지 못하는 다른 식물이나 동물

---

96) Darwin, *Origin*, p. 30.
97) 위의 책, p. 41.

은 사멸되도록 방치된다. 그리고 관여하는 사람들 스스로 무엇을 했는지
의식하지 못했음에도 이것이 의도적인 선택적 교배와 동일한 효과를 발
휘할 수 있다. 다윈은 사람들이 선택 교배 이론을 이해하기 훨씬 전에,
그리고 이것이 의도적으로 시행되기 훨씬 전에 고대인들이 이를 행하였
음을 지적하고 있다.

　이와 같은 수 년 동안의 무의식적인 선택의 결과로 새로운 변이가 창조
되었고, 나아가 **새로운 종**이 창조되기도 했다. 인류는 기록된 역사가 시
작되기 이전부터 동물들을 사육하고 식물을 재배해 왔다. 우리들이 집에
서 키우는 종들은 최초로 길들여졌던 야생종들의 자손들이다. 수많은 조
그만 변화가 축적됨으로써 이제 그들은 완전히 다른 종이 되었다. 다윈
은 다음과 같이 서술하고 있다.

　　우리는 꽃밭이나 채소밭에서 가장 오랫동안 재배되어 온 식물들을
　　보고 그 식물들의 야생 원종을 곧 바로 알아낼 수 없다. … 우리가 키
　　우는 대부분의 식물들은 오늘날의 인간에 대한 유용성이라는 기준에
　　부합되는 데에 이르기까지 개선 또는 변경되었으며, 이를 위해 수
　　세기 혹은 수천 년이 걸렸다. … 98)

　그러나 이것은 추론일 따름이다. 우리가 직접 관찰할 수 있는 것은 관
련 업계에 종사하고 있는 오늘날의 육종가들이 의도적인 목적을 가지고
작업한 결과로서의 동식물들이다. 다윈은 "일상적으로 육종가들이 동물
의 기관을 마치 자신들이 거의 원하는 대로 만들어 낼 수 있는 어떤 유연
한 대상인 양 이야기한다"99) 고 밝히고 있다. 그러나 중요한 사실은 가장
유능한 육종가마저도 개별 식물들이나 동물들에게 어떤 실질적인 변화를
산출해 내진 못한다는 점이다. 100) 그들은 마치 새로운 개체가 탄생하듯

98) 앞의 책, p.37.
99) 위의 책, p.31.
100) 〔역주〕 아무리 유능한 육종가라도 적극적이면서 의도적으로 어떤 형질을 만

이 변이가 나타나길 인내심을 가지고 기다려야 한다. 오직 그때에야 비로소 그들은 교배용으로 '전과 다른' 개체들을 적절히 이용할 수 있다. 그들은 적절한 변이를 발견할 기회를 증진시키기 위해 다량의 표본을 보유하고 있으면서 유용한 것은 선택하고 나머지는 폐기한다.

최고의 육종가들은 우리가 심지어 알아채지도 못하는 미세한 변이마저도 이용할 줄 알았다. 다윈은 비둘기들을 대상으로 육종 기술을 직접 실행해 보기도 했는데, 그는 다음과 같이 말했다. "그들은 내 스스로 식별하기 위해 노력했으나 찾지 못한 차이를 지적해 냈는데, 나는 그들의 이러한 능력에 감탄을 금치 못했다. 탁월한 육종가가 되기에 충분할 정도로 정확한 안목과 판단력을 가진 사람은 천 명 중 한 명도 되지 않을 것이다."[101] 그들이 만들어낸 신종으로 인해 오늘날의 원예업과 축산업이 가능하게 되었다.

'인위선택'이라 불리는 이와 같은 과정은 잘 알려져 있었으며, 이에 대한 논의로 책을 시작한 것은 다윈이 인위선택과의 비교를 통해 '자연선택'이라는 개념을 도입하고자 했기 때문이다. 그에 따르면 다음과 같다.

> 자연에서 새로운 변이와 새로운 종의 창조는 생존 경쟁의 결과로 나타난다. 아무리 사소하다 해도, 또한 어떠한 원인으로 생겨났건 간에, 이와 같은 생존 경쟁으로 인해 변이들은 (다른 생물뿐만 아니라 삶의 물리적 조건과 무한하게 복잡한 관계를 맺는 데에서) 조금이라도 유익할 경우 한 종의 개체들이 살아남는 데에 도움을 주게 될 것이며, 이는 일반적으로 자손들에게 이어지게 될 것이다. 이에 따라 그 자손들 또한 생존의 기회를 더욱 많이 확보할 수 있을 것이다. 이렇게 말하는 이유는 주기적으로 태어난 어떤 종의 수많은 개체들 중에서 오직 소수만이 생존할 수 있기 때문이다. 나는 아무리 미미한 변이라도 유용하다면 보존된다는 이와 같은 원리를 **자연선택**이라는

들어 낼 수는 없으며, 우연적으로 훌륭한 형질이 나타나길 인내심을 가지고 기다려야 한다.

101) Darwin, *Origin*, p. 32.

단어로 부르고자 한다. 인간의 선택력과의 관계를 부각시키려는 의미에서 말이다. 102)

유익한 형질

자연선택이 어떻게 작용하는지, 그리고 생물이 자연선택을 통해 어떻게 변형되는가를 이해하고자 한다면, 한 생물이 갖는 특유의 형질이 어떻게 '삶을 위한 투쟁'에서 그러한 생물에게 이점으로 작용할 수 있는가를 이해하지 않으면 안 된다. 그런데 우리는 곧장 한 가지 문제에 직면하게 된다. 자연 속에 존재하는 섬세하고 미묘한 균형으로 인해 일부 개체들이 다른 개체들에 비해 널리 분포하는 정확한 이유를 파악할 수 없는 경우가 많이 있다. 자연 속에서 만물은 상호작용하고 있다. 다윈은 전나무를 심어 놓은 곳 위에 서식하는 히스(*heath*) 103) 에 대하여 기술하고 있다. 결론은 모든 것이 변한다는 것이다. 이전에는 몰랐던 다른 다양한 식물들이 번성하기 시작했고, 벌레를 먹는 새로운 새들이 그곳에 살기 시작했으며, 물론 이는 곤충의 숫자를 현격하게 바꾸어 놓았고, 이러한 연쇄는 계속된다. 그는 다음과 같이 말한다. "여기서 우리는 한 그루의 나무가 도입된 것 외에 아무 것도 행해진 바가 없음에도 그것이 얼마나 커다란 영향을 미치는지 알 수 있다. "104)

또 다른 예를 들어보자. 다윈은 붉은 토끼풀(*red clover*) 105) 이 호박벌(*humble-bees*) 106) 에 의존하여 꽃가루를 널리 퍼뜨리고 있음을 지적한다.

---

102) 앞의 책, p. 61.

103) 〔역주〕황야에 무성한 관목.

104) Darwin, *Origin*, p. 71.

105) 〔역주〕쌍떡잎식물 장미목 콩과의 여러해살이풀. 유럽 원산이며 풀밭에서 자란다. 30~60cm까지 자라며 몸 전체에 털이 있다.

106) 〔역주〕몸길이가 암컷은 19~23mm, 일벌은 12~19mm, 수컷은 약 20mm이다. 평지에서 산지에 걸쳐 산다. 암컷과 일벌의 몸은 검은색 밀모(密毛)로 덮여 있고 배부 선단의 세 고리마디는 적갈색 털로 덮여 있다.

84

하지만 한 지역의 호박벌의 수는 들쥐의 수에 달려 있고(들쥐가 호박벌을 잡아먹는다), 들쥐의 수는 고양이의 수에 좌우된다(고양이가 들쥐를 잡아먹는다). 그는 다음과 같이 말한다. "이처럼 한 지역에 고양이과 동물의 수가 많을 경우 우리는 우선 쥐, 다음은 벌의 개입을 통해 그 지역에 분포하는 특정 종류의 꽃의 수가 달라진다고 생각해 볼 수 있다."[107] 이것은 우리가 알아차릴 수 있는 상호작용이다. 하지만 우리의 주의를 벗어나는 미묘한 상호작용이 더 있을지 누가 알겠는가?

이처럼 자연은 엄청나게 복잡하며, 이로 인해 어떤 생물이 다른 것들에 비해 널리 분포하는 이유를 발견하기 위한 노력이 좌절되는 경우가 간혹 있다. 그럼에도 우리는 개체에게 유익한 형질 중 최소한 일부를 어느 정도 자신 있게 규명해 낼 수 있다. 나는 여기서 유익한 형질 중 가장 확실하게 보이는 세 가지를 언급하도록 하겠다.

1. 한 가지 중요한 유형의 이점은 먹이 경쟁과 관계가 있다. 어떤 환경 내에서의 먹이 공급은 어떤 종의 무제한적인 증가를 지탱해 줄 만큼 충분치 않다. 하지만 생물들은 기하급수적인 비율로 계속 번식하고, 심지어 이러한 증가 비율은 먹이 공급이 한계에 도달한 경우에도 계속된다. 이에 따라 태어난 생물들 중 상당수가 영양 부족으로 죽는다. 그리고 먹이 확보에서 이점(그것이 아무리 적다고 하더라도)을 갖는 개체들은 생존할 가능성이 커진다.

갈라파고스 섬의 핀치는 훌륭한 사례다. 각각의 섬은 핀치가 먹을 수 있는 먹이의 종류에서 편차가 있다. 한 섬에는 견과가 풍부했고, 그리하여 넓고 두꺼운 부리가 견과를 깨는 데 최적이었다. 이러한 환경에서는 정상적인 부리보다 약간 넓고 두꺼운 부리를 가진 핀치가 유리하고, 그래서 먹이를 더욱 성공적으로 구할 것이다. 이 경우 그러한 핀치는 살아남아 자신의 형질을 자손들에게 전할 수 있을 것임에 반해, 그런 형질을 부여받지 못한 핀치는 멸종에 이를 것이다. 반면 견과류가 아닌 곤충이

---

107) Darwin, *Origin*, p. 74.

가장 풍부한 먹이 공급원이 되는 다른 섬에서는 다른 모습의 부리를 갖는 것이 이점이 된다. 그리하여 그 섬의 핀치는 다른 방향으로 발달해 나가게 될 것이다. 이러한 개별적인 차이들로부터 변이들이 나타날 것이며, 이러한 변이들로부터 그 지역 환경에 적응한 각각의 종들이 나타나게 될 것이다. 개체군 집단들 사이의 지리적 격리는 각각의 변이가 다른 것들과 독립적으로 발달할 수 있게 하는 데에 중요하다.

라마르크가 인용한 기린은 먹이 경쟁과 관련한 이점을 보여 주는 또 다른 사례다. 라마르크는 기린이 살고 있는 특수한 환경에서는 긴 목을 가진 기린이 먹이를 확보하는 데 유리할 것이며, 이에 따라 그들이 긴 목의 형질을 자손들에게 물려주게 될 것임에 반해, 경쟁에서 진 기린들은 자손을 남기지 못할 것이라는 사실을 깨달았다. 여기까지는 별다른 문제가 없다. 하지만 라마르크는 개체들의 긴 목이 높은 데 있는 잎사귀를 따먹으려는 노력의 결과라고 생각하는 잘못을 범했다. 원래 있던 개체들 중에서 약간 긴 목을 가진 개체들이 있었는데, 이들의 긴 목은 우연한 변이다. 이는 별다른 이익이 되지 않았더라도 원래 있던 개체들이 가지고 있었을 특징이다. 긴 목을 갖는 기린들이 자신에게 유리한 환경 속에 살고 있었음은 우연이며, 이는 그저 그들에게 주어진 행운이다.

2. 또 다른 형태의 이점은 포식동물을 피하는 것과 관련된다. '보호색'은 간단한 예다. 심지어 단일 종 내에서도 새들의 색은 차이가 난다. 어떤 새의 색은 밝고, 어떤 새는 어두우며, 또 어떤 것은 반점이 있다. 그 결과 어떤 새는 쉽게 눈에 띄어 포식 동물에게 잡혀 먹힐 가능성이 훨씬 높아지게 된다. 이렇게 보았을 때, 살아남아 자신들의 특유한 형질을 미래 세대에 전하는 새들은 자연 배경 속에서 자신들을 위장하는 색을 갖게 될 가능성이 높다. 다윈은 다음과 같이 주장한다.

뇌조[108]는 살다가 목숨을 잃지 않는다면 그 수가 무한정 늘어날 것이다. 그들은 맹금류로 인해 커다란 곤경을 겪는다고 알려져 있다.

---

108) 고산지대나 극지방의 평지에 서식하는 닭목 들꿩과의 조류.

매는 시각을 이용해 먹이를 구한다. 그렇기 때문에 유럽의 어떤 지역에서는 흰 비둘기를 사육하지 말라고 권고할 정도이다. 왜냐하면 그들이 가장 목숨을 빼앗기기 쉽기 때문이다. 이러한 이유로 자연선택은 각 종류의 뇌조에 적절한 색을 부여하고, 일단 뇌조가 그러한 색을 얻게 되면 그것을 일정하게 유지하게 하는 데에 효과적으로 작용할 것이다.[109]

환경이 변했을 때 어떤 일이 일어나는가를 검토해 보는 것도 유익하다. 뇌조가 살고 있는 환경이 어느 정도의 변화를 겪으면서 배경이 밝아졌다고 가정해 보자. 이 때 어두운 색의 뇌조들은 매의 눈에 훨씬 잘 띄게 될 것이고, 이에 따라 어두운 색의 뇌조들을 보호해 왔던 형질들은 역으로 작용하게 될 것이다. 즉 밝은 색이 아닌 어두운 색의 개체들이 잡아먹힐 가능성이 높아지는 것이다. 그런데 우연한 변이로 인해 계속해서 밝은 색의 뇌조가 태어나게 되었다. 이제 많이 살아남게 되는 것은 그들이며, 그들의 개별 형질이 개체군을 지배하게 될 것이다. 이때 우리는 우리의 눈앞에서 개체군이 색을 바꾸어 나가는 현상을 볼 수 있게 될 것이며, 실제로 그러한 현상이 지금까지 관찰되고 있다.

보호색은 생물이 포식동물을 피하는 데 도움이 되는 방법을 가장 극적으로 보여 준다. 하지만 오직 이것만이 포식동물을 피할 수 있게 하는 유일한 종류의 형질은 아니다. 빠른 동물, 나무를 탈 수 있는 동물, 껍질 속으로 숨을 수 있는 동물들도 이점을 가질 수 있다. 불쾌한 냄새를 풍기거나 예리한 청각을 가졌거나 날카로운 시각을 가진 동물들도 마찬가지다. 식물 또한 이와 같은 방책들을 이용하여 이익을 얻는다(간혹 예기치 못한 방식으로). 다윈은 식물학자들이 흔히 과일에 나 있는 솜털의 중요성을 그다지 인정하지 않는다고 말한다. "하지만 훌륭한 원예학자에게서 들은 바에 따르면 미국에서는 매끈한 껍질을 가진 과일이 솜털을 가진 과일보다 바구미(*Curcuilo*)[110]와 같은 딱정벌레로부터 더 많은 피해를 받는다

---

109) Darwin, *Origin*, p. 84.

．"111) 이처럼 자연선택은 무수한 방식으로 포식동물을 회피하기 위한 수단을 고안해낸다.

3. 먹이 경쟁은 일반적으로 개체들 간의 생존 투쟁으로, 이는 동일 종 내에서 특정 개체가 다른 개체와 투쟁을 벌이는 것을 말한다. 112) 예를 들어 핀치는 모두 동일한 견과류나 곤충을 먹이로 삼는다. 그런데 먹이는 핀치들에게 골고루 돌아갈 만큼 풍부하지 않다. 이에 따라 핀치들 중에서 살아남을 수 있는 것은 견과류와 곤충을 가장 잘 취할 수 있는 핀치들이다. 포식자에 대한 투쟁은 다른 생물 종과의 목숨을 건 싸움이다. 만약 포식자가 이기면 그 포식자는 잡아먹고 생존한다. 그렇지 못할 경우 제물이 될 뻔한 개체는 살아남고 포식자는 먹이를 얻지 못하게 된다(이처럼 자연선택은 끊임없이 작동하여 포식자들의 기술을 개선하고, 이와 동시에 먹잇감이 되는 개체들의 포식자들을 피할 수 있는 능력을 개선한다!). 그런데 생물들 사이가 아니라 생물과 그 생물의 환경 사이에서 살펴볼 수 있는 제 3의 투쟁 방식도 존재한다.

어떤 지역의 날씨가 점점 추워지게 된다고 가정해 보자. 모피 동물들, 예를 들어 늑대 중에는 외피의 두께와 관련한 임의적인 변이들이 있을 것이며, 날씨가 추워짐에 따라 두꺼운 외피를 가진 개체가 생존할 가능성이 높아질 것이다. 결과적으로 동물의 평균적인 외피의 두께가 두꺼워지게 된다. 다음으로 어떤 지역의 연평균 강우량이 줄어든다고 상상해 보자. 뿌리가 약간 더 긴 식물은 상황에 더 잘 대처할 것이며, 적은 수분을 필요로 하는 식물이 많은 수분을 필요로 하는 식물을 대체하기 시작할 것이다. 물론 식물들이 변함에 따라 초식 생물들의 숫자도 이와 더불어 변

---

110) 〔역주〕딱정벌레목 바구미과의 곤충으로, 몸길이 약 4mm의 연노란색 곤충이다. 쌀, 보리, 밀, 수수 등의 곡물에 서식한다.

111) Darwin, *Origin*, p. 85.

112) 〔역주〕먹이 경쟁은 먹을거리가 동일한 동일종의 개체들 사이에서 치열하게 일어나지 다른 종의 개체들 간에는 그런 현상이 나타나지 않는다. 간단히 말해 먹을거리가 다르기 때문이다.

88

할 것이며, 이는 연이어 초식 생물들을 먹고 사는 생물의 생존에도 영향을 미칠 것이다. 여기서 우리는 또 다시 생태계의 환경이 어떻게 상호 의존하고 있는가를 확인하게 된다.

우리는 이 세 가지 범주로 쉽게 구분할 수 없는 것들까지 포함해서 다른 수많은 사례들을 제시할 수 있을 것이다(예를 들면 병에 내성을 갖게 하는 변이들은 보존될 것이고, 취약하게 하는 변이들은 도태될 것이다). 하지만 가장 기본적인 수준에서 자연선택이 어떻게 작동하고 있는가를 명확히 보여주는 데에는 이상에서 언급한 내용만으로도 충분하다. 이는 다윈 이전의 진화론자들이 찾아내고자 했던 메커니즘이다.

자연선택 외의 변형의 원인

다윈은 "자연선택이 가장 중요하지만 변형이 이루어지기 위한 유일한 수단은 아니다"[113] 라는 입장을 견지했다. 당혹스럽게도 후대의 다윈주의자들은 이러한 입장을 무시하고, 오직 자연선택만이 진화적 변화를 통제하는 유일한 힘이라고 주장했다. 하지만 다윈 자신은 언제나 자연선택이 작동하고 있는 여러 영향력 중에서 가장 중요한 것일 따름이라고 생각했다. 그가 생각하기에 적어도 자연선택과는 다른 네 가지 유형의 변형 수단이 있었다.

1. 첫째, 상관 변이(*correlated variation*)의 원칙이 있다. 한 생물의 기관들은 상호 관련되어 있다. 때문에 어떤 한 기관이 변형되면 그에 따라 다른 기관 또한 변해야 한다. 이와 같은 상호 관계 중 몇 가지는 쉽게 이해된다. 예를 들면 한 동물의 체중이 증가하면 다리뼈의 굵기도 이에 따라 두꺼워져야 한다. 그렇지 않을 경우 다리가 체중을 지탱할 수 없기 때문이다. 하지만 일부 경우에는 상호 관련성이 상당히 기상천외하고 예상을 벗어난다. 육종가들에게는 유감스러운 일이었지만 그들은 한 가지 변

---

113) Darwin, *Origin*, 2nd edition, p. 14.

이가 다른 변이들과 상호 관련된다는 사실을 경험을 통해 알게 되었다. 그들은 종종 자신들이 다른 형질에 영향을 주지 않고서는 한 가지 형질을 개량할 수 없다는 사실을 발견하곤 했다. 다윈은 다음과 같이 말한다.

> 육종가들은 다리가 긴 동물이 거의 언제나 머리도 길다고 믿고 있다. 상관 변이의 일부 사례는 상당히 유별나다. 예를 들면 몸이 완전히 흰 푸른 눈의 고양이는 일반적으로 듣지 못한다. … 흰 양과 돼지들은 어떤 식물에게 상처를 입는 반면, 어두운 색의 개체들은 그렇지 않다. … 털이 없는 개는 완전치 못한 이빨을 가지고 있다. 일반적으로 일컬어지듯이 털이 길고 거친 동물들은 뿔이 길거나 많은 경향이 있다. … 이러한 사실로 미루어 보았을 때, 인간이 계속해서 선택을 하고, 그리하여 어떤 특징을 늘려 간다면, 분명 그는 자신도 모르는 사이에 상관 변이라는 신비로운 법칙에 따라 그 구조의 다른 부분들을 변화시킬 것이다. 114)

자연에서도 이와 마찬가지다. 만약 어떤 환경에서 뿔을 가진 동물에게 긴 털을 갖는 것이 유리하다면 자연선택의 결과 털이 길게 자랄 것이다. 하지만 만약 연관성에 대하여 다윈이 언급하는 육종가들이 옳다면, 이들 동물들의 뿔은 아무런 이익이 없음에도 더욱 길어지고 그 수가 많아지게 될 것이다.

2. 다윈은 한 가지 용도를 위해 적응된 어떤 기관이 연이어 다른 용도로도 활용될 수 있음을 강조하기도 했다. 이는 중요한 논점이었다. 왜냐하면 이로 인해 그는 어떻게 한 생물이 예기치 못한 방식으로 함께 작용하는 형질들의 조합을 가질 수 있게 되는가를 설명할 수 있게 되었기 때문이다. 예를 들어 새의 비행 능력에 대하여 고찰해 보자. 물론 비행 능력은 적응에 크게 도움이 된다. 이는 어떠한 측면에서 보아도 유용하다. 하지만 이러한 능력이 어떻게 진화될 수 있었을까? 아무리 비행 능력이

---

114) Darwin, *Origin*, p. 11.

이점을 준다고 하더라도 어떻게 이것이 '선택'되었을까? 문제는 이러한 능력이 형질 전체와 관련된다는 것이다. 즉 비교적 가벼운 체중, 공기 역학적인 체형, 속이 빈 뼈, 특정한 형태의 날개와 근육 그리고 이들을 조종하는 해부학적 기관, 깃털 등이 모두 관련된다는 것이다. 그런데 이에 관한 핀치의 부리 또는 늑대의 모피 이야기에 비견되는 이야기를 만들어 내고자 할 경우 우리는 좌절하고 만다. 이 모든 형질이 한순간에 생겨났다고 상상해야 할까? 아니면 이들이 소박한 형태로 일시에 나타났고, 이로 인해 원시적인 새가 조금 날 수 있게 되었으며, 이와 같은 작은 능력이 진일보한 변이에 의해 후대에 정교해졌다고 생각해야 할까? 이러한 방식으로 어떤 능력이 진화되었다는 이야기는 좀처럼 믿기 어렵다.

하지만 만약 비행에 필요한 각각의 형질들이 원래 다른 용도로 발달했으며, 그리하여 이들이 나중에야 비행에 도움이 되었음을 보여 줄 수 있다면, 그러한 이야기는 신빙성 있게 느껴질 것이다. 예를 들어 깃털은 원래 비늘에서 발달했을 수 있다. 이러한 변화가 일어난 이유는 깃털이 열을 훌륭하게 차단해 주었기 때문이다. 비늘을 가진(그리고 지표면에서 떠날 수 없는) 일부 종들은 그들의 다른 무리들과 약간 차이가 있었다. 그들은 원시 깃털과 거의 닮지 않은 비늘을 가지고 있었다. 이는 추위를 조금 더 잘 막아 준다는 점에서 유용했다. 그런데 수 세대를 거치면서 이러한 형질이 전해지고, 진일보한 변이가 나타남에 따라 비늘이 날개와 더욱 비슷하게 변해갔으며, 그러다가 결국 날개가 되었다. 이처럼 깃털은 원래 다른 동물의 모피와 동일한 용도로 사용되었다. 즉 깃털은 원래 보온을 위해 사용되었던 것이다(이러한 가설은 비행 능력을 발달시키지 못한 일부 종에서 깃털이 여전히 보온이라는 목적에 활용된다는 사실을 통해 확증된다). 하지만 깃털은 모피가 갖지 못한 공기 역학적 속성을 우연히 갖게 되었고, 그리하여 깃털을 가진 동물은 포식자를 피해 달아날 때 여기서 저기로 약간씩 날아서 더욱 빠르게 움직일 수 있었던 것이다. 이와 같이 원래 열역학적 속성으로 인해 선택된 특성이 포식자를 피하는 데에 도움을 줄 수 있는 특성을 갖게 됨으로써 선택이 이루어지게 되었다. 그리고 다른 변형도 아울러 이루어지게 됨에 따라 마침내 총체적인 결과로 하늘을 날 수 있는 종이 탄생하게 되었던 것이다.

그런데 당신은 이와 같은 이야기에서 약간 이상한 느낌이 들었을지 모른다. 나는 이상에서 다룬 주제들을 '자연선택 외의 변형의 원인'이라는 제목하에 다루고 있다. 하지만 이들 중 어떤 내용도 자연선택의 정신을 거스르지 않는 듯이 보인다. 사실상 지금까지 자연선택 외의 다른 어떤 변화의 작인(作因)도 언급된 바가 없다. 상관 변이들이 나타나는 이유는 자연선택이 그러한 변이들과 상호 관련된 형질들을 선호했기 때문이다. 깃털이 비행에 사용될 수 있는 이유는 이들이 처음에 다른 이유로 자연스레 선택되었기 때문이다. 그렇다면 다윈이 이러한 문제들을 설명하기 위해 자연선택 외의 다른 무엇이 필요하다고 생각한 이유는 무엇일까?

그 이유를 알고자 한다면 우리는 다음과 같은 두 가지 질문을 구분할 필요가 있다.

(a) 어떤 형질(예를 들면 더 길거나 더 많은 뿔, 혹은 날 수 있는 능력)의 존재가 자연선택에 의해 인과적으로 산출되었다고 설명될 수 있는지의 여부.

(b) 문제의 형질 그 자체가 적응에 도움이 되기 때문에 '선택'되었는지의 여부.

전자의 질문에 집중할 경우에는 보충 원리가 그다지 필요하지 않다. 자연선택(생물을 지배하는 생화학적 규칙과 더불어)은 모든 것을 설명해 준다. 하지만 후자의 질문은 다른 문제를 제기한다. 우리가 어떤 생물의 형질을 가려내서 '그러한 형질이 생물에게 유익하기 때문에 자연선택에 의해 만들어졌는가?'라고 물을 경우, 그에 대한 답변이 항상 '그렇다'는 아니다. 더욱 길고 많은 수의 뿔은 이들이 적응에 도움이 되기 때문에 발달한 것은 아니며, 비행할 수 있는 능력 또한 그것이 적응에 도움이 되기 때문에 발달한 것은 아니다. 다윈은 이들이 자신의 주요 착상으로부터의 중요한 이탈이라고 생각했으며, 이에 따라 그는 오직 자연선택만이 생물의 발달에 영향을 주는 유일한 힘이 아님을 강조했던 것이다.

3. '성선택'(*sexual selection*) 115) 은 또 다른 원리로, 다윈은 이를 자연선택과 다른 것으로 보았다. 일반적으로 종은 암수로 나누어지며, 한 개체가 자손을 남기고자 한다면 짝짓기를 하지 않으면 안 된다. 이처럼 설령 한 개체가 번식할 수 있는 시기에 이를 때까지 생존했다고 하더라도, 또 다시 그 개체는 짝짓기 경쟁이라는 투쟁을 벌이지 않으면 안 된다. 다윈은 다음과 같이 말한다.

> 이러한 유형의 선택은 다른 개체나 외부 환경과의 생존 경쟁 관계가 아니라 동성(同性)의 개체 간에(일반적으로 수컷 간에) 이성(異性)을 점유하려는 경쟁으로 인해 이루어진다. 116)

이처럼 일부 형질들은 개체들의 생존을 가능하게 하기 때문이 아니라 짝을 얻을 수 있게 하기 때문에 세대를 이어서 유지되고 강화된다.

'이성을 차지하려는 경쟁'에는 흔히 싸움이 포함되며, 일부 형질들은 분명 싸움에 필요하기 때문에 존재한다. 이러한 사실에 근거하여 다윈은 "뿔 없는 수사슴이나 며느리발톱117)이 없는 수탉은 많은 자손을 남길 기회가 매우 적다"118) 라고 지적했다. 하지만 일부 종에서는 경쟁이 비교적 평화스럽게 이루어지기도 한다. 조류의 경우는 가장 아름답게 지저귀거나 가장 화려한 깃털을 가진 수컷들이 암컷을 유혹하는 데 훨씬 유리할 것이다. 이로 인해 뜻밖의 결과가 나타나게 된다. 이는 '수컷의 어떤 형

---

115) 〔역주〕 다윈은 자연선택과 성선택을 구별하였는데, 1930년대의 생물학자들은 자연선택을 성선택까지 포함하는 개념으로 정의했다. 그들이 성선택을 그다지 중요하게 여기지 않았기 때문이었다. 하지만 자연선택은 '생존경쟁'을 통해 이루어지는 진화 과정이고, 성선택은 '번식경쟁'을 통해 이루어지는 진화 과정이다. 생존을 위한 선택과 짝을 유혹하기 위한 선택은 각각 다른 종류의 생물학적 형질을 생산하는, 서로 독특하게 구별되는 과정이라 할 수 있다.

116) Darwin, *Origin*, 2nd edn., p. 69.

117) 〔역주〕 날짐승 수컷의 발 뒤쪽으로 튀어나온 발톱 같은 돌기.

118) Darwin, *Origin*, 2nd edn., p. 69.

질이 후대에 전해질 것인가를 결정하는 데 암컷의 심미적 감각이 어느 정
도 역할을 한다'는 사실을 의미하게 되는 것이다. 다윈은 "암컷 새들이 수
천 세대에 걸쳐 자신들의 미적 기준에 따라 가장 아름다운 소리로 지저귀
거나 아름다운 수컷을 선택했는데, 이로 인해 뚜렷한 결과가 창출되었다
는 사실에 대해서는 의심의 여지가 없다"119) 라고 말한다(물론 수컷의 심
미적 감각에 대해서도 마찬가지로 말할 수 있다. 이 또한 후대에 전해질 암컷
의 형질을 결정하는 데에 영향을 준다. 그런데 다윈이 수컷의 형질 결정을 강
조하고 있다는 사실은 그가 당대의 사람들, 그리고 우리 시대의 사람들과 다
를 바 없이 성차별적 편견을 가지고 있었음을 시사한다).

　다윈이 자연선택과 성선택이 어떤 중요한 점에서 다르다고 생각한 또
다른 한 가지 이유가 있다. 두 가지 선택은 간혹 상호 간에 역작용을 하는
경우가 있다. 그리하여 짝을 유혹하는데 유용한 형질이 생존을 위한 투
쟁에는 해가 될 수 있는 것이다. 예를 들어 수사슴의 뿔은 거추장스러울
수 있고 새의 화려한 꼬리 깃털은 먹이를 찾는 데 지장을 초래할 정도로
너무 커질 수 있다. 이처럼 두 개의 힘은 서로 반대 방향의 발달이 이루어
지도록 작용할 수 있다. 120)

　하지만 앞에서 언급했던 자연선택이 이루어지게 되는 두 가지 '조건들'
과 마찬가지로, 성선택 또한 자연선택의 근본 원칙으로부터 완전히 이탈
하진 않은 듯이 보인다. 자연선택은 번식이 가능한 시점까지 생물이 생
존할 수 있게 하는 형질을 유지하도록 작용하고, 성선택은 일단 그러한
시점에 이르렀을 때 그 생물에게 도움이 되는 형질을 보존하도록 작용한
다. 그리하여 양쪽 모두 동일한 목표에 기여한다. 즉 양자는 차등적으로
번식의 성공에 기여하는 것이다. 다윈보다 세밀하지 못한 사색가에게는

---

119) 앞의 책.

120) 여기서 레이첼즈는 성선택과 자연선택을 별개로 봐야 하는 이유를 제시하고
　　있다. 예를 들어 개체의 생존과 생식의 도모가 동일하다면 꼬리 깃털이 계속
　　적으로 더욱 화려한 색깔을 띠면서 커지거나 반대 방향으로 발달이 이루어지
　　게 될 것이다. 하지만 양자가 서로 다른 방향으로 작용함에 따라 꼬리 깃털
　　의 화려함과 크기는 적정 수준에서 조정이 이루어지게 된다.

94

이러한 두 가지 원칙이 하나의 총체적인 과정의 서로 다른 국면에 지나지 않는 듯이 보일 것이다.

4. 마지막으로 다윈에 따르면 종의 발달에 영향을 주는 다른 한 가지 힘이 있는데, 이러한 힘은 사실상 자연선택과 별개이고, 자연선택의 취지에도 완전히 벗어난다. 라마르크주의는 다윈의 전반적인 견해 속에 단순한 흔적 이상으로 남아 있다. 《종의 기원》에서 다윈은 '사용 또는 미사용의 결과'가 유전된다는 사실을 재차 반복해서 말하고 있다. 후기의 연구서인 《재배 식물과 가축들에서의 변이》(*The Variation of Plants and Animals under Domestication*, 1868)에서 그는 이것이 어떻게 일어나는가를 설명하기 위해 '범생설'(*pangenesis*) 121) 이라 불리는 이론을 개발했다. 범생설에 따르면 생물의 개별 세포들은 모세포의 특성을 캡슐에 그대로 담고 있는 '제뮬'(*gemmule*) 122) 이라는 입자를 떨어뜨린다. 제뮬은 생식기관에서 수집되는데, 이곳에서 이들은 생식세포와 상호 작용하며, 그리하여 자손의 특성 결정에 기여한다(이처럼 '생식세포'의 본성은 '체세포'의 본성과 독립되어 있지 않다. 그리고 이는 우리가 살펴본 바와 같이 라마르크주의의 핵심적인 특징이었다). 이처럼 개체의 기관이 '사용, 미사용'에 따라 변형된다면 그에 따른 변형은 기관에서 떨어져 나간 제뮬에 영향을 주게 될 것이고, 변형된 내용은 제뮬을 통해 후손에게 전해지게 될 것이다.

범생설을 지지하는 사람은 소수였다. 다윈은 이를 이해시키기 위해 노력했으나 제자들은 대체로 이를 무시했으며, 오늘날 이는 다윈이 저지른 얼마 되지 않은 큰 실수 가운데 하나로 파악되고 있다. 그 당시 그 누구도 유전이 어떻게 이루어지는지 정확하게 알지 못했으며, 이에 따라 다윈이

---

121) 〔역주〕획득성 유전을 설명하기 위해 1868년 다윈이 제창한 가설. 이에 따르면 신체 각 부분의 세포에 자기 증식성 입자인 제뮬(*gemmule*)이 함유되어 있는데, 이것이 혈관이나 도관 등을 통해 생식세포에 모여서 자손에게 전달되며, 이는 자손의 몸 여러 곳으로 분산된다. 자손은 이와 같은 과정을 거쳐 어버이의 형질을 나타내게 된다. 이는 더 이상 설명력을 갖지 않는 이론으로 평가된다.

122) 〔역주〕다윈이 가정한 입자적 유전 단위.

이에 대한 관념적인 추측을 한 것을 비난할 수는 없다. 그럼에도 이 점에 대한 그의 관념적인 추측은 방향을 잘못 잡은 것이었다. 하지만 범생설의 실패는 다윈의 전체적인 이론을 강화시켰지 약화시키진 않았다. 이는 그의 이론 중에서 자연선택의 정신에서 이탈한 유일한 것이다. 이와 같은 실패와 더불어 자연선택은 더욱 강력하면서 포괄적인 이론으로 부상한다.

논쟁의 개막

일단 어떤 새로운 이론이나 사물을 바라보는 새로운 방식이 사람들의 마음에 자리 잡으면 모든 것이 그러한 관점에서 보이기 시작한다. 《종의 기원》 출간 직후 수년 동안 다윈의 이론을 더욱 빛나게 하는 많은 사건들이 일어났다.

1861년 시조새 화석의 잔해들이 최초로 발견되었다. 이와 같은 이상한 동물은 이전에 알려진 어떤 것과도 다르게 반은 파충류 반은 조류처럼 보였다. 당시로부터 십 년 전이었다면 그러한 화석이 그다지 관심을 끌지 못했을 것이다. 이는 단지 또 다른 독특한 화석일 뿐이었을 것이다. 하지만 이제 다윈의 이론이 사람들의 마음속에 자리 잡았고, 그의 이론에 의하면 조류는 파충류에서 진화되었다. 이에 따라 시조새는 그가 옳았다는 증거로 간주되었다. 다윈이 양자의 연결을 추측할 당시 이를 확증할 수 있는 화석 기록은 전혀 없었다. 때문에 이러한 증거는 더욱 강한 인상을 남겼다.

다른 발견들이 이어졌다. 1860년대에 미국의 고생물학자 마쉬 (Othniel Charles Marsh) [123] 는 미국 서부로 화석 탐사 여행을 떠났다〔그의 안내자는 유명한 정찰병 윌리엄 '버펄로 빌' 코디 (William 'Buffalo Bill' Cody) [124] 였다〕. 이 탐험에서 그는 명백하게 파충류 모양을 한, 이빨이

---

123) 〔역주〕 19세기의 미국의 고생물학자. 미국 서부에서 광범위한 화석 탐사를 했고, 북아메리카의 멸종된 척추동물 연구에 많은 기여를 했다.

124) 〔역주〕 포니익스프레스의 기수(騎手). 남북전쟁 때는 북군의 척후병이었

있는 조류의 화석 잔해를 발견했다. 그는 분석을 통해 비늘이 깃털이 되었고, 앞다리가 날개로 발달했음을 확증할 수 있었으며, 파충류를 조류로 변화시킨 다른 변형들을 도표로 나타낼 수 있었다. 이와 같은 종류의 새로운 발견은 모두 다윈 이론의 설득력에 무게를 실어 주었다.

《종의 기원》에서 다윈은 인간의 진화 문제를 애써 회피했다. 어떤 종이라도 예외 없이 다른 종으로 변했을 것이라는 생각에 대해서는 이미 충분할 정도로 많은 저항이 있었고, 그래서 감정적인 격론이 야기될 수 있는 인간의 문제를 건드림으로써 불필요하게 문제를 복잡하게 만들길 원하지 않았다. 하지만 그가 이 문제를 완전히 무시했던 것은 아니었다. 책의 맨 마지막 부분에서 그는 다음과 같이 짧게 통고하면서 앞날을 예견하고 있다. 나의 탐구 결과에 따라 "인간의 기원과 그의 역사에 많은 빛이 비춰질 것이다."125)

이러한 예고는 사실상 필요치 않았다. 책을 읽은 사람들은 모두 분명하게 결론을 도출해 냈다. 만약 조류가 파충류에서 유래되었다고 한다면 인간 또한 꼬리 없는 원숭이에서 유래되었을 것임이 분명하다. 시조새 화석이 발견된 바로 그해에 어떤 프랑스 여행자가 아프리카에서 죽여서 박제한 고릴라를 영국으로 수송해 왔다. 그때까지 유럽에서 한 번도 전시된 적이 없던 고릴라는 이전에 알려진 다른 어떤 종보다 더 인간을 닮아 있었다. 십 년 전이었다면 고릴라는 또 다른 하나의 호기심의 대상에 지나지 않았을 것이다. 그런데 이제 그 반응이 너무도 강렬하여 어떤 사람은 고릴라가 모조품이라고 매도하기까지 했다.

다윈의 책을 놓고 벌어진 논쟁은 빅토리아 여왕 시대의 신사들에게서 기대할 수 있는 예의가 지켜지면서 벌어졌다. 심지어 가장 적나라한 공격마저도 다윈이 과학에 기여한 다른 내용들을 진심으로 인정하고 나서야 이루어졌다. 논쟁자들 간의 인간관계도 최소한 표면적으로는 정중했

다. 캔자스 퍼시픽 철도를 건설할 당시 근로자의 식량용으로 많은 들소를 사냥했다 하여 버펄로 빌이라는 별명이 붙었다.

125) Darwin, *Origin*, p. 488.

다. 또한 당시에는 공개 토론의 객관성을 유지하기 위해 서평에 서명을 하지 않는 것이 관례였다(물론 《종의 기원》의 경우에는 모든 사람들이 누가 서평을 썼는지 곧바로 알 수 있었다).

교회의 입장은 예측할 수 있는 바였다. 요컨대 쟁점이 되는 것은 단지 창세기의 연대 혹은 어셔 대주교의 계산만이 아니었다. 무엇보다도 기독교는 사실(史實)에 근거하고 있는 종교다. 여러 기독교 신학자들은 "우리의 신은 역사 속의 신"이라고 주장했다. 신과 인간의 관계는 일련의 역사적 사건에서 계시되었으며, 각각의 사건은 심원한 영적인 의미를 갖는다. 예를 들어 천지창조, 인간의 타락, 그리스도의 속죄, 구원 등이 그것이다. 나아가 신의 최초의 창조 행위 속에서 역사는 단지 시작이 아니라 목표와 목적 또한 갖게 되었다. 즉 역사는 궁극적으로 신의 왕국을 구축하는 방향으로 나아가는 것이다. 기독교의 전통 속에서 보았을 때 역사 연구는 신과 인간의 상호작용에 대한 연구다. 그런데 만약 이 모든 것이 허구로 보이게 된다면 신앙은 근거를 상실하게 된다. 다윈은 이와 같은 성스러운 역사를 공격한 것이다.

다윈의 책을 비판한 대표적인 성직자는 옥스퍼드의 주교인 윌버포스(Samuel Wilberforce)[126]였다. 그는 연설가로서의 재능이 뛰어났으며, 미끄러지듯 유창하게 논쟁을 벌였는데, 이로 인해 사람들은 그를 '비누 같은 샘'(Soapy Sam)이라고 불렀다. 다소 경멸적인 별명에도 불구하고 윌버포스는 상당한 실력을 갖춘 사람이었다. 그의 가족은 노예제도 폐지 운동으로 유명했는데, 이러한 측면에서 그와 다윈은 최소한 한 가지 측면에서 동일한 입장을 취하고 있었다. 그는 자신의 이름이 붙은 훌륭한 조류학 저작을 가지고 있는, 뛰어나지는 않았지만 꽤 훌륭한 자연사 연구자였다. 그는 구식 신사였고 늘 정중했다. 그와 다윈은 개인적으로 좋

---

126) 〔역주〕영국의 정치가로 의회개혁과 로마 가톨릭 교도의 정치적 해방을 지원
    했다. 노예무역 폐지법을 성립시켰으며 복음주의자 그룹의 중심인물로 해외
    선교운동을 활발히 했다. 진화론을 놓고 토머스 헉슬리(Thomas Huxley)와
    설전을 벌인 인물로 유명하다.

98

은 관계를 유지하고 있었다. 하지만 윌버포스 주교는 이단의 진화론자가 유해하다는 점에 대해서는 의심의 여지가 없었다. 그는 단순히 기독교의 연대기만이 위태로운 상황에 처하게 되는 것이 아님을 잘 알고 있었다. 〈계간 평론〉(*Quarterly Review*)에서 다윈의 저작에 대해 "참으로 매혹적인 글"이라는 찬사를 보낸 후 그는 다음과 같이 자신의 입장을 밝혔다.

> 이제 우리는 즉시, 그리고 공개적으로 다윈의 진화론이 신의 말씀의 직접적인 관심사가 아닌 자연과학의 저 주제와 관련해서, 그 말씀 가운데 단 하나의 표현과도 절대 양립할 수 없을 뿐만 아니라, 판단컨대 훨씬 중요한, 신의 말씀에 해당하는 주제인 인간의 저 도덕적·영적 조건에 대한 전체적인 설명과도 완전히 어긋난다고 말해야 한다. 인간이 지구상에서 누리는 천부적 우위성, 명확하게 대화할 수 있는 능력, 이성이라는 재능, 자유 의지와 책임, 타락과 구원, 불멸의 아들의 강생, 불멸하는 영혼의 내재 — 이 모든 특징들은 신의 형상에 따라 창조된 인간이 야수에서 유래되었다는, 인간을 격하시키는 개념과 전혀 양립할 수 없으며, 하나님의 본성을 부여받은 영원한 아들에 의해 속죄 받은 인간이라는 개념과도 양립 불가능하다. 127)

윌버포스는 다윈의 책에 대한 당시 가장 잘 알려진 공개 토론에서 단연 두각을 나타냈다. 1860년 여름 영국 과학 진흥 협회(*British Association for the Advancement of Science*)의 한 회합에서 드레이퍼(John William Draper)라는 사람이 새로운 이론을 검토하는 논문을 일독하기로 되어 있었다. 그의 발표 내용은 이미 잊힌 지 오래다. 매우 생생하게 기억되는 것은 그와 같은 주요 논문의 발표가 있은 후의 토론이다.

회합은 마치 다윈의 삶에서 가장 중요했던 인물들의 집회인 듯이 보였다. 다윈의 오랜 친구이자 의논 상대인 핸슬로가 사회를 맡았고, 참석자 가운데는 피츠로이 선장, 후커, 그리고 헉슬리가 포함되어 있었다. 물론

---

127) Wilberforce, Clark, *The Survival of Charles Darwin*, p. 145에서 인용.

핸슬로, 피츠로이, 그리고 후커는 다윈과 오랫동안 알고 지내는 사이였다. 오직 헉슬리만이 다윈과 친해진 지 얼마 되지 않은 상태였다. 헉슬리는 다윈이 그다지 좋아하지 않는 공개 토론에서 다윈을 대신하겠다고 자청했는데, 이는 두 사람이 서로 친해지게 된 계기가 되었다. 이는 다윈에게는 둘도 없는 행운이었다. 왜냐하면 에슬리(Loren Eiseley)의 말에 의하면 헉슬리는 "역사상 가장 빼어난 과학 토론가"[128]였기 때문이다. 헉슬리는 〈타임〉(The Times)지에 《종의 기원》에 대한 평론을 써달라는 요청을 받았다. 이는 여론 형성에 단연 가장 중요한 책이었다. 이는 다윈에게 실로 큰 행운이었다.

빼어난 토론 솜씨에도 불구하고 헉슬리는 영국 과학 진흥 협회 회합에 참석하길 망설였다. 그는 윌버포스가 그곳에 올 것을 알았고, 그 성직자에게 승리를 거둘 수 있는 방법이 전혀 없지 않을까 염려했다. 윌버포스는 아무도 대적할 수 없는 방식으로 그날의 주도권을 잡고 나갈 것이다. 헉슬리는 어찌 되었건 회합에 참석하도록 권유를 받았다.

그 회합을 도청하고 있는 시간 여행가가 있다면 전해 내려오는 이야기가 실제 일어난 일과 다르다(적어도 일부 세밀한 내용들이)는 사실을 발견할지도 모르겠다. 아무도 그 당시의 토론 내용을 기록하지 않았으며, 우리가 가지고 있는 토론에 대한 문서는 서로 일치하지 않는다. 하지만 이하는 적어도 참관했던 일부 사람들이 그날 일어났다고 말하는 내용이다.

드레이퍼가 자신의 논문을 일독하고, 다른 사람들이 이에 대해 논평을 한 후, 윌버포스가 일어나서 연설을 했다. 이는 다윈의 맹공에 대응하여 종교와 도덕을 능숙하게 옹호하는 연설이었다. 우리가 이미 살펴본 바와 같이 윌버포스는 존경받는 자연사 연구자로, 그는 회합에 교회의 대표 자격이 아닌 영국 학술회(British Academy)의 부회장 자격으로 참석했다. 이런 까닭에 그는 종교적인 측면에서 다윈에 반대하는 자신의 입장을 과학적 논거를 통해 뒷받침할 수 있었다. 헉슬리를 향해 고개 인사를 하고

---

128) Eiseley, *Darwin and the Mysterious Mr X*, p. 13.

나서 그는 다윈의 옹호자가 분명 자신의 논리를 반박하려 하겠지만, 그럼에도 자신은 감히 큰소리로 말하지 않을 수 없다고 청중들에게 장난스럽게 말했다. 하지만 윌버포스는 마무리를 지으면서 중대한 전략상의 실수를 했다. 그는 헉슬리를 향해 그가 부계 원숭이의 후손인지 모계 원숭이의 후손인지 아니면 양쪽 모두인지를 물었던 것이다. 이 말을 듣고 헉슬리는 한 동료에게 속삭였다. "주님이 그를 내 손에 넘겨주셨도다."[129] 그러고 나서 그는 윌버포스를 향해 되받아쳤다. "나는 인간으로서 진리를 마주하길 두려워하느니 차라리 두 원숭이의 후손이 되겠습니다." 전하는 바에 따르면 참석했던 부인 중 한 명이 졸도했다고 한다. 그럼에도 이는 신사다운 논쟁이었다. 다른 청중들은 큰소리로 박수갈채를 보냈다. 이 모임에 참석하지 않았던 라이엘은 며칠 후 그가 들었던 바를 상세히 밝힌 편지를 썼다. 라이엘은 다음과 같이 썼다. "많은 사람들이 헉슬리의 거리낌 없는 불손함을 비난했다. 하지만 그 일에 대해 말했던 그 이상의 사람들[이 중에는 팔코너(Falconer)가 포함되어 있었는데]은 주교가 마땅히 당해야 할 일을 당했을 뿐이라고 진보주의자인 부총장 전느(Jeune)가 공언했음을 확인시켜 주었다."[130]

다음으로 선장 피츠로이가 일어나서 30년 전의 다윈과의 교제에 대해, 그리고 재능 있는 젊은이가 잘못되어가고 있다는 사실에 대해 자신이 느끼는 실망감에 대해 이야기했다. 우울한 모습의 피츠로이는 성경을 가지고 왔다. 그는 성경을 자신의 머리 위로 치켜들고서는 인간의 이론이 아니라 성경이야말로 진리의 근원이라고 주장했다.

마지막으로 후커가 모임의 사람들에게 연설을 했다. 그는 사람들에게 진리를 향한 다윈의 성실성과 헌신을 설득력 있게 전달했다. 그리고 그는 자연선택 이론이 강력하면서 인상적인 발견이라고 옹호했다. 그는 이러한 새로운 이론에 대항하는 사람들을 조롱하지 않았다. 대신 그들에게

129) 헉슬리가 이를 여왕의 주치의인 브로디(Benjamin Brodie) 경에게 이야기했다고 일컬어진다.
130) Lyell, *Life, Letters, and Journals* ii., p.335.

공감을 표시했다. 헉슬리가 투쟁적임에 반해 후커는 타협적이었다. 그
는 서로 화합하기에 알맞게 결론을 내렸다.

> 저는 이 이론을 15년 전에 알았습니다. 그 당시 저는 이에 대하여 철
> 저하게 반대했습니다. 저는 이에 대해 반대하고 또 반대했습니다.
> 그때 이후 저는 끊임없이 자연사 연구에 전념했습니다. 이를 위해
> 저는 세계일주 여행을 했죠. 그런데 제가 이전에 설명할 수 없었던
> 이러한 학문 분야에서의 사실은 점차 그 이론을 통해 하나씩 설명되
> 었으며, 그리하여 내가 원하지 않았음에도 점차 그 이론을 받아들이
> 지 않을 수 없게 되었습니다. [131]

라이엘의 친구들은 그에게 "주교는 분과 모임에서 많은 박수를 받았
다. 하지만 분과 모임이 끝나기 전 수많은 청중들(인원을 가늠할 수 없는)
의 분위기는 다른 사람이 아닌 후커 때문에 완전히 다른 방향으로 바뀌었
다"[132] 라고 말해 주었다.

이러한 사건이 다소 윤색되었음은 의심의 여지가 없다. 그럼에도 《종
의 기원》이 출간된 지 일 년이 채 안 된 시기에 있었던 이러한 논쟁은 모
임에 참석한 많은 사람들에게 다윈주의자들의 굉장한 승리로 기억되었
다. 이처럼 자신의 이론에 대한 공개 토론이 이루어짐으로써 다윈은 순
조로운 출발을 하게 되었다.

다윈의 책을 놓고 벌어진 논쟁이 단순히 과학자들과 교회 사이의 문제
로 생각하는 것은 잘못이다. 당시 후커나 라이엘과 같은 지도적인 인물
들이 다윈의 편이었는데, 이는 다윈에게는 행운이었다. 하지만 그 외의
과학자들이 모두 그를 지지하는 대열에 합류했던 것은 아니다. 케임브리
지 대학의 지질학 교수였던 세즈윅은 다윈이 학생이었을 때 그를 격려했
고, 북 웨일즈로 3주간 도보 여행을 갈 때 함께 갔으며, 비글호에서의 그

---

131) Hooker, Clark, *The Survival of Charles Darwin*, p. 144에서 인용.
132) Lyell, *Life, Letters, and Journals* ii., p. 335.

의 업적을 높이 평가했지만 이제 그에 반대하는 입장을 취했다. 세즈윅
은 다윈이 "유럽의 자연사 연구자 사이에서 커다란 명성을 얻게 될 것"이
라고 예측했다. 그런데 이제 세즈윅은 그러한 명성이 불명예스러운 것이
되었다고 생각했다. 신앙심이 깊은 그는 자연선택 이론이 "전적으로 거
짓"일 뿐만 아니라 "통탄할 만큼 유해하다"고 비난했다. 그 이유는 자연
선택이 신이 계시한 진리에 상충되기 때문이다. 그는 다윈에게 개인적으
로 "나는 기쁨보다는 고통을 느끼면서 자네의 책을 읽었네. 일부에 대해
서는 크게 칭찬했고, 다른 일부에 대해서는 옆구리가 아플 정도로 웃었
네"133) 라고 이야기했다. 그리고 그는 한 출판물에서 강력한 어조로 다윈
의 책을 비난했다. 다윈은 "친애하는 가엾은 노인 세즈윅이여, 이제 나는
세즈윅처럼 다른 사람들을 크게 비난하면서도 친절하고 고귀한 가슴을
가진 사람이 있다는 사실을 알게 되었다"134) 고 말했다. 오늘날 일부 지
도적인 위치의 과학자들은 여전히 자신들의 과학적 업적을 교회의 가르
침에 종속시키고 있는데, 세즈윅의 대응은 이러한 모습을 연상시킨다.

　다윈을 비판하는 상당수의 과학자들은 '친애하는 가엾은 노인 세즈윅'
보다 훨씬 출중한 인물들이었다. 당대의 선도적인 비교 해부학자이면서
'영국의 퀴비에'라 불리기도 했던 오웬(Richard Owen)135) 은 유별난 적개
심을 가지고 다윈을 공격했다. 오웬의 반대는 빈정댐이 포함되어 있었
다. 비록 다윈을 공격할 때 항상 분명하게 드러나지 않았지만 그 역시 진
화론자였다. 하지만 변화가 어떻게 일어나는가에 대해서는 다윈과 다른
이론을 가지고 있었으며, 그의 신랄한 비판은 경쟁자에 대한 질투심이
어느 정도 동기로 작용했던 것처럼 보인다. 오웬의 입장은 다른 과학자

---

133) Sedgwick, *Life and Letters* ii., p. 356.
133) Sedgwick, *Life and Letters* ii., p. 356.
134) Darwin, *Life and Letters* ii., p. 200.
135) 〔역주〕 19세기의 영국의 고생물학자·비교해부학자. 중생대 파충류의 화석
　　을 연구했고, 뉴질랜드에서 거조(巨鳥) 모아(*Moa*) 의 화석을 발견했다. 다
　　윈의 진화론에 대하여 부정적인 입장을 취했으며, 생물의 상동(相同) 개념
　　을 처음으로 확립했다.

들이 앞으로 취할 입장의 전조(前兆)였다고 말할 수 있다. 즉 대다수의 과학자들은 진화가 일어났다는 사실에 대해 다윈이 옳았다고 확신했지만 진화의 메커니즘에 대해서는 한참 뒤에도 그의 입장을 받아들이지 않았던 것이다.

논쟁은 영국 밖으로 신속하게 확산 되었다. 《종의 기원》은 얼마 있지 않아 유럽의 주요 언어뿐만 아니라 심지어 일본어로까지 번역되었는데, 다윈은 이러한 사실을 기뻐했다. 미국에서는 다윈을 철두철미하게 옹호하는 사람과 극렬하게 비판하는 사람이 하버드 대학에 함께 있었다. 식물학자 그레이는 다윈이 린네학회에서 라이엘과 후커가 읽은 편지를 보냈던 사람인데, 그는 미국의 헉슬리였다. 그는 기회가 있을 때마다 자연선택을 옹호했다. 반면 그의 동료인 애거시(Jean Louis Agassiz)[136]는 다윈을 가차 없이 비판한 사람이었다. 애거시는 지질학과 비교해부학에 커다란 기여를 하였으나 진화론과 적대적인 자연관을 고수했다. 그는 자연의 질서가 신의 명령에 따라 정해진다고 믿었다. 이렇게 본다면 종은 신의 창안에 따라 영원히 고정된 것이다. 오늘날 이러한 견해는 기묘한 형이상학 정도로밖에 보이지 않는다. 하지만 다윈 이전의 생물학은 그와 같은 생각과 아무 문제없이 양립할 수 있었으며, 그러한 생각을 갖는다는 사실이 과학적 무능력의 징표는 결코 아니었다.

애거시의 다윈주의에 대한 비판은 다윈에 적대적인 과학자들이 제기한 비판 방식의 전형을 보여 준다. 애거시는 다윈이 아무것도 증명한 바가 없다고 말했다. 그에 따르면 다윈이 제시하고 있는 것은 진화가 어떤 방식으로 일어날 수 있는가(*might have occurred*)에 관한 영민한 사색 방식이다. 하지만 다윈은 진화가 그러한 방식으로 **분명 일어났다**(*did happened*)고 생각할 확고한 이유를 제시하고 있지 않다. 다윈은 이러한 방식의 비판을 받고서 특히 낙담했다. 그는 교회의 반대를 예상했다. 그

---

136) 〔역주〕 다윈의 진화론에 비판적인 입장을 취했던 스위스 태생의 미국의 고생물학자·지질학자. 비교동물학의 권위자로, 물고기의 화석과 빙하를 연구하였다. 저서에 《화석 어류의 연구》가 있다.

리고 일부 과학자들이 그의 연구결과에 의문을 제기하리라 예상했다. 하지만 그는 자신의 방법에 대한 과학적 비판에 대해서는 대비를 하지 못했다. 다윈은 자신이 진화의 메커니즘에 대해 가정하고 있는 바가 표준적인 과학적 관행과 전혀 다를 것이 없다고 생각했다. 여기서 표준적인 과학적 관행이란 관찰된 현상을 설명하는 데 필요한 최소한의 이론적 기구를 가정하는 것을 말한다. 다윈은 자신의 이론에 대한 '입증 불가능성'을 그 당시 과학자들이 빛을 설명하는 데 필요하다고 거의 예외 없이 인정했던 에테르(ether) 137) 에 대한 입증 불가능성과 비교했다. 다윈에 적대적인 과학자들은 그가 아무것도 증명하지 못했다고 말하면서, 그의 이론이 일상적으로 다른 이론들에 요구되는 수준보다 훨씬 높은 증거 수준을 충족시키지 않으면 안 된다고 주장했다.

다윈은 자신의 입장에 반대하는 일부 과학자들이 순전히 과학적인 이유가 아닌 다른 동기 때문에 반대하는 것이 아닌지 의심했는데, 그의 의심은 적절했다. 예를 들면 세즈윅은 진화론이 도덕적으로 유해한 학설이라고 믿고 있다고 알려져 있었다. 1845년 세즈윅은 라이엘에게 체임버즈의 《흔적》에 대한 내용을 담은 편지를 썼다. "만약 책에 담겨 있는 내용이 진실이라면 … 종교는 거짓입니다. 인간의 법은 어리석음을 합해 놓은 것이며, 비열한 부정의입니다. 도덕은 헛소리며, 우리의 아프리카 흑인들을 위한 노력은 미친 짓입니다. 인간은 다만 더 나은 짐승일 뿐이죠!"138) 상대적으로 온건한 라이엘마저도 이와 같은 반응을 나타냈다. 그는 만약 체임버스가 옳다면 "우리의 모든 도덕은 헛된 것이다"139) 라고

---

137) 〔역주〕빛·열·전자기 복사 현상의 가상적 매체. 에테르는 무게가 없고 투명하며 마찰이 일어나지 않는 매체로 상정되었으며, 화학적인 방법이나 물리적인 방법에 의해서는 탐지가 불가능하며, 문자 그대로 모든 물질과 공간을 투과하여 존재한다고 생각되었다. 이의 신뢰성은 빛의 본성과 물질의 구조가 더욱 잘 알려지기 시작하면서 점차 약화되다가 아인슈타인에 의해 불필요한 가설임이 최종적으로 밝혀지게 되었다.

138) Sedgwick, *Life and Letters ii*. p. 82.

139) Lyell, *Life, Letters, and Journals* i. p. 186.

말했다.

　다윈은 자신의 이론을 출간하는 일을 20년간 미루었는데, 이는 적어도 부분적으로 그가 진화론이 일으킬 논쟁을 우려했기 때문이었다. 논쟁이 그에게로 쏠리자 그는 가능한 한 이를 회피하기 위해 노력하는 듯했다. 1860년대를 통틀어 그는 집에만 머물러 있었다. 그는 논쟁을 벌이지 않았으며, 과학 모임에도 참석하지 않았다. 그 대신 그는 난초 연구에 몰두했다. 이처럼 소동에 휘말리기를 싫어하는 태도는 그의 나쁜 건강, 다툼에 대한 혐오, 그리고 아내를 상심시키지 않으려는 평생 동안의 마음 등에 다양하게 영향을 받은 것이다. 이 모든 것이 사실일 수 있다. 하지만 이러한 해석만큼이나 설득력 있는 또 다른 해석이 있다. 다윈은 자신의 이론을 옹호하는 데 열심이었는데, 그는 공개 토론(그는 이를 그다지 잘하지 못했다)에서 단기적으로 승리를 거두는 방법이 아니라, 진화론에 유리한 증거를 계속해서 제시하는 방법을 통해 진화론을 옹호하고자 했다. 그는 계속해서 《종의 기원》의 개정판을 내는 데 힘을 기울였는데, 1882년 그가 죽기 전까지 6번의 개정판을 냈다. 그는 새로운 판이 출간될 때마다 더 많은 논증과 비판자들의 반대에 대한 답변을 추가했다.

　이외에도 이 기간에 다윈은 새로운 책들을 썼는데, 이는 언뜻 보기에 종에 대한 그의 이론과 아무런 상관이 없어 보이지만, 사실상 이들은 그의 이론을 뒷받침하는 새로운 증거를 제공해 주고 있었다. 식물과 곤충(꽃가루를 퍼뜨리기 위해 식물이 의존하는) 간의 '상호 적응'(*co-adaptation*)은 《종의 기원》에서 다윈이 즐겨 제시했던 적응 방식에 대한 사례 중 하나다. 1862년 출간된 다윈의 난초에 관한 책 《곤충에 의하여 수정되는 영국과 외국의 난초의 다양한 고안에 관하여》(*On the Various Contrivances by which British and Foreign Orchids are Fertilised by Insects*)는 이러한 절묘한 적응 방식에 대한 연구서로, 이는 그러한 적응 방식의 본질과 기원에 관한 다윈의 입장을 뒷받침하고 있다. 이 기간 동안 그가 펴낸 다른 주요 연구서, 즉 《덩굴식물의 운동과 습성》(*The Movements and Habits of Climbing Plants*, 1875)과 《사육(飼育)하의 동식물의 변이》(*The Variation of Animals and Plants under Domestication*, 1868) 에 대해서도 마찬가지로 말할 수 있다. 다윈은 자신의 이론을 더욱 확고하게 과학적으로 입증하려 했고, 이를 통해 자신이 할 수 있는 최선의, 그리고 가장 확고한 방법으로 이론을 발전시키기 위해 노력했다.

물론 진화론을 반대하는 사람들은 별다른 명분이 없는 싸움을 벌이고 있었다. 다윈은 죽기 전에 대부분의 자연사 연구자들이 진화가 일어나고 있다는 데에 동의하게 되었음을 목도했다. 하지만 이것이 그들이 자동적으로 다윈주의자를 자처했음을 의미하는 것은 아니다. 진화 방식에 대한 서로 다른 설명이 제시되었으며, 그리하여 변화의 메커니즘이 논쟁의 초점이 되었다. 140) 다윈은 모든 새로운 진화론자들이 자신을 주창자로 생각하길 바라지 않았다. 왜냐하면 진화라는 관념 자체를 그가 창시한 것은 아니었기 때문(분명 그로 인해 진화가 높은 평가를 받게 되었지만) 이다. 그럼에도 다윈은 일단 진화적 변화의 기본적인 착상이 받아들여질 경우 그것이 절반의 승리를 거둔 것임을 잘 알고 있었다. 그는 한 대중 잡지에 다음과 같은 글을 썼다.

> 자연사 연구자들은 라마르크나 힐레르(Geoffrey St Hillaire)의 견해, 《흔적》의 저자가 제시한 견해, 월러스나 내 자신이 제시한 견해 중 어떤 것이라도 믿을 수 있다. 하지만 어떤 것을 믿건 간에, 이는 종이 다른 종에서 유래했으며, 불변의 창조물이 아니라는 사실을 수용하는 경우와 비교해 보았을 때 극히 사소한 의미를 지니고 있는 데에 불과하다. 이렇게 말하는 이유는 진화를 진정한 진리로 받아들이는 사람에게는 더 연구할 수 있는 광범한 분야가 열려 있기 때문이다. 대륙과 이 나라의 의견의 발전을 감안할 때, 나는 수많은 부차적인 수정과 개선이 필요하겠지만 자연선택 이론이 결국 채택될 것임을 확신한다. 141)

---

140) 〔역주〕구체적으로 진화가 어떻게 해서 이루어졌는가에 대해서는 진화론자들 사이에서도 의견이 분분하다.

141) Darwin, *Collected Papers* ii., p. 81.

20세기에 들어설 때까지도 다윈이 최종적으로 승리를 거두었는지는 판가름 나지 않았다. 즉 자연선택이 변화가 이루어지기 위한 가장 중요한 메커니즘인지의 여부가 결정되지 않았던 것이다.[142]

이러한 일이 일어나고 있는 동안 처리되어야 할 다른 긴급한 현안이 있었다. 다윈과 동시대의 많은 사람들은 진화 방식에 대한 일반적인 설명을 기꺼이 받아들이려 하였으나 그 영역에 인간을 포함시킬 의사는 없었다. 인간은 신학자뿐만 아니라 일반인들에게도 늘 나머지 자연과 '다른 존재로' 파악되었다. 사실상 서양의 전통 내에 있는 모든 사상가들은 인간이 합리성, 자유의지, 그리고 도덕감을 갖는다는 이유로 다른 동물과 구분된다고 생각했다. 19세기의 과학자들 중에서 인류에 대한 이와 같은 숭고한 견해를 기꺼이 포기하려는 사람은 얼마 되지 않았으며, 자신들이 받아들이고 있는 나머지 자연을 관장하는 법칙에서 인간을 제외하는 방법을 찾기 위해 분투했다.

인간과 유인원

다윈은 자신의 위대한 책에서 인간의 기원을 논하지 않았다. 하지만 조만간 자신이 이 문제에 직면해야 하리라는 것을 잘 알고 있었다. 결국 그는 1870년대 전반에 《인간의 유래, 그리고 성선택》(*The Descent of Man, and Selection in Relation to Sex*, 1871) 과 《인간과 동물의 감정 표현》(*The Expression of the Emotions in Man and Animals*, 1872) 이라는 두 권의 연구서를 출간하여 인간의 문제를 본격적으로 다뤘다.

그러나 다윈은 또 다시 출간을 연기했다. 《종의 기원》이 출간되고 난 후 《인간의 유래》가 출간될 때까지는 12년의 세월이 흘렀다. 그리고 그가 마침내 정신을 차리고 자신의 이론을 인간에 적용하려 할 즈음에는 이미 다른 학자들이 관련 연구를 시작했던 상황이었다. 라이엘은 《종의 기

142) 〔역주〕 다윈의 자연선택을 통한 진화가 최종적인 승리를 거두게 된 것은 멘델의 유전 법칙의 발견, 왓슨과 크릭의 DNA 구조 해명 등이 있고 난 후다.

원》이 발간된 지 4년 후인 1863년 《고대인에 대한 지질학적 증거》 (*Geological Evidences of the Antiquity of Man*) 라는 책을 발간했는데, 거기서 그는 인간의 역사가 단지 역사적 시간대가 아니라 지질학적 시간대로 거슬러 올라가야 함을 보여 주었다. 같은 해에 헉슬리는 《자연 내에서의 인간의 위치에 대한 증거》(*Evidences as to Man's Place in Nature*) 라는 책을 발간했는데, 거기서 그는 "고릴라와 침팬지로부터 인간을 나누는 구조적 차이가 하등 원숭이와 고릴라를 나누는 그것과 별다른 차이가 없다"[143] 고 주장했다. 독일에서는 헥켈 (Ernst Haeckel) 이 《일반 형태학》(*General Morphology*, 1866) 과 《창조 자연사》(*The Natural History of Creation*, 1868) 라는 두 저서에서 이러한 기획을 더욱 발전시켰다. 이 중 후자의 제2판을 언급하면서 다윈은 "만약 이 연구서가 《인간의 유래》를 쓰기 전에 나왔다면, 아마 나는 내 책을 완결하지 못했을 것이다"[144] 라고 말했다. 하지만 이와 같은 다른 연구서들이 《인간의 유래》에 앞서 발간되었다는 사실이 큰 문제가 되진 않았다. 이제 다윈은 진화라는 특수 분야에서 발군의 인물이었으며, 이전과 마찬가지로 그의 연구 내용은 적어도 한동안 결정적인 주장으로 자리매김하게 된다.

인간과 기타 동물 간의 유사성

물론 다윈은 인간이 인간을 제외한 나머지 자연을 관장하는 동일한 법칙에 귀속되어 있으며, 우리들이 다른 동물과 마찬가지로 더욱 원시적 형태로부터 탄생했음을 확신하고 있었다. 하지만 그때까지도 이러한 생각을 뒷받침해 줄 인상 깊은 증거 — 초기 호미니드[145] 의 화석 잔재들 —

---

143) Huxley, *Man's Place in Nature*, p. 123.
144) Darwin, *Descent of Man*, p. 4.
145) 〔역주〕호미니드란 '인과'(人科) 의 동물을 말한다. 여기에는 현대 인간과 모든 원시 인류가 포함된다. 오스트랄로피테쿠스, 호모 에렉투스, 현생인류인 호모 사피엔스는 모두 호미니드이다.

가 발견되지 않았다. 이에 따라 다윈은 인간과 다른 동물 간의 유사성을 강조함으로써 간접적으로 이와 같은 결론을 옹호해야 했다. 그는 우리가 그들과 많이 닮았고, 만약 그들이 진화되었다면 우리들 또한 동일한 메커니즘에 의해 진화되었다고 생각하는 것이 합리적이라고 말했다.

동물과 인간의 유사성이란 구체적으로 무엇을 말하는가? 첫째, 다른 동물과 마찬가지로 인간에서도 예외 없이 개인들 사이에서 미세한 변이들이 나타나며, 이러한 변이들은 유전을 통해 후대로 전해진다. 인간 또한 생존할 수 있는 수보다 훨씬 많은 자손을 탄생시킨다. 다윈의 생각에 이와 같은 사실만으로도 양자가 유사하다는 결론을 내릴 수 있는데, 그 이유는 바로 이러한 사실이 자연선택의 작동을 가능케 하는 특징이기 때문이다. 그런데 양자가 유사하다고 말할 수 있는 그 이상의 근거가 있다. 매우 널리 퍼져서 살아가는 어떤 종은 다양해지는 경향이 있다. 개별화된, 지리적으로 격리된 변이들이 나타나는 것이다. 이러한 경향은 인간에게서도 나타난다. 숙련된 생물학자의 시각에서 보자면 아프리카인, 에스키모인 그리고 일본인들은 뚜렷한 형태의 변이들이다. 뿐만 아니라 생물학자들이 알고 있었던 바와 같이 인간을 커다란 분류 도식에 끼워 넣기란 쉬운 일이다. 즉 인간은 영장류이면서 포유류인 동시에 척추동물인 것이다. 그런데 이것이 진화의 계통에 관한 분류 방식이라고 할 수 있다면, 인간 또한 특정한 진화 계통에 속해 있음이 분명하다.

우리는 원숭이들과 관련성을 갖는다. 이렇게 말할 수 있는 이유는 원숭이들과 마찬가지로 우리 또한 영장류이기 때문이다. 모든 세세한 생물학적 구성방식이 이와 같은 유사성을 입증한다. 다윈은 인간과 원숭이가 총체적인 해부학적 측면에서 뿐만 아니라 극히 세부적인 측면, 심지어 뇌의 세세한 부분까지도 구조적으로 유사하다는 사실을 강조했다. "인간 뇌의 주요한 모든 고랑과 주름은 해부학적으로 오랑우탄과 다를 바 없다."[146] 또한 인간과 원숭이는 상당수의 동일한 기생충의 숙주가 되며,

---

146) Darwin, *Descent of Man*, pp. 10~11.

여러 약제나 화학물질 — 다윈은 여기에 위스키도 포함된다고 말했다 — 에 유사한 반응을 나타낸다.

우리의 진화사에 대한 더욱 극적인 증거는 흔적기관에 대한 연구를 통해 제시되었다. 진화적 변화는 서서히 일어난다. 복잡한 구조는 일시적으로 나타나거나 사라지지 않는다. 이는 점차적으로 형성, 변형 혹은 제거된다. 이렇게 보았을 때 진화사를 거치는 동물들은 어떠한 동물이라도 그러한 진화의 흔적을 보존하고 있다. 만약 다른 생명 형태에서 진화되었다면 오늘날 인간에게도 이전 형태의 흔적이 남아있어야 할 것이다.

이와 같은 흔적기관은 분명 발견된다. 다윈은 이들 중 일부에 대하여 주의를 환기시켰다. 우리 조상들은 꼬리를 가졌고, 인간의 척추 기부(基部)에는 꼬리를 지탱해 주는 구조가 있다. 일반적으로, 그리고 정확하게 '꼬리뼈'라 불리는 미골(os coccyx)은 바로 꼬리의 흔적이다. 충수(蟲垂)[147]는 이제 더 이상 좋은 용도로 활용되지 않는다. 이는 염증을 일으키거나 탈장과 사망의 원인이 됨으로써 우리에게 부담을 주는 또 다른 흔적 기관이다. 이것은 한때 음식물을 저장하는 작은 주머니였으며, 육식보다는 초식을 많이 했던 우리 조상들에게 유용한 기관이었다. 사랑니도 우리에게 무용지물이 되었다. 실제로 사랑니는 무용하기 때문에 18세 내외에 이르기까지 나지 않으며, 종종 문제를 일으킨다. 치과의사는 흔히 사랑니를 제거해 버리는데, 이는 그들이 사랑니가 유용하기보다는 문제를 일으킨다는 사실을 잘 알고 있기 때문이다.

다수의 포유동물은 자신들의 귀를 움직이는 근육을 가지고 있다. 우리도 여전히 그런 근육을 가지고 있으나 이제 더 이상 그것이 필요치 않게 되었다. 결과적으로 그러한 근육은 무용지물이 될 만큼 퇴화되었다. 다윈은 다음과 같이 말했다. "귓바퀴를 곤두세우고 주변의 여러 곳에 주의

---

147) 〔역주〕 맹장에 붙어 있으며 흔적만 남아 있는 속이 빈 관. 사람의 충수는 소화기관의 역할을 하지 않으며, 진화과정에서 점차 퇴화된 것으로 여겨진다. 충수는 사람과 고등 영장류에게만 있으나, 충수 비슷한 구조는 사향고양이·설치류 외 일부 하등 척추동물에서도 발견된다.

를 기울이는 능력이 많은 동물들에게 커다란 도움이 된다는 것은 의심의
여지가 없다. 그 이유는 그러한 능력으로 인해 위험이 다가오는 방향을
지각할 수 있기 때문이다. 하지만 나는 이러한 능력(이는 그에게 도움이
되는 능력일 텐데)을 소유한 사람이 있다는 사실을 충분한 증거에 입각해
서 보여 준 사례를 지금까지 본 적이 없다."148)

　　놀랍게도 다윈은 후각 또한 쇠퇴한 힘의 잔재로, 더 이상 우리에게 별
다른 도움이 되지 않는다고 생각했다. 우리 조상은 이러한 힘을 이용하
여 적을 탐지하고 먹이를 추적할 수 있었는데, '문명인'은 더 이상 이러한
기술이 필요하지 않게 되었다. 다윈은 이것이 우리의 후각이 그다지 발
달하지 않은 이유를 설명한다고 말했다. 우리들의 빈약한 체모 또한 한
때 무성했던 털가죽의 잔재다.

　　다윈의 이론에 입각해서 보았을 때 일단 어떤 형질이 더 이상 필요치
않게 되면 그 이후 그러한 형질의 편차가 이전보다 커지게 된다. 이렇게
말하는 이유는 어떤 형질이 더 이상 개체에게 도움이 되지 않을 경우, 이
는 더 이상 자연선택의 통제 압력하에 놓이지 않게 되기 때문이다. 우리
는 인간 아닌 동물에서 이러한 현상을 쉽게 관찰할 수 있다. 그리고 우리
는 인간에게서도 동일한 현상을 발견한다. 예컨대 귀를 (어쨌거나 약간이
라도) 움직이는 능력과 다를 바 없이 충수(蟲垂)의 길이에서도 상당한 편
차가 있으며, 사랑니, 체모의 양 등 또한 이와 유사하다. 이들로 미루어
보았을 때, 인간은 여타 자연계를 주조했던 동일한 힘이 작용하여 탄생
했음이 분명하다.

어떻게 인간으로의 변형이 일어났을까?

　　이상과 같은 사실을 고려할 때 인간은 분명 원숭이를 닮은 조상에서 유
래되었다. 하지만 여전히 그와 같은 변형이 어떻게 일어날 수 있었던가
에 대해 설명할 필요가 있다. 다윈의 독자들 중 상당수는 증거가 있었음

---

148) Darwin, *Descent of Man*, 2nd edn., p.402.

에도 어떻게 그러한 일이 가능한지 쉽게 납득할 수 없었다. 어떻게 인간 아닌 존재가 인간이 될 수 있는가? 다윈은 이러한 생각에 설득력을 부여 하고자 할 경우, 어떻게 일련의 조그만 변화들(각각이 그 자체로 긍정적인)이 결과적으로 총체적인 변화를 일으키는지 보여 줄 필요가 있었다. 그가 생각하기에 중요한 사건은 우리 조상이 더 이상 나무 위에서 살지 않고 지상 생활을 하게 된 것, 직립 보행 방법을 습득하게 된 것, 손사용 능력을 개발하게 된 것, 그리고 두뇌가 확장된 것 등이다. 이는 다음과 같은 과정을 거쳐 나타나게 되었을 것이다.

생계유지 방법과 주변 환경이 어느 정도 변하면서 태고의 일부 영장류 종이 나무에서 생활하는 비율이 줄어들었다. 이에 따라 그들이 진보해 나가는 일상적인 방식이 수정되었을 것이다. 이와 같은 방식으로 우리의 조상은 더욱 확실하게 네 발 동물 혹은 두발 동물이 되었을 것이다. 나는 우리가 '어떻게 인간이 그의 가장 두드러진 특징 중의 하나인 곧추선 자세를 갖게 되었는가'를 어느 정도 파악할 수 있으리라 생각한다. 손은 인간의 의지에 따라 움직일 수 있을 정도로 놀랍게 적응되었는데, 만약 이와 같이 손을 사용할 수 없었다면, 아마도 인간은 오늘날 세상에서 누리는 지배적인 위치에 오르지 못했을 것이다. … 하지만 만약 손과 팔이 주로 이동이나 체중을 지탱하는 데 이용되었거나, 혹은 앞에서 언급한 바와 같이 주로 나무를 기어오르는 데 적응되었다면, 아마도 손과 팔은 무기를 제작하거나 목표물을 향해 돌이나 창을 정확하게 던질 만큼 완벽해질 수 없었을 것이다. … 이러한 이유만으로도 인간은 두 발 동물이 됨으로써 장점을 갖게 되었을 것이다. 하지만 여러 행동을 하기 위해서는 팔과 상체 전체가 반드시 자유로워져야만 한다. 그리고 인간은 이러한 목적을 위해 자신의 발로 굳건하게 서지 않으면 안 되었다. 이와 같은 커다란 이익을 얻기 위해 발은 편평하게 되었고 … 손이 움켜쥐는 능력을 완전히 갖춤에 따라 발은 버텨 주고 이동하는 능력을 완전하게 갖추어야 했다.

인간의 조상이 점점 더 똑바로 서게 됨에 따라 … 다른 구조상의 변

화가 계속해서 필요하게 되었을 것이다. 예를 들어 골반이 넓어져야
했을 것이고, 척주(脊柱)149)는 특이하게 휘어져야 했으며, 머리는
변경된 위치에 고정되었어야 했을 것이다. 이 모든 변화가 인간에게
서 일어났다. … 인간의 직립과 관련된 듯이 보이는 다른 여러 구조들
을 추가적으로 제시할 수 있을 것이다. …

… 앞에서 말한 바와 같이, 초기에 살았던 우리의 남성 조상은 커다란
송곳니를 갖추고 있었을 것이다. 하지만 그들은 적이나 경쟁자들과
싸우기 위해 돌, 몽둥이 또는 다른 무기들을 사용하는 습성을 점차 획
득하게 되었고, 이에 따라 턱과 치아의 사용 빈도가 계속 줄어들었을
것이다. 이 경우 턱은 치아와 더불어 그 크기가 작아졌을 것이다. 이
는 수없이 많은 유사한 사례들로 미루어 거의 확신할 수 있다. …

… 결과적으로 인간 조상의 턱과 이의 크기가 점차적으로 작아짐에
따라 성인의 두개골은 현생 인류의 그것과 점점 더 비슷해지게 되었
을 것이다.

다양한 정신 능력의 점차적인 발달에 따라 거의 틀림없이 뇌가 커지
게 되었을 것이다. …

인간의 뇌와 두개골이 점차적으로 커졌으며, 이러한 사실은 이들을
떠받치는 척주의 발달에 영향을 미쳤음에 틀림없다. 150)

여러 군데의 생략된 부분이 시사하듯이 다윈의 설명은 인용문보다 상
세했다. 하지만 이상의 인용만으로도 그의 설명이 의도하고자 하는 바를
전달하기에 충분할 것이다.

과거에 대한 이러한 유형의 사색은 그 논지를 오해 받기 쉽다. 그리고
초기의 다윈 비판자들도 분명 오해를 했다. 그들은 이와 같은 가상적인
이야기가 아무것도 입증하지 못한다고 불평했다. 그들은 우리가 알고 싶
은 것은 무엇이 일어났을 것이냐가 아니라 실제로 무엇이 일어났는가이

149) 척추동물의 목에서 꼬리까지 뻗은 유연성 있는 척추골의 연쇄. 주된 기능은
척수(脊髓)를 보호하는 것이다. 몸을 꼿꼿하게 하며, 여기에 흉대(胸帶)와
요대(腰帶), 여러 근육들이 붙어 있다.
150) Darwin, *Descent of Man*, 2nd edn., pp. 433~7.

며, 다윈의 이야기는 단순한 억측일 뿐이라고 말했다. 이러한 비판은 적절치 못하다. 왜냐하면 애당초 다윈이 인간의 진화가 이와 같은 특별한 과정을 거쳤음을 입증하고자 했던 것은 아니기 때문이다. 오히려 그는 믿음에 장애가 되는 내용들을 제거하기 위해 힘쓰고 있었다. 어떤 사람들은 넘쳐나는 증거가 있음에도 인간의 유래에 관한 사실을 받아들이지 못할 것이다. 그들은 그와 같은 사실을 상상할 수 있는 능력이 부족하기 때문이다. 요컨대 다윈은 다음과 같이 말하고 있었다. "이는 불가능한 것이 아니다. 내가 말하고 있는 내용은 그러한 일이 일어난 과정에 대한 가능한 한 가지 설명 방식이다." 설령 사실상의 역사적 추이가 그가 추측한 바와 다르다는 사실이 밝혀진다고 해도, 그것이 다윈을 곤경에 처하게 하지는 않을 것이다.

게다가 그의 추측은 단순한 공상이 아니었다. 이는 개연성이 있는 역사적 복원으로, 이미 알려진 사실에 대한 간결한 방식의 설명이었다. 이는 그 자체가 인간의 기원에 대한 가장 유용한 설명이라고 말할 수 있는 이론의 일부였다. 이것이 완전히 '입증'되지 않았다는 주장은 합당한 이론(새로운 발견이 이루어짐에 따라 정교해지고, 수정이 이루어지며, 완성되어야 할)으로서의 지위를 적절하게 평가한 것이라 말할 수 없다. 과학에서는 대개 무엇이 일어났을 것인가에 대한 합리적인 추측이 실제로 무엇이 일어났는가를 발견하기 위한 첫 걸음이 된다.

인간의 정신 능력

하지만 다윈은 인간의 신체 발달에 관한 증거만으로는 자신의 이론에 대해 회의적인 사람들을 납득시키기에 역부족이라는 사실을 잘 알고 있었다. 고대로부터 인간은 고등한 지적능력 때문에 자신을 특별하다고 생각했다. 인간은 이성적 동물이다. 그런데 인간에 대한 설득력 있는 설명이라면 어떠한 설명이라도 인간의 가장 중요한 특징인 이성을 설명해야 한다. 하지만 어떻게 이성을 자연선택의 산물이라고 설명할 수 있을까?

많은 비평가들의 견해에 따르면 이는 다윈의 이론이 직면한 가장 심각한 난제였다.

예를 들어 왕실 협회 회원이면서 린네주의자인 뛰어난 생물학자 미바트(St George Jackson Mivart)[151]의 곤혹스런 처지를 생각해 보자. 《종의 기원》의 발간 후 미바트는 다윈의 이론을 받아들였는데, 이는 매우 중대한 전환이었다. 왜냐하면 가톨릭 신자로서의 그의 입장은 과학자로서의 그의 입장 못지않게 모든 면에서 확고했었기 때문이었다. 그는 헉슬리의 친구가 되었으며, 다윈의 측근은 아니었으나 적어도 그의 강력한 지지자 중의 한 사람이었다. 하지만 마침내 그는 다윈의 이론에 전적으로 동의할 수가 없게 되었다. 1869년 미바트는 헉슬리를 방문하여 자신이 뜻을 달리하겠다고 말해 그를 깜짝 놀라게 했다. 그러고 나서 미바트는 설령 인간의 육체가 자연선택을 통해 진화했을지 몰라도, 그의 이성적·정신적 영혼은 그렇지 않다는 입장을 견지하는 이종(異種) 진화론자 집단의 지도자가 되었다. 어느 순간 신은 인간에게 영혼을 불어 넣기 위하여 인간사의 진행을 중단시켰고, 그리하여 인간은 한때 원숭이였으나 원숭이를 넘어선 존재가 되었다.

물론 다윈은 이러한 입장에 동의하지 않았으며, 이러한 문제를 다루기 위하여 두 갈래의 전략을 채택했다. 첫 번째 전략에는 유물론이 관련되어 있는데, 그는 이를 공공연하게 언급하기 보다는 은연중에 암시하고 있다. 다윈은 자신의 논의 전반에 걸쳐 합리성(지능, 언어 사용 혹은 인간의 다른 정신 능력)이 예외적인 특징이 아니라는 입장을 견지하고 있다. 합리성은 특별한 설명 원리를 필요로 하는 어떤 종류의 신비스러운 특징이 아니다. 그는 수년 전에 사고(思考)가 '뇌의 분비작용'[152]일 따름이라

---

151) 〔역주〕 다윈의 자연선택설을 비판한 영국의 생물학자. 미바트는 일반적인 진화 개념은 지지했으나 자연선택이 이에 기여하리라고는 생각하지 않았으며, 새로운 종의 출현은 생물체를 '개체화'(個體化)하는 어떤 내재적인 힘에 연유한다고 믿었다. 또한 인간의 이성은 신에 의해 부여 받은 것이지 진화의 결과가 아니라고 주장했다.

고 판결을 내린 바 있다. 이처럼 그는 만약 뇌의 발달이 자연선택의 원리에 따라 설명될 수 있다면 사고를 다른 방식으로 설명할 필요가 없다는 입장을 취하고 있다.

둘째로 다윈은 인간의 지적 능력에 무엇인가 특별한 것이 있다는 생각을 철저하게 부정했다. 그는 "인간과 고등 포유동물 사이에는 어떠한 근본적인 정신 능력의 차이도 존재하지 않는다"[153]고 말했다. 이와 같이 그는 만약 다른 동물들의 지적 능력이 자연선택의 산물이고, 그러한 능력이 인간과 본질적으로 차이가 없다면, 인간의 능력 또한 자연선택의 산물임을 의심할 어떠한 이유도 없다고 생각했다.

다윈에 따르면 우리는 인간 아닌 존재들의 정신생활이 풍요롭다는 사실을 언제나 과소평가하고 있다. 우리는 '단순한 동물들'이 별다른 흥미로운 지적 능력을 가지고 있지 않다고 생각하며, 이와 동시에 우리 자신은 정신적으로 복잡하다고 생각하는 경향이 있다. 하지만 이는 옳지 않다. 인간 아닌 존재들도 쾌락과 고통뿐 아니라 공포와 의심 그리고 불안을 느낀다. 그들은 실쭉거리며 자신들의 새끼를 사랑한다. 그들은 상냥해질 수 있고, 질투하고, 자기 도취감을 느끼기도 하며, 의기양양해지기도 한다. 그들은 놀라움과 호기심을 경험한다. 요컨대 그들은 우리가 인정하고 싶은 것 이상으로 정신적·정서적으로 우리들과 유사하다.

우리는 다윈의 이러한 지적을 오해하지 않도록 유의해야 한다. 그는 인간의 지적능력이 다른 어떤 동물보다 훨씬 인상적이라는 사실을 부정하지 않았다. 그는 인간이 언어 능력, 사고 그리고 이성적 사유라는 측면에서 다른 어떤 동물보다 훨씬 뛰어나다는 사실을 인정했다. 그는 단지 이러한 차이들이 인상적이긴 하지만, 그것들이 정도의 문제이지 종류의 문제가 아니라고 주장했던 것이다.[154] 그의 입장에서 보았을 때, 정도의

---

152) Darwin, *Notebooks*, p. 291.

153) Darwin, *Descent of Man*, p. 35.

154) 〔역주〕 동물은 신의 형상을 본 뜬 피조물이 아님에 반해 인간은 그러하다고 가정할 경우, 인간과 인간 아닌 동물은 단지 정도의 차이를 나타내는 것이

차이라는 측면에서 특수성을 강조할 경우 우리가 인간의 특수성을 강조
해도 별다른 문제가 없다.

그럼에도 정도와 종류의 구분은 중요했다. 요컨대 쟁점은 특정한 **종류**
의 능력이 자연선택에 의하여 산출될 수 있었는가라는 것이었다. 만약
새로운 종류의 능력이 자연선택에 의해 산출될 수 있다면 다윈은 싸움에
서 진 것이다. 이때 '정도'는 설명하기에 용이하게 될 것이다. 다시 말해
'정도'는 단순히 자연선택이 다른 특징들을 증대시키는 것과 동일한 방식
으로, 그와 같은 특징을 증대시키는 문제로 생각하면 될 것이다. 4장에
서 우리는 이러한 문제를 더욱 상세하게 검토해 볼 것이다.

월러스와의 의견 차이

일반적인 진화 도식에서 인간을 예외로 인정한 사람 중 한 명은 다윈의
오랜 친구이면서 경쟁자였던 월러스였다. 월러스는 미바트와 매우 유사
한 입장을 취했다. 그는 자연선택 이론이 인간에게 적용되지만, 단지 어
느 정도까지만 적용된다는 입장을 견지했다. 우리의 육체는 자연선택을
통해 설명될 수 있지만 우리의 두뇌는 그렇지 않다. 그는 우리의 두뇌가
자연선택에 의해 산출될 수 있는 다른 어떤 것보다 훨씬 뛰어난 능력을
갖추었다고 말했다. 이와 같은 생각에 근거하여 그는 신이 인간의 역사
에 개입했으며, 인간에게 '추가적인 압박'을 가하여 현재 서 있는 최정점
에 도달할 수 있게 했다고 결론 내렸다. 월러스는 미바트와 마찬가지로
이와 같은 양보가 종교와 진화론 간의 화해에 도움이 되리라고 생각했
다. 그의 생각에 자연선택은 많은 것을 설명하지만 모든 것을 설명할 수
는 없다. 그림을 완성시키기 위해서는 결국 신이 개입하지 않을 수 없다.

다윈은 이와 같이 월러스가 의견을 달리했다는 사실에 유달리 실망했

아니라 질적으로 다른 존재라고 생각해야 할 것이다. 하지만 진화론에 입각
해서 본다면 두 존재는 먼 조상을 공유하며, 이에 따라 질적인 차이를 인정
할 수 없게 된다.

118

다. 어쨌거나 윌러스는 자연선택의 공동 발견자이며 다윈이 자주 언급한 바와 같이 훌륭한 판단력의 소유자였다. 모든 사람들 중에서 왜 하필이면 윌러스가 중대한 문제에 대해서 의견이 모아지게 된 바로 그때 자연선택 이론을 이용하여 인간을 설명하길 포기해야 했을까? 다윈은 《인간의 유래》에서 중요한 의미를 지닌 논증을 제시한 후 다음과 같이 뚜렷하게 의구심을 표현했다. "그렇기 때문에 나는 윌러스가 왜 '자연선택은 기껏해야 미개인에게 유인원보다 약간 우수한 두뇌를 제공할 수 있었을 것이다'라고 주장하는지 이해할 수가 없다."155)

인간을 이론의 틀 속에 포함시키길 거부한 윌러스의 태도는 흔히 종교적 저항의 또 다른 사례로 언급된다. 실제로 윌러스의 이후의 삶을 보면 이러한 해석은 그럴 듯하게 느껴진다. 이후 심령주의자156) 가 된 그는 우주가 육체에서 분리되어 있는 존재로 가득 차 있음을 확신했다(이러한 생각이 어리석어 보일지도 모르지만 우리는 이러한 생각을 한 것이 윌러스 혼자만이 아니었음에 주목해야 한다. 19세기 말경 영국에서는 심령주의가 대단히 유행했으며 상당수의 유명 인사들이 관심을 가졌다). 하지만 윌러스의 입장을 그저 종교적 편견의 한 사례로 파악하는 것은 잘못이다. 윌러스가 그와 같은 입장을 취한 것은 그와 다윈 사이에 놓여 있는 뿌리 깊은 과학적 견해 차이에 기인한다.

알려진 바와 같이 윌러스는 다윈보다 훨씬 엄격한 자연선택론자였다. 우리가 이미 살펴본 바와 같이 다윈은 생물의 일부 형질들이 자연선택이 아닌 다른 방법으로도 만들어질 수 있다는 입장을 받아들였다. 하지만 윌러스는 그렇게 하지 않았다. 윌러스는 만약 자연선택이 군림한다면, 완벽하게 군림한다고 믿었다. 그는 한 생물의 형질과 능력은 **모두** 그 자체가 적응에 특별히 유용한 가치를 갖기 때문에 선택되었을 것이라고 주장했다.

---

155) Darwin, *Descent of Man*, 2nd edn, p. 432.
156) 〔역주〕죽은 사람의 영혼이 산 사람과 교류한다는 믿음에 기초한 신앙이나 의식을 거행하는 종교인.

이처럼 엄격한 자연선택을 인간에게 적용해 보고자 했을 때 월러스는 한 가지 난제에 부딪쳤다. 그는 이른바 '원시적인 삶을 영위하는' 인간 — 호주의 토착민, 아메리카 인디안, 아프리카 흑인 등 — 의 두뇌가 이른 바 '문명'인들 — 유럽의 백인 — 의 두뇌와 동일하다는 사실을 알게 되었다. 명예롭게도 월러스는 그들의 두뇌가 열등하다는 인종차별주의자의 입장을 받아들이지 않았던 소수의 19세기 자연사 연구자들 가운데 한 사람이었다. 그는 '미개인'이 '소나타'를 작곡하지 못하고 계산을 할 수 없을지라도 적어도 그들이 이에 대한 능력을 갖추고 있음을 목도했다. 그리고 이것이 문제를 어렵게 만들었다. 이들 능력은 생존 경쟁에 어떠한 도움도 주지 않았기 때문에 자연선택의 산물이라고 할 수 없었다. 실제로 미개인들은 그러한 정신 능력을 사용한 적조차 없다. 이에 따라 월리스는 우리의 두뇌와 마찬가지로 그들의 두뇌 또한 자연선택의 산물이 아니라는 결론을 내렸다. 그 이유는 "자연선택은 기껏해야 미개인에게 유인원보다 약간 우수한 두뇌를 제공할 수 있었을 것"이기 때문이다. [157]

이처럼 월러스가 단순히 신의 자리를 마련하기 위해 자신이 옹호하는 결론을 내린 것은 아니었다. 그가 그러한 결론에 도달한 이유는 자신이 인종차별주의자가 아니었기 때문이며, 지나칠 정도로 엄격하게 자연선택 이론을 따랐기 때문이었다.

다윈은 월러스가 왜 그와 같은 결론에 이르게 되었는지 제대로 이해하지 못한 듯이 보인다. 이렇게 이야기하는 이유는 그가 월러스의 논거를 직접적으로 언급한 적이 한 번도 없었기 때문이다. 만약 다윈이 월러스의 고민을 알았다면 그는 그의 의문에 쉽게 답해 줄 수 있었을 것이다. 야

---

157) 〔역주〕 월러스는 인간의 두뇌가 자연선택의 산물일 수 없다고 생각했다. 그의 생각에 인간의 두뇌가 자연선택의 산물이라면 지금과 같은 엄청난 능력을 갖출 필요가 없으며, 단지 생존에 도움이 되는 정도의, 유인원보다 조금 나을 정도면 충분할 것이다. 하지만 현재의 능력은 이와 같은 정도를 훨씬 능가하며, 이에 따라 월러스는 인간의 두뇌가 자연선택의 산물임을 부정하게 되었다.

만인이 사용하지 않은 정신 능력은 한 가지 목적을 위해 발달했던 어떤 형질이 나중에 다른 목적으로 사용될 수 있음을 적절히 보여 주고 있다. 이 점은 다윈이 여러 번 강조한 바 있다. 인간의 커다란 뇌는 도구를 만들어 사용하거나 환경 조건에 대해 판단을 내리는 등 그에게 이점이 있었기 때문에 발달했다. 이는 의심의 여지가 없다. 하지만 이러한 목적을 위해 발달된 지적인 능력은 이후 다른 방식으로 사용될 수 있었다. 바로 이것이 원시인이 아닌 문명인이 활용하는 '부가적인 능력'이다.

월러스와 마찬가지로 다윈 또한 인종차별주의자가 아니었으며, 이로 인해 또 다른 중요한 결과가 초래되었다. 다윈은 장래에 진화생물학 분야에서 발견될 내용들이 아프리카에서 초기 인간이 탄생했음을 보여 줄 것이라 예측했다. 그 이유는 바로 그곳에서 우리의 가장 가까운 친척인 유인원들이 살고 있기 때문이다. 이러한 입장은 인종차별적인 이유로 저항을 받았다. 모든 장소 중에서 왜 하필이면 아프리카가 인류의 고향인가? 수십 년 동안 연구자들이 유럽이나 서부 아시아에서 인간이 최초로 나타났다는 증거를 찾아 나섰지만 결국 수포로 돌아갔다. 또 다시 다윈이 옳았음이 입증되었던 것이다.

다윈의 죽음

《종의 기원》이 출간되었을 때 다윈은 50세였으며, 《인간의 유래》가 출간되었을 때는 62세였다. 이후 그는 11년을 더 살았다. 이즈음에 그는 은퇴할 수 있었고, 그렇게 하더라도 역사에서 그가 차지하는 지위는 그다지 달라지지 않았을 것이다. 하지만 이 시기에 쓴 그의 비망록은 평생 동안의 관찰 기록으로 가득 차 있다. 그리고 말년에 그는 자신의 명성을 더욱 빛나게 하는 비범한 총서들을 출간했다. 《인간과 동물의 감정 표현》(*The Expression of the Emotions in Man and Animals*, 1872)은 인간이 다른 종과 밀접하게 연결되어 있다는 논증을 이어가는 출판물이었다. 차례로 발간된 다섯 권의 다른 책은 비교적 논쟁적이지 않은 주제를 다루었다. 하지만

그는 그러한 주제들이 '유래'(descent) 라는 커다란 문제에 대해 갖는 함의
에 항상 관심을 기울였다. 《식충식물》(Insectivorous Plants, 1875), 《식
물계에서 타가수정과 자가수정의 효과》(The Effects of Cross and Self
Fertilization in the Vegetable Kingdom, 1876), 《동일종 식물의 상이한 꽃
형태》(The Different Forms Flowers on Plants of the Same Species, 1877), 《식
물의 운동력》(The Different Forms of Flowers on Plants of the Same Species,
1880), 그리고 《지렁이의 활동에 의한 식물재배 토양의 형성, 그리고 그
들의 습성에 대한 관찰》(The Formation of Vegetable Mould, through the
Action of Worms, with Observation on their Habits, 1881) 은 그 예다.

　1882년 다윈은 연속적으로 심장 발작을 일으켰으며, 결국 숨을 거두었
다. 유가족은 다운 하우스 가까이 있는 묘지에 그를 매장하려 했고, 다윈
이 희망한 대로 그 지역의 목수가 장식 없이 나무를 대충 다듬어 관을 만
들었다. 하지만 목수가 만든 평범한 관은 사용되지 않았다. 다윈을 위해
성대한 무덤을 만들어야 한다는 신속한 움직임이 있었다. 다윈에 대한
사람들의 존경심은 대단했고, 그가 죽은 지 3일 후 국회의원 20명이 그가
웨스트민스터 사원에 안장되어야 한다는 청원서를 공식적으로 제출했
다. 그곳은 정복 왕 윌리엄[158] 이래 모든 영국의 군주가 즉위한 곳이고,
영국 영웅들의 전통적인 안식처이다. 유가족들은 주저했으나 이내 제안
에 동의했다. 운구자 중에는 월러스, 후커와 헉슬리가 포함되어 있었으
며, 웨스트민스터 사원의 오르간 연주자가 이 행사를 위해 잠언에서 취
한 구절 "지혜를 찾아 명철을 얻은 사람에게는 복이 있나니"를 따서 특별
송가를 작곡했다.

　이는 다윈에게 어울리는 구절이었다. 아리스토텔레스에 따르면 행복
이란 순간적인 감정이 아니다. 이는 전 생애를 평가하는 개념이다. 어떤
합당한 기준으로 보아도 다윈은 매우 행복하게 살았다. 젊은 시절 그는

158) 노르망디 공작이며 잉글랜드의 왕. 11세기의 가장 위대한 군인이자 통치자
　　중 한 사람이었다. 프랑스에서 강력한 봉건 영주로 군림했으며 잉글랜드를
　　정복해 역사의 경로를 바꾸어 놓았다.

화목하고 안정된 가정의 혜택을 누렸으며, 최고의 학교라면 어디든지 보낼 수 있는 부유한 아버지가 있었다. 그는 전 세계로 대항해를 떠났고, 귀국했을 때는 과학계가 우정과 존경으로 그를 기꺼이 맞이했다. 사람들은 그의 연구에 대해 처음부터 호의적이었으며, 나중에 가서는 대단히 중요한 연구로 인정했다. 논쟁이 무수히 이루어질 때도 그가 논쟁으로 인해 개인적으로 마음에 상처를 받는 경우는 거의 없었다. 그 당시 너무나도 많은 사람들이 그에게 찬사를 보내고 있었기 때문이다. 그리고 그의 주변에는 어떠한 사건에서도 기꺼이 그를 위해 책임을 맡아 주려는 유능한 친구들이 많이 있었다. 그는 경제적으로도 넉넉하여 돈으로 살 수 있는 것이라면 얻지 못한 경우가 없었다. 훌륭한 부인과의 결혼은 끝까지 행복했다. 그의 이해력은 그 이전의 누구보다도 뛰어났다. 그리고 앞에서 언급한 잠언이 시사하고 있는 바와 같이 그는 행복했다.

　웨스트민스터 사원에 안장되었다는 사실이 보여 주듯이, 죽을 당시 다윈의 명성은 최고조에 달해 있었다. 다윈 자신이 기록해 놓은 바와 같이 그보다 젊은 자연사 연구자들은 "모든 종은 다른 앞선 종이 변형되어 나타난 후손이다"는 주장이 입증되었다고 생각했다. 그리고 이와 같은 신진 과학자들 중 상당수는 변형이 어떻게 일어나는가에 대한 다윈의 설명을 받아들이고 있었다. 오직 '나이 많은 명예로운 지도자들'[159] 만이 전과 다름없이 어떠한 유형의 진화에도 반대하고 있었다. 다윈은 자신의 견해가 승리하리라는 확신을 가지고 세상을 떠났다.

---

159) Darwin, *Descent of Man*, 2nd edn, p. 389.

제 2 장

진화와 윤리가 어떻게 연결될 수 있는가?

다윈 이후의 사상사에서는 진화와 윤리를 연결시키려는 두 가지 주목할 만한 시도가 있었다. 첫 번째는 허버트 스펜서(Herbert Spencer)가 옹호했던 '진화론적 윤리' 프로그램이었고, 두 번째는 일부 사회생물학자1) 들의 비교적 최근의 시도로, 그들은 자신들이 새롭게 제시하는 과학이 시사하는 바에 따라 도덕을 재해석한다. 이 장의 앞에서는 이러한 두 가지 시도에 대한 검토가 이루어진다. 나는 두 가지 입장 모두 특별히 전망이 밝다고 생각하지 않는다. 다음으로 나는 이와는 다르지만 더욱 유익할 수 있는 탐구의 방향을 서술하고자 한다.

스펜서에서 사회생물학까지

《종의 기원》이 발간된 지 몇 개월 지나지 않아 다윈은 매우 재미있어 하면서 라이엘에게 다음과 같은 편지를 썼다. "맨체스터의 한 신문에서 훌륭한 풍자라고 해야 할 글을 보았습니다. 그 글은 제가 '권력이 곧 정의다'라는 경구를 입증해 보였으며, 그리하여 나폴레옹이 옳고, 사기를 치는 모든 상인들 또한 옳다는 것을 보여주었다는 풍자 글이었습니다."2)

---

1) 〔역주〕 사회생물학이란 현대 진화론에 입각하여 인간을 포함한 모든 동물의 사회적 행동을 체계적으로 연구하는 학문 분야다.

맨체스터의 논설위원은 이것이 다윈주의를 거부하는 한 가지 이유라고 생각했다. 분명 그러한 함의를 갖는 이론은 받아들일 수 없다. 하지만 다른 사람들은 기꺼이 다른 입장을 취하려 할 것이다. 그들은 다윈의 이론을 수용할 것이며, 무자비함의 도덕이 그의 이론으로부터 얻을 수 있는 훌륭한 교훈이라고 결론을 내릴 것이다.

　다소 공정치 못한 평가이지만 사람들은 허버트 스펜서라는 이름을 방금 언급한 내용과 가장 흔히 연결시킨다. 다윈에 비해 11살 아래인 스펜서는 생각이 자유로운 더비셔(Derbyshire) 가문 출신이었으며, 젊은 시절에 참정권 확대 운동과 같은 급진적인 운동에 흠뻑 빠져 있었다. 그는 이런 저런 직업을 전전하다가 언론계에 잠시 관여했고, 최종적으로 지적인 주제에 대해 글을 쓰는 자유 기고가가 되었다. 1851년 그는 《사회정역학》(Social Statics)이라는 책을 출간하였는데, 이 책은 라마르크의 영감을 받은 진화론을 옹호하고 있으며, 이로부터 행복의 본성에 관한 교훈을 이끌어내고 있다. 과학으로서의 그의 저작은 별다른 장점이 없었다. 이는 대체로 스펜서가 독학을 했고, 자연사 탐구에 별다른 노력을 기울이지 않았다는 점을 감안하였을 때 그다지 놀랄 일이 아니다. 그의 이론은 순수 자연사 연구자들의 관심을 거의 끌지 못했다. 하지만 조그만 영국의 지성계에서 스펜서는 '유명한 사람'이 되었으며, 《종의 기원》이 출간된 이후에는 그의 명성이 더욱 자자해졌다.

　비록 스펜서가 과학자는 아니었지만 그는 어느 정도 재능 있는 철학자였다. 다윈의 영향력이 확산됨에 따라 진화론이 예술과 종교로부터 정치와 윤리에 이르기까지 광범한 인간의 현상을 설명하기 위해 활용될 수 있다는 생각이 점차 널리 받아들여지게 되었다. 스펜서는 이러한 운동의 선두 주자였다. 비록 다윈이 스펜서의 저작들에 대해 실망감을 표현한 적도 있지만(특히 과학을 다루는 부분에서는 그러했다), 그는 일반적으로 스펜서를 높이 평가했다. 1870년 다윈은 친구에게 보낸 편지에서 다음과

---

2) Clark, *The Survival of Charles Darwin*, p. 205에서 인용.

같이 말하고 있다.

> 나는 자네가 스펜서를 얼마만큼 충분하게 이해했는가(나는 일반적으
> 로 과학자들은 그를 제대로 이해하지 못하고 있다고 생각하네)를 보
> 면서 즐거워지기도 했네. 나는 그가 장차 영국에서 살아있는 철학자
> 중 단연 가장 위대한 철학자로 꼽히지 않을까 생각하네. 어쩌면 지
> 금까지의 어떤 철학자도 필적할 수 없을 정도로 말일세.3)

다윈은 훌륭한 예언가가 아니었다. 오늘날 스펜서의 글을 읽는 사람은
거의 없다. 그는 위대한 철학자로 간주되기는커녕, 대학 철학사 수업에
서 심지어 언급조차 되지 않을지도 모른다. 그러나 그는 영특한 사람이
었고, 진화론을 철학의 주요 문제들에 '적용하는' 일련의 흥미로운 책들
을 썼다. 당시에는 그의 책이 상당한 센세이션을 불러 일으켰다.

스펜서의 인기가 가장 높았던 나라는 미국이었다. 이미 1864년에 〈월
간 어틀랜틱〉(*Atlantic Monthly*)은 "스펜서가 시대의 과학 정신을 나타낸
다"4)고 선언했다. 컬럼비아 대학 총장인 바너드(F. A. P. Barnard)는 심
지어 여기서 한걸음 더 나아가 다음과 같이 주장한다. "허버트 스펜서는
우리 시대의 가장 심원한 사상가일 뿐 아니라 모든 시대를 통틀어 가장
박식하고 설득력 있는 사상가이다."5) 미국인들은 이처럼 다윈주의로부
터 교훈을 얻고자 했던 사람에 대해 열광적인 찬사를 보냈다. 스펜서가
이처럼 과도한 찬사를 받을 수 있었던 이유는 무엇인가? 이는 인간사에
대한 새로운 '과학적' 접근 방식에 사람들이 지나칠 정도로 관심을 가졌던
현상과 어느 정도 관계가 있다. 하지만 미국인들이 그처럼 열광적인 관
심을 표명한 이유는 스펜서의 입장이 미국의 자본주의를 옹호하는 듯이
보이기 때문이기도 했다. 얼마 있지 않아 '최적자의 생존'은 치열한 경제

---

3) Darwin, *Life and Letter* iii. p. 120.
4) Hofstadter, *Social Darwinism in American Thought*, p. 33.
5) 위의 책, p. 31.

적 경쟁을 인정하는 교훈으로 해석되었다.

록펠러(John Rockefeller)와 카네기(Andrew Carnegie)와 같은 자본가의 거두(巨頭)들은 흔히 자신들이 나름대로 이해했던 '다윈주의' 원리에 호소했는데, 이는 미국 체제가 도의적임을 설명하기 위해서였다. 록펠러는 어떤 주일 학교 강연에서 "거대 사업의 성장은 사실상 최적자의 생존이다. … 아메리칸 뷰티(American Beauty) 장미6)는 그것을 바라보는 사람들의 기분을 좋게 하는 광채와 향기 속에서, 오직 자신을 둘러싸고 성장한, 갓 발아한 싹을 희생시킴으로써만 탄생할 수 있다. 사업계에서 이는 나쁜 경향이 아니다. 이는 자연법칙과 신의 법칙을 충실히 이행하는 것일 따름이다."7) 스펜서의 절친한 친구가 된 카네기 또한 지나친 비약을 하긴 마찬가지였다. 그는 일부 거대 사업가에게 부(富)가 집중되는 현상을 옹호하였는데, 그러면서 그는 "이러한 법칙이 간혹 개인을 힘들게 할 수 있지만, 그가 속한 민족에게는 최선이다. 왜냐하면 그러한 법칙이야말로 모든 분야에서 최적자의 생존을 보증해 주기 때문이다"8)라고 주장한다. 이와 같은 록펠러와 카네기의 자연선택에 대한 이해는 맨체스터 논설위원의 그것에 비해 약간 나을 따름이다.

다윈의 진화론을 이와 같은 방식으로 해석하는 경향은 스펜서가 비교적 조심성 없이 쓴 글들로 인해 조장되었다. 그는 자기 자신을 신뢰하는 개인주의를 열렬하게 신봉하였으며, 자유 기업 경제를 옹호하였다. 뿐만 아니라 그는 다윈이 미국을 방문했을 때 아낌없이 환영해 준 카네기와 같은 사람과 친분을 쌓았다는 데에 기뻐했다. 그럼에도 스펜서가 유치한 사상가는 아니었다. 윤리 이론에 대한 저서들에서 스펜서는 진지하고도 신중한 접근 방식을 취하고 있다. 그의 저술에서 진화 원리로부터 경제적 개인주의로의 손쉬운 추론은 발견되지 않는다. 그의 이름을 거론하면 떠오르는 비속한 슬로건 또한 발견되지 않는다. 그는 '삶을 위한 투쟁에

---

6) 미국산 붉은 장미의 일종.
7) Hofstadter, *Social Darwinism in American Thought*, p. 45.
8) Hofstadter, *Social Darwinism in American Thought*, p. 46.

서 이익을 주는 것이라면 무엇이건 옳다'라고 말하지 않으며, '적자생존'을 일종의 윤리적 격률로 만들려고 하지도 않는다. 그의 견해는 이보다 복잡했으며, 그의 이론적 논문은 진지한 철학자들이 읽고 간혹 칭찬할 수도 있는 신중한 내용을 담고 있었다. 9)

스펜서의 《윤리학 자료》(*Data of Ethics*) 는 1879년 출간되었다. 그는 책의 앞부분에서 '과학적 토대에 입각한 행위 규칙을 확립'10) 하는 일이 시급한 현안임을 알린다. 왜냐하면 다윈주의의 도래가 오랜 진리를 무너뜨렸기 때문이다. 그는 다음과 같이 말한다. "도덕적 명령들이 이른바 그 기원이 신성하다는 이유 때문에 얻었던 권위를 상실하고 있다. 이로 인해 도덕에 대한 세속화가 우리에게 피할 수 없는 과제가 되고 있다."11) 물론 스펜서는 자신이 그 방법을 알고 있다고 생각했다.

스펜서는 "윤리학이란 진화의 최종 단계에서 사람들이 어떤 보편적인 행위를 취하는지를 주제로 삼고 있는"12) 분야로 정의될 수 있다고 말한다. 우리에 관한 다른 모든 것들과 다를 바 없이 우리의 행위 또한 진화되었다. 그리고 스펜서는 이러한 진화의 결과로 인간이 '좀더 상위'의 행위 방식들을 점차적으로 획득하게 되었다고 주장했다. 물론 이처럼 '더욱 상위'와 '더욱 하위'와 같은 개념들을 무분별하게 사용한다는 것은 매우 비다윈주의적이었다. 다윈은 결코 진화의 '마지막 단계'— 마치 진화가 어떤 마지막 형태의 완성에서 종지부를 찍는 과정인 듯이 — 라는 말을 사용하지 않았을 것이다. 13) 스펜서는 적응이 어떤 특정한 목적을 '향하

---

9) 〔역주〕 사회진화론에 대한 일반적인 비판은 스펜서에게 다소 가혹한 면이 있다는 뜻.

10) Spencer, *The Data of Ethics* iv.

11) 위의 책.

12) 위의 책, p. 21.

13) 〔역주〕 다윈에게 진화는 무한정 계속되는 과정으로, 최종 단계란 존재하지 않는다. 또한 그에게는 진화과정에 가치개념이 포함되지 않는다. 이에 따라 어떤 생물이 더 진화했다고 그 생물이 우월하다고 말할 수 없으며, 덜 진화한 생물이 열등한 생물이라고 말할 수 없다. 진화는 주변 환경에 적절하게 적응

는' 것이 아니라는 다윈의 논지를 이해하지 못했거나 최소한 다윈의 그러한 생각을 받아들이지 않는 듯이 보인다. 다윈주의 이론에서는 '더 진화한' 혹은 '덜 진화한' 생물은 존재하지 않는다. 다만 대체로 서로 다른 환경적 압력에 대응하여 서로 다른 종이 서로 다른 경로를 따라 현재에 이르렀을 따름이다. 원칙적으로 자연선택은 영원히 진행되는 과정으로, 어떤 특정한 방향으로 나아가는 과정이 아니다. 이는 환경 조건의 변화에 따라 일부 종을 제거하고 다른 종을 변화시키면서 이런 저런 방향으로 나아간다.

하지만 스펜서의 출발점은 라마르크주의였으며, 이에 따라 진화가 '더 높은 형태'를 향해 나아가는 내적인 충동의 추동을 받는다는 라마르크주의의 개념을 떨쳐버리지 못했다. 때문에 그에게 중요한 문제는 "진화는 어떤 목적을 향해 나아가는가? 이것이 우리를 어떤 방향으로 불가피하게 안내하는가?"였다. 그의 답변은 "인간을 포함한 모든 생물들이 자신들의 삶을 연장하고 안락함을 증진시키는 데에 도움이 되는 행위 유형들을 진화시켰다"는 것이었다(그는 진화가 자손의 수를 늘리는 행위를 선호하기도 한다고 언급했지만 강조하지는 않았다). 따라서 '최상의' 행위 유형은 이러한 목표를 달성하는 데에 가장 효율적인 행위다. 그렇다면 어떤 유형의 행위가 이에 해당하는가? 스펜서에 따르면 '영구적으로 평화로운 사회'14)에서 함께 살아가는 사람들의 협력 행위가 이에 해당한다.

스펜서는 이러한 사회적인 삶이 진화적 관점에서 왜 그리 중요한가에 대해 명확한 입장을 표명하지 않는다. 하지만 이를 강조함으로써 그는 도덕의 핵심적인 특징 중 하나를 설명할 수 있었다. 즉 그는 이를 통해 다른 사람에 대한 의무를 설명할 수 있었던 것이다. 윤리적 행위는 최소한 어느 정도 비이기적인 행위이며, 따라서 윤리에 대한 설명이 설득력이 있으려면 타인에 대한 배려 의무의 토대를 설명할 수 있어야 한다. 스펜

한 변이가 우연히 살아남는 과정이다. 이렇게 보았을 때 진화과정에서 살아남은 개체는 단지 운이 좋았을 따름인 것이다.

14) Spencer, *The Data of Ethics*, p. 20.

서는 **공동체** 내에서의 인간의 행위를 '충분히 진화된 행위'로 간주함으로써 선행의 의무에 자리를 마련해 주었다. 어찌되었건 이러한 개념을 도입하는 이유가 무엇이건 간에, 그는 행위에 관한 한 '영구적인 평화 공동체'가 '진화가 다다른 극한'[15]을 나타낸다고 말하고 있으며, 때문에 이와 같은 영구적인 평화 공동체야말로 '윤리학의 주제'라고 결론짓는다.

이러한 주장에 만족하고는 스펜서는 이어서 '좋은 행위와 나쁜 행위'에 대한 분석으로 시선을 돌린다. 그는 '좋은 행위'란 우리가 '좋은 칼' 혹은 '좋은 장화' 개념을 이해하는 경우와 유사한 방식으로 이해할 수 있다고 주장한다(소크라테스 또한 이러한 비교를 좋아했다). 칼은 목적을 갖는다. 즉 칼은 무엇을 베는 데에 사용되는 것이다. 따라서 좋은 칼은 쉽게, 그리고 효율적으로 무엇을 벤다. 이와 유사하게 좋은 행위의 의미를 발견하고자 할 경우 우리는 행위가 어떤 목적을 갖는지 물을 수 있으며, 그리고 나서는 그러한 목적에 가장 잘 부합되는 행위 유형이 무엇인가를 물을 수 있을 것이다. 그런데 스펜서는 이에 대해 이미 답을 마련해 놓았다. 즉 스펜서에 따르면 행위의 목적은 우리의 수명을 연장하고, 삶의 질을 증진하며, 자손들의 안전을 도모하는 데에 있는 것이다. 그런데 이러한 유형의 행위는 진화가 산출한다. 이에 따라 스펜서는 다음과 같이 결론짓는다.

> 우리가 '좋은'이라는 수식어를 붙이는 행위는 상대적으로 진화된 행위이다. 그리고 '나쁜'은 상대적으로 진화되지 않은 행위에 붙이는 수식어다. … 더구나 우리는 행위가 자신과 후손 그리고 동료들의 삶에서 가장 완벽한 총체성을 동시에 이룰 때 진화가 가능한 최고조에 이른다는 것을 보았다. 마찬가지로 여기서 우리는 행위가 이상에서 언급한 세 부류의 삶을 동시에 충족시킬 때 이른바 선한 행위가 최선의 행위로 상승함을 보게 된다.[16]

---

15) 앞의 책, pp. 19~20.
16) 위의 책, pp. 26~7.

요약하자면 스펜서의 논의는 다음과 같이 정리할 수 있을 것이다.

1. 한 종의 행위적 특징은 진화 과정을 통해 형성된 여러 특징들 중에 하나다.

2. 진화는 개인의 삶을 연장하는 행위, 삶의 질을 향상시켜주는 행위, 그리고 (앞의 행위들과 더불어 일어나진 않지만) 자손의 안전을 도모하는 행위를 선호한다. '더욱 진화된' 행위란 이를 더욱 잘 도모하는 행위이다.

3. 또한 행위는 더욱 오랜 삶과 나은 삶, 그리고 더 많은 자손들을 얻는 목표를 달성하는 데에 그 목적이 있다.

4. 이러한 목적은 사람들이 평화로운 공동체 안에서 함께 살면서 서로 도와주며 살 때 가장 잘 이루어진다.

5. 이에 따라 '최고의' 혹은 '가장 진화된' 행위 유형은 '영구적으로 평화로운 공동체'를 창출하고 고양하는 행위임이 밝혀진다.

6. 이렇게 보았을 때 좋은 행위는 이러한 목표를 달성하는 행위로 정의할 수 있음에 반해, 나쁜 행위는 이러한 행위를 좌절시키는 행위로 정의할 수 있다. 달리 말해, 스펜서가 말하는 바와 같이 '좋은 행위'란 '더욱 진화된 행위'인 것이다.

이상이 다소 개략적이지만 진화론적 관념에 토대를 둔, 야심찬 윤리 이론을 정리한 것이다. 이에 대해서는 어떤 평가가 가능한가? 한동안 이는 생명력을 갖춘 이론인 듯이 보였다. 최소한 이는 이 분야의 다른 경쟁 이론에 비해 못할 것도 없는 이론인 듯이 보였으며, 인간 본성에 관한 최신 과학 이론과 윤리를 연결시키는 상당한 장점을 갖는 이론처럼 보였다. 하지만 스펜서의 명성은 오래 가지 못했다. 1903년 무어(G. E. Moore)가 《윤리학 원리》(*Principia Ethica*)를 발간했는데, 철학자들은 이 책의 발간을 스펜서 이론에 대한 조종(弔鐘)을 울린 것과 동일시했다.

무어와 자연주의적 오류

　무어는 처음부터 케임브리지의 철학자였다. 그는 이곳에서 오랜 세월을 지내면서 탁월한 업적을 쌓았다. 그가 발간한 최초의 책은 적극적인 주장보다는 논증 방식과 철학적 문제들에 대한 새로운 정의, 그리고 익숙한 견해들에 대한 날카로운 비판으로 인해 고전으로 자리 잡았다. 무어의 주요한 주장 중의 하나는 모든 자연주의 도덕 이론들이 특정한 실수를 범한다는 것이었고, 그는 이를 '자연주의적 오류'(naturalistic fallacy) 라고 불렀다. 무어는 스펜서의 견해를 이용하여 어떻게 자연주의 도덕 이론들이 이러한 실수를 범하게 되는가를 보여주려 했다. 스펜서에게 할애된 쪽수는 단지 십여 쪽에 불과했지만, 많은 독자들에게 스펜서는 무어의 비판에 적절한 대응을 할 수 없는 듯이 보였다. 스펜서의 저서들에 대한 무어의 독해는 균형이 잡혀 있었고 공정했다. 그의 논증은 설득력이 있었으며, 무어 자신이 다윈 예찬론자였기 때문에 더욱 그렇게 보였다. 한마디로 그는 전통적인 도덕을 지지하려는 반과학적인 무식한 사람이 아니었던 것이다. 무어에게 철저하게 비판을 받은 뒤 스펜서의 입장은 구제할 수 없을 정도로 빈약하게 느껴졌다. 하지만 결함을 갖는 듯한 이론은 오직 스펜서의 이론만이 아니었다. 만약 무어가 옳다면 진화 생물학을 포함한 자연과학은 윤리학의 문제에 시사하는 바가 없어야 했다. 그럼에도 《윤리학 원리》를 읽는 사람들은 최소한 스펜서의 한 가지 주장만큼은 옳았다는 확신을 갖게 되었다. 즉 적어도 윤리의 토대를 재고해 볼 필요가 있다는 스펜서의 주장은 옳다는 생각을 갖게 되었던 것이다. 하지만 대부분의 사람들은 '진화론적 윤리'가 더 이상 생각해 볼 필요가 없는, 근본적으로 혼란스런 의견이라는 점 또한 확신하게 되었을 것이다.

　다소 융통성을 발휘한다면 우리는 무어의 핵심적인 논점을 다음과 같이 간략하게 서술할 수 있을 것이다. 자연주의적 용어로 윤리를 정의하려는 이론은 어떠한 이론이라도 '자연주의적 오류'를 범하게 된다. 윤리는 무엇이 좋거나 옳은가의 문제를 논구(論究) 한다. 달리 말해 무엇이 어떠해야 한다를 논구하는 것이다. 자연주의적 이론은 좋음 혹은 옳음을 사물의 '자연적' 속성과 동일시한다. 바꾸어 말하자면 좋음 혹은 옳음을 무엇이 어떠하다와 동일시하는 것이다. 하지만 이는 항상 잘못이다. 이렇게 본다면 자연주의적 오류는 '무엇이 어떠해야 한다'와 '무엇이 어떠하다'를 혼동하는 오류이다. 스펜서의 이론은 그 사례에 해당한다. 스펜서는 '좋은 행위'가 '상대적으로 더욱 진화된 행위'와 동일하다는 입장을 견지한다. 하지만 곰곰이 따져보면 우리는 '좋은'과 '상대적으로 더욱 진화된'이 상당히 다른 개념임을 알 수 있다. 무엇이 좋은가는 가치 평가의 문제다. 반면 무엇인가가 상대적으로 더욱 진화했다는 것은 사실의 문제다. 두 가지는 동일하지 않으며, 이에 따라 스펜서의 이론은 실패로 귀결된다.

무어의 '자연주의적 오류'에 대한 논의는 사실상 '당위'로부터 '사실'을 도출할 수 없다는 흄(David Hume)의 격언을 되풀이하고 있다. 실제로 많은 주석가들은 무어의 논지가 흄의 유명한 발언을 재차 언급한 데에 지나지 않는다고 주장했다. 1739년 다윈이 자연선택을 발견하기 거의 정확하게 100년 전 흄은 자신의 《인간 본성에 관한 논고》(*Treatise of Human Nature*)에서 다음과 같이 밝힌 바 있다.

나는 어떤 중요성을 갖는다고 판단되는 관찰을 이와 같은 추론에 덧붙이지 않을 수 없다. 내가 이제껏 마주친 도덕체계는 그 어떤 것이건, 그 저자가 얼마동안 일상적인 추론방법을 사용해 나아가다가, 신의 존재를 입증하거나, 인간사(人間事)에 관한 소견을 내세운다. 그런데 나는 그러한 주장들이 '-이다'와 '-가 아니다'라는 일상적인 계사(繫辭)17)로 명제를 맺지 않고, 갑자기 '-해야 한다', '-해서는 안된다'로 모두 끝맺고 있음을 알고 매우 놀라게 되었다. 그러한 변화는 알아차리기 매우 어렵지만 매우 중요하다. 이와 같은 '-해야 한다', '-해서는 안된다'가 어떤 새로운 관계 또는 단언을 나타낸다. 때문에 이는 적절히 관찰, 설명되어야 하며, 이와 동시에 그와 같은

17) 〔역주〕명제(命題)의 주사(主辭)와 빈사(賓辭)를 연결하여 긍정이나 부정의 뜻을 나타내는 말. 예를 들어 '국화는 식물이다'에서 '이다'와 같은 말.

새로운 관계가 어떻게 전적으로 다른 관계로부터 연역되는지에 대한 이유(이는 거의 알아차리기 힘들다)가 제시되어야 한다. 18)

스펜서의 이론을 가지고 흄의 입장을 쉽게 설명해 본다면, 우리는 다음과 같이 말할 수 있을 것이다. 스펜서는 일상적인 추론 방식으로 이야기를 진행해 간다. 즉 그는 인간사에 대한 관찰을 하고, 그 다음에 우리의 행위가 어떤 방식으로 진화했음을 보이며, 우리가 그러한 방식으로 하는 것이 사실이라고 말한다. 하지만 그는 이어서 부지불식간에 이것이 '우리가 어떻게 행해야 하는가'에 대한 기준이라고 말한다. 그런데 이는 새로운 단언으로, 이는 첫 번째 단언으로부터 연역될 수 없으며, 그와 성격이 전혀 다르다. 좀더 간단하게 논지를 말하자면 'X가 좋은 행위다'라는 명제는 'X가 더욱 진화된 행위다'라는 명제로부터 도출되지 않으며, 그것이 가능하다는 생각은 논리적인 오류라는 것이다.

영민한 사람인 스펜서는 이러한 종류의 반대가 제기될 수 있음을 알았고, 이에 대해서 미리 답변을 제시하려 했다. 그가 예측한 바에 따르면 중요한 문제는 삶이 살아갈 가치가 있다고 생각할 경우 삶을 연장하고 삶을 고양하는 행위가 좋은 것으로 간주된다는 사실이다. 여기서 삶이 살아갈 가치가 있다고 생각하는 '낙관론자'는 스펜서의 논의를 받아들일 것이며(혹은 스펜서가 그렇다고 말할 것이며), 반면 그러한 생각에 대해서 의혹의 눈길을 보낼 '비관론자'는 그의 논의를 받아들일 별다른 이유를 발견하지 못할 것이다.

스펜서는 사람들이 비관주의적 태도를 견지하는 이유가 "삶에 내재되어 있는 고통의 양에 대한 잘못된 평가 때문"이라고 주장함으로써 문제를 해결하고자 했다. 삶이 살아갈 가치가 없다고 생각해야 할 이유가 도대체 무엇인가? 이러한 생각에 대해서는 오직 삶이 쾌락보다 고통을 더 많이 담지하고 있을 경우에만 수긍할 수 있을 것이다. 비관론자는 과연 그렇다고 생각한다. 반면 낙관론자는 그렇지 않다고 생각한다. 하지만 스

18) Hume, *A Treatise of Human Nature*, p. 469.

펜서는 이것이 사실상 "낙관론자와 비관론자가 모두 쾌락과 고통이 준거의 궁극적인 기준이라는 데에 **동의한다**"는 사실을 의미한다고 말한다. 이어서 스펜서는 자신이 쾌락과 고통을 궁극적인 기준이라고 생각한다고 선언한다.

> 그리하여 우리는 삶에 기여하는 행위를 선이라고 부르며, 삶을 방해하거나 파괴하는 행위는 악이라고 부르지 않을 수 없다. 이처럼 삶이 축복이며 저주가 아님을 넌지시 의미하면서, 우리는 사실상 어떤 행위의 전체적인 효과가 쾌락을 주는지 아니면 고통을 주는지에 따라 그 행위를 선하거나 악하다고 주장하고 있는 것이다. [19]

하지만 흄의 문제를 회피하려는 이와 같은 시도는 목표한 바를 이루지 못했다. 우선 스펜서는 자신의 윤리적 입장을 근본적으로 전환하였다. 이제 그는 매우 다른 종류의 도덕 이론, 즉 쾌락주의적 공리주의(*Hedonistic Utilitarianism*) [20] 를 옹호하고 있는 것이다. 선과 악은 더 이상 무엇이 더 진화되거나 덜 진화된 것과 동일시되지 않는다. 오히려 선과 악은 무엇이 쾌락과 고통을 산출하는가와 동일시된다. 스펜서가 새롭게 제시하고 있는 이론에서는 행위의 진화에 관한 추정된 '사실'이 단지 '어떤 종류의 행위가 쾌락을 산출하거나 산출하지 않는가'를 말해 주는 부차적인 역할을 담당할 수 있을 따름이다. 여기서는 쾌락의 산출 여부를 결정할 다른 더욱 좋은 방법들이 있기 때문에 굳이 진화를 언급할 필요가 거의 없다. 뿐만 아니라 스펜서는 자신이 극복하기 위해 노력하였던 바로 그 비판에 여전히 취약한 상태로 있는 새로운 이론을 제시하고 있다. 즉 '선'을 '더욱 진화된'과 동일시하는 입장이 자연주의적 오류를 범한다면, '선'을 '쾌락을 산출하는'과 동일시하는 입장 또한 마찬가지인 것이다. [21]

---

19) Spencer, *The Data of Ethics*, p. 30.
20) 〔역주〕 쾌락을 선, 고통을 악이라고 생각하는 고전주의적 공리주의 이론.
21) 〔역주〕 스펜서가 무어의 비판을 극복하려는 시도는 이중적인 의미에서 성공

하지만 무어의 자연주의적 오류에 대한 논의는 '존재'와 '당위'에 관한 흄의 논지를 단순히 개작한 것 이상의 내용을 담고 있었다. 22) 무어는 '열린 문제 논증'(open question argument) 23) 이라는 명칭이 붙은 새롭고 독립적인 논증을 만들어 냈는데, 이는 '좋음'에 대한 자연주의적 정의가 항상 잘못일 수밖에 없음을 입증하기 위한 독립적인 논증이었다. 열린 문제 논증은 다음과 같이 이루어진다. 먼저 우리는 '좋은'에 대한 자연주의적 정의는 어떤 것이라도 다음과 같은 형식으로 나타낼 수 있음을 알고 있다.

D: 'X가 좋다'는 'X는 P라는 속성을 갖는다'를 의미한다.

다음으로 우리는 다음과 같은 질문을 던진다.

을 거두지 못했다. 먼저 그가 제시하고 있는 대안적 기준인 쾌락과 고통은 사실상 진화에 기여하는 것을 선, 거스르는 것을 악이라 생각하는 데에서 이탈해서 그가 사실상 공리주의적 기준을 채택하고 있음을 보여준다. 그런데 공리주의적 기준도 자연주의적 오류라는 측면에서 볼 때 문제가 있는데, 그 이유는 쾌락과 고통이 사실에 관한 문제이고, 이를 선과 악이라 말하는 것은 또 다시 사실로부터 가치를 이끌어낸 자연주의적 오류가 되기 때문이다.

22) 〔역주〕 무어는 단순히 흄의 지적을 반복한 것이 아니라, 여기에 자신의 고유한 논변인 열린 문제 논증을 추가해서 자연주의적 정의의 잘못을 지적하려 하고 있다.

23) 〔역주〕 무어에 따르면 윤리적 자연주의자들은 "x는 좋다"를 "x는 자연적 성질 P를 갖는다"로 정의하려고 한다. 그러나 우리는 또 다시 그것은 정말 좋은 것인가라고 반문할 수 있다. 다시 말해서 "x는 자연적 성질 P를 가졌는데 그것이 정말 좋은 것인가?"라는 질문을 제기할 수 있는 것이다. 그런데 이와 같은 질문은 무의미하지 않으며, 우리는 자연주의적 정의에 대해서는 이와 같은 질문을 계속 던질 수 있다. 이것이 이른바 '열린 문제 논증'(open question argument) 이라고 불리는 논증이다. 무어는 이처럼 계속 질문을 던질 수 있다는 것이 좋음에 대한 정의가 불가능함을 말해 준다고 생각했다. 그는 '좋음은~이다'라는 형식으로 정의할 수 없으며, 좋음은 좋음일 뿐 더 이상 정의할 수 없다고 주장했다.

A: X는 P를 갖는다. 하지만 그것은 좋은가?
B: X는 P를 갖는다. 하지만 그것은 P를 갖는가?

이제 열린 문제 논증은 다음과 같이 나타낼 수 있다.

만약 D가 옳다면 A와 B는 동일한 의미를 갖는다.
하지만 A와 B는 동일한 의미를 갖지 않는다.
따라서 D는 옳지 않다.

그리고 A와 B가 동일한 의미를 갖지 않는 이유는 A가 '열린 문제'임에 반해 B는 아니기 때문이다.

무어가 보여준 바와 같이 이러한 유형의 논증은 스펜서가 '좋은 행위'와 좋은 결과를 초래하는 '더욱 진화된 행위'를 동일시한 데에 반대하여 제시될 수 있다. 다음과 같은 질문을 고찰해 보자.

A: 이러한 행위는 더욱 진화된 것이다. 하지만 그것은 좋은가?
B: 이러한 행위는 더욱 진화된 것이다. 하지만 그것은 더욱 진화된 것인가?

첫 번째 질문은 '열린 문제'이다. 반면 두 번째 질문은 열린 문제가 아니다. 하지만 만약 스펜서의 이론이 옳다면 이들은 동일한 질문이어야 할 것이다. 이렇게 보았을 때 스펜서의 이론은 옳지 않다. 더욱 일반적으로 말해 '좋은'은 자연 과학을 통해 연구된 어떠한 속성들과도 동일시 될 수 없다. 이는 진화생물학의 속성과도 동일시될 수 없으며, 다른 어떤 것과도 동일시될 수 없다. 어떠한 경우에도 그러한 동일시는 열린 문제 논증과 충돌하게 될 것이다. 24)

---

24) '좋은'에 대한 자연적 속성을 이용한 정의는 어떠한 경우에도 반문이 제기될 수 있다. 예를 들어 '진화된 것은 좋은 것이다' 또는 '쾌락은 좋은 것이다'라는 주장에 대해 우리는 과연 이들이 좋은 것인가라는 질문을 던질 수 있고, 이는

하지만 이러한 논증이 스펜서의 입장을 실제로 반박하고 있는가? 회고해 보건대, 이제 우리는 열린 문제 논증이 무어가 생각했던 것보다 힘이 약함을 알 수 있다. 무어는 스펜서의 견해를 '좋은 행위'에 대한 정의 (definition)를 제시한다고 해석하였다. 즉 무어는 스펜서의 테제를 그러한 단어의 의미에 관한 테제로 해석했던 것이다. 이는 합당했다. 왜냐하면 우리가 살펴본 바와 같이 스펜서는 자신의 논제를 단어에 관한 논제라고 밝히고 있기 때문이다. 그는 다음과 같이 말한다. "우리가 '좋은'이라는 이름(name)을 적용하는 어떤 행위는 상대적으로 더욱 진화된 행위다. 그리고 '나쁜'은 우리가 상대적으로 진화되지 못한 행위에 적용하는 이름이다." 하지만 우리는 스펜서의 견해를 사실상 무엇이(what is in fact) 좋은 행위인가에 관한 주장으로 달리 해석할 수 있다. 이처럼 달리 해석을 할 경우 스펜서는 좋은 행위에 관한 정의(definition)가 아니라 하나의 기준 (standard)을 제공하고 있는 것이다. 만약 이것이 사실이라면 열린 문제 논증은 스펜서의 입장에 반대하는 도구로 활용될 수 없을 것이다.

논지를 더욱 확실하게 하기 위해 스펜서의 논제를 다음과 같은 사례와 비교해 보자. 예를 들어 누군가가 다음과 같이 말한다고 가정해 보자. "좋은 자동차는 안전하고, 신뢰할 만하고, 편안하며, 연비가 좋다." 만약 이러한 주장이 '좋은 자동차'라는 단어의 의미에 관한 정의로 제시되었다면 잘못이다. 우리는 '좋은'과 같은 가치평가적인 단어를 순수하게 사실적인 용어로 정의할 수 없다. 적어도 방금 언급한 방식으로 정의할 수는 없는 것이다. 그럼에도 만약 위의 주장을 어떤 자동차가 좋다고 판단하게 하는 속성에 관한 주장으로 파악할 경우, 위의 주장은 합당하며 아마도 참일 것이다. 만약 후자의 의미로 해석될 경우 위의 언명에는 존재-당위의 혼란이 포함되지 않는다. 이에 따라 위의 언명은 열린 문제 논증에도 적절하게 맞설 수 있다. 마찬가지로 만약 스펜서의 논제를 '좋은 행

충분히 의미 있는 질문이다. 바로 이러한 이유로 무어는 '좋은'은 더 이상 질문이 제기될 수 없는 단순 관념이라 생각했던 것이다.

138

위'가 무엇인가에 대한 하나의 기준으로 해석할 수 있다면, 그의 논제 또한 위에서 언급한 비판들을 비켜 갈 수 있을 것이다. 그러한 기준이 다른 근거로 비판 받을지는 몰라도 최소한 무어의 논증에는 맞설 수 있을 것이다. 스펜서는 무어의 비판에 속수무책이었다. 왜냐하면 그는 정의와 기준을 구분하지 않았기 때문이다. 이는 그가 분명 알아채지 못했던 구분이다. 무어 자신 또한 이 문제를 그다지 명확하게 인식하지 못했다. 그 당시에는 언어 철학이 그다지 발달하지 못했기 때문이다.

그럼에도 무어가 스펜서의 견해를 부정한 것은 옳았다. 스펜서의 이론은 다윈주의자들이 받아들일 수 있는 이론이 아니었다. 무어는 스펜서의 진화에 대한 이해가 다윈주의의 견해와 모순된다는 점을 지적했다(이에 대해서는 우리가 이미 살펴본 바가 있다). 다윈은 발달 단계를 언급할 때 '좀더 높은'과 '좀더 낮은'과 같은 용어들을 사용하지 않으려 했다. 그의 이론의 두드러진 특징은 진화론적 변화가 어떤 목적 혹은 '방향'과 결부되어 있음을 부정하는 데에 있었다. 그의 이론에는 전진도 없고 퇴보도 없다. 오직 변화만이 있을 뿐이다. 반면 스펜서의 윤리 이론은 라마르크주의의 입장, 즉 일부 행위가 다른 행위에 비해 '더욱 진화'되었다고 파악하는 입장에 호소하고 있었다. 이와 같은 방식으로 그는 다윈주의적 개념들과 별개인 가치 평가적 요소를 은근슬쩍 도입했다. 다윈이 분명하게 인식하고 있듯이 우리는 우리 자신의 적응적인 행위가 바퀴벌레에 비해 '더 낫다'거나 '더 높다'고 간주할 권한이 없다. 적어도 진화론적 입장에서 볼 때에는 그러하다. 바퀴벌레들은 그들 자신의 환경 적소(*environmental niche*)[25]에 우리 못지않게 잘 적응된 존재들이다. 자연선택은 번식 경쟁에서 승리할 수 있도록 행위하는 생물들을 선호한다. 단지 인간의 행위뿐만 아니라 다른 무수한 종들의 행위 또한 환경 적소에 대한 적응의 결과다. 만약 스펜서가 이러한 기본적인 논점을 받아들였다면 그의 이론은 아예 구상조차 되지 않았을 것이다.[26]

---

25) 특정 생물의 생존을 허용하는 자원 공간이자 활동 공간.

무어의 책은 엄청난 영향력을 발휘했다. 그의 책은 세기가 바뀌자마자 출간되었는데, 이는 그 후 60년 동안 도덕 철학자들이 논의할 문제들을 규정했다. 이제 진화론적 윤리는 철학적 논의에서 배제되었다. 이윽고 모든 과학으로부터 윤리의 독립이 신조(信條)로 자리 잡게 되었다. 《윤리학 원리》가 발간된 1903년까지 스펜서의 책들은 놀랍게도 미국에서만 368,755부가 팔렸다. 하지만 유행은 끝났다. 공교롭게도 스펜서는 무어의 책이 발간된 바로 그해에 세상을 떠났다.

베르그송

스펜서의 기획이 실패로 돌아갔다고 해서 모든 철학자들이 다윈에 대한 관심을 곧바로 잃은 것은 아니다. 다윈에 대한 존경을 담은 말들이 여전히 여러 사람의 입에서 흘러나왔다. 하지만 이들은 대부분 단순히 입에 발린 말이었다. 그들은 다윈의 이론이 중요하다고 말했지만 막상 이를 활용하는 경우는 거의 없었다. 1910년 듀이(John Dewey)는 "다윈이 철학에 미친 영향"이라는 제목의 다윈을 찬미하는 논문을 썼다. 철학적 자연주의자인 듀이는 다윈으로 인해 인간의 기원을 자연주의적으로 이해할 수 있게 되었음을 기뻐했다. 그런데 듀이는 자신의 독자들에게 다윈의 저작들이 이보다 더욱 폭넓은 의미를 가지고 있음을 납득시키려 하였다. 그는 다음과 같이 썼다. "《종의 기원》은 궁극적으로 지식의 논리를 바꾸어 놓게 될 사유 방식을 도입했으며, 그리하여 도덕, 정치, 종교를 다루는 방식을 바꾸어 놓았다."27) 이러한 주장을 보고 있노라면 우리는 다윈주의가 도덕, 정치, 종교를 바꾸어 놓는 구체적인 방법을 듀이가 말해 줄 것이라 기대하게 된다. 하지만 그처럼 새로운 '사유 방식'에 대해

---

26) 스펜서는 라마르크주의에서 자신의 이론적 근거를 마련하고 있었는데, 만약 그러한 근거 자체가 잘못되었다면 그의 전반적인 이론 자체가 성립할 수도 없었을 것이며, 스펜서는 아예 자신의 이론을 생각해 보지도 않았을 것이다.

27) Dewey, *The Influence of Darwin on Philosophy*, p. 1.

아낌없이 칭찬을 해 놓고 난 후, 듀이는 진화론의 정확한 함의에 대해 별다른 언급을 하지 않았다.

진화론적 착상에 말뿐인 찬사 이상의 관심을 기울인 철학자는 베르그송(Henri Bergson)이다. 그는 《종의 기원》이 발간된 해에 태어난 프랑스의 사상가이며, 노벨상 수상자이다. 스펜서와 마찬가지로 베르그송은 진화론적 견해가 인간과 관련된 거의 모든 현상을 이해하는 데에 필수적이라고 생각했다. 그리고 스펜서와 마찬가지로 그 또한 지식인들 사이에서 커다란 인기를 누렸다.

베르그송의 《창조적 진화》(L'Evolution Creatrice)는 1907년에 출간되었으며, 곧장 위대한 작품이라는 평가를 받았다. 제임스(William James)는 책을 받고서는 베르그송에게 "오! 베르그송, 당신은 마술사입니다. 당신의 책은 철학사에서 단연 놀라운 사건이며, 일종의 경이입니다"[28]로 시작되는, 지나칠 정도로 과장된 찬사로 가득 찬 편지를 보냈다. 다윈이 스펜서를 칭찬한 것과 마찬가지로 베르그송에게 바치는 제임스의 말 역시 오늘엔 단지 별스럽다는 측면에서 흥미를 자아낼 따름이다. 이는 아무도 베르그송을 더 이상 읽지 않는다는 말이 아니다. 사실상 사람들이 읽는지의 여부는 그다지 문제가 되지 않는다. 위대한 저작들은 후속 세대들에게 소홀한 취급을 받는 경우가 허다하다. 더욱 중요한 사실은 오늘날 베르그송이 새로운 생물학, 그리고 그것이 담고 있는 자연주의적 견해의 독주를 견제하려 했던 학자로 파악될 수 있다는 점이다. 겉보기와는 달리 그는 다윈주의의 옹호자가 아니었다. 그는 다윈주의에 반대하는 마지막 위대한 철학자였다.

베르그송은 진화론자였지만 다윈주의자는 아니었다. 그는 다윈의 이론이 진화 과정을 설명하는 데에 적절하지 못하다고 생각했다. 다윈은 자연선택이 우연변이(chance variations)[29]에 작용한다고 주장했다. 이러

---

28) Perry, *The Thought and Character of William James* ii, p. 618.

29) 〔역주〕어버이의 계통에 없었던 새로운 형질(形質)이 갑자기 생물체에 나타나는 일. 흔히 돌연변이라고 한다.

한 변이는 생물의 어떠한 부분에도 가리지 않고 영향을 미칠 수 있다. 베르그송은 어떻게 이것이 가능한지 이해할 수 없었다. 왜냐하면 복잡한 생물들은 미묘한 방식으로 함께 작용하는, 상호 의존적인 부분들로 이루어져 있기 때문이다. 그는 만약 한 생물의 어떤 한 부분에 변이가 생긴다면, 미묘한 균형은 무너져 버리고 그 생물은 목숨을 잃을 것이라고 추론했다. 이와 같은 추론을 거쳐 베르그송은 다윈의 견해가 옳을 수 없다고 결론지었다. 진화 과정은 생물계 전체에 걸쳐 동시에 일어나는 다양한 변화의 결과임에 틀림없다. 나아가 베르그송은 자연선택만으로는 '진화가 복잡성이 증가하는 생물들을 산출한다'는 사실을 설명할 수 없다고 생각했다.

베르그송은 어떻게 진화적 변화가 일어나는가에 대해 자신이 생각한 바에 따라 모든 것들을 적절히 설명할 준비가 되어 있었다. 그는 자신이 이른바 '생명의 약동'(élan vital) [30] 혹은 '생명력'이라고 부른 새로운 원리가 작동하고 있음을 깨달아야 한다고 역설했다. 생명의 약동이란 살아있는 육신에 침투하여 다소 불명료한 방식으로 그 진화 과정을 결정하는 '의식의 흐름'을 말한다. 이는 종들이 절멸되지 않고 변형되려면 일어나야 하는 여러 형질들에서의 공동 작용을 통한 변화를 설명한다. 또한 이는 복잡성의 증진을 향한 추동을 설명하기도 한다. 그리고 생명의 약동에 대한 언급은 베르그송이 다른, 더욱 영적인 대상들을 설명하는 데에도 도움을 줄 것이다. 예를 들면 이는 의식의 본질을 설명할 수 있을 것이다. 베르그송은 심지어 생명의 약동의 또 다른 이름이 신(神)일 수 있다고 귀띔해 준다.

다윈은 베르그송의 구체적인 비판에 답하는 데에 별다른 어려움을 겪지 않았을 것임에 분명하다. 예를 들어 다윈은 복잡한 생물들의 부분들에 영향을 주는 임의적인 변이가 부정적인 영향을 미치는 경우가 흔하다

---

30) 〔역주〕 모든 생명의 다양한 진화나 변화의 밑바닥에 존재하면서 도약을 이끄는 근원적인 힘.

는 데에 동의할 것이다. 왜냐하면 그러한 변이는 한 생물이 온전한 기능을 발휘할 수 있도록 하는 상호 작용을 무너뜨리기 때문이다. 사실상 유용한 변이들은 극히 드물 것이다. 다윈은 이것이 의심의 여지가 없다고 생각했다. 다윈은 베르그송의 입장이 자신의 이론에 대한 반대가 전혀 아니며, 그의 입장이 더 많은 생물들이 존속하기 보다는 사라진다는 자신의 견해에 잘 부합된다고 생각했을 것이다. 또한 다윈이 생각하기에 유용한 변이들은 거의 항상 **조그만** 이점을 주는 **미세한** 변화였다. 바로 이것이 자연선택이 관찰 가능한 결과를 나타내기 위해 수 세기가 걸리는 느린 과정인 한 가지 이유다. 분명 베르그송은 이를 이해하지 못했으며, 제임스 또한 역겨운 칭찬으로부터 미루어 판단해 보건대 이를 이해하지 못했다. 《종의 기원》이 발간된 지 거의 반세기가 흘렀음에도 두 사람이 핵심을 그처럼 완전하게 놓칠 수 있다는 사실은 사고의 혁명이 충분히 이해되려면 얼마나 많은 시간이 흘러야 하는가를 선명하게 보여 주고 있다. 또한 우리는 그 당시 과학자들조차도 다윈의 이론이 갖는 장점에 대해 동의하지 않았다는 사실을 기억해야 한다. 대개 진화가 이루어졌다는 주장은 수용되었지만 변화의 메커니즘을 설명하는 데에서의 자연선택의 위치는 굳건하게 확립되지 못했다. 이는 1930년대 '새로운 종합'의 출현이 있고 나서야 가능하게 된다. 19세기 초반의 수십 년 동안 라마르크의 이론은 여전히 힘을 발휘하고 있었다.

하지만 베르그송은 생물학자가 아니라 철학자였다. 그리고 그의 적(敵)은 '생명' 및 '의식'을 '생명 없는 자연'과 동일한 용어로 설명할 수 있다고 생각하는 기계론[31]이라는 철학적 입장이었다. 베르그송은 자연선택을 기계론적인 설명이라 생각했으며, 이를 '살아있는 존재의 본성 및

---

31) 〔역주〕 유물론 철학의 한 형태. 자연현상은 물질, 운동 혹은 이들의 법칙에 의거해서 설명할 수 있으며, 또 그렇게 설명해야 한다는 주장. 이 철학은 관찰할 수 없는 것들이나 신비스런 성질 등을 과학에서 제거하는 것을 목표로 삼았다. 기계론은 생물학적 기능을 물리적·화학적 과정으로 환원함으로써 유기체 개념을 거부했다.

목적과 관련한 특별한 부분을 설명할 수 있는 요소를 배제하는 입장'이라고 생각했다. 바로 이러한 이유로 그는 '내적인 분투'(internal strivings)라는 개념을 포함하고 있는 라마르크의 이론을 우월하다고 생각했다. 그 당시뿐만 아니라 오늘날에도 기계론은 냉랭하고 무신론적인 철학인 듯이 보인다. 이러한 시각에서 보았을 때, 에드먼(Irwin Edman)의 판단은 옳은 듯하다. 다시 말해 에드먼은 베르그송의 인기가 "기계론적 과학의 위험한 계략을 발견하고, 이와 동시에 신에 대한 믿음을 새롭고도 시적으로 지지한 것처럼 보이는 철학자를 환영하는 종교적 자유주의자들과 관련이 있다"고 적절하게 판단했던 것이다.

사회생물학

1930년대와 40년대에 다윈주의 — 혹은 좀더 정확하게 자연선택을 핵심으로 하는 '새로운 진화론적 종합' — 는 바야흐로 생물학에서 정설의 위치를 차지하게 되었다. 물론 진화론자의 주요 관심사는 생물들의 해부학적, 생리학적, 그리고 형태학적 특징뿐 아니라 그들의 지리학적 분포까지도 설명하는 것이었다. 그런데 동일한 원리를 이용하여 **행동적** 특징을 설명하는 방식에 대한 관심도 점차적으로 증대되고 있었다. 이러한 계획이 추진됨에 따라 생물학은 또 다시 윤리학의 영역과 가까워지게 되었다.

진화의 원리를 활용하여 행동을 설명하고자 할 경우, 한 생물이 '특정한 방식으로 행동하려는 성향'이 피부색이나 날개의 크기 못지않게 그 생물의 유전자의 산물이라는 가정이 필요했다. 이와 같은 가정은 충분히 합당했다. 특히 어떤 행동 유형이 한 종을 통틀어 일관되게 발견되고, 만약 그것이 학습되기보다는 본능적인 듯이 보일 경우에는 그러했다. 진화론적 설명은 자연선택이 특정한 행동 형태와 결부되어 있는 유전자를 선호하는 이유가 무엇인가에 의문을 제기함으로써 시작된다. 생존을 위한 투쟁에서, 어떤 주어진 방식으로 행동하려는 경향이 주는 이점은 무엇인가?[32]

144

이와 같은 설명이 어떤 방식으로 이루어질 것인가를 파악하기란 어렵지 않다. 기생충들이 자신을 괴롭히는 경우를 방치하는 동물과 비교해 보았을 때, 스스로 몸단장을 하면서 기생충을 제거하는 동물들은 분명 생존의 기회가 클 것이다. 이와 같이 하여 몸단장 행위를 산출하는 유전자가 미래 세대에 전달될 것이다. 이는 유익한 형질과 연결된 어떤 유전자를 확실하게 보존하도록 하는 메커니즘과 동일한 방식으로 보존된다.

하지만 이러한 설명을 얼마만큼 확대 적용할 수 있을까? 몸단장 행동은 간단하지만 그다지 흥미롭지 않은 사례다. 동일한 추론 방식을 공격 행동, 수컷의 지배, 그리고 이타성과 같은 '도덕적인' 행위 등의 더욱 흥미로운 행동 유형을 설명하는 데에 활용할 수 있을까? 그리고 우리가 사회생물학의 설명을 이용하여 인간에서 살펴볼 수 있는 그와 같은 유형의 행동을 설명할 수 있을까(이는 중요한 질문이다)? 만약 우리가 사회생물학을 통해 인간의 행동을 설명할 수 있다면, 돌연 완전히 새로운 이해 방식을 활용할 수 있게 될 것이다. 지금까지 의혹이 풀리지 않던 경향의 배후에 놓인 근본 원리가 드러날 것이다. 그리고 우리는 이전에 자유로운 선택의 문제라고 생각했던 인간의 행동 양태가 사실상 심층적인, 유전적으로 통제된 힘의 산물임을 파악하게 될지도 모른다.

이러한 생각은 1950년대에 널리 확산되었으며, 그 후 10년 동안 일련의 베스트셀러들을 통해 대중화되었다. 예를 들어 모리스(Desmond Morris)의 《벌거벗은 원숭이》(*Naked Ape*), 타이거(Lionel Tiger)의 《집

32) 〔역주〕 윌슨(Edward Wilson)이나 도킨스(Richard Dawkins) 등의 사회생물학자는 유전자 선택이라는 측면에서 생물들의 전형적인 행동 성향을 설명하려 한다. 예를 들어 모성애는 상당수의 동물들에서 나타나는 현상인데, 이러한 모성애가 전형적으로 나타나는 이유는 자식이 어미의 유전자를 공유하기 때문이다. 어미의 입장에서 유전자의 존속이나 번영을 도모하기 위해서는 자식의 생존이 요구된다. 이에 따라 어미는 의지와 무관하게 자연스레 자식을 사랑하게 된다는 것이다. 이처럼 많은 사회생물학자들은 동물들에게서 전형적으로 나타나는 행동 경향을 유전자의 존속이나 번영과 연결시켜 설명하려 한다.

단 내의 인간》(*Men in Groups*), 그리고 아드리(Robert Ardrey)의 《영토 유지 본능》(*Territorial Imperative*)은 모두 동일한 매혹적인 주제를 다루고 있다. 그들은 책에서 진화의 산물인 인간의 사회적 행동이 '동일한 진화 경로를 거친, 다른 동물들의 비교 가능한 행동과 동일한 방식으로 설명될 수 있다'고 주장하고 있다. 이러한 책들은 우리의 눈길을 끄는 주장으로 가득했다. 예를 들어 아드리는 전쟁에 참가하는 인간은 자신의 영토를 감시하고 방어하는 다른 동물들과 동일한 각본에 따라 행동하는 데에 불과하다고 주장했다. 인간은 자신들이 행하는 바에 대해 온갖 이유들을 꾸며낼 수 있지만, 그것들은 단지 합리화에 지나지 않는다. 그들의 행동은 사실상 그들의 유전자, 다시 말해 다른 포유류 종들의 유전자에 약간의 변형이 가해진 이형(異形)의 유전자에 새겨진 영토 유지 본능에 의해 고정되어 있다.

이와 같은 선정적인 주장들은 즉각적으로 신중한 연구자들의 비난을 받았다. 아드리, 그리고 그와 뜻을 함께 한 사람들은 전문지에서 '확고한 증거 자료를 통해 자신들의 의견을 뒷받침할 수 없는, 저질의 통속화하는 사람들'로 낙인 찍혔다. 새로운 접근 방식이 설득력을 발휘하려면 더욱 신중한 연구가 필요했다. 《공격성에 대하여》(*On Aggression*, 1966)를 쓴 로렌츠(Konrad Lorenz)[33]와 같은 일부 연구자들은 그들보다 훌륭한 연구를 수행했다. 하지만 막상 논의를 새로운 수준으로 끌어올리는 데 기여한 것은 1975년 윌슨(Edward O. Wilson)이 발간한 《사회생물학: 새로운 종합》(*Sociobiology: The New Synthesis*)이었다.

하버드 대학 교수인 윌슨은 곤충 사회를 이해하는 데에 진화 원리를 적용한, 매우 탁월한 연구 업적을 남긴 저자였다. 그런데 그는 이러한 연구

33) 〔역주〕 오스트리아의 동물학자이자 동물심리학자. 도시에서 떨어진 자연 속에서 동물과 함께 생활하며 동물의 고유한 행동을 유형별로 상세히 관찰하고 기술하였다. 비교행동학의 확립에 선도적 역할을 담당했으며, 공격성의 견지에서 행동을 관찰한 점이 주목할 만하다. 1973년 틴버겐(Nikolaas Tinbergen)과 함께 노벨 생리·의학상을 수상하였다.

146

업적을 새로운 학문인 사회생물학에 통합시키고자 하였다. 여기서 사회
생물학이란 "모든 사회적 행동의 생물학적 토대에 대한 체계적인 연
구"[34]를 말한다. 윌슨이 집필한 저서의 상당 부분은 인간 아닌 동물[35]의
행동을 다루고 있었으며 비교적 논쟁의 여지가 없었다. 그러한 부분은
대부분의 비평가들로부터 상당한 찬사를 받았다. 하지만 마지막 장은 예
외였다. 그 장은 '인간: 사회생물학에서 사회학으로'라는 제목이 붙어 있
었는데, 이는 인간의 사회생활에서 매우 성가신 일부 측면들이 인간 (생
물학적) 본성의 피할 수 없는 특성이라고 주장하는 모리스, 타이거, 그리
고 아드리의 입장을 그대로 답습하고 있었다.

　수컷의 지배에 대한 윌슨의 논의는 즉각적으로 논쟁을 불러일으켰다.
그는 '원시 사회'에서는 지배하는 입장에 있는 남성들이 여성들을 항상 통
제하고 교환한다고 지적했다. 남성들은 사냥꾼이고, 전사(戰士)이며,
의사 결정을 하는 사람들이었다. 반면 여성들은 복종적이고 남성이 요구
하는 바에 따른다. 이어서 윌슨은 이를 현대 산업 사회에서 살펴볼 수 있
는 사회적 관행과 비교한다.

　　호주 사막 지대의 수렵 채집인과 마찬가지로, 미국 산업 도시의 주
　　민들 역시 핵가족 단위로 조직되어 있다. 양자 모두에서 가족들은
　　지역 공동체 사이를 오가며 방문(혹은 전화나 편지를 통해)과 선물
　　교환 등으로 가까운 친척과의 복잡한 유대 관계를 유지한다. 낮 동
　　안 여성들과 아이들은 주거지역에 머물러 있음에 반해, 남성들은 사
　　냥감이나 돈이라는 형태의, 그에 상응하는 상징적 등가물을 얻기 위

---

34) Wilson, *Sociobiology*, p. 595.
35) 〔역주〕 동물해방론자들은 동물을 지칭할 때, 인간 아닌 동물(*non-human animal*)이라는 표현을 즐겨 쓴다. 여기에는 인간도 동물임을 나타내려는 의도와 더불어, 동물과 인간의 차이가 질적이라기보다는 정도의 차이에 불과하다는 점을 보이려는 의도가 반영되고 있다. 이러한 표현은 인간의 격을 낮추려는 노력이 아니라, 동물의 격을 높여서 동물 또한 도덕적 고려의 대상이 될 수 있음을 은연중에 보이려는 시도다.

해 돌아다닌다. 남자들은 사냥을 하거나 이웃 집단을 상대할 때에
집단을 이루어 협력한다. 36)

　월슨이 생각하기에 이와 같은 보편적인 모습을 살펴볼 수 있는 곳에서
는 유전적 통제가 존재하기 마련이다. 〈뉴욕 타임스〉(New York Times)
에 글을 쓰면서 그는 이러한 주장을 분명히 한다. "수렵 채집인 사회에서
는 남성이 사냥하고 여성은 가정에 머문다. 이와 같은 강한 경향성은 대
부분의 농업, 산업 사회에도 존속되고 있으며, 바로 이와 같은 근거만으
로도 그러한 경향성은 유전적 기원을 갖는 듯이 보인다. "37)

　그런데 매우 뜻하지 않은 일이 벌어졌다. 즉 인간의 행동에 대한 과학
적 탐구로 일컬어지던 연구 분야가 언뜻 보기에 사회의 기존 질서를 옹호
하는 주장으로 전환된 듯이 보이게 되었던 것이다. 그 메시지는 분명했
다. 즉 남성의 지배 — 남성은 가장으로서의 역할을 맡고, 가정에 머물러
있는 순종적인 여성들은 육아에 신경을 쓰는 — 와 같은 인간의 사회 제
도는 인간의 생활에서 피할 수 없는 특징이라는 것이었다. 마치 침팬지
가 자신들의 사회생활 양식을 넘어설 수 없듯이 이러한 특징 또한 우리가
피할 수 없다는 것이다. 이와 달리 생각하는 개혁가들은 인간에게 본성
이 있다는 생각 자체를 거부한다. 반면 사회생물학자들은 이러한 논제를
이어받아서 자신들의 문헌에서 이를 주요 테마로 삼았다. 예를 들어 바
라쉬(David Barash)는 독자들에게 '이중 잣대에 대한 생물학적인 토
대'38) 가 있다고 말했으며, 반 덴 베르그(Pierre van den Berghe)는 이 문
제와 관련해서 더 이상 '페미니즘에 대한 비굴한 아부'39) 가 있어서는 안
된다고 주장하기까지 했다.

　예상할 수 있는 바와 같이, 비판자들은 이러한 견해가 과학을 빙자한

---

36) Wilson, *Sociobiology*, p. 553.
37) Wilson, "Human Decency is Animal".
38) Barash, *The Whispering Within*, p. 3.
39) van den Berghe, *Human Family Systems*, p. 2.

반동〔反動〕적인 정치학이라고 무시했음에 반해, 사회생물학자들은 비판자들이 받아들이고 싶지 않은 현실을 직면하길 거부한다고 대응했다. 그들은 인간 또한 동물이라고 말했다. 그러면서 그들은 "다른 동물들의 행동이 그들이 겪어 온 진화사의 산물이라고 설명될 수 있다면, 무슨 권리로 인간의 행동은 동일한 검토의 대상이 아니라고 할 수 있는가?"라고 반문했다. 수컷 유인원들이 본래적으로 지배적인 특성을 갖는다는 관찰 결과에 대해 분개하는 사람은 없다. 그런데 인간을 유사한 가정하에서 검토해 보지 않으려 하는 것은 아직도 우리가 다윈의 교훈을 충분히 숙지하지 못했음을 드러내는 것이다.

좀더 훌륭한 비판자들이 깨달은 바와 같이 핵심이 되는 쟁점은 과학의 문제이지 정치의 문제가 아니다. 진지하게 검토할 만한 비판은 '남성의 지배에 대한 사회생물학적인 설명이 불쾌하다'가 아니다. 우리가 검토해야 할 비판은 그러한 설명이 한심스러울 정도로 입증되지 않았다는 주장이다. 지금까지 곤충과 다른 동물들에 대한 신중한 연구들이 적지 않게 행해져 왔고, 이들 중 상당수는 윌슨 자신이 행한 것이다. 그러나 더욱 복잡한, 인간에 대한 이에 필적할 만한 상세한 연구는 이루어지지 않았다. 그와 같은 연구가 나와야 우리는 비로소 이를 동물의 경우와 비교할 수 있는 결론의 토대로 삼을 수 있다. 지금까지 인간의 본성에 대한 사회생물학적 설명은 인상, 간단한 일반화, 그리고 애매한 유추에 기초하고 있었다. 40) 이러한 측면에서 보았을 때 윌슨과 그의 추종자들은 아드리, 타이거, 그리고 모리스보다 특별히 나아진 바가 없는 듯이 보인다. 이에 따라 불평이 이어지고 있으며, 그들이 내린 결론은 증명되지 않았다고 보아야 하는 것이다.

---

40) 〔역주〕 간단히 말해 엄밀한 과학적 검증을 하지 않고 다소 주먹구구식으로 일반화를 도모하려는 사이비과학에 가까웠다는 것. 사회생물학은 흔히 인간 아닌 동물에게서 나타나는 특징을 인간에게 그대로 적용한다거나 모든 사회에서 일반적으로 살펴볼 수 있는 행동 경향이라고 해서 쉽게 생물학적 특징이라고 일반화하려 한다는 비판을 받는다.

　굴드는 윌슨과 그의 추종자들이 범한 더욱 구체적인 실수를 비판하고 있다. 굴드는 그들이 생물학적 **잠재성**(potetiality)이라는 별 문제가 없는 개념과 훨씬 성가신 개념인 생물학적 **결정론**(determinism)을 구분하지 못하고 있다고 주장한다.[41] 우리의 유전자가 우리의 행동과 사회 제도가 취할 수 있는 범위를 확정한다는 것은 분명한 사실이다. 우리가 광합성을 하거나 곤충과 같은 삶의 주기를 갖는다면 지금과는 매우 다른 삶을 살아갈 것이다. 우리의 삶이 그렇지 않다는 사실은 말할 필요도 없이 우리가 특정한 종류의 유전자를 가지고 있는 데에 기인한다. "우리의 잠재적인 행동의 범위는 생물학적 특성의 제약을 받는다"라고 굴드는 말한다. 우리의 행동이 이러한 의미에서 유전자의 통제 하에 있다는 사실을 받아들이지 않는 사람은 없다.[42]

　하지만 '우리가 취할 구체적인 행동을 유전자가 결정한다'고 말하는 경우와 '유전자가 가용 범위 안에서 우리가 취할 행동을 결정한다'고 말하는 경우는 전혀 다르다. 남성의 지배를 관장하는 구체적인 유전자가 있는가? (만약 남성의 지배가 한 가지를 의미하지 않는다면, 남성의 지배를 이루는 여러 행위와 관련된 구체적인 유전자들이 존재하는가?) 여기에는 두 가지 가능성이 있다. (1) 남성의 지배가 유전자가 허용하는 여러 형태의 사회 조직들 중 하나에 지나지 않을 수 있다. 다시 말해 이러한 지배는 우리의 유전자가 허용하는 '범위 내'에 있는 것이다. (2) 남성의 지배가 명확

---

41) 〔역주〕 개략적으로 생물학적 결정론은 생물학적으로 주어진 어떤 특징들이 더 이상 변경의 여지가 없음을 말함에 반해, 잠재성은 단지 맹아로 주어져 있음을 말한다. 이는 환경 등의 영향에 따라 강화되거나 약화될 수가 있다. 이렇게 보았을 때 잠재성을 거론하는 것은 약한 의미의 결정론을 말하는 것이라 할 수 있다.

42) 〔역주〕 사회생물학에 대해서는 여러 비판이 있는데, 그중 결정론에 관한 비판과 관련해서 굴드는 사회생물학이 모든 것을 적응의 산물이라고 설명한다는 범적응주의적 설명이라는 비판을, 르윈틴(Richard Lewontin)은 환원주의라는 비판을, 로즈(Steven Rose)는 유전학적 결정론이라는 비판을 제기하고 있다. 이들 비판이 얼마만큼 타당한지에 대해서는 논의의 여지가 있다.

하게 우리 유전자의 명령을 받았을 수 있다. 굴드는 일단 양자에 대한 구분이 확실히 이루어질 경우 우리는 오직 첫 번째 입장만을 활용 가능한 증거가 지지해 준다는 사실을 알 수 있다고 말한다. "인간의 구체적인 사회적 행위를 유전자가 통제한다는 사실을 보여 주는 직접적인 증거는 무엇인가? 현재로선 이에 대한 답은 전혀 없다는 것이다."[43)

여기서의 주요 쟁점은 과학에 관한 것이다. 하지만 윤리적, 정치적 쟁점이 완전히 뒷전이 될 수 없음은 분명하다. 윌슨은 자신의 '새로운 과학'[44) 이 갖는 윤리적 함의에 대해서 너무나도 잘 알고 있었다. 그리고 그는 이러한 윤리적 함의와 과학적 설계 간의 거리를 유지하려 하기보다는 양자를 결합하려는 급진적인 제안을 했다. 그는 이전에 도덕철학이 점유했던 영역을 사회생물학이 차지하게 될 것이라고 주장했다. 《사회생물학》의 첫머리에서 그는 도덕철학자들이 '선과 악이라는 기준을 직관하고자 하지만'[45), 도덕 감정들이 사실상 시상하부[46) 와 대뇌 변연계[47) 에서 유래함을 깨닫지 못하고 있다고 꾸짖는다. 그는 철학이 아니라 생물학이 "모든 층위에서" 윤리를 설명할 것이라고 말한다. 동일한 저작의 뒷부분

---

43) Gould, *Ever Since Darwin*, p. 254.

44) 〔역주〕 여기서 새로운 과학이란 사회생물학을 말한다.

45) Wilson, *Sociobiology*, p. 3.

46) 〔역주〕 자율신경계의 최고 중추. 몸의 자율기능과 내장기능 또는 내분비기능을 거느려 제어하는 중추로. 뇌척수 중에서 생명 유지에 관여하는 매우 중요한 부분이다. 희로애락과 같이 일시적으로 급격히 일어나는 감정적 행동과 깊은 관계가 있다.

47) 〔역주〕 이 부위는 흔히 '감정의 뇌' 또는 '옛 포유류의 뇌'로 불린다. 대뇌 변연계는 뇌의 가장 깊숙한 곳인 뇌간과 맨 바깥 부위인 대뇌 신피질의 중간에 위치해 있다. 파충류의 뇌는 척추신경과 연결되어 있으며 호흡, 심장 박동 등 생존 기능을 조절한다. 신피질은 공간감각, 언어 등 고등한 사고기능을 담당한다. 대뇌 변연계는 공포, 분노, 즐거움, 슬픔, 혐오감, 사랑, 미움 등 감정을 지배하고 성욕, 식욕을 유발하거나 억제한다. 어떤 일을 경험했을 때 변연계에 불쾌한 감정이 느껴지면 우리는 그 일을 멈추게 된다. 반대로 변연계에 쾌감이 느껴지면 자꾸 그 일을 하게 된다. 변연계는 이처럼 동기를 유발하고 보상을 통해 무엇인가를 추구하는 인간의 행동과 깊은 관계가 있다.

에서 그는 "윤리학이 일시적으로 철학자들의 손에서 벗어나서 생물학화될(biologicized) 시기가 도래했다"[48] 고 주장한다.

이와 같은 윤리의 "생물학화"는 세 부분으로 이루어져 있다. 첫째, 윤리의 생물학화에는 도덕 판단이 생물학적 원인 — 시상하부와 대뇌 변연계의 작용 — 의 산물이라는 인식이 포함되며, 이러한 인식의 필연적 결과로 도덕 판단이 도덕적 직관을 통해 알게 된 초자연적인 진리로 파악되어서는 안 된다는 깨달음이 포함된다.

둘째, 사회생물학은 이타성의 문제에 대한 해답을 제공하고자 한다. 이는 다윈 이래 진화론 사상가들을 괴롭힌 문제였다. 가장 일반적인 수준에서 보았을 때 도덕적 행위란 한 개인이 어느 정도 희생을 치르면서도 타인의 선을 도모하는 이타적인 행위이다. 여기서 문제는 우리가 '이타적 행위를 개인의 생존과 상반된다'고 생각한다는 점이다. 이타주의자는 무엇인가를 포기함으로써 자기 자신의 생존 기회를 감소시킴과 동시에 타인의 생존 기회를 증진시킨다. 때문에 우리는 자연선택이 이타성으로 향하는 어떠한 경향도 제거해 버리리라고 생각한다. 하지만 자연선택이 그렇게 하지 않음은 분명하다. 이렇게 말하는 이유는 인간뿐 아니라 다른 동물들마저도 이타적으로 행동하는 장면이 늘 목격되기 때문이다.

윌슨이 '사회생물학의 핵심을 차지하는 이론적인 문제'라고 말하는 이러한 문제에 대한 해결책은 1964년에 해밀턴(William Hamilton)이 발간한 몇몇 저명한 논문들에서 제시되었다. 해밀턴의 착상은 많은 개인들이 서로 간에 유전적으로 유사하다는 관찰에 기초하고 있었다. 예를 들어 사람들은 일반적으로 형제들과 유전자의 절반을 공유하며, 친척들과는 8분의 1의 유전자를 공유한다. 따라서 유전적으로 유사한 개인들의 생존 기회를 증진시키려는 방식의 행동은 사실상 자기 자신의 유전자를 후속 세대에게 전달할 기회를 증진시키는 방법이다. 만약 이것이 사실이라면 우리는 자연선택이 '가까운 친척에게 이타적으로 행동하려는 경향'을 선

---

48) Wilson, *Sociobiology*, p. 562.

호하리라 생각해 볼 수 있다. 이러한 경향은 우리가 흔히 살펴볼 수 있는 이타적 행동과 관련된 현상이다. 사람들은 모르는 사람보다 자신의 혈연에게 더욱 관심을 갖는다.

혈연 선택 이론은 우리가 도덕을 이해하는 데에 중요한 공헌을 했다. 나는 4장에서 이에 대해 더 많은 이야기를 할 것이다. 현재로서는 타인을 배려하는 행위를 설명하는 생물학 이론의 첫걸음을 파악하게 되었다는 것만으로도 충분하다. 윌슨에 따르면 혈연 선택 이론은 타인을 배려하는 현상에 대한 과거의 철학적·종교적 이론들을 효과적으로 대체할 수 있는 이론이다. 인간은 이웃 사랑의 올바름을 직관하기 때문에, 혹은 어떤 고상한 이상(理想)에 반응을 나타내기 때문이 아니라 그의 행위가 자연선택이 선호하는 경향으로 이루어져 있기 때문에 도덕적인(이타적인) 존재이다.

윌슨이 말하는 윤리의 '생물학화'에서 세 번째인 마지막 단계는 사회생물학적 분석을 통해 드러난 현실에 부합하도록 우리의 도덕 판단을 조정할 때 도래하게 된다. 만약 우리의 유전자 내에 혈연만을 돕고 모르는 사람들을 돌보지 않도록 하는 무엇인가가 있다면, 모두에 대한 보편적인 이타성의 이념을 신봉하라는 요구는 무의미해질 것이다.[49] 이와 유사하게 만약 남성의 지배 경향이 우리의 유전자 안에 있다면 페미니스트 운동은 성공할 가망이 없을 것이며, 여아들에게 독립적이고 적극적이어야 한다고 가르치는 일은 그들을 매우 힘들게 할 것이다. 하지만 강조되어야 할 점은 사회생물학적 분석을 통해 드러난 모든 '결과들'이 이처럼 보수적인 특성을 나타내진 않는다는 점이다. 윌슨은 동성애성 또한 선택압 (*selective pressure*)[50]의 산물일 수 있다고 주장하기도 한다. 즉 일정 수의

---

49) 〔역주〕 혈연이나 아는 사람들을 선호하는 경향이 생물학적으로 주어졌고, 이것이 강한 결정론을 함의한다면 보편주의 도덕에서 말하는 공평무사성은 우리의 본성을 거스르기 때문에 따를 수 없게 된다.

50) 〔역주〕 개체군 중에서 환경에 가장 적합한 일원이 부모로서 선택될 확률과 보통의 일원이 부모로서 선택될 확률의 비율을 의미한다. 역경에 처한 생물군

자식이 없는 도우미로서의 개인들이 있다는 사실은 효율적인 경쟁 전략일 수 있다는 것이다. 51) 만약 이것이 사실이라면 '자연스럽지 못하다'는 이유로 동성애성을 비난하는 것은 잘못이다.

인간 사회생물학의 타당성에 관한 순전히 과학적인 의문들은 차치하고라도, 우리는 이 모든 생각들에 대해 어떤 평가를 내려야 할까? 일부 도덕 철학자들은 윌슨의 제안을 기꺼이 환영했다. 하지만 다른 철학자들은 회의적이었다. 나는 회의적인 사람 중의 하나다. 그러나 내가 진화론적 착상이 도덕에 시사하는 바가 있다는 점을 의심하기 때문에 그러는 것은 아니다. 이 점은 조만간에 분명하게 드러날 것이다.

한 가지 문제를 지적한다면 사회생물학의 연구 결과들이 도덕적 숙고에 중요할 수 있지만, 그것들은 윌슨과 그의 추종자들이 주장하는 바와는 다른 방식으로 중요하다는 것이다. 남성의 지배가 인간 본성의 피할 수 없는 결과임이 사실이라고 가정해 보자. 그렇다고 남성의 지배가 그르다고 하는 페미니스트의 분석이 잘못이라는 결론이 도출되지는 않는다. 사회적 지위가 낮을 경우 여성들의 삶이 곤궁해진다고 주장하는 페미니스트들은 여전히 옳을 것이다. 어쩌면 사회생물학자들의 입장으로부터 도출되는 결론은 남성의 지배가 근절될 수 없다는 정도일 것이다. 하지만 그것은 치명적인 질병을 영원히 치유할 수 없다는 사실을 발견하는 경우와 비슷한 격일 것이다. 우리는 그러한 사실을 알고서 살아가야

의 진화에 가장 큰 영향력을 발휘하며, 먹이나 둥지를 짓는 지역, 수분과 일광 등의 환경 요인도 선택압에 관계한다.

51) 〔역주〕 윌슨은 동성애가 자연스럽지 못하다는 비판에 대응하기 위해 동성애와 관련한 '혈연선택 가설'을 제안한다. 동성애자들은 집단 구성원들에 물신 양면으로 도움을 주는 과거 인류에게 없어서는 안 될 존재였다. 그의 도움으로 인해 그의 혈연을 포함한 집단 성원들의 생존 가능성이 높아질 수 있었는데, 이러한 사실은 동성애 유전자가 지금까지 이어질 수 있을 가능성을 함축하고 있다. 즉 설령 동성애자 자신이 아이를 남기지 못하였다고 하더라도, 동성애자와 유전자를 공유하는 사람들이 살아남음으로써 동성애 유전자가 지금까지 이어질 수 있었다는 것이다.

할지도 모른다. 하지만 우리가 그것이 좋다고 생각해야만 하는 것은 분명 아니다. 또한 우리가 질병 희생자들의 고통을 근절하려는 노력을 중단해서도 안 될 것이다. 이와 유사하게 우리는 남성의 지배를 계속해서 유감으로 생각하면서 이의 영향을 최소화하기 위해 노력할 수 있을 것이다. 예를 들어 우리는 계속해서 여성권의 법적인 보호를 확산하려 한다던가, 동일 노동에 동일 임금을 지불해야 한다고 주장하는 등의 노력을 기울일 수 있을 것이다. 사회생물학의 어떤 내용도 이와 다른 의미를 함축하고 있을 수 없다.

이러한 지적은 도덕철학을 '대체'하려는 사회생물학의 더욱 심층적이고 일반적인 문제점과 연결되어 있다. 예를 들어 어떤 사람들이 수학 연구를 폐기하고, 이를 수학적 사고의 생물학적 기초에 대한 체계적인 연구로 대체 하겠다고 주장했다고 가정해 보자. 그들은 우리의 수학적 믿음이 특정한 방식으로 작동하는 우리 두뇌의 산물이며, 진화론적 설명이 수학적 능력을 개발한 이유가 무엇인가를 설명할 수 있다고 주장할 것이다. 이와 같은 방식으로 '수리생물학'(mathbiology) [52] 이 수학을 대체할 수 있을 것이다. 그런데 이러한 제안이 이상하게 느껴지는 이유는 무엇일까? 이는 우리의 수학 능력이 생물학적 토대를 갖지 않기 때문은 아니다. 또한 그러한 토대를 더 많이 아는 것이 흥미롭지 않기 때문도 아니다. 그러한 제안이 이상하게 느껴지는 이유는 수학이 '증명과 발견에 관한 독자적인 내적 기준을 갖는 자율적인 분야'이기 때문이다. 예를 들어 대수학의 기본 정리를 생각해 보자. 그러한 정리가 참임을 알 수 있는 것은 가우스 (Carl Gauss) 의 증명 때문이다. 설령 '수리생물학'이 있다고 해도, 그것은 정리 혹은 증명에 대한 우리의 이해에 추가하는 바가 전혀 없을 것이다. 수리생물학은 그러한 증명이 타당한지 그렇지 않은지를 결정하는 데 별다른 도움을 주지 못한다. 왜냐하면 증명의 타당성에 대한 결정은 오직

---

52) 〔역주〕 수학에 대한 생물학적 기원에 대한 연구를 일컫는 레이첼즈의 조어 (造語).

수학 자체의 틀 속에서만 확립될 수 있는 무엇이기 때문이다. 53)

　사회생물학으로 윤리를 대체하는 데에 불만을 갖는 심층적인 이유는 윤리학이 수학과 마찬가지로 〔토머스 네이글(Thomas Nagel)이 지적하듯이〕 "이성적 방법으로 접근할 수 있는 이론적인 탐구이며, 그 분야 나름의 정당화 및 비판의 내적 기준이 있다"54)는 확신 때문이다. 앞에서 살펴본 바처럼 우리의 수학 능력이 뇌의 다른 부분들과 연결되어 있다는 사실은 수학과 별다른 관계가 없다. 이와 마찬가지로 방금 전의 지적은 우리의 도덕 능력이 시상하부와 대뇌 변연계의 작동과 연결되어 있다는 관찰 또한 윤리와 별다른 관계가 없음을 의미한다. 이는 특정한 윤리적 쟁점들 — 남성 지배적인 사회 제도가 바람직한지 그렇지 않은지와 같은 — 이 이성적인 방법, 그리고 윤리 자체에 내재된 비판 및 정당화의 기준들을 적용함으로써 결정되어야 함을 의미하기도 한다. 이것이 바로 사회생물학이 우리에게 성차별주의자의 관행이 좋은지를 알려 줄 수 없는 이유이다. 이는 수리생물학이 가우스 증명의 타당성을 우리에게 알려 줄 수 없는 경우와 다를 바 없다. 물론 사회생물학은 도덕 현상에 대한 우리의 이해를 증진시키는 데에 상당히 기여할 수 있다. 그럼에도 사회생물학이 윤리를 모든 층위에서 설명할 수 있다는 생각은 위에서 언급한 바와 같은 이유에서 잘못이라 할 수 있다.

인간은 도덕적으로 특별한가?

　다윈주의가 윤리와 어떻게 연결될 수 있는가에 대한 논의 중에서 '진화론적 윤리'나 사회생물학보다 오래되었으면서도 심층적인 논의가 존재한

---

53) 〔역주〕 여기서 레이첼즈는 기원의 문제와 정당화의 문제가 구분된다는 비판을 통해 사회생물학의 윤리에 대한 접근의 부당함을 이야기하고 있다. 간단히 말하자면 어떤 것의 기원을 밝히는 일과 그것의 타당성이나 정당성을 밝히는 일은 별개라는 것이다.

54) Nagel, "Ethics as an Autonomous Theoretical Subject", p. 196.

다. 가장 초기의 다윈 독자들은 진화론이 인간의 존엄성에 관한 전통적인 교의를 훼손할 수 있음을 깨달았다. 이러한 교의는 서구 도덕의 핵심을 차지한다. 다윈 자신은 '동물에서 유래된' 존재로서의 인간 개념이 우리가 '위대한 작품'이라는 거만한 개념과 상충된다고 말하면서 방금 언급한 바와 같은 맥락의 주장을 하고 있는 듯이 보인다. 동물에서 유래된 인간이라는 관념은 곤혹스러우며, 다윈의 적대자뿐만 아니라 다윈의 친구들 역시 이로 인해 곤경을 겪었다. 예를 들어 라이엘은 처음에 다윈의 이론을 수용하길 주저했던 이유를 설명하면서 다음과 같이 말하고 있다.

> 그로 인해 나는 나의 오랜 신조를 포기할지를 심각하게 고민했습니다. 다윈의 비평가들 중 한 사람은 '사람이 변화를 겪은 진흙임을 믿어야 하는지 아니면 변화를 겪은 원숭이임을 믿어야 하는지'를 물어봄으로써 과거의 입장을 고수하라고 말합니다. 그러한 진흙은 '타락한 대천사'로부터 추락한 고귀한 존재입니다.[55]

이상하게도 철학자들은 이러한 생각을 그다지 심각하게 고찰해 보지 않았다. 하지만 나는 '인간의 존엄성'을 불신하게 된다는 점이 다윈주의가 시사하는 가장 중요한 내용 중의 하나며, 이로 인해 사람들이 거의 생각해 보지도 못한 결과가 초래된다고 주장할 것이다.

초기에 이루어졌던 우리의 문제에 대한 두 가지 평가

노동자에게 행한 헉슬리의 강의. 1860년 헉슬리(Thomas Henri Huxley)는 '노동자들만을 위한' 일련의 강의를 했다. 이는 인간이 유인원과 유사한 조상으로부터 이어져 내려왔다는 충격적이면서도 새로운 생각을 그들에게 설명하기 위함이었다. 그 당시 헉슬리는 35세의 왕립 광산학교(Royal School of Mines) 교수였다. 그는 이와 같은 '대중 강의'(그가

---

55) Lyell, *Life*, *Letters*, and *Journals* ii, p. 376.

이와 같이 불렀다)를 5년 동안 하고 있었다. 그는 노동자 계급이 최신 과학의 발달을 이해할 수 있을 뿐만 아니라 이것이 중요하다고 생각했으며, 그리하여 그들을 기꺼이 가르치려 했다. 그는 다음과 같이 썼다. "나는 문학과 예술을 애호하는 중산층이 정말 싫다. 현실 속에서 살아가는, 노동으로 손이 거칠어진 이들 동료들을 위해 내가 할 수 있는 바를 하려고 한다."[56] 대중 강의는 엄청난 인기를 끌었다. 무려 600명이 한 강연에 운집했다. 일설에 따르면 한번은 어떤 마부가 다음과 같이 말하면서 헉슬리에게 요금을 받지 않으려 했다. "아닙니다, 교수님. 제가 돈을 받기에는 교수님의 강의를 들으면서 너무나도 많은 즐거움과 혜택을 입었습니다."[57] 물론 이것이 꾸며 낸 이야기일 수도 있지만, 이는 헉슬리의 강연에 대한 뜨거운 호응을 너무나도 잘 보여 주고 있다.

헉슬리가 이러한 사람들에게 헌신했던 이유는 자기 자신의 어린 시절이 미천했기 때문일지 모른다. 그가 나중에 교류했던 다른 저명한 과학자들과는 달리 헉슬리는 유복하지 못했다. 그는 소년 시절에 단지 2년 동안의 정식 교육을 받았을 따름이다. 많은 것을 갖지 못한 채 태어난 아이들 중 상당수는 주변적인 삶으로 표류한다. 하지만 헉슬리는 그렇지 않았다. 그는 과학과 논리학 책을 읽고 다른 사람의 도움 없이 독일어를 익히는 등 독학을 했다. 16세가 될 무렵 그는 한 의사의 수습생이 되었고, 17세에는 런던의 채링 크로스 의료학교(Charing Cross School of Medicine)에서 공부할 자유 장학금(*Free Scholarship*)을 받았다. 20세에 그는 인간의 머리카락에 관한 자신의 최초의 과학 논문을 《메디컬 가제트》(*Medical Gazette*)에 실었다.

그 당시에는 영국 해군에 복무하는 것이 과학적 명성을 얻기 위한 첩경이었다. 지구상의 멀리 떨어진 곳으로 여행을 할 때에는 흔히 방문한 지역의 지질학, 식물상(植物相), 그리고 동물상(動物相)을 보고하는 과학

---

56) Clark, *The Huxleys*, p. 44.
57) 위의 책.

158

장교가 함께 따라갔다. 그와 같은 관찰을 할 기회를 얻었던 젊은 과학자
는 그의 경쟁자들보다 유리한 위치를 선점했다. 예를 들어 다윈과 후커
는 모두 그러한 여행을 하고 난 후 저명해졌다. 그들의 족적을 따르길 원
했던 헉슬리가 해군에 지원한 것은 당연한 일이었다. 그는 의학 연구를
마무리 짓고 난 후 HMS 레틀스네이크(HMS Rattlesnake) 프리깃 범선의
보조 외과의사로 임명되었고, 호주로 떠났다. 4년 동안의 여행이었다.

　1850년 헉슬리는 영국으로 돌아와서 여행 중에 연구했던 해양 동물에
관한 책을 세상에 내놓을 준비를 하고 있었다. 그는 해군 본부가 출판 비
용을 대줄 것으로 기대했다. 그들이 그렇게 하지 않자 그는 화가 치밀어
올랐다. 그는 해군 본부가 약속을 어겼다고 생각했다. 이어진 논쟁에서
헉슬리는 명령에 불복했고 해군에서 해고되었다. 이와 같은 과정을 겪었
던 1850년대 초반 헉슬리는 아무런 희망도, 아무런 대학 배경도, 또한
해군에서의 보조 외과의사 외에는 아무런 경험도 없는, 말 그대로 파산
한 상태였다. 설상가상으로 그는 시드니에서 만난 여성과 결혼하고 싶어
했다. 돈도 미래에 대한 전망도 없는 상태에서 그는 그녀를 데리러 갈 수
가 없었다.

　하지만 헉슬리는 영국의 과학 지식인들(men of science) 58) 에게 알려지
기 시작했고, 그의 명성은 점차 커져 갔다. 그는 여러 논문들을 발간했
고, 그 중 일부는 그가 여행을 하는 동안 영국으로 보내졌으며, 영국으로
돌아온 지 일 년이 되지 않아 왕립 협회의 회원으로 뽑혔다. 일 년 후 그
는 왕이 수여하는 협회 훈장을 수상했으며, 협회 협의회의 구성원이 되
었다. 하지만 그가 명문가 출신이 아니라는 점이 발목을 잡았고, 1855년

---

58)　〔역주〕 과학사에서 과학지식인(man of science)이란 과학이 제도화되기 이전
　　의 시대에 과학에 관심을 갖던 사람들을 지칭하는 개념이다. 다시 말해 막대
　　한 액수의 투자와 지원을 바탕으로 집행되는 연구 프로젝트에 참여하는 오늘
　　날의 보통의 과학자들과는 달리, 일종의 '아마추어리즘으로서의 과학', 즉 자
　　발성과 창조성, 순수한 열정과 천재성만으로 새로운 발견에 도전하는 사람들
　　을 과학지식인이라고 부른다. 여기서 과학지식인이라는 번역어는 김기윤이
　　번역한 《토머스 헉슬리: 과학지식인의 탄생》을 따랐다.

까지는 결혼할 수 있을 정도의 수입이 보장되는 직위를 얻지 못했다. 그후 그는 런던의 과학계와의 교분 덕분에 왕립 광산학교의 자연사 교수가 되었으며, 이러한 직책을 30년 이상 유지했다. 같은 해에 그와 그의 예비 신부는 재회를 했고, 그들은 이윽고 레너드(Leonard), 줄리언(Juilian), 그리고 올더스(Aldous)와 같은 유명한 헉슬리 일가를 배출한 가족을 꾸려 가게 되었다.59)

헉슬리가 자신과 다를 바 없는, 정식 교육을 받을 기회가 없었던 '노동자들'을 위한 강연에 심혈을 기울였던 사실은 놀라운 일이 아니다. 왜냐하면 그 또한 고생 끝에 출세를 했기 때문이다. 하지만 놀라운 일은 그러한 강연의 내용들이다. 우리는 강연의 내용이 전문용어를 피하면서 '대중적인' 주제들에 초점을 맞추는 비교적 쉬운 과학이었으리라고 생각하기 쉽다. 하지만 그렇지 않았다. 헉슬리는 비타협적인 방식으로 진정한 과학을 보여주는 강연을 하면서도 배우지 않은 수백의 사람들을 매료시켰다. 그의 강연자로서의 재능은 실로 놀라웠다.

그가 강의했던 내용은 정확히 무엇인가? 헉슬리가 1855년에서 1859년 사이에 했던 강연의 주제들은 별다른 특징이 없었다. 그러한 주제들은 당대의 다른 어떤 강연자들도 마찬가지로 선택했을 것이다. 하지만 1859년《종의 기원》을 발간할 즈음해서 헉슬리의 견해는 영원히 바뀌었으며, 다윈의 입장으로 한순간에 전환했다. 그는 조용하게 자신의 지지 입장을 견지할 사람이 아니었다. 이전부터 그는 다윈을 알고 지냈다. 영국의 조그만 과학계에서는 모두가 서로 알고 지낸다. 그는 다윈이 기질적으로 공개토론에 능한 사람이 아님을 잘 알고 있었다. 헉슬리는 서둘러 그의

---

59) 〔역주〕헉슬리의 손자들인 3명은 각각 당대의 유명 인물이었다. 이 중 토머스 헉슬리(Thomas Huxley)의 아들인 레너드 헉슬리(Leonard Huxley)는 전기 작가이자 문학가로 이름을 날렸고, 손자인 줄리언 헉슬리(Julian Huxley)는 저명한 생물학자로서 유네스코의 초대 사무총장을 역임한 인물이었으며, 《멋진 신세계》를 쓴 줄리언 헉슬리의 동생인 올더스 헉슬리(Aldous Huxley)는 소설가이자 비평가로 명성이 있었다.

대역을 자청했다. 《종의 기원》을 읽고 얼마 있지 않아 헉슬리는 다윈에게 다음과 같이 편지를 썼다.

> 제가 크게 잘못 생각하고 있지 않다면 상당한 매도와 와전이 당신을 기다리고 있습니다. 그렇지만 저는 그로 인해 당신이 조금이라도 애를 먹거나 기분이 상해서는 안 된다고 믿고 있습니다. 분명히 모든 사려 깊은 사람들이 당신에게 변치 않은 감사를 표해 왔습니다. 저 똥개들이 짖어대고 캥캥거리겠지만, 당신의 몇몇 친구들은 어떤 일이 일어나도 당신을 대신하여 당신 편에 서서 싸울 호전성을 타고 났다는 것을 알아두지 않으면 안 됩니다(물론 당신은 자주 그리고 정당하게 이를 꾸짖었지만 말입니다). 저는 기꺼이 제 발톱과 부리를 날카롭게 가다듬고 있습니다. [60]

헉슬리는 자신의 말에 충실했다. 이후 수년 동안 그는 기회가 있을 때마다 다윈의 이론을 상세히 설명하고 방어했다. 이런 방식으로 우리는 1860년 노동자들에게 인간이 원숭이와 친척임을 설명하고 있는 헉슬리를 발견하게 된다.

1860년의 강연은 대부분 이러한 혈연관계에 대한 해부학적 증거를 상세히 설명하는 데 할애되었다. 헉슬리는 인간과 고릴라의 구조적인 차이가 고릴라와 원숭이 사이의 차이에 비해 훨씬 적다고 주장했다. 그는 만약 고릴라와 원숭이가 혈연관계에 놓여 있음을 받아들일 경우 우리가 인간과 고릴라 또한 혈연관계에 놓여 있음을 부정할 수 없으리라고 주장했다. 이러한 주장을 뒷받침하기 위해 그는 손, 다리, 이, 턱, 그리고 뇌에 관한 해부학적 지식을 아주 상세하게 일일이 인용했다.

강연을 마칠 즈음하여 헉슬리는 모든 청중이 틀림없이 품게 될 의문에 관심을 돌린다. 만약 우리가 단지 더욱 진화한 유인원에 불과하다면 인간의 존엄성과 가치는 어떻게 되는가? 우리는 우리 자신이 지구상에 살고

---

60) Clark, *The Huxleys*, p. 51.

있는 다른 생물들과 다를 뿐 아니라 그들에 비해 우월하기도 하다고 생각
한다. 적어도 우리가 신봉하는 모든 윤리와 종교는 그렇게 말하고 있다.
이제 우리는 우리 자신이 한낱 유인원에 비해 나을 것이 없다고 생각해야
하는가? 헉슬리는 이에 대한 자신의 입장을 다음과 같이 밝히고 있다.

> 나는 어디에서나 다음과 같은 외침을 듣는다. "우리는 야만적인 침팬
> 지와 고릴라에 비해 다리가 상대적으로 조금 길고, 다리가 더욱 탄
> 탄하고, 뇌가 큰, 단순히 더 나은 종류의 유인원이 아니라 남성과
> 여성이다. 지식의 힘 — 선과 악을 구별하는 양심 — 과 인간의 애정
> 이 깃든 동정심은 야수와 우리가 진정한 동료가 아니라는 사실을 일
> 깨워준다. 야수들이 아무리 우리와 가깝게 보일 수 있다 하더라도
> 말이다."[61]

헉슬리는 위에서 밝힌 바와 같은 염려가 오해에서 비롯된, 쉽게 교정
이 가능한 것이라고 생각했다. 그는 "심지어 사리를 막 깨우친 어린이라
도 명백한 논증을 이용해 이런 결론을 강요하려는 얄팍한 웅변가에게 반
박을 가할 수 있지 않을까?"라고 묻는다. 그는 '다윈주의가 인간이 존엄
하다는 관념에 아무런 부정적인 함의를 갖지 않는다'는 사실을 청중들에
게 확신시키려 노력했다. 그는 설령 우리가 유인원들과 친척이라는 생각
을 받아들인다고 하더라도, 우리는 계속해서 우리 자신이 다른 동물들에
비해 우월하며, 그들과 독립적이라고 정당하게 생각할 수 있다고 말했
다. 비록 유인원들과 닮았다고 하더라도 우리는 그들과는 다른 서열의
존재다. 헉슬리는 계속해서 다음과 같이 말한다.

> 나는 우리의 바로 뒤를 잇는 동물들 간의 구획선보다 폭이 넓은 어떠
> 한 절대적인 구조적 구획선이 우리와 동물계 사이에 그어질 수 없음
> 을 보여 주고자 했다. 여기에 영혼을 구분하려는 시도 역시 무익하

---

61) Huxley, *Man's Place in Nature*, p. 129.

162

다는 점, 그리고 최고의 감정 능력과 지적 능력마저도 낮은 형태의
생명으로부터 발달하기 시작한 듯이 보인다는 나의 믿음을 덧붙일
수 있을 것이다. 문명인과 야수들 간의 간극이 크다는 점에 대해 나
이상으로 강하게 확신하는 사람은 없다. 또한 인간이 야수로부터 왔
건 오지 않았건, 인간이 분명 야수가 아니라고 나 이상으로 강하게
확신하는 사람도 없다. 그 누구도 이 세상의 유일한 지적(知的)인
거주자가 현재 갖추고 있는 존엄성에 대해 나 이상으로 중요하게 생
각하는 사람은 없고, 나 이상으로 그러한 존재의 미래에 대해 낙관
적인 회망을 품는 사람도 없다. 62)

이러한 주장은 우리에게 위안을 준다. 하지만 어떤 추론이 이러한 생각
을 뒷받침하는가? 헉슬리는 우리와 다른 동물들을 갈라놓는 '절대적인 구
조적 구획선이 존재하지 않는다'고 우리에게 말한다. 이윽고 그는 이러한
생각을 우리의 육체적인 특징뿐만 아니라, 우리의 '최고의 감정 능력과
지적 능력'에 대해서도 마찬가지로 적용할 수 있다고 덧붙인다. 만약 이
것이 사실이라면 우리의 우월성은 어디에서 찾을 수 있는가? 그의 대답은
모든 시대의 철학자들에게 호소력을 발휘했던 친숙하고도 오랜 것이다.
즉 우리는 말할 수 있음에 반해 다른 동물들은 그럴 수 없다는 것이다.

인간의 숭고함에 대한 우리의 경외심은 인류가 그 실체와 구조라는
측면에서 야수와 하나임을 안다고 해서 축소되지는 않을 것이다. 왜
냐하면 오직 인간만이 인지적이면서 합리적인 말을 할 수 있는 놀라
운 재능을 소유하고 있기 때문이다. 이를 통해 인간은 현세에서 살
아가는 동안 서서히 경험을 축적하고 조직화했던 것이다. 반면 다른
동물은 각각의 개별적인 삶을 영위하지 못했으며, 이에 따라 이런
경험이 거의 전적으로 상실되어 버렸다. 그래서 이제 인간은 마치
산 정상을 밟고 우뚝 서듯이 말(speech)을 반석으로 삼아 다른 비천
한 동료들이 넘볼 수 없는 수준으로 자신을 고양시키며, 진리의 무

62) Huxley, *Man's Place in Nature*, pp. 129~130.

한한 원천에서 나오는 광선을 여기저기에 비추면서 그 자신의 저질
스러운 본성을 변형시켰다. 63)

　이런 주장을 통해 헉슬리가 전달하고자 하는 바는 분명했다. 즉 우리
가 유인원의 친척이긴 하지만 걱정할 필요가 없다는 것이다. 우리가 유
인원의 친척이라는 사실은 우리 자신을 고상하게 생각하는 데에, 그리고
유인원에 대해 우리가 경멸적인 관점을 갖는 데에 아무런 영향을 주지 않
는다. 우리는 여전히 인간이며, 고상하면서 존중의 대상일 수 있다. 반
면 야수는 우리를 특별하게 만드는 '경이로운 재능'을 갖추지 못한 채 여
전히 야수에 머물러 있다.
　헉슬리에게 진화론적인 사유 방식이 인간의 존엄성을 해친다는 생각
은 다윈의 적들이 다윈의 새로운 이론을 불신하는 데 활용할 수 있는 또
다른 곤봉(棍棒)에 지나지 않았다. 64) 이는 서둘러 무장 해제 되어야 하
는, 다윈주의에 대해 제기될 수 있는 하나의 반대에 불과했다. 헉슬리는
계속해서 수많은 책들을 써 낸 박식한 사람이었다. 하지만 그에게는 다
윈의 새로운 이론이 인간의 존엄성에 대한 전통적인 관념에 도전하는 데
기여할 수 있다는 생각이 전혀 들지 않은 듯했다. 하지만 아사 그레이
(Asa Gray)에게는 그러한 생각이 떠올랐다.

　아사 그레이의 성직자들에게 행한 강연. 1880년 또 다른 다윈의 지지자
가 일련의 강연을 했다. 미국의 제일가는 식물학자였던 그레이는 예일대
학 신학교에서 두 번의 강연을 했다. 그는 과학과 종교의 관계에 관한 '어
렵고도 미묘한 문제들'65)을 논의하기 위해 초대되었다. 특히 신학자들은
다윈의 혁명적인 생각에 대해 듣고 싶어 했다. 그레이는 영적으로 눈을

---

63) 앞의 책, p. 132.
64) 〔역주〕한마디로 '진화론적인 사유 방식이 인간의 존엄성을 해친다'라는 주장
　　은 진화론을 부정하는 데 활용할 수 있는 좋은 무기였다는 것.
65) Gray, *Letters* ii, p. 699.

뜨지 못한 자연인의 자격으로 초대되었다. 헉슬리가 영국의 위대한 다윈 옹호자였듯이, 그레이는 미국의 선도적 다윈 옹호자였다. 여기서 중요한 사실은 그레이가 독실한 신자로 평생을 지낸 사람으로, 종교적 이상(理想)에 헌신했음이 분명했다는 점이다.

그레이는 다윈이 태어난 지 1년 수개월 후인 1810년에 뉴욕 주의 북부 지방에서 적당한 수입이 있는 부모에게서 태어났다. 헉슬리와 마찬가지로 그 또한 외과 의사에서 출발했고, 이 후 과학에 눈을 돌렸다. 그는 25세에 《식물학의 원리》(Elements of Botany) 라는 책을 발간했는데, 이를 통해 명성을 얻게 되었다. 그는 31세에 하버드대학의 식물학 교수가 되었다.

그레이는 1850년대부터 다윈과 서신 교환을 했다. 그는 《종의 기원》의 발간에 앞서 다윈이 자신의 생각을 털어놓은 얼마 안 되는 사람 중의 하나였다. 1856년 다윈은 그레이에게 장문의 편지를 썼다. 거기서 그는 자연선택에 대한 자신의 견해를 요약했다(앞에서 살펴본 바와 같이 이는 다윈이 월리스보다 앞섰다는 증거로 활용되는 편지다). 나중에 다윈은 다음과 같이 고백했다. "제가 도달하게 된 견해를 들려주었을 때 저는 당신이 저를 철저하게 경멸하리라고 생각했습니다."66) 하지만 자신의 신앙심에도 불구하고 그레이는 다윈 혹은 그의 견해를 경멸하지 않았다. 그는 처음부터 다윈의 생각에 공감을 표시했으며, 얼마 있지 않아 열렬한 추종자가 되었다. 그는 일찍부터 다윈 이론의 중요성을 깨닫고 있었는데, 이로 인해 그는 다른 사람들이 다윈의 이론에 어떻게 대응해야 할지 우왕좌왕하고 있을 때, 다윈의 이론이 발간되자마자 즉시 그의 입장을 옹호할 수 있었다.

예일 대학의 신학 교수들과 학생들 앞에 섰을 당시 그레이는 70세였고, 탁월한 경력에 종지부를 찍는 시점에 가까이 와 있었다. 그는 자신의 신학자로서의 한계를 다소 겸손하게 이야기하면서 강의를 시작했고, 이윽고 생물학의 현황을 다소 길게 개괄했다. 물론 여기에서 그는 다윈주

---

66) Darwin, *Life and Letters* ii, p. 477.

의의 사유가 공헌한 바가 획기적임을 강조하고 있다(흥미롭게도 그레이가 신학자들에게 설명한 과학은 헉슬리가 노동자들에게 들려준 내용보다 훨씬 집중이 요구되지 않는 것이었다). 다음으로 그는 매우 중요한 질문인 '진화론적 사고가 종교적 신념과 양립할 수 있는가'를 다룬다. 그레이는 이에 대해서 이전에 여러 번 이야기하고 글을 쓴 적이 있었으며, 그리하여 그의 주장은 그다지 놀라움을 주지 않았다. 그는 참된 종교가 다윈에 대해 아무런 두려움을 느낄 필요가 없으며, 사실상 다윈주의가 제시하는 전망으로부터 많은 것들을 배울 수 있다고 말했다. 진화론적 사유는 창조된 질서의 일부가 어떻게 작동하는가를 서술한다. 하지만 이는 창조의 주체, 창조주 목적 혹은 그의 계획에 대해 이야기하지 않으며, 이러한 내용들에 함의하는 바도 전혀 없다. 종교는 세상에 대한 우리의 그림을 완성시키기 위해 여전히 필요하다.

그렇다면 인간은 어떠한가? 만약 우리가 야수들과 공통적인 본성을 소유한다면 우리가 야수들의 수준으로 격하되진 않는가? 헉슬리와 마찬가지로 그레이도 이러한 문제를 마지막까지 남겨 둔다. 그리고 나서 그는 오직 인간만이 추상적인 사유 능력을 갖기 때문에 인간은 실로 특별하다고 청중들을 서둘러 안심시킨다. 헉슬리와 마찬가지로 그 역시 인간의 말할 수 있는 능력과 사유 능력을 연결시킨다.

> 모든 하위 정신 능력에 추가된 반성적이며 추상적인 사고 능력 — 이것이 어떤 방식으로 주어졌건 — 을 갖는 존재는 그러한 능력을 갖춤으로써 따질 수 없을 만큼 고귀해진다. 이것, 그리고 오직 이것으로 인해 언어와 〔이 언어라는〕 굉장한 도구에서 나오는 모든 것이 따라온다. 예컨대 여기에는 모든 발명과 모든 개선의 싹이 수반되고, 대자연을 다스리면서 관념적으로 그 위로 비상하는 힘을 소유하고 있는 인간이 행하거나 행할 수 있는 모든 것이 수반된다. 때문에 우리는 이러한 능력을 모든 희망을 담고 있는, 되물릴 수 없는 특별한 선물로 간주할 수 있는 것이다. 67)

현명하게도 그레이는 이러한 생각을 그냥 내버려 두지 않고 자신의 진화론에 대한 일반적인 시각과 연결시키려 한다. 그에 따르면 인간의 정신능력은 오늘날에도 여전히 하등동물들에서 발견되는 비교적 낮은 정신력으로부터 진화해 왔다. 그는 바로 이것이 영혼이 진화해온 과정일 수 있다고 살짝 귀띔한다! 이와 같은 설명을 통해 진화론적 사유는 우리가 영혼을 갖고 야수들은 갖지 않는다는 생각과 조화를 이루게 된다. 그리고 오직 영혼만이 불멸의 가치를 갖게 된다. 그는 다윈이 좋아하는 용어인 '삶을 위한 투쟁'을 도용하여 다음과 같이 말한다.

> 오직 완전하게 된 영혼만이 최종적인 삶을 위한 투쟁에서 존속되며, 실로 '이때에야 진정으로 산다'고 생각할 수 있다. 왜냐하면 그러한 영혼 안에만 모든 가치와 목표가 포함되어 있고, 오직 그것만이 불멸의 가치를 가지며, 영생을 약속하고 영생의 잠재성을 지니기 때문이다![68]

이처럼 그레이가 전달하고자 하는 바는 헉슬리와 다를 바 없었다. 우리는 우리 자신이 동물들과 독립된 존재라는 견해를 포기하지 않으면서도 다른 동물들과 혈연관계에 놓여 있음을 받아들일 수 있다. 우리는 더 높은 수준의 정신력으로 인해 '무한정 고귀해진다.' 우리는 '모든 가치와 목적'을 우리들 자신 안에 간직한 채 나머지 '자연물보다 높은 지위로 비상(飛翔) 한다.'

만약 여기서 멈췄다면 그레이의 견해는 별다른 주목을 받지 못했을 것이다. 그것은 헉슬리의 것과 다를 바 없었을 것이며, 사실상 진화를 옹호하는 당대의 거의 모든 주요 인물들과 동일했을 것이다. 하지만 그레이는 별개의 의미심장한 생각을 덧붙인다. 그는 '이러한 쟁점에 대해 사람들이 그처럼 많은 관심을 갖는 이유는 무엇인가?'라고 의문을 제기한다.

---

67) Gray, *Natural Science and Religion*, p. 103.
68) 위의 책, pp. 105~106.

사람들이 하등동물들의 친척이라는 생각에 거부감을 갖는 이유는 무엇인가? 그레이는 진화론이 도덕에 대해 갖는 함의로 인해 우리가 그러한 이론에 거부감을 갖는 것이리라고 추측한다. 특히 그러한 생각이 '동물의 처우 방식을 다루는 도덕'에 시사하는 바 때문에 그러하리라고 추측한다. 만약 우리가 동물들의 친척임을 받아들인다면 우리는 동물들이 우리와 유사하다고 보아야 할 것이다. 이때 우리는 동물들이 우리가 갖는 권리와 동일한 권리를 갖는다는 사실을 거부하기가 힘들어질 것이다. 하지만 우리는 이러한 사실을 받아들이고 싶어 하지 않는다. 우리는 우리에게 부여하는 도덕적 지위를 단순한 동물들에게 부여하고 싶어 하지 않는다. 자비로운 사람인 그레이는 다른 동물들과 우리를 구별하려는 사람들의 바람에서 '비열한' 측면을 발견한다.

> 한 측면에서는 전적으로 예외적인 존재인 인간은 다른 측면에서는 자연사의 한 대상이다. 그는 동물 왕국의 일원인 것이다. … 그가 동물들 이상의 존재임이 사실이듯이, 그 못지않게 그는 확실하고 완전하게 동물이기도 하다. 우리는 단지 동물들의 삶뿐만 아니라 식물들의 삶을 공유하는 존재이다. 또한 우리는 공통적인 본능, 느낌 그리고 애정을 고등 야수들과 공유하는 존재이기도 하다. 내가 보기에 양자의 연결을 무시하려는 희망 속에는 일종의 비열함이 담겨져 있다. 동물은 인간에 종속되는 동료지만 그럼에도 인간과 공유되는 삶을 영위한다. 이에 따라 동물들은 인간이 존중해야만 하는 권리를 갖는다. 나는 인간이 이러한 사실을 깨달을 때 더욱 인도적이 되리라고 상상해 본다. [69]

그레이가 추가적으로 제시한 이와 같은 생각은 그가 이전에 주장한 바있는 '인간이 여타의 자연물 이상으로 무한정 고귀해진다'는 주장과 일관되는가? 여기서 경쟁 관계에 놓인 생각들이 갈등을 일으키고 있음을 파악하기란 어렵지 않다. 한편으로 그레이는 헉슬리처럼 인간을 특별한 존

---

[69] Gray, *Natural Science and Religion*, p. 54.

재로 간주하고 싶어 한다. 무엇보다도 이는 인간이 다른 동물들과 공유하지 않는 권리를 갖는다는 사실을 의미한다. 반면 헉슬리와는 달리 그레이는 진화론적 사유로 인해 이러한 생각이 문제를 일으킨다는 점을 잘 알고 있었다. 만약 인간과 다른 동물이 밀접하게 닮아 있다면, 그리고 인간이 권리를 갖는다면 적어도 동물도 권리를 가질 수 있는 가능성을 고려해 봐야 하지 않을까? 바로 여기에서 비록 문제가 발생하진 않는다고 하더라도 최소한 문제가 발생할 수 있는 영역이 감지된다.

인간이 존엄하다는 관념

인간이 존엄하다는 전통적인 관념이란 정확히 무엇을 말하는가? 나는 철학자가 제시하는 어떤 난해한 입장에 대해 물으려 하는 것이 아니다. 그 대신 나는 헉슬리가 그러했듯이 서구 도덕의 핵심을 이루는 기본적인 관념에 관심이 있다. 이러한 관념은 철학적 저술뿐 아니라 문학, 종교, 그리고 공통적인 서구의 도덕의식에 반영되어 있다. 이와 같은 핵심적인 관념은 두 부분으로 이루어져 있으며, 여기에는 인간의 삶과 인간 아닌 존재의 삶을 극명하게 대비시키는 태도가 포함된다. 첫 번째 부분은 인간의 삶이 성스럽거나 적어도 특별한 중요성을 갖는다고 생각된다는 관념이다. 이에 따르면 우리가 받아들이는 도덕의 주요 관심사는 인간을 보호하고 배려하는 데에 있어야 한다. 두 번째 부분에서는 인간 아닌 존재의 삶이 인간의 것과 동일한 정도의 도덕적인 보호를 받을 필요가 없다는 지적이 제기된다. 일부 전통적인 사유 방식에 따르면 인간 아닌 동물들은 전혀 도덕적 지위를 갖지 않는다. 이에 따라 우리는 필요하다고 생각할 때 그들을 이용할 수 있다.

이러한 관념은 오랜 역사를 가지고 있으며, 그 역사는 상당 부분 종교의 역사와 서로 얽혀 있다. 위대한 종교는 세상의 본질, 그리고 그 원인과 목적을 방대하게 설명한다. 그러한 설명은 거의 항상 인간을 치켜세우며, 세상의 설계에서 인간에게 특권적 지위를 부여한다. 인간이 창조물 중에서 특별한 지위를 차지한다는 생각은 수많은 종교적 전통 속에서 너무나도 두드러지게 나타난다. 때문에 종교 자체가 인간 자신의 가치를 확고히 하려는 인간의 욕구를 표현한다고 설명되기도 한다.

유대주의와 기독교가 혼합되어 있는 서구의 종교적 전통은 이의 대표적인 사례다. 이러한 전통에 따르면 인간은 신의 형상에 따라 만들어졌고, 세상은 그가 살아가는 장소로 계획되었으며, 그 안의 모든 것들은 그가 향유하고 사용할 수 있도록 제공되었다. 이러한 주장을 통해 인간은 신을 제외하고는 전 우주적 드라마에서 주인공이 된다. 하지만 이러한 생각은 단지 이 이야기의 서곡에 불과하다. 인간이 신의 형상에 따라 만들어졌다는 원래의 생각은 다른 세부적인 내용들을 통해 더욱 강화된다. 인간의 역사를 통틀어 신은 성인들과 예언자를 매개로 인간과 의사소통을 하면서 계속적으로 인간을 돌보아 주었고, 상호작용을 해 왔다. 신이 전한 내용 중의 하나는 우리가 어떻게 살아야 할지에 대한 지침이 될 수 있는 일련의 명령이다. 우리는 동료 인간들을 살해해서는 안 되고, 그들에게 거짓말을 해서도 안 되며, 그들을 혹사해서도 안 된다. 그들의 삶은 신성하다. 그들의 필요는 항상 고려의 대상이 되어야 하며, 그들의 권리는 항상 존중되어야 한다. 하지만 다른 사람들에게 보이는 우리의 관심은 인류에 대한 신의 사랑을 희미하게 흉내 낸 데에 불과하다. 신은 인간을 너무 사랑했기에 심지어 인간이 되었으며, 죄 많은 인류의 죄를 대신 갚기 위해 희생적으로 죽음을 맞이했다. 그리고 마지막으로 우리는 죽고 나서 신과 결합하여 영생을 하게 된다고 한다. 그런데 서구의 종교적 전통에서 동물은 현저하게 다른 방식으로 언급된다. 신은 동물을 제공하여 인간이 활용할 수 있게 했으며, 동물들은 인간의 쾌락을 위해 사용되고, 일을 하고, 살해되고, 식량이 되었다. 다른 피조물들과 마찬가지로 동물들은 인간에게 도움이 되기 위해 존재한다.

서구의 도덕적 전통에서 핵심이 되는 관념은 이와 같은 비범한 이야기로부터 직접 이끌어져 나온다. 종교적 이야기는 인간이 특별하다는 교의, 그리고 그에 부합되는 윤리적 계율을 구현하고 있다. 신의 형상을 본떠서 만들어진 존재는 오직 인간뿐이다. 이에 따라 인간은 특별하며, 다른 피조물들과는 달리 인간은 신의 사랑과 관심의 대상이다. 신의 형상을 본떠서 만들어지지 않은 다른 피조물들은 인간이 사용하기 위해 제공되었다. 우리는 이러한 생각을 '신의 **형상 테제**'(*image of God thesis*) 라고 부를 수 있을 것이다. 이에 호응하는 도덕적 관념은 전통에 따라 우리가 인간의 존엄성이라고 부르는 것이다. 이에 따르면 인간의 삶은 신성하며, 도덕의 주요한 관심사는 인간을 보호하고 돌보는 것이어야 한다. 반면 다른 피조물들은 우리가 필요할 경우 이용할 수 있다.

물론 많은 사람들은 종교적 이야기를 믿지 않으며, 자신들의 윤리관이 종교와 별개라고 생각한다. 그럼에도 종교적 전통은 문화 전반에 영향력을 행사할 수 있고, 나아가 세속적인 사유가 그 안에서 취하는 형식을 결정하기도 한다. 조금만 생각해 봐도 우리는 '서구 전통 내의 세속적인 도덕적 사유'가 이와 같은 종교적인 가르침의 범형을 따르고 있음을 파악할 수 있다.

서구의 윤리학자 중에서 인간이 특별하다는 생각을 신학적인 방식으로 노골적으로 표현하도록 내버려두는 이들은 얼마 되지 않는다. 그들은 만약 우리가 신의 형상에 따라 만들어졌다면 우리의 모습에서 신성한 요소를 밝혀 낼 수 있어야 한다고 생각했다. 정확히 어떠한 방식으로 우리는 전능한 신을 닮아있는가? 서구의 역사를 통틀어 흔히 제기되는 답변은 오직 인간만이 이성적이라는 것이다. 아리스토텔레스는 문제에 대한 그리스적 세계관을 드러내면서 인간이 이성적 동물이라고 말했고, 바로 이와 같은 측면에서 다른 모든 피조물들과 다르다고 말했다. 교회의 박사들은 이러한 생각을 즐겨 활용했다. 그들은 합리성이야말로 인간이 갖추고 있는 신성한 요소라고 말했다. 우리는 이를 '**합리성 테제**'(*rationality thesis*) 라고 부를 수 있을 것이다. 인간이 특별한 이유는 오직 그만이 이성적이기 때문이다. 인간 아닌 동물들은 이성적이지 않으며, 이에 따라 인간과 비교의 대상이 될 수 없다.

인간이 특별하다는 교의는 이러한 방식으로 세속화되었으며, 심지어 인간이 특별하다는 종교적 설명의 배후를 이루는 이야기에 회의적인 사람들에게조차도 구미에 맞는 형식으로 만들어졌다. 아퀴나스(St. Thomas Aquinas)는 이 모든 것 — 합리성 테제, 이와 결부된 신의 형상 테제, 그리고 인간이 존엄하다는 관념을 뒷받침하기 위해 이들 테제들이 중요하다는 생각 — 을 다음과 같이 요약하고 있다.

> 우주 삼라만상 가운데 지적인 피조물이 가장 높은 자리를 차지한다. 왜냐하면 그러한 피조물이 신의 모습에 가장 가깝기 때문이다. 그 결과 신의 섭리는 신 자신을 위하여 지적인 본성을 마련해 주었으며, 지적인 본성을 위해 다른 모든 본성을 마련해 주었다. [70]

이렇게 보았을 때 인간의 정신 능력 — 자연의 다른 곳에서 발견되는 그 무엇과도 견줄 수 없는 능력 — 이 유일무이하다는 관념은 인간이 신의 형상을 본떠서 창조되었다는 관념을 세속적으로 표현했다고 생각해 볼 수 있을 것이다. 그런데 이러한 관념은 우리의 도덕 체계에서도 마찬가지의 역할을 한다. 즉 이는 도덕적 관점에서 인간이 특별하다는 관념을 지지해 주는 것이다. 이는 신의 형상 테제가 부정된다고 해도 그와 짝을 이루는 도덕적 관념이 포기될 필요가 없음을 의미한다. 종교를 거부하는 세속의 사상가들은 인간의 존엄성에 대한 믿음을 고수할 수 있으며, 인간의 유일무이한 합리성을 지적함으로써 자신의 입장을 정당화할 수 있다.

인간이 존엄하다는 관념의 몇 가지 실천적인 함의

인간이 존엄하다는 관념은 인간에 대한 처우와 인간 아닌 동물에 대한 처우 모두에 실천적인 측면에서 많은 영향을 미친다. 흔히 이러한 관념

---

70) Aquinas, *Basic Writings* ii, p. 221. 〔역주〕 인용문에서 마지막 문장은 인간은 신을 위해, 동물은 인간을 위해 존재하도록 만들어졌다는 뜻이다.

은 인간 아닌 존재의 삶이 전혀 중요하지 않음에 반해, 인간의 삶은 신성하다는 극단적인 형태를 나타낸다.

무고한 인간 생명의 신성함. 더욱 정확히 말해 서구의 도덕적 전통에서 **무고한** 인간의 생명은 침해할 수 없는 대상으로 파악되었다. 죄가 있는 사람들 — 범죄자, 침략자, 그리고 정의롭지 못한 전쟁에 참전한 병사들 — 은 보호를 받지 못하며, 어떤 경우 그들은 정당하게 살해될 수 있다. 하지만 무고한 사람들은 어떠한 이유로도 파기될 수 없는 보호벽으로 둘러싸여 있다. 자살, 안락사, 그리고 영아살해와 같은 관행은 무고한 생명을 모독하는 일이다. 그리하여 그와 같은 관행은 허용되지 않는다. 이러한 행동을 관장하는 도덕 규칙은 단순하다. 그러한 행동은 어떠한 경우에도 금지되는 것이다.

여기서 자살은 적절한 사례가 될 것이다(물론 안락사 혹은 영아 살해 또한 훌륭한 사례가 될 수 있다). 우리는 자살이 오직 자신만의 생명을 앗아가기 때문에 그에 대한 금지는 타살에 대한 금지에 비해 그리 엄격하지 않으리라 생각할 수 있다. 실제로 기독교가 전파되기 이전의 그리스와 로마의 철학자들은 이러한 태도를 취했다. 비록 그들이 비겁한 자살을 비난하긴 했지만, 그들은 자살이 특정한 상황에서 허용될 수 있다고 생각했다. 하지만 기독교인들은 더욱 엄격한 견해를 취했다. 서구 전통의 모양새를 상당 부분 만들어 놓은 아우구스티누스(St. Augustine)는 "기독교인들은 어떠한 경우에도 자살을 할 수 있는 권한이 없다"[71]고 주장했다. 그의 논증은 대체로 권위에의 호소[72]다. 기독교에서 여섯 번째 계율은 "살인하지 말라"이다. 아우구스티누스는 이러한 계율이 "너의 이웃을 살해하지 말라"는 주장이 아니라, 단순히 "살인하지 말라"임을 지적했다. 그는 이

---

71) Augustine, *Basic Writings* ii, p. 27.
72) 〔역주〕 논지와 관련 없는 분야의 권위자의 견해를 근거로 들이거나 논리적 타당성과 무관하게 권위자의 견해임을 내세워 자신의 주장을 정당화하려는 오류.

러한 규칙이 동일한 효력으로 자살에도 적용된다고 주장했다.

아우구스티누스는 인간의 이성이 '영혼의 정수'(精髓)[73]라는 입장을 견지했으며, 바로 여기에 인간의 생명이 신성하다고 여기는 후대 사상의 토대를 마련했다. 후대의 사상가들은 이성적 존재라면 그 누구도 자살을 정당화할 수 없다는 입장을 고수했다. 왜냐하면 그는 목숨을 스스로 포기하기에는 자신의 가치가 너무 크다는 점을 깨달아야 하기 때문이다. 합리성이 인간 본성의 중심이라는 입장을 견지했던 아퀴나스는 자살이 분명 이러한 본성을 거스르는 행동이라고 주장했다. 그는 자살이 "모든 사람들이 자신을 사랑해야 한다는 자애의 정신과 상충된다"[74]고 말했다.

아우구스티누스와 아퀴나스가 중세를 대표하는 인물이라면, 많은 사람들은 근대 철학자 중에서 가장 위대한 인물로 칸트(Immanuel Kant)를 꼽을 것이다. 자살에 관한 칸트의 입장에 관심을 가져보면, 우리는 그의 견해가 아우구스티누스와 아퀴나스와 거의 구분되지 않는다는 점을 알게 된다. 칸트는 아퀴나스 이상으로 인간의 유일무이한 합리성 테제에 중요성을 부과했다. 즉 그의 전반적인 도덕 체계가 이러한 생각에 토대를 두고 있었던 것이다. 그가 제시했던 유명한 정칙(定則)에 따르면, 궁극적인 도덕 원리는 인간을 '목적 자체'[75]로 대해야 한다는 것이다. 그는 인간이 그의 가치를 '모든 가치 이상으로' 만드는 '본래적인 가치, 즉 존엄성'[76]을 갖는다고 말한다.

만약 인간의 생명이 이와 같은 남다른 가치를 갖는다면, 우리는 자살을 절대로 정당화할 수 없다고 생각하게 될 것이다. 실제로 칸트는 바로 이러한 결론을 도출하고 있다. 아우구스티누스나 아퀴나스와 마찬가지로 그는 도덕적인 측면에서 자살을 절대로 허용할 수 없다고 생각했다. 그의 논증은 인간과 동물의 생명을 비교하는 데 상당 부분 호소하고 있

---

73) Augustine, *The City of God*, p. 152.
74) Aquinas, *Summa Theologica*, II-II, Q. 64, Art. p. 5.
75) Kant, *Foundations of the Metaphysics of Morals*, pp. 46~47.
76) 위의 책, p. 53.

174

다. 사람들은 자살을 정당화할 다양한 이유들을 제시할 것이다. 하지만 이러한 정당화 노력은 '인간성이 존중되어야 한다'[77]는 핵심을 간과하고 있다고 칸트는 말한다. 자신의 목숨을 끊는다는 것은 자신의 생명을 단지 곤란을 회피하기 위해 말살할 수 있는, 별다른 가치를 갖지 못하는 대상으로 간주하는 격이다. 단순한 동물의 경우에는 이러한 생각이 참일 수 있다. 우리는 고통을 덜어주기 위해 동물들을 죽인다. 그리고 이는 허용될 수 있다. 하지만 인간을 동일한 방식으로 처우해도 무방하다고 생각해서는 안 된다. 왜냐하면 인간 생명의 가치는 훨씬 크기 때문이다. 칸트는 다음과 같이 말한다. "만약 어떤 사람이 자살을 한다면, 그는 사실상 자신의 가치가 야수와 다를 바 없다고 생각하는 것이다."[78] 칸트는 다음과 같이 말하기도 한다. "도덕 법칙은 어떠한 조건하에서도 자살을 인정하지 않는다. 왜냐하면 자살은 동물 본성의 수준으로 인간의 본성을 격하시키며, 이러한 본성을 파괴해 버리기 때문이다."[79]

칸트는 이성적 존재로서의(그리하여 고귀한 존재로서의) 우리가 인간이라는 관념을 진지하게 고려할 경우, 이 모든 생각들이 자연스레 도출된다고 생각했다. 만약 이것이 사실이라면 우리는 이러한 논의를 매듭짓기 위해 종교적 개념에 호소할 필요가 없다고 생각할 수 있다. 즉 인간의 특별함을 세속적으로 설명하고자 할 때, 종교적 개념의 도움을 받지 않고 독자적으로 문제를 처리할 수 있다고 생각할 수 있다는 것이다. 하지만 칸트는 세속적인 논증과 종교적인 이야기가 서로 협력하여 작동한다고 생각했다. 칸트는 자신의 결론을 확고히 하기 위해 다음과 같이 덧붙인다.

하지만 종교적 관점으로부터 자살을 검토할 경우, 우리는 이에 대한 진상을 즉각적으로 파악할 수 있다. 우리는 어떤 조건하에서, 그리고 구체적인 목적을 가지고 이 세상에 배치되었다. 그런데 자살은

---

77) Kant, *Lectures on Ethics*, p. 151.
78) 위의 책.
79) 위의 책, p. 152.

창조주의 목적을 거스른다. 자살을 한 사람은 자신의 직위를 방기해 버리고 다른 세상으로 간 것이다. 그는 분명 신을 거스른 자로 파악 될 것이다. [80]

만약 이와 같은 생각을 하고 있었다면 수많은 다른 사람들의 마음속에 서와 마찬가지로, 칸트의 마음속에서도 이성적 존재로서의 인간이라는 관념이 신의 형상에 따라 만들어진 인간이라는 관념과 여전히 밀접하게 연결되어 있었음이 분명해진다.

인간 아닌 동물의 낮은 지위. 인간이 특별하다는 교의는 지구상에 살 고 있는 다른 생물들을 희생하여 인간의 지위를 높이는 데에 활용된다. 인간은 도덕적으로 특별함에 반해 동물들은 그렇지 않다. 그들과 우리의 본성은 다르며, 때문에 우리는 그들이 갖지 못한 도덕적 지위를 갖는다. 서구의 전통 속에서 대부분의 주요 인물들이 이에 동의한다. 아퀴나스는 인간의 합리성이 그에게 특별한 지위를 부여하지만, 다른 동물들은 자연 적 질서 속에서 매우 다른 지위를 갖는다고 지적한다. 그는 다음과 같이 말한다. "다른 생물들은 지적인 피조물을 위해 존재한다." 따라서 "인간 이 동물들을 죽이거나 어떤 다른 방식으로 동물들을 이용한다고 그것이 잘못은 아니다."[81] 하지만 단순히 자비를 베푼다는 차원에서라도 동물 들에게 친절해야 하지 않는가? 아퀴나스는 아니라고 말한다. 왜냐하면 동물들은 이성적이지 못하기 때문이다.

자애는 오직 신과 우리의 이웃에게만 확장된다. 여기서 이웃이라는 단어는 비이성적인 피조물에게까지 확장될 수 없다. 왜냐하면 그들 은 이성적인 삶을 영위하는 인간과 아무런 동료의식을 갖지 않기 때 문이다. 따라서 자애는 비이성적인 피조물에게 확장되지 않는다. [82]

---

80) 앞의 책, pp. 153~54.

81) Aquinas, *Summa Contra Gentiles*, Ⅲ, Ⅱ, p. 112.

82) 위의 책, Ⅱ-Ⅱ, Q. 25, Art. p. 3.

칸트 또한 거의 대동소이한 말을 한다. 인간 아닌 동물은 합리성이라는 매우 중요한 특성을 갖추고 있지 못하다. 따라서 동물은 도덕적 관심의 영역에서 철저하게 배제된다. '목적 그 자체'인 존재는 인간이다. 다른 존재는 오직 수단으로서의 가치를 가질 따름이며, 목적 그 자체를 위해 사용된다. 이렇게 보았을 때 칸트에게는 동물이 단지 사물로서의 지위를 가질 따름이며, 우리는 동물에 대한 의무를 전혀 갖지 않는다. 칸트는 다음과 같이 말한다. "하지만 우리는 동물에 대해 아무런 직접적인 의무를 갖지 않는다. 동물은 … 목적에 대한 수단으로만 존재한다. 그 목적은 인간이다."[83] 칸트가 말하는 '직접적인 의무'란 동물 자체의 복리에 대한 관심에 바탕을 둔 의무였다. 우리는 동물들이 **연루된** 의무를 가질 수 있다.[84] 하지만 그러한 의무의 배후를 이루는 이유로는 언제나 동물 자체의 이익에 대한 고려보다는 인간의 이익에 대한 고려가 제시될 것이다. 칸트는 우리가 아무런 의미 없이 동물들을 고문해서는 안 되지만, 그 이유는 단지 "동물에게 잔혹한 사람이 사람을 대할 때에도 잔혹해질 수 있기 때문이다"[85] 라고 주장한다. 도덕적인 측면에서 말하자면 우리는 동물 자체를 위해서는 무엇인가를 해야 할(혹은 무엇인가를 하지 말아야 할) 이유가 없다.

일부 사람들은 아퀴나스와 칸트를 인용하는 것에 대해서 내가 극단적인 사례들을 선택했다고 생각할지도 모른다. 분명 우리는 서구의 전통이 이보다 더 복잡하며, 동물들에게 동정적인 관점을 갖는 사상가들을 포함한다고 말할 수 있다. 이러한 불만은 나름대로 일리가 있다. 성서에 나온

---

83) Kant, *Lectures on Ethics*, p. 239.
84) 〔역주〕'동물에 대한 의무'가 동물에 대한 '직접적인' 의무를 나타냄에 반해 '동물이 연루된 의무'는 그들에 대한 우리의 의무가 '간접적'일 뿐임을 나타낸다. 여기서 간접적인 의무란 동물들 자체는 존중해야 할 별다른 이유가 없지만 동물들을 가볍게 여기는 태도가 습관화 되어 인간을 대할 때에도 유사한 태도를 나타낼 우려가 있기 때문에 동물들에 대한 도덕적 의무를 가져야 한다는 것이다.
85) Kant, *Lectures on Ethics*, p. 240.

구절들을 살펴보면 우리는 인간이 자연에 대한 지배력을 갖긴 하지만 그럼에도 모든 창조물을 신이 창조했다고 파악해야 한다는 대조적인 입장을 발견하기도 한다. 후자의 입장에 따르면, 인간은 자연을 착취해선 안 되며 자연을 훌륭하게 관리(steward)[86] 해야 한다. 동물들에 대한 잔혹한 착취에 반대하고자 하는 사람은 자신의 입장을 뒷받침하기 위해 이러한 생각을 인용할 것이다. 실제로 성 토마스[87]가 아닌 성 프란시스(St. Francis)[88]는 그 모델이 될 수 있다. 새들에게도 설교를 했다고 알려진 성 프란시스는 모든 살아있는 피조물들이 형제와 자매들이라고 주장한 사람으로, 그리고 모든 자연에 대한 온화한 경이로움을 표시한 사람으로 기억된다.

그럼에도 이들 두 가지 접근 방식 중에서 서구 문화를 지배했던 태도가 무엇이었는가에 대해서는 의문의 여지가 거의 없다. 성 프란시스가 인상적인 인물로 간주되는 이유는 그에 대한 전설이 정통적인 사유 방식과 매우 극적으로 대조되기 때문이다. 생각과는 달리, 진정한 의미에서 서구의 정통적인 사유 방식과 의견을 달리한 사람은 찾아보기 힘들다. 심지어 성 프란시스의 견해마저도 면밀하게 검토해 볼 경우 그다지 이단적으로 보이지 않는다. 그가 동물들에게 말을 걸었을 때, 그는 동물들의 다음과 같은 대답을 들었다. "모든 피조물들은 다음과 같이 말합니다. 인간이시어! 신이 저희를 만든 것은 당신을 위해서입니다."[89] 그는 동물들을 형제와 자매로 간주했다. 하지만 그는 해와 달과 바람과 불에 대해서도 마찬가지의 태도를 취했다. 삼라만상은 숭배되어야 할 창조의 부분들이었다. 하지만 그 못지않게 삼라만상은 모두 인간이 이용하기 위해 만들

---

86) 〔역주〕 대갓집에 딸려 그 집안의 고용인을 지휘·감독하고 가사(家事) 일체를 관리하던 사람. 여기에서는 인간이 주인이 아니라 신을 대신하여 세상을 관리하는 역할을 하게 되었음을 의미하고 있다.
87) 〔역주〕 여기서 성 토마스란 아퀴나스를 말한다.
88) 〔역주〕 일반적으로 성 프란치스꼬로 널리 알려져 있으며, 동물의 수호성인이라는 별칭이 붙을 정도로 동물 사랑이 각별했던 성인이다.
89) Singer의 *Animal Liberation*, p. 215에서 인용.

178

어진 피조물이기도 했다. 뿐만 아니라 그가 동물에게 베푼 친절은 동물
을 먹지 말아야 한다는 데에까지 이르지 않았다. 그는 동료들에게 채식
주의자가 되라고 권고하지 않았다. 이상과 같은 사실들을 종합해 보았을
때 성 프란시스는 내가 인간의 존엄성 교의라고 불렀던바, 그리고 그러
한 교의를 지지하는 종교적 우주론을 상당 부분 수용했던 것처럼 보인
다. 비록 그가 이를 다른 대부분의 기독교 사상가들보다 더욱 경건한 태
도와 결합시켰지만 말이다. 그리고 역사가 패스모어(John Passmore)가
밝히고 있는 바와 같이 사실상 "성 프란시스의 영향력은 아주 미미하거나
전혀 없었다."[90]

어떻게 다윈주의가 인간이 존엄하다는 관념을 훼손할 수 있는가

위에서 살펴본 설명은 우리에게 매우 친숙하다. 하지만 철학자들은 우
리가 앞에서 논의한 문제로 인해 이러한 설명에 대해 흔히 언짢은 반응을
나타낸다. 신의 형상 테제와 합리성 테제는 개략적으로 말해 (추정적인)
사실의 문제를 다루고 있다. 그런데 이와 호응을 이루는 도덕적 관념은
규범적인 관점이다. 양자는 정확히 어떤 관계에 놓여 있는가? 이들 간의
관계가 후자가 전자로부터 논리적으로 뒤따르는(logically follow from) 관
계일 수는 없다. 왜냐하면 흄이 말한 바와 같이 규범적 결론은 사실적 전
제들로부터 정당하게 도출될 수 없기 때문이다. 우리가 논의해 온 일부
전통적인 도덕은 바로 이와 같은 오류에 토대를 두고 있는 듯이 보인다.
적어도 내가 재구성해 놓은 전통적인 도덕은 그와 같은 오류를 범하고 있
는 듯이 보인다. 먼저 우리는 '일상적인 추론 방식을 따라 나아가며', 그
러고 나서 '신의 본성을 확인한다.' 즉 신이 자신의 형상에 따라 우리를
만들었으며, 우리가 유일한 이성적인 피조물이라는 등을 확인하는 것이
다. 이는 사실(추정된)의 문제이다. 하지만 이어서 우리는 이로부터 인

90) Passmore, *Man's Responsibility for Nature*, p. 112.

간의 생명에 대한 보호가 도덕의 목적이어야 한다고 결론을 내린다. 그리고 여기에서 오류가 살며시 스며든다. 이렇게 말하는 이유는 사실적 언명 자체는 가치를 논리적으로 함의할 수 없기 때문이다. 흄은 이러한 점이 극히 중요한 논점이라고 생각했다. 그는 다음과 같이 말한다. "이러한 조그만 관심이 모든 통속적인 도덕 체계를 허물어뜨릴 것이다."[91] 흄이 우리가 고찰해 보았던 유형의 견해들을 '통속적인 도덕 체계'라고 생각했음은 의심의 여지가 없다.[92]

블랙(Max Black)[93]은 사실들이 가치를 함의하지 않는다는 일반적인 논리적 관점을 '흄의 재단기'(*Hume's Guillotine*)[94]라 부른다. 흄의 재단기는 또 다른 방식으로 우리의 논의에 관여할 수 있다. 즉 이는 헉슬리가 말하는 노동자의 걱정[95]에 대해 신속하고도 손쉬운 답변을 제공하는 듯이 보이는 것이다. 만약 인간의 기원에 대한 다윈의 견해를 받아들인다면, 우리가 이에 따라 인간이 존엄하다는 관념을 포기해야 하는 것은 아닌가? 하지만 이러한 질문에 대해 우리는 아니라고 쉽게 답할 수 있다. 그 이유는 진화의 사실들은 그 자체가 어떤 도덕적 결론을 함의하지 않기 때문이다. 다윈의 이론은, 만약 옳다면 종의 진화에 관한 사실을 알려 줄 따름이다. 이렇게 본다면 엄밀히 말해 진화의 사실로부터 가치와 관련한

---

91) Hume, *A Treatise of Human Nature*, p. 470.

92) 〔역주〕 우리가 갖는 형이상학적 믿음이 있을 수 있고, 이로부터 우리는 흔히 일정한 가치를 이끌어낸다. 인간이 신의 형상을 본 뜬 유일한 피조물이며, 이에 따라 그 존엄성을 인정받아야 한다는 주장은 이의 한 예이다. 그런데 흄의 입장에서 보자면 이는 일종의 자연주의적 오류를 범한 것이다. 이에 따라 흄은 이러한 유형의 도덕 이론들이 궁극적으로 설득력을 인정받지 못하게 될 것이라 생각했다.

93) 〔역주〕 20세기 전반에 분석철학에 커다란 영향을 미친 영국계 미국인 철학자. 언어철학, 수리철학, 과학철학 등에 기여했으며, 프레게(Frege) 연구자로 널리 알려져 있다.

94) Black, "The Gap between 'Is' and 'Should'".

95) 〔역주〕 인간의 기원에 대한 다윈의 입장을 받아들일 경우, 인간이 존엄하다는 관념을 포기해야 하는 것은 아닌지에 대한 노동자들의 염려.

어떠한 문제도 도출되지 않는다. 단지 '우리가 원숭이와 유사한 조상으로부터 유래했다'는 사실로부터 '우리의 삶이 상대적으로 중요하지 않다'는 결론이 도출되지는 않는다. 헉슬리가 "사리를 막 깨우친 어린이라도 이런 결론을 강요하려는 얄팍한 웅변가를 명백한 논증을 이용해 반박할 수 있지 않을까?"라고 물었을 때, 그는 이런 종류의 '명백한 논증'을 마음속에 그리고 있었을지 모른다.

20세기의 도덕 철학자들 중 상당수는 이상의 논의에 동의할 것이다. 도덕 철학자들은 다윈에게 대체로 무관심했고, 그러한 무관심은 대체로 흄의 재단기에 대한 두려움에 기인한다. "진화의 사실은 어떤 규범적 결론도 함의하지 않는다." 대부분의 철학자들은 일단 이러한 간단한 사실을 알게 되었을 경우 더 이상 말할 것이 남아 있지 않다고 생각했다.

그럼에도 나는 다윈주의가 무엇인가 동요를 불러일으키리라는 생각을 떨쳐 버릴 수 없다. 우리가 '당위'와 '존재'를 구분해야 한다는 사실을 기억하기만 한다면 아무런 문제가 없다는 철학자들의 위안은 너무 조급하고 가볍게 느껴진다. 나는 나의 이와 같은 불편한 감정이 정당화될 수 있다고 생각한다. 문제는 흄의 재단기로 단순하게 처리할 만큼 간단하지 않다.

문제가 생각보다 간단하지 않다고 하는 이유는 첫째, 우리의 믿음들이 엄격한 논리적 함의라는 방법 외의 연결을 통해 함께 결합되어 있는 경우가 흔히 있기 때문이다. 한 가지 믿음은 다른 믿음을 함의하지 않으면서 그에 대한 증거가 되거나 그것을 지지할 수 있다. 증거가 축적됨에 따라 믿음에 대한 우리의 확신은 강화될 수 있다. 반대로 증거가 문제시됨에 따라 우리의 확신의 강도가 약해질 수 있다. 우리는 일상적으로 이와 같은 방식으로 추론한다.

나는 어떤 믿음을 훼손하는(undermining) 방식이라고 부를 수 있는 이러한 과정의 특정 부분을 부각시키고자 한다. 이의 기본적인 착상은 다음과 같다. "새로운 정보로 인해 어떤 믿음을 더 이상 유지하지 못하게 될 경우 그러한 믿음은 새로운 정보로 인해 훼손된다." 예를 들어 당신이 위대한 작곡팀 리버(Jerry Lieber)와 스톨러(Mike Stoller)가 〈사냥개〉

〈Hound Dog〉를 작곡했다고 믿는다고 가정해 보자. 이러한 사실을 믿는 이유는 당신이 이를 〈엘비스 회보〉(Elvis Newsletter)에서 읽었기 때문이다. 그런데 이후 당신이 〈엘비스 회보〉가 신뢰할 수 없음을 알게 되었다. 회보는 진상을 제대로 파악하는 경우 못지않게 잘못 파악하는 경우가 많은 부주의한 팬이 제작하고 있다. 이에 따라 당신은 회보를 신뢰할 수 있는가를 의심하게 되었고, 그 결과 리버와 스톨러가 '사냥개'를 작곡했다는 당신의 신뢰가 약해진다. 심지어 당신은 그러한 노래의 원작자가 누구인지 전혀 모르겠다고 생각하게 될 수가 있다.

여기서 어떤 일이 일어났는지 주목해 보자. 리버와 스톨러가 '사냥개'를 작곡했다고 믿고 있는 원래의 이유는 회보에 그렇게 씌어 있었기 때문이다. 하지만 회보에 그렇게 씌어 있다는 사실이 그들이 '사냥개'를 작곡했음을 함의(entail) 하진 않는다. 나아가 당신이 회보가 신뢰할 수 없음을 알게 되었고, 그리하여 그들이 그 곡을 작곡했음을 더 이상 믿지 않게 되었다고 하더라도, 회보가 신뢰할 수 없다는 사실 자체가 그들이 그 곡을 작곡하지 않았음을 함의하지는 않는다. 여기서 우리가 다루는 것은 일련의 논리적 함의가 아니다. 여기서 우리가 다루고 있는 것은 사람들이 활용할 수 있는 증거를 바탕으로 무엇인가를 믿는 상황, 그리고 사람들이 새로운 증거가 나타남에 따라 자신의 믿음을 수정하는 상황이다.

우리는 '어떤 믿음이 훼손되는 경우'와 단순히 '믿음에 대한 신뢰가 약화되는 경우'를 구분할 필요가 있다. 후자는 비합리적 방법을 포함해 여러 가지 방법으로 초래될 수 있는 심리적 결과이다. 이에 반해 전자는 합리적 과정을 거친 결과다. 당신이 〈엘비스 회보〉가 신뢰할 수 없음을 알게 되었고, 그 후 리버와 스톨러가 '사냥개'를 작곡하였다는 확신이 약화되었다. 이는 합리적(reasonable) 인 과정이다. 이 경우 당신은 자신의 믿음을 증거에 부합시키고 있는 것이다.

다음으로 우리는 '믿음이 훼손되는 경우'와 '믿음이 잘못되었음이 입증되는 경우'의 차이를 분명히 해야 한다. 당신이 알게 된 새로운 증거가 '사냥개'를 리버와 스톨러가 작곡하지 않았음을 입증하진 않는다. 그러한

182

증거는 단지 그들이 '사냥개'를 작곡했다고 생각할 당신의 이유를 앗아가 버릴 따름이다. 원래의 믿음은 여전히 사실일 수 있다. 사실 "사냥개"는 엘비스(Elvis)가 아니라 빅 마마 손튼(Big Mama Thornton)을 위하여 리버와 스톨러가 작곡했다. 하지만 당신의 그에 대한 믿음이 합리적인 것이 되기 위해서는 당신에게는 또 다른 이유가 필요하다.

가치 판단이 개입되는 경우에도 상황은 달라지지 않는다. 당신이 작곡가 협회 회원이고 당신이 리버와 스톨러가 협회의 공로상을 받아야 한다고 말한다고 가정해 보자. 합당하게도 사람들이 당신에게 왜 그들이 그러한 상을 받아야 하는가라고 질문을 할 수 있다. 왜냐하면 무엇을 해야 한다는 판단이 진지하게 받아들여지기 위해서는 그것을 지지할 이유를 갖지 않으면 안 되기 때문이다. 그렇지 않을 경우 그것은 독단적이고 아무 근거 없는 판단으로 무시될 수 있다. 이에 따라 당신은 리버와 스톨러가 "스타더스트"(Stardust)와 "홍콩 블루스"(Hong Kong Blues) 같은 고전을 작곡했기 때문에 그러한 상을 받아야 한다고 말한다.

당신의 추론에서 무엇이 잘못인가? 리버와 스톨러가 이들 노래를 작곡했음은 만약 참이라면 사실의 문제이다. 이에 반해 그들에게 공로상을 수여해야 한다는 것은 평가다. 이렇게 보았을 때 흄의 재단기에 따르면 한쪽이 다른 쪽으로부터 '도출되지'(follow from) 않는다. 하지만 이러한 사실을 논리적으로 중요하게 생각해야 할 이유는 무엇인가? 흄이 말하고 있는 바와 같이 이것이 최종적인 결과인가? 리버와 스톨러에게 특별상을 주는 데에 반대하는 누군가가 흄을 언급하면서 '이는 논리적 함의 관계가 아니기 때문이다'라는 이유를 제시했다고 가정해 보자. 이는 참이긴 하지만 적절하다고 볼 수는 없다. 우리가 이유를 제시하면서 반드시 사실들이 '당위' 판단을 논리적으로 함축한다고 주장할 필요는 없다. 우리는 그저 그 사실들이 판단을 받아들이기에 **좋은 이유**를 제공하고 있다고 주장하기만 하면 된다. 이는 비교적 약하지만 여전히 의미 있는 주장이다. 96)

---

96) 〔역주〕 저자는 여기에서 논리적 함축 외의 다른 결론 도출 방식을 이야기하고

물론 우리는 다른 방식으로 당신의 이유들을 문제 삼을 수 있을 것이다. 우리는 "스타더스트"와 "홍콩 블루스"가 좋지 않은 노래라고 주장할 수 있다(이러한 주장을 다른 사람이 받아들일 가능성은 별로 없겠지만). 혹은 우리가 더욱 단순하게 리버와 스톨러가 이 노래를 실제로 작곡하지 않았고, 그 노래를 카마이클(Hoagy Carmichael)이 작곡하였다고 지적할 수도 있다. 이러한 지적은 당신의 판단에 대한 지지를 박탈해 버림으로써 당신의 판단을 훼손시킨다. 물론 당신이 리버와 스톨러가 상을 받아야 한다는 생각을 포기할 필요는 없다. 하지만 그러한 입장을 계속 견지하려면 당신은 그러한 입장을 지지할 수 있는 어떤 다른 이유를 제시해야 한다. 운 좋게도 이는 어렵지 않다. 설령 그들이 당신이 언급한 두 노래를 작곡하지 않았다고 하더라도 그들은 다른 여러 개의 고전을 작곡했다. 즉 그들은 "사냥개"뿐만 아니라 "러브 포션 No. 9"(Love Potion No. 9), "캔자스시티"(Kansas City), "허튼 이야기"(Yakety Yak)를 포함해 다른 많은 곡들을 작곡했던 것이다.

철학자들은 내가 지금까지 활용한 리버와 스톨러의 경우와 같은 인위적인 사례들을 제시하길 좋아한다. 왜냐하면 인위적 사례들은 통제가 쉽기 때문이다. 우리는 그러한 사례들을 단순하고 다루기 쉽게 만들 수 있고, 그리하여 복잡하지 않은 방법으로 논리적 관점을 예증하는 데 활용할 수 있다. 반면 현실에서 취해지는 사례들은 혼란스럽고 당황스럽다. 그러한 사례들은 우리가 미리 꾸며 놓은 작업 틀에 깔끔하게 들어맞지 않는 불편한 세부적 내용들이 너무 많이 포함되어 있다. 그럼에도 믿음을 훼손시키는 과정은 철학자들의 환상에서뿐만 아니라 현실 세계에서의 추

있다. 저자에 따르면 일상생활 속에서 필연적인 논리적 도출은 거의 살펴볼 수 없다. 그럼에도 우리는 많은 경우 합리적으로 결론을 도출하고 있는데, 예를 들어 결론을 지지할 수 있는 합당한 증거를 다수 확보하였을 경우 우리는 이에 대해 논리적인 연역은 아니더라도 합당하게 결론을 도출했다고 말한다. 이렇게 본다면 자연주의적 오류라는 잣대로 가치와 사실의 문제를 재단해 버리는 것은 극단적인 면이 없지 않다고 말할 수 있다.

론에서도 중요한 부분을 차지한다.

　17세기의 발생학97)적 기원에 대한 논쟁을 고찰해 보자. 17세기의 많은 과학자들은 '전성설'(前成說, *preformationism*) 98)로 알려진 견해를 믿었다. 명칭이 암시하듯이 그들은 각 개체가 모든 부분이 이미 형성된 상태에서 발생한다고 생각했다. 이렇게 본다면 생물의 발생은 단순히 점점 커지는 것을 말한다. 한 저술가가 말했듯이 태아의 발달은 '각 부분들의 확장 혹은 성장'99)인 것이다. 발생학에 현미경을 도입한 말피기(Marcello Malpighi, 1628~94) 100)와 같은 과학자들의 관찰은 전성설을 지지하는 듯했다. 말피기는 자신의 원시적인 현미경을 통해 계란 속에 이미 존재하는 닭의 '원기'(原基, *rudiment*)를 보았다고 생각했다. 전성설은 인간의 생식에 적용되어 '함입설'(*theory of emboîtement*) 101)이 되었는데, 이 학설에 따르면 모든 미래 세대는 이브의 난소 안에 이미 존재 — 마치 새로운 인간의 출현이 끝없이 이어지는 중국상자(*Chinese boxes*) 102)를 여는 경우와 같이 — 하고 있었다.

　전성설은 난자론(卵子論, *the theory of ovism*)이라는 또 다른 발생학적

---

97) 〔역주〕 넓은 의미의 태생학으로, 부모의 성세포가 성체로 변하는 발생과정을 연구하는 분야.

98) 〔역주〕 후성설과 대비되는 이론으로, 동물의 난자 속에 성체의 축소형이 들어 있고, 이를 완전한 형태로 발생시키는 데는 영양만이 필요하다고 보는 학설. 개체발생에서 완성되어야 할 개체의 낱낱의 형태와 구조가 발생이 시작될 때부터 이미 존재하고 있다는 학설.

99) Swammerdam, Westfall의 *The Construction of Modern Science*, p. 100에서 인용.

100) 〔역주〕 17세기 이탈리아의 생리학자, 미시 해부학의 창시자. 모세혈관 내의 혈행을 발견하고, 동맥에서 정맥으로의 이행을 관찰하여 혈액순환론을 완성했다. 신체 내장의 미세 구조에 관한 중요한 연구 성과를 이루었고, 곤충의 배설기관인 말피기관과 신장의 신소체를 발견했다.

101) 〔역주〕 2세가 난자 속에 완전한 형태를 가진 채 들어 있다는 이론. 이러한 이론에 따르면 생식 물질의 핵심을 이루는 것은 난자이다.

102) 〔역주〕 크기의 차례대로 포개 넣을 수 있는 나무상자.

발달에 고무되기도 했다. 이러한 이론에 따르면 모든 생물은 알에서 발생한다. 최초의 위대한 발생학자 중 한 사람인 하비(William Harvey, 1578~1657)[103]는 혈액 순환에 대한 발견 외에도 "알이 모든 동물의 공통적 기원이다"[104]라고 주장했다. 난자론은 서로 다른 유형의 생물이 서로 다른 방법 — 예를 들어 식물과 동물은 다르게 번식하며, 곤충은 썩은 고기에서 자연 발생한다는 등의 — 으로 탄생한다고 하는 일반적으로 용인된 견해보다 훨씬 진전된 이론이었다. 이는 발생에 관한 통합적인 이론을 제시하고자 한 최초의 시도였다. 난자론은 말피기의 연구 결과를 일반화할 수 있게 했다는 점에서 전성설을 지지하는 듯이 보였다. 만약 모든 생물이 공통의 기원을 (알 속에) 가졌고, 우리가 계란 속에서 닭의 '원기'(原基)를 관찰할 수 있다고 한다면, 우리는 유사한 원기가 다른 유형의 알 속에도 있으리라고 합당하게 기대해 볼 수 있을 것이다.

하지만 난자론은 단명에 그친 학설이었다. 1677년 레벤후크(Anton van Leeuwenhoek)[105]는 최초로 정자를 목격하고는 여성의 난자만이 인간 태아의 유일한 원천이 아니라고 결론 내렸다. 다른 증거들이 갑자기 늘어났다. 스웨덴의 의사인 하트젝커(Niklaas Hartsoeker, 1656~1725)의 계산에 따르면 만약 함입설이 참이라면 이브의 난소(기원전 4004년) 속의 최초의 난자는 오늘날의 후손의 것보다 $10^{30,000}$의 비율로 크지 않으면 안 되었고, 이렇게 커다란 난자마저도 미래에 태어날 사람들을 포함시키지 않았을 경우에 상정한 크기이다. 이에 따라 난자론은 폐기되었고, 전성설은 중요한 지지 기반을 상실하기에 이른다.

하지만 난자론이 힘을 잃었다고 해서 곧바로 전성설이 부정되진 않았

---

103) 〔역주〕 17세기 영국의 의학자이자 생리학자로, 혈액순환 원리를 밝힌 근대 생리학의 개척자이다.

104) Harvey, Westfall의 *The Construction of Modern Science*, p. 97에서 인용.

105) 〔역주〕 17세기 네덜란드의 현미경학자 · 자연사 연구자. 상업에 종사하면서 렌즈 연마술 · 금속세공술 등을 익혀 확대율 40~270배의 현미경을 만들었다. 직접 제작한 현미경이 400개 이상이다. 자신의 현미경으로 원생동물 · 미생물 등을 관찰하여 육안으로는 볼 수 없는 생물이 있음을 밝혔다.

다. 반대로 난자론은 새로운 이론인 '정자론'(*animaculism*) 106) 으로 대체
되었는데, 이는 전성설을 지지하는 한 가지 방식으로 해석되었다. 정자
론은 난자론과는 상반된 이미지의 이론이었다. 즉 이는 난자가 수컷의
정자에 완전히 포함되어 있으며, 생물의 발생에 필요한 영양물에 지나지
않는다는 입장을 견지했던 것이다. 이전의 계산에도 불구하고 하트젝커
자신은 새로운 이론의 광신자가 되었으며, 정자 내에 완전한 모습을 갖
춘 채로 웅크리고 있는 아이에 대한 그림을 출간했다. 난자론의 쇠퇴는
전성설에 부정적인 영향을 미쳤으나, 그럼에도 전성설이 최종적으로 폐
기된 것은 나중의 일이었다. 전성설이 최종적으로 명맥을 유지하지 못하
게 된 이유는 다른 무엇보다도 생물들이 양 부모로부터 형질을 물려받는
다는 사실을 자각하게 되었기 때문이다.

　전성설의 흥망성쇠에 관한 이야기는 다양한 발견들의 엄격한 논리적
함의를 끈질기게 이끌어내고 있는 과학자-논리학자(*scientist-logicians*) 의
이야기가 아니다. 107) 말피기의 관찰은 전성설이 참이라거나 난자론이
참임을 함의하고 있지 않았다. 하지만 그의 관찰은 이러한 이론들을 뒷
받침하기에 유리한 증거였다. 그러한 관찰은 전성설에 설득력을 부과했
다. 이와 유사하게 하트젝커의 계산은 난자론에 불리한 증거였긴 했지만
그렇다고 난자론이 잘못되었음을 확실하게 입증한 것은 아니었다. 하지
만 레벤후크와 하트젝커의 연구결과는 난자론이 참인지에 의혹을 던짐으
로써 전성설의 주요 지지 기반을 박탈했다. 난자론이 부정되고 나서 더
이상 전성설을 신뢰하지 않는 태도를 취하는 것은 합리적이었다. 물론
원래의 믿음이 여전히 사실일 수도 있다. 실제로 그 이후 수년 동안 일부
과학자들은 원래의 믿음을 옹호하기도 했다.

　전성설을 놓고 벌어지는 논쟁은 도덕적인 문제와 연결되어 있기도 했

---

106) 〔역주〕 작은 아기가 정자의 머리 안에 완전한 형태로 존재한다는 이론.

107) 〔역주〕 과학자들의 새로운 발견으로 인해 기존의 이론이 흥망성쇠를 겪는
　　　것은 논리적 함의에 따른 변화가 아니다. 그럼에도 이러한 과정은 충분히
　　　합리적이라 할 수 있다.

다. 이는 우리에게 시사하는 바가 있다. 우리가 이미 살펴보았듯이, 전성설은 보조를 함께하는 함입설과 더불어 모든 인간의 발생이 마치 인형들 내의 인형들처럼 이브의 난소에 이미 존재하고 있었다는 입장을 취했다. 이러한 생각으로 인해 기독교는 낙태에 대해 이전보다 엄격한 입장을 채택하게 되었다. 아퀴나스는 수태가 된 지 수주가 지날 때(이때가 되어서야 태아는 뚜렷하게 인간의 모습을 나타내게 된다) 까지 태아가 완전한 인간이 되지 않는다는 입장을 견지하였다. 따라서 임신한 지 얼마 되지 않은 초기의 낙태는 묵인되었다. 하지만 함입설에 따르면 태아가 아무리 작아도 처음부터 이미 인간의 모습을 하고 있고, 그리하여 어떤 시점에서의 낙태도 실제 인간을 살해하는 행위다. 이에 따라 교회의 도덕적 입장은 엄격해졌고, 낙태는 도덕적으로 잘못이라는 비난을 받기에 이르렀다.

교회는 특정한 도덕적 입장을 취했고, 이를 지지하는 이유를 제시했다. 만약 함입설이 옳다고 한다면 낙태는 작지만 완벽한 모습의 인간을 살해하는 격이다. 이는 추정된 사실이다. 그런데 낙태 옹호론자가 흄을 떠올리면서 이러한 '사실'이 '평가'를 논리적으로 함의하지 않는다고 이의를 제기했다고 가정해 보자. 재차 말하자면 이는 참이지만 적절치 못한 대응이다. 무엇을 행해야 할지에 대한 판단은 무엇이건 그것을 지지하는 이유가 있지 않으면 안 된다. 적어도 진지하게 수용되려면 말이다. 그렇지 않으면 그러한 판단은 임의적이고 근거 없는 것으로 무시될 수 있다. 그럼에도 우리가 이유를 제시하면서 사실들이 도덕 판단을 논리적으로 함의한다고 주장할 필요는 없다. 우리는 그러한 사실들이 그러한 판단을 수용하기 위한 훌륭한 이유가 된다고 주장하는 것만으로도 충분하다.

물론 함입설은 결국 잘못임이 밝혀졌고, 지금은 단지 역사적 호기심의 대상일 따름이다. 오늘날 우리는 태아가 수정란들로부터 발생한다는 사실을 알고 있다. 이는 단세포들이며, 인간의 유전 물질을 함유하고 있음을 제외하고는 완전한 모습의 인간과 전혀 닮지 않았다. 교회의 입장은 이러한 새로운 지식으로 인해 지지 근거를 박탈당함으로써 상처를 입게 되었다. 여기서 우리는 함입설에 대한 신뢰가 상실되고 난 후 교회가 종전의 낙태를 허용하는 입장으로 되돌아갔으리라고 생각할 것이다. 하지만 그렇게 되지 않았으며, 그렇게 해야 할 이유도 없었다. 왜냐하면 새로운 지식은 그러한 도덕적 입장이 잘못임을 함의하지 않기 때문이다. 만약 다른 근거가 발견될 수 있다면 그러한 입장은 여전히 유지될 수 있다. 그리고 실제로 그러한 일이 일어났다. 교회는 낙태를 반대하는 다른 논거들을 발견했고, 이에 따라 더욱 엄격한 도덕적 견해를 계속 유지했다.

이상의 논의로 미루어 보았을 때 흄은 옳기도 하고 그르기도 한 것처럼 보인다. 사실에 관한 판단과 평가에 대한 판단 사이에 논리적 차이가 있다는 그의 논점은 옳았다. 하지만 자신의 논점이 모든 통속적인 도덕 체계(그는 여기에 전통적인 종교적 관념에 기반을 둔 도덕 체계를 포함시켰다)를 허물어뜨린다는 생각은 분명 잘못이었다. 전통 도덕은 타파되지 않는다. 왜냐하면 사실상 전통 도덕은 '신의 형상 테제나 합리성 테제로부터의 엄격한 논리적 연역'에 의존하여 자신의 입장에 부합되는 도덕적 관념을 취한 것이 아니기 때문이다.

그렇다면 신의 형상 테제(혹은 합리성 테제)와 그에 부합되는 도덕 관념은 어떠한 관계에 놓여 있는가? 여기서 전자가 후자를 함의하진 않는다. 이보다 전자가 후자를 받아들일 훌륭한 이유를 제공한다고 말하는 편이 적절하다. 전통 도덕 내에서 인간이 존엄하다는 입장은 아무런 지지가 이루어지지 않는 논리적 공간에 매달려 있는 임의적인 원리가 아니다. 이는 인간의 본성에 대한 어떤 사실이라고 추정되는 것에 근거를 두고 있다. 전통 도덕을 받아들이는 입장이 합리적이라고 추정될 수 있는 것은 바로 이러한 사실 때문이다. 전통 도덕에 스며들어 있는 생각은 인간이 신의 형상에 따라 만들어졌기 때문에, 혹은 그들이 유일한 이성적인 존재이기 때문에 도덕적으로 특별하다는 것이다.

이제 우리는 다윈주의가 과연 전통 도덕을 훼손할 수 있는지를 설명할 수 있게 되었다. '다윈주의가 전통 도덕을 훼손했다'는 주장은 '다윈주의가 인간이 존엄하다는 입장이 거짓임을 함의한다'는 주장이 아니다. 이는 '다윈주의가 인간이 존엄하다는 입장을 뒷받침하는 고찰이 과연 참인지를 의심할 이유를 제공한다'는 주장이다. 다윈주의의 시각에서 보았을 때 신의 형상 테제와 합리성 테제는 모두 의심스러운 생각들이다. 다윈주의의 입장에서 보았을 때 인간이 존엄하다는 입장을 지지하는 다른 방법이 발견될 가능성은 거의 없다고 할 적절한 이유들이 있다. 이처럼 다윈주의는 인간이 존엄하다는 주장의 지지 기반을 박탈함으로써 그러한 주장을 훼손하는 '새로운 정보'를 제공한다.

이상은 흄의 재단기가 작동함에도 다윈주의가 인간이 존엄하다는 전통적인 입장을 훼손할 수 있는 방식이다. 그런데 다윈주의가 실제로 전통적인 도덕적 입장을 훼손하는가? 이 질문에 자신 있게 답하고자 한다면 우리는 이에 앞서 여러 문제들에 대해 생각해 보아야 한다. 첫째, 다윈주의가 실제로 세상에서의 인간의 위치에 대한 종교적 관점과 양립할 수 없는가? 둘째, 진화론적 시각이 실제로 유일한 이성적 동물로서의 인간의 지위를 의심케 하는가? 셋째, 앞의 두 가지 질문에 대해 긍정적인 답변이 제시되고, 그리하여 우리가 신의 형상 테제와 합리성 테제를 포기해야 한다고 생각해 보자. 하지만 설령 그렇다고 하더라도 전통 도덕을 옹호하는 어떤 다른 방식이 여전히 남아 있고, 그리하여 우리가 인간이 존엄하다는 관념을 계속해서 받아들일 수 있진 않을까? 만약 받아들일 수 없다면 우리는 어떤 종류의 도덕을 받아들여야 할까? 어떤 유형의 도덕적 견해가 자연과 그 안에서의 인간의 지위에 대한 다윈주의자의 이해와 조화를 이룰 수 있을까? 다음 장에서 우리는 이러한 문제들을 다루게 될 것이다.

제3장

다윈주의자는 종교에 회의적이어야 하는가?

월버포스(Wilberforce) 주교는 《종의 기원》이 성경에서 말하는 기원의 역사와 "절대로 양립할 수 없을" 뿐 아니라, 기독교에서 말하는 "인간의 도덕적, 그리고 영적인 조건에 대한 모든 설명"과도 조화를 이루지 못한다고 생각했다. 월버포스와 마찬가지로 많은 종교적 보수주의자들은 진화론을 계속해서 비난했다. 왜냐하면 그들은 진화론을 신에 의해 드러난 진리와 모순된다고 생각했기 때문이다. 1987년 미국에서 가장 큰 신교도 교단인 남부 침례교(Southern Baptist)는 연차 총회에서 아담과 이브가 실존 인물이며, 신학교에서 이와 다른 생각을 가르칠 수 없다는 입장을 공식적으로 채택했는데, 이로 인해 남부 침례교는 다윈주의를 공공연히 비난하는 종교 집단의 긴 행렬에서 마지막을 장식하게 되었다.

하지만 종교인들이 항상 진화에 대해 적대적이지만은 않았다. 많은 사람들은 보다 희망적인 입장을 견지한다. 자유주의 신학자들은 다른 과학적 발견과 마찬가지로 진화론 또한 신이 어떻게 창조를 명했는지를 좀더 상세하게 드러낸 이론에 불과하다고 주장했다. 이러한 생각에 따르면 자연선택은 신이 스스로 원하는 세상을 만들기 위해 사용한 수단에 지나지 않는다. 19세기 후반 미국에서 가장 저명한 전도사 중 한 사람인 비처(Henri Ward Beecher)는 진화론적인 시각이 신의 창조에 영광을 더하는 것이라고 주장하기까지 했다. 왜냐하면 그가 말하듯이 "대규모의 계획은 소규모의 계획에 비해 장대하기 때문이다."[1] 로마의 가톨릭교회는 어정쩡한 태도를 취하다가 미바트의 타협안에 동의한 듯했다. 1953년 교황 피우스 12세(Pope Pius XII)는 "기존에 있던 다른 생물로부터 인간 육신이 진화한 것에만 국한시켜 생각해 볼 경우, 교회의 가르침은 진화론에 대해 긍정적으로 생각하는 것도, 부정적으로 생각하는 것도 아니다"[2]고 주장했다. 하지만 그는 즉시 다음과 같이 덧붙인다. "신이 영혼을 직접 창조하셨다는 견해는 가톨릭의 신앙이 우리에게 전해 주는 입장이다."

종교인들이 진화에 대해 의견이 갈라져 있다고 해도, 진화론자들 또한 종교에 관한 의견이 그 못지않게 갈라져 있다. 진화생물학자들 중에도 독실한 신자들은 상당히 많다. 굴드는 이를 '과학과 종교 간의 전쟁'이 오해에 근거하고 있다는 사실에 대한 증거로 인용한다. 그는 다음과 같이 쓰고 있다. "대부분의 과학자들은 종교에 아무런 적대감을 보이지 않는다. 우리가 다루는 주제가 신학의 관심사와 무관한데, 우리가 종교에 적대감을 가져야 할 이유가 무엇인가?"[3] 굴드는 '우리 시대의 가장 위대한 진화론자' 도브잔스키(Theodosius Dobzhansky)[4]가 유신론자였음을 지적하고 있다. 그는 단지 이것만으로도 종교와 진화론이 본래적으로 양립 불가능하다는 생각을 버려야 한다고 말하고 있다.

    최소한 나의 동료들 중 절반이 바보가 아니라면, 과학과 종교 간에는 아무런 갈등이 있을 수 없다는 것이 가장 적나라하고 직접적인 경

---

1) Beecher, *Evolution and Religion*, p. 51.
2) Pius XII, *Humani Generis*, p. 30.
3) Gould, "Darwinism Defined", p. 70.
4) 〔역주〕《유전학과 종의 기원》(1937)에서 진화요인으로 '격리'가 중요한 역할을 하며, 소수 개체군의 격리가 신종의 형성에 중요하다는 집단유전학(集團遺傳學)을 제창하였다. 집단유전학은 돌연변이나 격리에 의한 자연선택설을 생물통계학적으로 뒷받침하려는 이론으로, 이는 '다윈주의의 현대적 부활' 또는 '진화의 종합설'로도 불린다. 유전자나 염색체 변이에 의해 생긴 돌연변이가 격리, 이주, 자연선택 등에 의해 고정되면서 신종이 만들어진다는 것이다.

험적 근거로 확인된다. 나는 진화의 사실에 관한 확신을 공유하면서 이를 가르치는 수백의 과학자들을 알고 있다. 그들 중에는 매일 기도하는 독실한 신자로부터 단호한 무신론을 숭배하는 사람에 이르기까지 종교에 대해 다양한 입장을 취하는 사람들이 있다. 이렇게 보았을 때 종교적 신앙과 진화에 대한 확신 사이에는 아무런 상호 관련성이 없던가, 그렇지 않다면 그들 중 절반은 바보일 것이다. 5)

굴드의 주장은 나름 일리가 있다. 하지만 그것은 그리 강력한 논변은 아니다. 설령 다원주의와 유신론이 양립 불가능하더라도, 그가 주장하고 있는 바와 같이 진화생물학자들 중 절반이 바보라는 주장이 도출되진 않는다. 도출되는 것이 있다면 그저 그들이 잘못을 범했다는 정도일 뿐이며, 지금까지 무엇인가에 대해 수많은 영민한 사람들이 잘못을 범했던 경우가 처음은 아닐 것이다. 그럼에도 수많은 사려 깊은 과학자들이 유신론자라는 사실은 진화론과 유신론이 **어느** 정도 양립 가능하다는 증거가 될 수 있음이 분명하다. 요컨대 만약 두 입장이 양립 불가능하다면 어떻게 수많은 영민한 사람들이 양자 모두를 신뢰할 수 있겠는가? 하지만 그들이 보여 주는 모습은 기껏해야 결정적이지 못한 증거에 지나지 않는다.

우리는 사람들이 막연하게 알고 있는 이상을 알고자 한다. 우리는 진화와 종교가 **실제로** 양립 가능한가를 알고 싶어 한다. 물론 그 답은 우리가 어떤 종교적 관점을 존중하는가에 따라 달라질 수 있다. 한 극단에서는 종교가 세상에 대한 어떤 종류의 경건한 태도 이상이 아닌 것으로 파악될 수 있다. 다원주의는 분명 이러한 입장과는 양립 가능하다. 다른 극단에는 기독교 근본주의가 존재한다. 이에 따르면 창세기의 창조에 대한 이야기가 문자 그대로의 진리다. 다윈주의 진화론은 분명 이러한 입장과는 양립하지 못한다. 하지만 합당하게 초점을 맞추어 질문하고자 할 경우, 우리는 위에서 언급한 두 극단 사이의 어디인가에 자리 잡는 편이 좋을 것이다. 우리는 다음과 같이 물을 수 있다. 다윈주의 진화론은 엄격하

---

5) Gould, "Darwinism Defined", p. 70.

지 않은 뜻으로 이해되는 유신론과 양립 가능한가? 좀더 구체적으로 말해 (우리가 인간이 존엄하다는 교의에 관심을 가지고 있다는 사실을 기억하면서) 우리는 다음과 같은 다소 다른 질문에 답할 수 있는가를 알고자 한다. 다윈주의 진화론이 '신의 형상 테제' — 인간이 신의 형상에 따라 창조되었으며, 그러한 창조에서 특별한 지위를 누릴 수 있다는 생각 — 를 충분히 지지할 수 있을 정도로 강한 의미의 유신론과 양립할 수 있는가?

다윈의 회의주의

이 장에서의 주요 논지를 말하기 위한 예비 단계로 나는 다윈 자신의 종교에 대한 태도를 언급하고자 한다. 젊었을 때 다윈은 전혀 거리낌 없이 성직자가 될 꿈을 키워 나갔다. 왜냐하면 다윈이 스스로 밝혔듯이 그는 "그 당시 성경의 모든 단어들이 엄격하고도 문자 그대로의 진리임을 조금도 의심하지 않았기 때문이다."[6] 하지만 이와 같은 단순한 믿음은 점차 사라져 갔고, 나이가 들어서는 더 이상 어떠한 종교적 입장도 믿지 않았다. 67세에 그는 자신의 삶을 회고하면서 "신앙에 대한 불신이 매우 서서히 살금살금 내게 기어들어 오다가 급기야는 완전하게 나를 사로잡았다. 그 과정이 매우 서서히 진행되었기 때문에 나는 고통을 느끼지 않았고, 그 이후 나는 나의 결론이 옳았음을 단 일초라도 의심한 적이 없었다."[7]

신앙심이 사라졌음은 이미 그가 결혼했을 당시부터 감지되었다. 엠마는 이 때문에 괴로워했으며, 생각의 방향을 바꾸어 보길 종용하는 감동적인 편지를 남편에게 썼다. 하지만 그 당시에도 이미 때가 늦었다. 다윈은 이미 진화론으로 전환한 상태였고, 자연선택 이론을 발견했으며, 그의 마음은 자신의 새로운 견해와 전통적인 종교적 신앙이 조화를 이루지 못하고 있었다. 엠마는 다윈이 언젠가 보다 전통적인 믿음으로 되돌아오리라는 희망을 포기하지 않았다.

---

6) Darwin, *Autobiography*, p. 57.
7) 위의 책, p. 87.

다윈은 공식적으로 출판된 책에서는 종교를 직접적으로 논하지 않았다. 하지만 그는 자신의 이론이 전통적인 신앙과 양립할 수 있다고 생각해선 안 된다는 암시를 여러 번 주었다. 그가 이러한 주제를 다루지 않았던 까닭은 대체로 그가 많은 논제들을 일시에 다루어서 문제를 복잡하게 만들길 원하지 않았기 때문이다. 그로서는 종교를 공격하지 않으면서 진화론을 옹호하는 것만으로도 충분했다. 또한 그는 자신의 가족에게 불필요한 고통을 주고 싶어 하지 않았다. 하지만 이와는 다른 또 다른 이유가 있다. 다윈은 종교에 대한 직접적인 공격이 효과적이지 않다고 생각했다. 사람들이 논증을 통해 자신들의 종교적 입장을 바꾸는 경우는 좀처럼 없기 때문이다. 반면 인내심을 가지고 과학을 이용해 작업을 해 나갈 때 그 파장은 길게 드리워진다. 과학이 발전해 나감에 따라 종교적 신앙의 토대는 허물어지고, 그러한 믿음을 유지하기가 더욱 힘들어진다(어쩌면 여기서 다윈은 자신의 경험을 염두에 두고 있는지도 모른다). 숨을 거두기 2년 전인 1880년에 쓴 편지에서 다윈은 다음과 같이 말하고 있다.

> 물론 제가 모든 주제를 자유롭게 사색할 수 있어야 한다고 생각하는 사람이긴 합니다. 하지만 제가 생각하기에 기독교와 유신론에 반대하는 직접적인 논증이 대중에게 별다른 영향력을 발휘할 것 같지 않습니다. 그리고 사유의 자유는 인간의 마음을 점차적으로 조명하는 방법을 통해 가장 잘 증진될 것입니다. 이에 대한 조명은 과학의 진보를 통해 이루어지겠죠. 바로 이러한 이유로 나는 언제나 종교에 대한 글은 쓰지 않으려 했으며, 오직 과학에만 연구를 제한했습니다.[8]

이와 같은 이유로 종교에 대한 입장을 명시적으로 밝힌 내용은 다윈이 발간을 염두에 두지 않고 쓴 글, 특히 그의 편지와 《자서전》에서만 발견된다.

---

8) 칼 맑스에게 다윈이 쓴 편지에서. 맑스의 양자 에드워드 어벨링(Edward Aveling)에게 쓴 편지일 수도 있다. Lucas, "Marx und Engels"에 실림.

다윈은 죽기 6년 전에 《자서전》을 썼는데, 이는 자녀들과 손자들이 사적으로 읽으라고 쓴 책이었다. 그러나 이는 그가 죽고 난 후 몇 년이 지나지 않아 발간되었다. 19세기에는 위대한 인물을 기념하기 위해 책을 발간하는 관례가 있었는데, 그의 아들 프랜시스가 이러한 목적으로 《삶과 편지》(Life and Letters)를 발간했던 것이다. 《자서전》에는 종교에 관한 11쪽 분량의 소론이 포함되어 있다. 하지만 책이 발간되었을 때 다윈 부인의 요청에 따라 가장 신랄하게 종교를 비판한 구절들은 제외되었다. 그녀는 그러한 구절들이 지나칠 정도로 투박하고 생경해 남편의 사려 깊은 판단을 드러낼 수 없다고 말했다. 심지어 편집된 책에 대해서도 강하게 반발하는 가족이 있었다. 다윈의 딸 헨리에타(Henrietta)는 비록 실행에 옮기지는 않았지만, 그 책의 발간을 중단할 법정인 절차를 밟겠다고 말하기도 했다. 가족은 삭제되지 않은 《자서전》의 출간을 계속 허용하지 않았고, 1958년이 되어서야 비로소 다윈의 손녀 노라 바로우(Nora Barlow)가 완전한 원문을 최종적으로 출간했다.

의심할 것도 없이 다윈 부인이 출간에 반대한 이유는 실제로 다윈의 표현이 생경했기 때문이기 보다는 남편이 신앙심을 갖지 않았다는 사실에 대한 그녀 자신의 정신적인 고통 때문이었다. 《자서전》에서 다윈의 입장을 담고 있는 내용들은 그의 모든 저서에서 발견되는 것과 다를 바 없는 명쾌함과 간결함을 갖추고 있다. 그의 논의는 짧지만 완전했다. 그는 회의적인 경향의 사상가들이 중요하다고 생각한 기본적인 논의들을 거의 모두 포괄하고 있다. 이러한 논의들 중 일부는 친숙한 내용이었고, 다윈은 여기에 새로운 내용을 약간 추가했을 따름이다. 반면 그는 나머지 논의를 자연선택과 연결시킴으로써 그 내용을 뚜렷하게 바꾸어 놓았다.

종교에 대한 다윈의 공격은 어느 정도 기독교로 향해 있다. 사람들이 종교를 받아들인다고 할 때 받아들이는 것은 어떤 특정한 종교이며, 회의주의자들이 종교를 거부할 때 거부하는 것은 어떤 특별한 종교 — 흔히 그들 문화에서 지배적인 종교 — 임에 틀림없다. 따라서 서구 사회에서 사람들이 종교를 포기한다고 할 때 그 대상은 기독교다. 물론 그들이 힌

두고나 불교를 믿는 것은 아니다. 그럼에도 그들이 반대하는 논의를 제시해야 한다고 생각하는 종교는 힌두교나 불교가 아니라 바로 기독교다. 다윈 또한 예외가 아니었다.

다윈은 기독교가 진리라고 믿을 별다른 이유가 없다고 주장하는 것으로 《자서전》에서의 종교에 대한 논의를 시작한다. 그는 성경을 신뢰할 수 없다고 말한다. 왜냐하면 성경은 중요한 점에서 자체적인 모순을 가지고 있을 뿐만 아니라 기적에 대한 기록이 법칙과 같은 자연의 작동 방식에 친숙한 사람들에게 신뢰를 주지 못하기 때문이다. 뿐만 아니라 힌두교와 불교 또한 성전(聖典)이 있는데, 우리가 기독교의 저술들이 다른 종교의 저술들에 비해 신뢰할 만하다고 생각해야 할 이유는 무엇인가?

만약 성경이 신뢰할 수 없다면 도대체 무엇이 기독교가 진리라는 증거를 제공할 수 있는가? 이에 대한 한 가지 답변이 될 수 있는 것은 종교적 신앙이 신자들의 느낌과 경험에 기반을 두고 있다는 것이다. 역사는 특별한 계시와 신비로운 경험들에 대한 기록으로 가득하다. 심지어 특별한 계시에 대해 말하지 않는 일상적인 사람들마저도 어떤 논증도 뒤흔들 수 없는 종교에 대한 어떤 절대적인 확신의 느낌을 경험한다고 흔히 말한다. 이처럼 종교적 확신은 더 이상의 증거가 불필요한 일종의 직접성의 영역인 경우가 비일비재하다.

다윈은 이와 같은 생각을 몇 가지 간단한 언급을 통해 간단히 처리해 버린다. 그에 따르면 기독교인들은 자신들의 견해를 뒷받침하는 '영적인 느낌'을 분명 갖는다. 하지만 그러한 느낌을 갖게 되는 이유는 그들이 기독교 문화 속에서 성장했기 때문이다. 이러한 느낌은 증거로서의 가치를 전혀 갖지 못한다. 왜냐하면 불교도, 이슬람교도 심지어 야만인마저도 자신들의 확신의 진실성에 대한 유사한 느낌을 갖기 때문이다. 다윈은 다음과 같이 말한다. "이러한 논거는 모든 인종의 모든 사람들이 유일신의 존재에 대한 동일한 영적 확신을 갖는 경우에만 타당할 것이다. 하지만 우리는 이러한 생각이 사실과 매우 거리가 멀다는 것을 안다."[9] 그는 다음과 같이 말하기도 한다. "어찌되었건 진리의 암시라고 가정하지 않고서도 종교적 느낌을 설명하기란 어렵지 않다. 그러한 느낌은 일종의 자신들의 희망을 담은 사유라고 말할 수 있을 것이다. 우리는 죽길 원하지 않고, 그리하여 우리가 영생할 수 있도록 돌봐주는 신을 믿는다."

하지만 단순히 기독교가 진리라는 증거가 없다는 이유로 다윈이 기독교를 거부하는 것은 아니다. 그는 이상에서 언급했던 내용과는 별개의 근거로 기독교의 입장을 받아들이지 못한다고 생각한다. 예를 들어 다윈은 지옥에 대한 기독교의 입장을 도덕적인 근거만으로도 거부해야 한다고 생각한다.

> 나는 사람들이 기독교를 진리라고 믿고 싶어 하는 이유를 정말 이해할 수 없다. 이런 이야기를 하는 이유는 기독교가 진리일 경우 성경의 말씀은 믿지 않는 사람 — 여기에는 나의 아버지, 형제 그리고 나의 가장 친한 친구들이 대부분 포함되는데 — 들이 영원히 벌 받아야 함을 보여주는 듯하기 때문이다.
> 이는 비난받아 마땅한 입장이다. 10)

이러한 이유로 그는 정통 기독교를 받아들 수 없다고 생각했다.

하지만 더욱 커다란 문제는 유신론 자체다. 다윈은 종교가 구체적인 성서 구절에 무비판적으로 의존하는 태도와 거리를 유지할 수 있음을 잘 알고 있었으며, 그러한 태도가 '믿지 않는 사람들은 지옥에 간다'와 같은 '비난받아 마땅한 입장'을 일소할 수 있음을 잘 알고 있었다. 이렇게 본다면 더욱 계발적인 유신론은 이상에서와 같은 비판에 영향을 받지 않을 것이다. 다윈은 이를 깨닫고 계속해서 어떤 명백한 유신론적 믿음도 거부하는 이유들을 제시한다. 그는 먼저 악으로부터의 논증에 호소했다.

---

9) Darwin, *Autobiography*, p. 91.
10) 위의 책, p. 87.

악의 문제

악의 존재는 언제나 지극히 선하고 전능한 신에 대한 믿음에 방해가 되는 주요 요인이었다. 어떻게 신과 악이 공존할 수 있는가? 만약 신이 완벽하게 선하다면 악이 존재하길 원하지 않았을 것이다. 그리고 만약 그가 전능하다면 악을 제거할 수 있었을 것이다. 그럼에도 악은 존재한다. 따라서 신은 존재할 수 없다는 결론이 도출된다.

이처럼 단순한 방식으로 논의가 제시될 경우, 이에 대응하기는 쉽다. 우리는 '신이 악의 존재를 허용할 적절한 이유가 있었을 것'이라고만 말하면 될 것이다. 수 세기 동안 신학자들은 악이 존재하는 이유에 대한 다양한 가능성을 제시해 왔다.

1. 우리가 선을 더욱 잘 이해하게 하기 위해 악이 필요할지도 모른다. 실제로 우리가 비교해 볼 악이 존재하지 않았다면, 우리는 심지어 선이 무엇인지 알지도 못할 것이다.

2. 악은 인간의 죄에 대한 처벌일 수가 있다. 인간이 타락하기 전에는 낙원에 살았다. 그들이 추방된 이유는 그들 자신이 저지른 죄 때문이다. 이렇게 보았을 때 사람들이 고통을 받는 이유는 그들 자신이 죄를 저질렀기 때문이다.

3. 어쩌면 세상에 악이 있고, 인간이 그에 대해 투쟁을 벌임으로써 도덕적 품성을 개발할 수 있는지 모른다. 우리는 역경을 극복해 나가기 위해 노력함으로써 용기, 동정심, 그리고 참을성과 같은 특성을 개발한다. 만약 우리가 완벽한 환경에 살았다면 게으름뱅이가 되었을 것이다.

4. 악은 자유 의지의 피할 수 없는 결과일지 모른다. '단순한 로봇이 되기보다는 도덕적 행위자가 되도록 하기 위해' 신은 우리에게 자유 의지를 부여할 필요가 있었다. 하지만 우리를 자유 행위자로 만드는 과정 중에 비록 신이 스스로 악을 야기하지는 않았어도 **우리가** 악을 야기할 수 있게 했다.

   5. 다른 모든 논증들이 실패로 귀결될 경우 유신론자는 항상 '우리의 제한된 지적인 능력이 신의 위대한 계획을 이해하는 데 충분치 못하다'는 주장에 호소할 수 있다. 악이 존재하는 이유가 있다. 하지만 우리는 그 이유를 정확히 알아낼 만큼 충분히 이해력이 뛰어나지 않다.

   이 모든 논거들은 신의 존재와 악의 존재를 화해시키는 데 필요하다. 이렇게 보자면 유신론자는 단순한 형태의 악으로부터의 논증을 통해서는 신앙을 포기해야겠다는 생각이 들지 않을 것이다. 악으로부터의 논증에 대해서는 가능한 대응 방식들이 수없이 많이 존재한다. 따라서 악으로부터의 논증을 제시하는 회의주의자라면 누구건 악의 존재에 대한 여러 답변이 불충분하다고 생각하는 이유가 무엇인가를 설명할 필요가 있다.
   전통적으로 회의주의자들은 유신론자들의 답변이 불충분하다는 근거로 두 가지 방식의 설명을 제시했다. 첫째, 그들은 **지나칠 정도로 많은** 양의 악이 세상에 존재한다는 사실을 강조한다. 앞의 세 가지 유신론적 답변은 적은 양의 악을 정당화하기에 충분할지 모르겠으나, 우리가 현실 속에서 발견하는 많은 양의 악을 정당화하지 못한다.

   1. 어느 정도의 악은 선을 이해하는 데에 필요할지 모른다. 하지만 그렇게 많이 필요하지는 않다. 예를 들어 매년 암으로 숨지는 사람들 수의 절반만이 목숨을 잃어도 건강의 중요성을 이해하는 동기를 갖게 하는 데에는 충분하다.
   2. 만약 사악한 사람만이 고통을 받는다면 고통이 죄에 대한 처벌이라고 생각하는 것이 합당하다. 하지만 훌륭한 사람들 또한 고통을 받는다. 유신론자들은 모든 사람들이 죄를 범했고, 따라서 모든 사람들이 처벌을 받아야 한다고 대응할 것이다. 하지만 심각한 질병에 걸려 끔찍하게 숨을 거두는 무고한 아기들은 어떻게 생각해야 하는가? 물론 원죄에 대한 악명 높은 입장을 취하는 사람들은 심지어 아기들마저도 죄를 지었다고 말한다. 만약 이것이 새로 태어난 아기들이 표피수포증11) ― 이는 피부

에 광범하고도 끊임없이 물집이 생기는, 사실상 치료가 가능하지 않는 질환인데, 이 때문에 아이는 어떻게 누워도 신체적인 고통을 느끼게 된다 ― 을 마땅히 잃아야 함을 의미한다면, 이는 분명 다윈이 불만을 제기하는, 도덕적으로 비난받아 마땅한 입장들 중의 하나다.

　3. 설령 악과의 대결을 통해 도덕적 품성을 개발할 수 있다고 해도, 우리가 악에 의해 압도되어야 그러한 특성을 개발할 수 있는 것은 아니다. 세상의 악의 총량이 3분의 2로 줄어든다고 해도, 그 정도마저도 여전히 우리가 대처할 수 있는 양 이상일 수가 있다.

　이렇게 보았을 때, 설령 신이 이상에서 언급한 목적을 달성하기 위해 악의 존재를 어느 정도 허용할 필요가 있었다고 하더라도, 신이 그처럼 많은 양을 허용해야 한다고 느끼진 않았을 것이다.

　둘째, 회의주의자들은 '인간이 야기한 **도덕적 악**'(*moral evil*)과 '인간의 행동과 무관하게 야기된 **자연적 악**'(*natural evil*)에 대한 구분을 강조해 왔다. 이러한 구분은 유신론적 답변 (4)의 토대를 훼손한다. 세상의 악 중 일부가 인간의 선택 결과임은 분명하다. 인간은 전쟁을 하고, 살해와 강간 등을 선택한다. 하지만 인간이 아무런 통제를 할 수 없는 힘으로 인해 수많은 고통들이 야기되기도 한다. 표피 수포증은 하나의 사례지만, 이외에도 다른 많은 사례들이 있다. 화산은 뜻하지 않게 폭발하며, 활활 타는 용암을 마을로 흩뿌린다. 조수 작용에 의한 파도의 범람으로 해안 마을이 물에 잠기기도 한다. 신이 인간에게 선택의 자유를 허용하고자 한다는 논변에 호소할 경우, 우리는 신이 이와 같은 '자연적인' 악을 허용한 이유를 설명하지 못한다.

　다윈 이전의 수많은 회의주의자들과 마찬가지로 다윈은 악의 존재에

11) 〔역주〕피부를 살짝 건드리기만 해도 물집이 생기는 치명적인 피부병. 사소한 외상에도 피부와 점막에 동통을 동반하는 수포가 쉽게 생기는 유전성 질환이다. 눈, 혀, 식도를 침범하기도 하며, 더 나아가서 근골격계의 기형을 초래하는 심각한 형태의 수포성 표피박리증도 있다.

호소함으로써 유신론을 부정하고자 했다. 하지만 그는 이러한 논의에 두 가지 뚜렷한 변화를 줌으로써 논지를 강화했다. 첫째, 다윈은 전통적인 논증이 **인간의 삶과 역사 속에서의 악에만** 초점을 맞추었다는 사실을 알 수 있었다. 정당화가 요구되는 악은 **인간의 고통**과 관련이 있었는데, 그리하여 전통적인 유신론적 정당화는 **인간의 선에 대한 이해, 인간의 죄, 인간의 도덕 발달,** 그리고 **인간의 자유 의지**와 관련이 있었다. 12) 하지만 가장 먼저 다윈의 머리에 떠오른 생각은 인간의 삶과 역사가 자연과 그 역사의 작은 부분에 불과하다는 점이다. 무수한 동물들이 인간의 출현에 앞서 수백만 년 동안 혹독한 고통을 받아 왔는데, 전통적인 유신론적 답변들은 심지어 **그와 같은** 악을 정당화하려는 노력조차 기울이지 않았다. 다윈은 다음과 같이 적고 있다.

세상에 무수한 고통이 있음을 부정할 사람은 없다. 일부 사람들은 그것이 인간의 도덕적 개선에 도움이 된다고 상상함으로써 인간과의 관계 속에서 이러한 고통을 설명하려 했다. 하지만 세상에 살고 있는 인간의 수는 다른 모든 쾌고 감지 능력(*sentient being*) 13)이 있는 존재에 비할 바가 아니다. 그리고 그러한 존재들은 흔히 아무런 도덕적 개선 없이 커다란 고통을 느낀다. 우주를 창조할 수 있는 신과 같이 매우 강하고 지식으로 가득한 존재는 우리의 유한한 마음에는 전지전능한 존재로 파악된다. 그럼에도 신의 자비는 제한되는 듯한데, 이는 우리의 이해에 상반된다. 이렇게 말하는 이유는 거의 무한한 시간 동안 수백만의 하등동물들이 고통을 받았는데, 이에 어떤 이점이 있는가라는 의문이 제기될 수 있기 때문이다. 14)

---

12) 〔역주〕 악은 인간이 탄생한 이래의 역사 속에서만 있었던 것이 아니며, 인간 이전의 영겁의 세월 속에서도 존재했다. 지구의 역사와 비교해 보았을 때 인간의 역사는 다윈의 관점에서 보았을 때 찰나에 불과한데, 이 시기의 악은 인간들에게 경각심을 불러일으키기 위해 존재하게 하였다고 하더라도, 나머지의 오랜 시간 동안에 있었던 악은 무엇 때문에 존재했어야 하는가에 대한 의문이 제기될 수 있다.

13) 〔역주〕 쾌락과 고통을 느낄 수 있는 능력이 있는 존재.

문제에 대한 표준적인 정식은, 그리고 표준적인 유신론적 응답은 인간이 늘 존재해 왔다고 은연중에 가정하고 있다. 인간이 애당초 존재했다면, 그리고 자연계가 항상 우리가 알고 있는 바와 크게 다르지 않았다면 우리의 개선을 위해, 혹은 우리의 자유 의지 등을 위해 마땅히 악이 필요하다고 생각해야 했을 것이다. 하지만 진화론적 시각은 이러한 생각에 새롭고도 어려운 문제점을 노정한다.

다윈은 악으로부터의 논증을 더욱 심층적인 또 하나의 방식으로 자연선택과 연결시키기도 했다. 그의 관점에서 보자면 신의 창조와 자연선택은 경쟁 가설이며, 이들은 자연이 지금과 같은 모습으로 존재하는 이유에 대한 양자택일의 설명 방식이다. 악으로부터의 논증에 따르면 신의 창조설은 빈약한 가설이다. 왜냐하면 이는 사실에 부합되지 않기 때문이다. 이러한 가설에 입각해서 본다면 우리는 악이 존재하리라고 생각할 수 없을 뿐만 아니라, 악의 존재를 사후적으로 설명할 수도 없다.[15] 바로 이것이 창조 가설을 구하기 위해 그 옹호자들이 '신의 위대한 계획을 이해하기엔 우리의 제한된 지적인 능력이 충분치 않다'고 하는 (5)에 호소하지 않을 수 없는 이유다. 그런데 이는 신의 창조 가설하에서는 악의 문제를 해결할 수 없다는 점을 인정하는 것과 다를 바 없다.

하지만 다른 선택 가설인 자연선택은 어떤가? 이를 통해 무엇을 예측할 수 있는가? 다윈은 자연선택이 사실에 아주 잘 부합된다고 주장한다. 그는 다음과 같이 말한다. "수많은 고통이 존재한다는 사실은 모든 생물이 변이와 자연선택을 거쳐 발달했다는 견해에 잘 부합된다."[16] 왜 그런가? 동물들은 생존을 위해 자기 보존에 기여하는 방식으로 행동하려는 동기를 가져야 한다. 고통과 쾌락은 동기 유발 요인이다. 음식이 없을 경우 우리는 굶주림으로 고통을 받는다. 우리는 음식을 먹으면서 즐거움을 느낀다. 이 두 가지로 인해 우리는 먹을 수밖에 없게 된다. 적(敵)이 근

---

14) Darwin, *Autobiography*, p. 90.
15) 〔역주〕단순히 신을 통해 악의 존재를 설명하는 것이 불가능하다는 것.
16) Darwin, *Autobiography*, p. 90.

204

처에 있을 때 우리는 두려움으로 고통을 받는다. 도망갈 때 우리는 안도감을 느낀다. 이러한 느낌들은 우리의 안전을 보장한다. 다윈은 사실상 쾌락이 더욱 일상적인 동기 유발력이라고 생각하는데, 그의 입장에 따르면 이것이 세상에 불행보다 행복이 더 많이 존재하는 이유다.

> 하지만 고통 혹은 괴로움은 오래 지속될 경우 낙담을 야기하고 행동하려는 추진력을 감소시킨다. 그럼에도 고통은 생물이 어떤 갑작스럽거나 커다란 해악에 대항하여 자신을 지킬 수 있도록 적응되었다. 이에 따라 대부분 혹은 모든 쾌고 감지 능력이 있는 존재들은 자연선택을 통해 쾌락을 주는 감각을 자신들의 습관적인 지침이 되게 하는 방식을 개발하게 되었다. 17)

이처럼 다윈은 자연선택 이론이 세상에서의 행·불행과 관련된 사실들을 적절히 설명함에 반해, 신의 창조라는 경쟁 가설은 그렇지 못하다고 생각했다.

우주의 궁극적인 기원

다윈이 보기에 '제 1원인' 논증은 종교적 믿음을 지지하는 가장 강력한 논거 중의 하나였고, 이로 인해 간혹 그는 유신론을 받아들일 생각을 갖기도 했다. 이러한 논증은 우주가 도대체 존재하는 이유가 무엇인가를 물음으로써 시작된다. 삼라만상이 존재하게 된 이유는 무엇인가? 그 다음으로 '어떤 종류의 신학적 설명에 호소하지 않고서는 우리가 이를 설명할 수 없다'는 주장이 제기된다. 이에 따라 신에 대한 믿음, 최소한 우주의 '제 1원인'에 대한 믿음이 정당화된다고 일컬어진다.

이는 가장 추상적이면서 일반적인 신학적 논증이다. 이러한 논증은 창조자로서의 존재 이상으로 신에 대한 어떤 구체적인 특징을 전제하고 있

17) 앞의 책, p. 89.

지 않다. 이는 신이 유대인의 여호와 혹은 이슬람교도들의 알라신임을
전제하지 않는다. 이는 신이 '복수심에 불타는 폭군'이라던가 인류를 사
랑한다고 전제하지도 않는다. 이러한 논증은 모든 것들이 원인을 가져야
하며, 원인의 연쇄는 무한정 퇴행할 수 없다는 믿음에 의거하고 있다. 그
런데 우리는 어떤 지점에서 첫 번째 원인에 도달해야 하며, 아퀴나스가
말하고 있듯이 "우리는 그 원인을 신이라 부른다."[18]

다윈은 살아가는 대부분의 기간 동안 이러한 논증에 감명을 받았으며,
실제로 그는 간혹 이에 설득당하기도 했다고 말했다. 심지어 전통적인
기독교를 포기한 후에도 그는 유신론적 가설이 적어도 합리적인 믿음의
체계 내에서 적절한 역할을 할 수 있다고 생각했다. 그는 적어도 이러한
논증이 아니면 설명할 수 없는 우주의 궁극적인 기원을 설명하는 데 이러
한 논증이 활용될 수 있다고 생각했다. 그는 《종의 기원》을 발간할 때까
지 이러한 입장을 간혹 믿었다. 하지만 대체로 이러한 가설에 대한 그의
태도는 불신에 가까웠던 것처럼 보인다. 최종적으로 그는 이러한 논증을
거부했는데, 그의 거부가 모호하고 완고하지 않았기 때문에 일부 주석가
들은 다윈을 조건부 유신론자로 파악했다. 1860년 《종의 기원》이 발간
되고 몇 달이 지난 뒤 그는 철두철미한 신자인 아사 그레이에게 다음과
같은 편지를 썼다.

저는 무신론적으로 글을 쓸 의향이 없었습니다. 하지만 저는 우리를
둘러싸고 있는 신의 계획과 자비의 증거를 다른 사람들처럼 분명하
게 볼 수 없으며, 또한 그렇게 하고 싶어 해야 하는데 그렇지 못하다
는 점을 고백합니다. 제게는 세상에 너무나 많은 불행이 있는 듯이
보입니다. 저는 자비롭고 전능하신 신이 살아있는 모충[19] 안에서 기
생하고 있는 맵시벌[20] 과 같은 생물을 의도적으로 창조했다는 사실,

---

18) Aquinas, *Basic Writings* ⅰ. p. 22.
19) 〔역주〕 송충이 등 나비·나방의 유충.
20) 〔역주〕 곤충강 벌목〔膜翅目〕 맵시벌과에 속하는 벌의 총칭. 다른 곤충의 알

206

그리고 고양이가 가지고 놀도록 쥐를 창조했다는 사실을 납득할 수가 없습니다. 이를 믿지 못하기에 저는 눈이 일부러 고안되었다고 믿을 만한 아무런 필요성을 느끼지 못합니다. 다른 한편으로 저는 '이처럼 경이로운 우주, 특히 인간의 본성을 보고서 모든 것이 야수적인 힘의 결과다'라고 만족스럽게 결론 내릴 수 있다고 말하지 못합니다. 저는 삼라만상이 고안된 법칙의 결과라고 보고 싶습니다. 세부적인 내용들(그것이 옳건 그르건)은 우리가 우연이라고 부르는 것으로부터 작동하도록 되어 있지만 말입니다. *물론 이러한 생각이 저를 **충분히** 만족시키진 않습니다. 저는 전반적인 주제가 인간의 지능으로 파악하기엔 너무 심원하다고 마음속 깊이 느끼고 있습니다. 이에 대해 생각해 보는 것은 개가 뉴턴의 복잡한 이론을 이해하려는 경우와 다를 바 없이 무리한 것입니다. 그러니 사람들 각자 나름대로 원하고 믿게 내버려 둡시다. 저는 분명 제 견해가 반드시 무신론적이진 않다는 당신의 견해에 동의합니다. 21)

여기에서 여러 논점들이 분명하게 밝혀진다. 다윈은 《종의 기원》을 발간하긴 했어도 무신론자로 불리길 원하지 않았다. 그는 '놀라운 우주'에 대해 심사숙고하면서 우주가 신의 창조물이라는 결론에 도달하고 싶은 생각이 들었다. 하지만 그는 다른 사람들이 그렇게 생각하는 것은 이해해도 자신이 그러한 결론을 내리려 하진 않았다. 그는 인간의 지적인 능력이 궁극적인 기원의 문제를 다룰 수 있다고 생각하지 않았다.

이러한 생각은 다윈의 표준적인 입장이 되다시피 했다. 다윈은 종교관에 대한 질문을 받을 경우 이러한 논점을 누차 반복하곤 했다. 예를 들어 이러한 태도는 13년 후에 그가 네덜란드의 한 학생에게 보낸 편지에서도 잘 드러난다.

저는 '이처럼 웅대하고 경이로운 우주가 우리의 의식적인 자아와 더

이나 유충에 기생하는 기생성 곤충이다.
21) Darwin, *Life and Letters* ii. p.105.

불어 우연히 탄생했다고 생각할 수 없다'는 주장이 신의 존재를 옹호하는 주요 논증인 듯하다고 말하고 싶습니다. 하지만 과연 이것이 진정한 가치를 갖는 논증인지에 대해서는 지금까지 판단을 내릴 수가 없습니다. 만약 우리가 제 1원인을 받아들인다면, 나는 그것이 어디서 왔으며, 어떻게 탄생했는지를 여전히 마음이 알길 갈망한다는 점을 의식합니다. … 제가 보기에 가장 안전한 결론은 이와 같은 전반적인 주제가 인간의 지적인 능력을 넘어선 범위에 있는 듯하다는 겁니다. 그럼에도 인간은 자신의 의무를 행할 수 있습니다.[22]

첨언하자면 여기서 다윈은 전통적으로 이루어졌던 제 1원인 논증에 대한 표준적인 반대와 다를 바 없는 주장을 하고 있다. 이러한 논증은 원인 없이는 아무것도 존재할 수 없다는 생각에 의해 촉발되었으며, 그리하여 우리는 신을 우주의 원인으로 상정하게 된다. 하지만 이는 더 심층적인 질문을 제기하게 한다. 무엇이 신의 원인인가? 그리고 우리가 신의 원인이 없다고 기꺼이 생각할 수 있다면, 우주의 원인이 없다고 생각해선 안 될 이유가 무엇인가? 이와 같이 하여 논증은 그 자체의 논리에 따르더라도 실패로 귀결된다. 모든 것을 인과적으로 설명하려는 논증의 동기가 되는 갈망은 설령 논증이 받아들여진다고 해도 충족될 수 없다(그 이유는 우리가 여전히 원인에 의해 야기되지 않은 최소한 한 가지, 즉 신에게 끝까지 충실하기 때문이다).

다윈이 편지에 쓴 내용들을 살펴보면 우리는 그가 근본적으로 회의론의 입장을 취하고 있음을 거의 의심할 수 없다. 그럼에도 그의 《자서전》에서의 확고한 입장 표명과 비교해 볼 때 이는 다소 약해 보인다. 《자서전》에서 다윈이 "불신이 매우 서서히, 살금살금 내게 기어들어 오다가 종국에는 완전한 불신이 나를 사로잡았다. 그 과정은 매우 서서히 진행되었기 때문에 나는 고통을 느끼지 않았고, 그 이후 나는 나의 결론이 옳았음을 단 일 초라도 의심한 적이 없었다"[23] 라고 썼음을 기억하라. 이러

---

22) Darwin, *Life and Letters* i. p. 276.

한 단호한 선언이 다윈의 다른 언명들과 어떻게 조화를 이룰 수 있을까? 이러한 선언이 '놀라운 우주'를 '맹목적인 힘'의 결과로 파악하는 입장에 만족할 수 없다고 아사 그레이에게 말했던 일, 또는 네덜란드 학생에게 제 1원인 논증이 옳은지에 대해 '판단을 내릴 수가 없었다'고 말했던 일과 어떻게 조화를 이룰 수 있는가?

질레스피(Neal C. Gillespie)가 제시한 한 가지 해석은 《자서전》에서 살펴볼 수 있는 귀에 거슬리는 언명들은 기독교의 특정한 노선을 향하고 있다는 것이다. 다윈은 그러한 노선을 분명 거부했다. 하지만 그는 유신론이라는 더욱 커다란 문제 자체에 대해서는 마음이 개방되어 있었다. 특히 다윈은 제 1원인 논증이 옳을 수 있을 가능성을 열어 놓고 있었다. 그리하여 질레스피는 적어도 다윈이 미약한 유신론자였으며, 다윈을 철저한 무신론자로 평가하는 사람들은 다윈을 너무 소박하게 해석하는 것이라고 주장하고 있다.

하지만 문제에 대한 또 다른, 더욱 자연스런 이해 방식이 있다. 프랜시스 다윈은 "아버지가 다른 사람들의 종교적인 감수성에 상처를 입히려 하지 않았다"[24]고 주장함으로써 아버지의 편지가 독단적이 아닌 논조를 보이고 있음을 설명하고 있다. 다윈이 그처럼 신중한 태도를 나타낸 이유는 이해하기에 어렵지 않다. 우리는 신의 존재를 의심하지 않는 가족과 친구들 사이에서 살고 있는 신앙을 갖지 않은 사람의 어색한 입장을 잘 알고 있다. 일부 비신자들은 공격적이어서, 이웃들의 소박한 신앙에 대해 흠을 잡고, 심지어 조롱하길 즐긴다. 하지만 다윈은 그렇지 않았다. 그는 가족과 친구들을 사랑했고, 그들과 갈등 상황에 놓이게 됨을 반기지 않았다. 반대로 그들과의 의견 차이로 인해 다윈은 고통을 느꼈다. 내가 앞에서 지적한 바와 같이 엠마는 결혼식을 올린 후 얼마 있지 않아 다윈에게 편지를 써서 정통 종교를 불신하지 않길 바라는 마음을 전했다.

---

23) Darwin, *Autobiography*, p. 87.
24) Darwin, *Life and Letters* ⅰ. p. 275.

다윈은 자신의 사적인 문서들과 함께 편지를 보관했고, 편지 밑에 다음과 같이 적어 놓았다. "내가 죽으면 내가 이 편지에 얼마나 많이 입을 맞추며 한탄했는가를 알지어다."25)

만약 이것이 사실이라면, 다윈이 마을의 무신론자를 업신여기지 않기 위해 엄청난 노력을 기울인 이유를 파악하기가 쉬울 것이다. 실제로 '무신론자'라는 단어는 그 자체가 귀에 거슬리는 독단적 함의를 가지고 있다. 이는 유신론이 잘못된 이론임을 알고 있다는 함의를 갖는다. 특히 편지 속에서 다윈은 항상 독선을 피하려 했고, 자신이 솔직하게 받아들일 수 있다면 다른 사람이 옳을 수 있음을 인정하려 했으며, 적어도 그들이 자신들의 믿음에 대한 어떤 적절한 이유를 가질 수 있음을 인정하려는 태도를 취했다. 편지에서 다윈은 분명 제1원인 논증이 설득력이 있다고 생각하지 않았다. 그럼에도 그에게는 제1원인 논증이 최선으로 보였으며, 때문에 그는 이를 단호히 부정하지 않았다. 그런데 《자서전》에서는 그가 말을 삼가지 않은 편이었다. "나는 인간의 마음이 하등동물이 소유하고 있는 것과 동일한 하등의 마음에서 발달하게 되었다고 철저하게 믿고 있다. 그런데 이러한 인간의 마음이 그처럼 커다란 결론을 도출한다는 사실을 과연 신뢰할 수 있을까?"26)

자신의 의심으로 인해 고통 받는, 사랑하는 사람들에 둘러싸여 있으면서 무신론자를 자처하기란 힘든 일이다. 이에 따라 그와 같은 상황에 처해 있는 수많은 사람들이 그랬듯이 다윈에게도 무신론과 불가지론의 구분이 유용했다. '불가지론27)'이라는 단어는 당시 새로운 단어였다. 이는 헉슬리가 만든 지 얼마 되지 않은 단어로, 그는 그 기원을 평상시와 다름

---

25) Darwin, *Autobiography*, p. 237.

26) 위의 책, p. 93.

27) 〔역주〕 불가지론은 신이 존재하는지의 여부를 알 수 없다는 입장이다. 이는 흔히 유신론과 무신론의 중간에 놓여진다. 불가지론자들은 인간의 지식이 자연계에 한정되며, 우리의 마음은 초자연에 대한 지식을 알 수 없다는 생각을 견지한다.

없이 매력적인 방식으로 서술했다.

지적으로 성숙하게 되자 나는 내가 무신론자인지 유신론자인지 범신론자인지 유물론자인지 또는 관념론자인지 기독교인인지 아니면 자유사상가인지에 대해 자문해 보기 시작했다. 나는 더 배우고 반성하면 할수록 답을 제시하기가 더욱 어려워진다는 사실을 알게 되었다. 최종적으로 나는 마지막 명칭을 제외하고는 이상에서 언급한 명칭들을 취할 수도 버릴 수도 없다는 결론에 이르렀다. 이상에서 언급한 유형에 속한 훌륭한 사람들은 대부분 한 가지에 동의했는데, 나는 거기에 동의하지 않았다는 점에서 그들과 차이가 있었다. 그들은 자신들이 어떤 '신비적 직관'에 도달했음을 매우 확신했다. 그들은 어느 정도 성공적으로 존재의 문제를 해결했다고 생각했다. 반면 나는 내가 그렇지 못했다는 사실을 어느 정도 확신했고, 그 문제를 해결할 수 없다는 어느 정도 강한 확신을 가지고 있었다.

이는 오래 전에 없어졌지만, 생생한 기억 속에 경건하게 남아 있는 저 훌륭한 반대자들의 단체, 즉 형이상학회(*Metaphysical Society*)의 구성원이 될 수 있는 행운을 얻게 되었을 때의 나의 상황이었다. 모든 종류의 철학적·신학적 견해가 거기에 있었으며, 자신의 입장을 완전히 자유롭게 표현했다. 나의 동료들 중 대부분은 이런 저런 종류의 ～주의자였다. 그리고 그들이 아무리 친절하고 우호적이었어도, 내 자신에 붙일 아무런 레테르도 없는 사람이었던 나는 꼬리가 남아 있는 덫을 떠난 후 긴 꼬리가 있는 동료들에게 자신의 모습을 보여준 역사 속의 여우를 괴롭혔던 그러한 불편한 심기를 갖지 않을 수가 없었다. [28] 그리하여 나는 숙고 끝에 내가 적절한 이름이라고 생각한 '불가지론'을 고안해 냈다. 이는 내가 무지했던 바로 그러한 내용들에 대해 많이 알고 있다고 공언했던, 교회사에서 말하는 '그노시스파[29]'와

---

28) 〔역주〕모임의 회원들은 자신을 제외하고 모두가 '～주의자'라는 호칭으로 불릴 수 있었음에 반해, 자신은 그렇지 못함으로써 다소 불편함을 느꼈다는 것.

29) 〔역주〕그노시스(*Gnosis*)는 '지식'을 뜻하는 그리스어로 물질적이지 않으며, 따라서 보이지 않는 영적인 것을 뜻한다. 그노시스파는 이러한 '지식'을 개인적으로 얻을 수 있다고 생각했으며, 우리가 이에 대한 이해에 도달하면 육체

의 대비를 통해 내 머릿속에 떠올랐다. 내게는 이를 우리 학회에서 가장 먼저 과시해 보일 기회가 있었고, 그 기회를 이용하여 나 또한 다른 여우들과 마찬가지로 꼬리를 가지고 있음을 보여 주었다. 30)

생의 종말이 가까워질 무렵 다윈은 포디스(Fordyce) 라는 사람에게 다음과 같은 편지를 썼다.

나는 가장 극단적인 동요 속에서도 신의 존재를 부정한다는 의미에서의 무신론자가 된 적은 없습니다. 나는 항상은 아니지만 일반적으로(그리고 내가 나이가 들어감에 따라 점점 더) 불가지론자가 내 상태와 마음을 더욱 적절하게 서술하고 있다고 생각합니다. 31)

무신론자와 마찬가지로 불가지론자들 또한 믿음을 갖지 않는 사람들이다. 하지만 그들은 그러한 입장을 취하면서 독단적이지 않고자 한다.

하지만 종교에 관한 논쟁에서 다윈이 크게 기여한 바는 악으로부터의 논증에 관한 그의 논의도 아니었고, 제 1원인 논증도 아니었으며, 지금까지 언급되었던 다른 어떤 논의들도 아니었다. 그가 크게 기여한 바는 마침내 자연이 지적인 고안의 산물이라는 생각을 타파했다는 점이다. 이와 같은 측면의 다윈의 사고로 고개를 돌릴 경우, 우리는 그가 왜 '과학이 진보함에 따라 인간의 정신이 차츰 조명'됨으로써 유신론을 포기하게 된다고 믿었는지 분명하게 알게 된다.

를 초월하여 구원을 얻을 수 있다고 생각했다.

30) Huxley, *Science and Christian Tradition*, pp. 237~239.
31) Darwin, *Life and Letters* i . p. 274.

목적 없는 자연

맑스가 처음으로 《종의 기원》을 읽었을 때, 그는 이 책이 매우 혁명적임을 즉각적으로 간파했다. 그는 다음과 같이 말했다. "여기서 자연과학에서의 '목적론'이 최초로 치명상을 입었을 뿐 아니라, 그러한 목적론의 합리적인 의미가 경험적으로 설명되고 있다."[32] 맑스는 진화론이 어떤 철학적인 입장을 취하고 있는지를 밝혀냈다. 다윈이 설계 가설을 거부한 이유를 정확하게 이해하려면 우리는 다윈이 자연에서의 목적론을 총체적으로 거부했다는 더욱 포괄적인 맥락에서 그러한 이유를 바라봐야 한다.

목적론적 설명은 기능 혹은 목적을 이용하여 무엇인가를 설명한다. 예를 들어 목적론적 설명은 심장이 피를 펌프질하기 위해 존재하며, 폐는 호흡을 위해 존재한다는 등의 방식으로 무엇인가를 설명한다. 지금까지 목적론적 설명은 생물학에서 없어서는 안 되는 설명으로 간주되어 왔다. 실제로 그러한 방식으로 설명하지 않고 달리 설명하는 방법을 생각하기란 쉽지 않다. '기능적인 시스템으로서의 생물'이라는 개념은 생물학의 근간을 이루고 있다. 만약 우리가 심장을 단지 피가 통과하는 커다란 근육이라고 말한다면 중요한 정보를 간과한 것이다. 우리는 심장의 다른 부분과의 관계를 언급해야 한다. 피는 산소와 영양분(이것이 없으면 생명체는 죽게 된다)을 실어 나른다. 하지만 심장이 없을 경우 피는 순환하지 못할 것이다. 바로 여기서 심장의 '목적'이 언급된다. 이를 이해하지 못한다면 우리는 사실상 심장을 이해하지 못한 것이다.

하지만 심장이 이러한 목적을 갖는다고 말하거나 의미한다면, 우리는 즉각적으로 어려움에 직면하게 된다. 칼과 같은 인조물이 목적을 갖는다고 말하는 데에는 별다른 문제가 없다. 왜냐하면 이는 어떤 목적을 위해 의도적으로 만들어졌기 때문이다. 사람들은 자르는 데 사용하기 위해 칼

32) Marx, Letter to Lassalle, Clark, *The Survival of Charles Darwin*, p. 212에 서 인용.

을 만든다. 사람들의 목적은 칼이 무엇에 활용되는지를 결정한다. 설령 나중에 칼이 어떤 다른 방식, 예를 들어 나사돌리개로 사용될 수 있음이 알려진다고 하더라도, 그러한 사실이 나사를 돌려서 빼는 일이 칼의 목적임을 의미하지는 않는다. 그 목적은 만드는 사람의 의도에 의해 결정된다. 하지만 만약 제작자가 없다면, 다시 말해 만약 문제의 대상이 인조물이 아니라면 '목적'을 이야기하는 것은 어떤 의미가 있는가? 만약 한 조각의 날카로운 돌을 발견했고, 이를 자르는 데 사용했다면, 그와 같은 날카로운 돌의 목적이 절단이라고 말할 수 있는가? 아니다. 단지 우리의 목적이 절단이고, 돌을 우리의 목적을 위해 사용한다고 말할 수 있을 따름이다. 돌은 목적을 갖지 않는다. 목적은 의식적인 의도에 좌우되는 듯이 보인다. 그렇지 않은 상황에서 목적을 이야기하는 것은 임의적인 의인화인 듯이 보인다. 그런데 이 밖에 또 다른 어려움이 있다. 심장이 피를 펌프질 한다는 것은 하나의 사실이다. 하지만 심장이 박동 소리를 만드는 것도 하나의 사실이다. 여기서 후자가 아니라 전자가 그 목적이라고 말하는 근거는 무엇인가? 그 목적이 소리를 나게 하는 것이라고 말하지 않는 이유는 무엇인가?

이에 대한 전통적인 해결 방식은 '목적'과 '의식적인 의도'가 연결되어 있음을 받아들이고, '신이 생물학적 구조를 창조할 때 그 기능을 염두에 두었기 때문에 그들이 목적을 갖는다'고 말하는 것이었다. 다윈 이전의 생물학자들은 이러한 주장이 전적으로 합당하다고 생각했다. 요컨대 생물학자들의 전반적인 관점 속에 신의 창조 가설은 이미 전제되어 있었다. 생물학자들이 생각하기에 그러한 가설은 아름답고 복잡한 생물계의 적응 방식을 설명하는 데 필요했다. 그런데 신의 창조 활동이 이미 전제되고 있다면, 이를 최대한 적절히 활용하여 목적론적 설명의 토대로 사용하지 않을 이유가 무엇인가?

이는 편리하고도 만족스런 문제 해결 방식이었다. 하지만 다윈 이후에는 이러한 해결책이 더 이상 활용될 수 없었다. 그는 심지어 가장 복잡한 적응 방식마저도 어떤 의식적인 설계를 상정하지 않고 설명할 수 있음을

214

보여 주었다. 필요한 것이라고는 임의적인 변이와 자연선택뿐이었다. 생물학적인 구조가 지금처럼 존재하는 이유는 부분들이 전체에 '부합'되기 위해 설계되었기 때문이 아니라, 변이들이 삶을 위한 투쟁에서 이익이 되었기 때문이다. 전체로서의 생물은 단지 진화에 의해 주어진 이러한 변이들의 합계에 지나지 않는다. 한 기관은 생물의 생존을 가능케 하는 데에서 맡은 부분이 있으며, 이로 인해 그 '기능'을 말할 수 있다. 하지만 그것이 전부다. 다윈의 이론에 따르면 기능과 의식적인 의도는 완전히 분리되어 있다.

다윈이 목적론에 '치명타'를 가했다는 주장은 과장이다. 다윈 이후에도 우리는 과거와 다름없이 생물학자들이 목적론적 설명을 제시하는 장면을 살펴볼 수 있다. 하지만 이제 그러한 설명은 다른 정신에 따라 제시되고 있다. 생물학적 기능은 더 이상 의식적으로 고안된 인위물의 기능과 비교되지 않는다. 그리고 생물학적 구조들이 목적을 갖는다는 사실—설령 이것이 사실이라고 하더라도—은 더 이상 신의 뜻을 확인할 수 있는 지표로 간주되지 않는다. 이러한 맥락에서 저명한 과학철학자 네이글(Ernest Nagel)은 1961년 다음과 같이 주장했다.

> 그와 같은 방식으로 설명된 사물과 행위가 의식을 갖춘 행위자이거나 혹은 그러한 행위자로 인해 초래된 결과인 경우에만 목적론적 설명을 이해할 수 있다고 생각하는 것은 잘못이다. 이처럼 폐에 대한 기능적 설명에서 폐가 어떤 의식적인 계획을 갖는다거나, 혹은 특정한 목적을 위해 어떤 존재가 고안했다는 가정은 명시적이건 암묵적이건 제시될 필요가 없다. [33]

이는 다윈 이후 학자들의 표준적인 견해다. 다윈 이전의 생물학자들은 이러한 포기 선언이 필요하다거나 적절하다고 생각하지 않았을 것이다.

---

33) Nagel, *The Structure of Science*, p. 24.

아리스토텔레스와 갈릴레오

다윈의 이론은 수 세기 동안 유행했던 자연에 대한 이해 방식에 종지부를 찍었다. 그리스인들은 자연 속의 모든 것들이 어떤 이유 혹은 목적을 위해 존재한다고 믿었다. 서구 과학의 흐름에 막대한(그리고 일부 사람들은 부정적이라고 말하는) 영향을 준 아리스토텔레스는 무엇인가를 이해하기 위해서는 네 가지 질문에 대한 답변이 제시되어야 한다고 생각했다. 첫째, 그것은 무엇인가? 둘째, 그것은 무엇으로 만들어졌는가? 셋째, 그것은 어떻게 존재하게 되었는가? 넷째, 그것은 무엇을 위해 사용되는가? 다른 것들과 마찬가지로 마지막 질문은 어떤 것에 대해서도 제기될 수 있는 질문이었다. 아리스토텔레스는 모든 것들이 목적을 갖는다고 가정했다.

원리라는 측면에서 보았을 때, 아리스토텔레스에게는 생물학과 물리학 사이에 아무런 본질적인 차이가 없었다. 실제로 그는 생물학을 범례로 간주하면서, 생물계에서 참인 것은 물질계에서도 참이어야 한다고 가정한 듯하다. 그는 만약 생물의 구조가 목적을 나타낸다면 물질의 구조 또한 마찬가지라고 생각했다. 그는 "자연이 무엇인가를 위해 작동하는 원인들의 계층에 속해 있다"[34] 고 말했다. 비는 '필연적으로' 내리지 않고 식물들이 자라나게 할 목적으로 내린다. 이와 같은 사유 방식을 감안해 보았을 때 아리스토텔레스주의의 물리학이 세상을 설명하는 데에서 온갖 종류의 가치 개념들에 호소했다는 사실은 그다지 놀라운 일이 아니다. 중력 끌림(*gravitational attraction*)[35] ― 혹은 우리가 중력 끌림으로 부르는 것 ― 은 예를 들어 '자신들의 적절한 위치를 찾으려 하는' 대상들 사이에서 일어난다고 설명되었다.

아리스토텔레스주의의 지배력은 기독교가 흥기함으로써 더욱 강화되었다. 교회는 아리스토텔레스의 과학이 자신들과 완전히 의견이 일치한

---

34) Aristotle, *Basic Works*, p. 249.
35) 〔역주〕두 물체가 서로 잡아당기는 힘.

다고 생각했다. 만약 자연이 가치와 목적을 드러낸다면, 과연 우리는 이를 신의 가치와 목적으로 어렵지 않게 파악할 수 있을 것이다. 요컨대 기독교인들에 따르면 신은 세상과 그 안의 모든 것을 설계하고 창조했다. 그리하여 그들은 일어나는 모든 일은 어떤 목적을 위해 일어난다고 생각했다. 비가 내리는 이유는 식물들을 자라게 하기 위해서다. 또한 교회의 입장에서는 우주를 설명하는 가장 효과적인 과학 이론이 지구를 중심에 두면 둘수록 더 좋았다. 왜냐하면 이것이 신의 계획에서 지구가 중요하다는 상징적인 의미를 갖기 때문이었다.

이러한 사유 방식은 중세를 통틀어 유행했다. 하지만 현대 과학의 흥기와 더불어 탐구자들은 가치 개념들에 의존하지 않는 물리 현상에 대한 설명을 공공연히 개발해 내기 시작했다. 많은 과학자들이 이러한 발달에 기여했는데, 그중에서 가장 중요한 사람은 갈릴레오(Galileo Galilei)다. 1633년 교회가 그의 입장에 대한 철회를 요구했을 때, 구체적인 쟁점은 지구가 태양 주위를 도는가라는 것이었다. 하지만 보이지 않게 점진적으로 영향력을 행사한 갈릴레오의 가르침 중 가장 중요한 것은 지구가 우주의 중심임을 거부한 사실이 아니었다. 훨씬 더 혁명적이었던 사실은 그가 아리스토텔레스주의적 전통을 벗어난 설명 범주를 활용하고 있다는 점이었다.

토리첼리(Evangelista Toricelli)[36]라는 갈릴레오의 문하생이 최초로 개발한 흡입펌프(suction pump)[37]에 대한 설명은 이를 적절하게 보여 주는 사례다. 실용적인 사람들은 오래 전부터 실린더의 한쪽 끝을 물속에 넣고 피스톤을 끌어올림으로써 우물에서 물을 퍼 올릴 수 있다는 사실을 알고 있었다. 또한 이러한 방법을 통해 물이 대략 9.6미터(해수면에서)만 치솟을 뿐이라는 사실도 알고 있었다. 하지만 물이 치솟는 이유는 무

---

36) 〔역주〕 17세기의 이탈리아의 수학자이자 물리학자. 갈릴레이의 계통을 이어 받은 학자로 유속과 가압의 크기에 관한 법칙인 '토리첼리의 정리'를 제시했 다. 토리첼리의 진공을 발견하고 진공 연구에 신기원을 이룩했다.

37) 〔역주〕 아래에 있는 물 따위의 액체를 위로 빨아올리는 기구.

엇인가? 그리고 9.6미터에 이르면 물이 더 이상 치솟지 않는 이유는 무엇인가?

우선 아리스토텔레스적인 설명은 자연이 진공을 싫어한다는 가정에 의거해 있었다. 피스톤을 끌어올리면 공간이 창출되는데, 그곳을 채울 공기가 들어올 수 없다. 그런데 이러한 사실은 약간의 위기 상황을 초래한다. 빈 공간을 채울 수 있는 유일한 것은 물이다. 만약 물이 솟아오르지 않으면 빈 공간이 만들어질 것이다. 그런데 자연은 빈 공간을 혐오하기 때문에 물이 솟아오르는 경향이 나타나야 한다. 이러한 사실은 물이 '적절한 위치'(위가 아닌 아래)를 떠나야 함을 의미한다('적절한 위치' 원리는 중력 작용을 설명해 준다. 예를 들어 이는 물체가 아래로 떨어지고, 물이 아래로 흐르는 이유를 설명해 주고 있다). 이에 따라 두 가지 원리가 서로 충돌하게 된다. 실험적으로 우리는 진공에 대한 혐오가 더욱 강력하다는 사실을 알 수 있다. 왜냐하면 물은 진공의 형성을 방지하기 위해 자연스런 위치를 떠나기 때문이다. 하지만 물이 (해수면에서) 대략 9.6미터를 상승하고 나면 두 힘이 평형 상태를 이룬다. 물이 상승하는 높이는 두 힘 간의 상대적인 힘을 가늠하는 척도다.

현대적인 시각에서 보았을 때 이는 매우 이상하게 보인다. 하지만 아무리 이상하게 보여도 이는 진지한 사람들이 진지하게 견지하는 입장이었으며, 그 설명력을 과소평가해선 안 된다. 예를 들어 이는 흡입펌프가 더욱 높은 고도에서 물을 비교적 효과적으로 끌어올리지 못하는 이유를 설명할 수 있다. 물은 산중턱에서 9.6미터 이하로 솟아오를 것이며, 더 높이 올라갈수록 물기둥은 더욱 짧아질 것이다. 아리스토텔레스주의자들은 이러한 사실을 알고 있었으며, 그들은 바보가 아니었다. 그들은 이러한 현상을 설명하지 못하는 설명 방식을 받아들이려 하지 않을 것이다. 아리스토텔레스주의는 이러한 현상을 적절히 설명하기에 충분했다. 그들은 산중턱의 물은 '적절한 위치'에서 더욱 멀리 떨어져 있으며, 그리하여 아래로 끌어당기는 힘이 더욱 큰 것이라고 주장함으로써 이러한 현상을 설명하고자 했다.

218

그런데 토리첼리는 근본적으로 상이한 유형의 설명을 제시했다. 그는 공기에 무게가 있다는 점을 관찰했으며, 그리하여 펌프가 물을 끌어올리는 현상을 설명하는 것은 물을 누르고 있는 공기 기둥의 무게라고 주장했다. 피스톤을 끌어올리면 이로 인해 실린더 내의 물을 누르던 대기가 들어 올려짐으로써 그 무게가 가벼워진다. 그런데 관 외부의 우물물을 아래로 밀어 내리고 있는 공기의 무게는 여전히 우물물을 아래로 밀어 내리고 있다. 이에 따라 물은 우물에서 펌프로 흘러들어 솟아오른다. 물은 9.6미터 이상 높게 치솟지 않을 것이다. 왜냐하면 그 지점에서 물의 무게와 공기의 무게가 균형을 이룰 것이기 때문이다. 산중턱에서는 물기둥이 짧아질 것이다. 왜냐하면 물기둥 위에 공기가 적기 때문이다. 물의 높이는 자연이 얼마만큼 진공을 혐오하는가에 대한 척도가 아니고, '적절한 위치'에 대한 끌림이 어느 정도 강한가에 대한 척도도 아니다. 이는 공기의 무게에 대한 척도인 것이다.

물론 오늘날 과학자들은 토리첼리의 설명을 받아들인다. 아리스토텔레스적인 설명은 역사책에서나 발견된다. 그런데 이와 같은 변화는 단순히 하나의 설명을 다른 설명으로 대체한 문제가 아니다. 더욱 중요하게도 이는 아예 **종류가 다른** 설명을 채택하는 문제인 것이다.[38] 아리스토텔레스적인 설명은 자연이 가치 원리의 지배를 받는다고 생각한다. 물은 어떤 방식으로든 진공을 '혐오한다'. 때문에 진공의 형성을 방지하기 위해 물은 '적절한 위치'를 떠난다. 물론 현대 물리학자들이 이러한 용어들을 은유적으로 혹은 말하기에 간편한 방식으로 사용하는 경우가 있다. 하지만 아리스토텔레스적인 설명에서는 이러한 용어들을 그와 같은 목적으로 사용한 것이 아니었다. 내가 이미 언급했듯이 아리스토텔레스는 자연에서의 모든 일들이 어떤 목적을 이루기 위해 일어난다는 입장을 견지했다. 비는 식물들의 성장을 위해 내린다. 아리스토텔레스는 《물리학》에서 자

---

38) 〔역주〕 양립 가능한 이론 중에서 하나를 선택하는 경우는 그 영향력이 그리 크지 않다. 하지만 양립 불가능한 이론 중에서 하나를 선택할 경우, 특히 기존의 가치관을 전복시킬 수 있는 한 이론을 선택할 경우 그 영향력은 막대하다.

연스런 발생이 '어떤 목적을 위해 발생하거나 그것이 더 낫기 때문에 발생하는 것이 아니라'[39] '필연성'의 결과 — 인과율의 맹목적인 작용 — 로 발생할 따름이라는 대안적인 견해를 조심스레 고찰해 보고 있다. 이 경우비가 내려서 식물에게 도움이 되는 것은 '우연의 일치'다. 그런데 아리스토텔레스는 이러한 가능성을 부정한다. 이후에 나타난 기독교적 세계관과 다를 바 없이, 그의 우주론은 '모든 것이 우연의 일치인 경우에 비해 나은 사태를 초래하기 위해 자연이 운행된다'고 파악했다. 이렇게 보자면자연이 어떻게 작동하는가를 서술하는 원리들에는 사물들이 어떠한가에대한 개념들뿐만 아니라 사물들이 어떠해야 하는가에 대한 개념들이 포함될 것이다. 흡입펌프는 이와 같은 원리에 따라 작동한다. 반면 토리첼리의 설명은 어떤 규범적 개념에 호소하지 않고서 펌프의 작동 방식을 설명한다. 바로 이것이 새로운 설명 방식이 갖는 심층적인 의미다.

목적이 개입되지 않는 생물학

물론 흡입펌프에 대한 토리첼리의 설명은 제시될 수 있는 수많은 사례들 중의 하나에 불과하다. 그의 설명과 다윈의 《종의 기원》의 발간은 불과 2백 년밖에 차이가 나지 않는다. 하지만 그동안 뉴턴이 위대한 업적을남겼고, 새로운 설명 방식의 승리가 거의 완성되었다. 18세기 중반 물리학은 '가치로부터의 자유'를 이념으로 삼았고, 어떠해야 한다는 생각에대한 어떤 가정도 없이 자연을 이해하고자 했다. 물리학에서는 목적론적설명이 사라졌다.

하지만 생물학과 물리학은 별개였다. 생물학적 유기체들에 대한 서술에서 목적과 목표 지향성이라는 개념을 제거하는 방법은 발견되지 않았고, 대부분의 과학자들에게 이는 불가능해 보였다. 그런 노력을 한 사람마저도 소수에 불과했다. 대신 생물학과 물리학은 서로 근본적으로 다른

---

39) Aristotle, *Basic Works*, p. 249.

학문으로, 상이한 설명 원리와 상이한 탐구 방식이 필요한 별개의 분야로 파악되었다. 회고해 보면 이러한 생각은 생물학에 비해 물리학이 더욱 신속하게 발전함으로써 만들어진 환상이었음을 알 수 있다. 하지만 당시만 해도 양자의 차이는 뚜렷하고 실질적인 듯했다. 교회는 비록 갈릴레오 및 그와 동일한 입장의 사람들과의 전투에서 패배했지만, 다윈이 모든 것을 바꾸어 놓기 전까지는 이전의 생물학적 이해의 상태, 다시 말해 유기적 자연이 합목적적인 구성을 이루기 위한 위대한 설계라는 생각에 머물면서 이전과 다름없이 편안함을 누릴 수 있었다.

종이 어떻게 그들이 갖추고 있는 특징을 갖게 되었는가에 대한 다윈의 설명에 따르면, 의식적인 설계는 여기에서 아무런 역할도 하지 못한다. 생존에 도움이 되는 특징들을 보존하는 자연선택의 작동 방식에 대해서는 오해가 있기 쉽다. 다윈의 관점에서 보자면 자연이 생물에게 이익을 줄 수 있는 특징들을 제공하지 않는다는 점이 강조되어야 한다. 보호색은 매를 피하게 하기 위해 뇌조에게 주어진 것이 아니다. 또한 매의 위협에 대한 대응으로 바람직한 색이 만들어진 것도 아니다. 일반적으로 뇌조의 색은 차이가 크지 않고 일정하지도 않다. 매가 있건 없건 뇌조 간의 색의 차이는 동일하게 나타날 것이다. 일부 변이가 일부 조류들에게 더 나은 생존 기회를 제공하면서 이익을 준다는 사실은 매우 사소한 우연의 일치에 지나지 않는다. 40)

환경의 변화에 대응해서 일어나는 동물의 변화에도 마찬가지의 논리가 적용된다. 자연선택 이론에 따르면 환경의 변화는 종의 형질 변화로 이어지게 된다. 하지만 환경 변화가 개별 생물이 변하는 원인이 되는 것은 아니다. 환경 변화가 형질 변화로 이어진다는 주장은 단순히 어떤 다

---

40) 〔역주〕 저자는 자연선택 이론에 대한 오해를 분명히 정리하고자 하고 있다. 자연선택에서는 '우연'이 강조되는데, 보호색의 경우에도 우연히 그런 색의 새가 살아남음으로써 보존된 것일 뿐 어떤 의도나 목적도 여기에는 포함되지 않는다. 자연선택은 그저 우연히 무한정 계속되는 변화의 과정으로, 상황에 따라 살아남는 개체나 형질이 결정되는 과정일 뿐이다.

른 형질이 선택되리라는 사실을 의미할 따름이다. 환경이 점차 추워진다는 이유로 개별 생물들의 털이 두꺼워지진 않는다. 동물의 피부가 두꺼워지는 이유는 두 경우 중의 하나다. (a) 그 동물의 피부 두께가 환경적인 조건에 상관없이 임의적으로 바뀌었기 때문이다. (b) 바로 이와 같은 행운의 변이를 갖춘 동물의 후손들이 더욱 추운 조건하에서 더욱 잘 생존할 수 있었고, 그리하여 새끼들에게 형질을 물려줄 수 있었기 때문이다. 우리는 극히 은유적인 의미를 제외하고는 어떤 유형의 '안내하는 손'이 있다고 상상해서는 안 된다. 41)

변이들은 단지 우연에 의해 산출될 따름이라고 생각하는 편이 유익하다(다윈 자신이 '우연'이라는 용어를 사용했지만 그는 이를 좋아하지 않았다. 그는 변이의 산출을 관장하는, 그가 알지 못하는 법칙이 있을 수 있음을 강조했다. 그럼에도 현재의 맥락에서는 '우연'은 유용한 개념이다. 왜냐하면 이는 변이들 사이에서 무엇이 선택될지가 미리 정해져 있지 않다는 점, 그리고 이들 변이들 중 일부가 기여할 목적이 존재하지 않는다는 점을 강조하고 있기 때문이다). 일단 변이들이 무작위로 만들어지면, 이들은 자연선택이 작동하는 재료가 된다. 만약 어떤 변이가 우연히 어떤 장점을 제공한다면 그것은 보존된다. 그 반대일 경우에는 보존되지 않는다. 만약 이것이 사실이라면 유리한 변이들이 나타나게 되는 것은 기적이 아닐까? 아니다. 기적처럼 보이는 현상이 일어날 수 있는 이유는 수많은 생물들이 매우 오랜 기간에 걸쳐 태어나기 때문이다. 숫자가 많다는 사실은 모든 방식의 변이를 허용하는 토대가 되며, 그중 일부의 변이는 틀림없이 유리하게 작용할 것이다. 오직 우리가 단기적으로 바라보기 때문에 그 결과가 기적처럼 보이는 것이다. 42)

---

41) 우리가 유의해야 할 것은 환경 변화가 원인이 되어 종의 형질이 변하는 것은 아니라는 점이다. 다양한 형질의 개체들이 존재하고, 이들 중에서 환경 변화에 적합한 형질의 개체가 살아남는 것일 뿐, 환경 변화에 의해 개체들의 형질 자체가 변함으로써 선택이 이루어지는 것은 아니다.

42) 〔역주〕 예를 들어 우리는 보호색을 갖는 새들이 그러한 색을 갖추고 있다는 것에 대해 신기하다는 느낌을 가질 수 있으며, 어떤 의도가 개입되지 않는

　바로 이것이 '다윈의 견해'와 '다윈 이전 진화론자들의 실패한 이론들' 간의 커다란 차이다. 예를 들어 라마르크는 '완전성의 증진을 향한 변화'를 지향하는 내적인 힘을 이야기하면서 여전히 가치가 개입된 개념들을 사용했다. 반면 다윈에게는 자연선택이 작동할 수 있는 재료들을 제공하는 임의적인 변이만이 존재했다. 다윈이 생각하기에 어떤 생물에게서 발견되는 구성 방식 중에서 어떤 특정한 방향으로의 발달을 촉진하는 것은 없다. 어떤 '고등한' 혹은 '하등한' 삶의 형식도 존재하지 않으며 '발전' 또한 없다. 오직 계획이나 의도를 알 수 없는 과정을 통해 상이한 환경에 상이한 방식으로 적응한 생물만이 존재할 따름이다.

다윈과 페일리

　다윈은 자연선택 이론이 '자연의 개별 양상들이 의도적으로 설계되었다는 입장'의 경쟁 이론이며, 그러한 입장을 대체한다고 생각했다. 그의 견해에 따르면 두 입장은 전혀 양립할 수 없다. 그는 다음과 같이 말한다. "이전에 내게 매우 결정적인 듯이 보였던 자연의 설계에 관한 오랜 논의는 실패로 귀결된다. 왜냐하면 자연선택의 법칙이 발견되었기 때문이다."[43] 다윈은 《종의 기원》에서 감정이 폭발할 위험성이 있는 인간의 진화라는 문제를 회피하기 위해 노력했다. 하지만 그는 이 못지 않게 중요한 설계의 문제는 회피하려 하지 않았다. 그는 자신의 책 속에 눈의 진화에 관한 논의를 포함시켰는데, 이는 사실상 그가 이 문제를 정면으로 다루려 한 것이다. 독자들은 눈에 대한 논의가 설계 가설을 지지하는 중요한 신학자 페일리(William Paley)가 즐겨든 사례임을 모를 리가 없었다. 페일리의 저서인 《신성의 존재와 속성에 대한 증거》(*Evidence of the*

　이상 그러한 색을 갖는다는 것이 불가능하다고 생각할 수 있다. 하지만 이는 그러한 색을 갖는 데 걸리는 시간을 무한정 확장하면 특별히 이상하게 보이지 않을 수 있다.

43) Darwin, *Autobiography*, p. 87.

Existence and Attributes of the Deity) 는 수십 년 동안 영국 전역에서 읽혀지고 찬사를 받았던 책이었다. 모든 사람들은 페일리의 논증을 잘 알고 있었다. 자신의 입장에 대한 반대자로 다윈이 선택할 수 있는 존경 받는 유명인물 중에서 페일리 이상의 인물은 없었다.

인간의 눈은 그 목적에 매우 놀랍게 부합된다. 그런데 그 부합되는 방식이 상당히 복잡하다. 이에 따라 페일리는 신이 인간을 창조했다는 증거로 눈을 인용했다. 그는 이처럼 기막힌 설계가 어떤 다른 방식으로 설명될 수 있을지에 대해 반문을 제기해 본다. 페일리는 우리가 망원경과 같은 물건을 지적인 능력을 이용해 만들었다고 믿어야 하는 것과 마찬가지로, 눈 또한 지적인 능력을 갖춘 설계자가 만들었다고 믿을 정확히 동일한 이유가 있다고 주장했다.

> 기구를 검토해 볼 경우 우리는 망원경이 시각을 보조하기 위해 만들어졌듯이, 눈이 시각을 제공하기 위해 만들어졌다는 정확히 동일한 증거가 있음을 확인할 수 있다. 즉 이들은 동일한 원리에 따라 만들어진 것이다. 양자는 모두 광선의 전달과 반사를 규제하는 법칙에 따르고 있다. [44]

하지만 그의 논증의 힘은 세부적인 설명을 제시하는 데서 가장 잘 드러난다. 페일리는 이에 매우 능숙했다.

> 눈의 내적 구성은 눈이 시각 원리에 따른다는 것을 적절히 보여준다. 이 밖에도 우리는 눈에 속한, 그리고 눈에 대한 모든 것에서 눈 보호를 위한 염려와 극도의 세심함을 살펴볼 수 있다. 이러한 특징은 (우리가 이렇게 말해도 좋다면) 눈이 가지고 있는 가치와 민감함 때문에 나타난다. 눈은 그 가장자리가 도려내어진 7개의 상이한 뼈 관절로 구성되어 있는 튼튼하고도 깊은 골질의 와(窩) [45] 에 박혀 있다.

---

44) Paley, *Evidences*, repr. in Edwards and Pap, p. 425.
45) 〔역주〕 우묵한 곳.

… 이러한 와 내에는 지방이 담겨 있다. 이는 동물이 갖추고 있는 모든 물질 중에서 눈의 휴지(休止)와 작동에 가장 잘 적응되어 있다. 눈은 눈썹의 보호를 받는다. 짚으로 된 차양과 같은 눈썹의 호(弧)[46] 는 이마의 땀과 수분이 눈으로 흘러내리지 못하도록 막아 준다.

하지만 눈을 더욱 훌륭하게 보호하는 것은 눈꺼풀이다. 동물의 골격을 감싸고 있는 피부 중에서 그 임무와 구조와 관련해서 내가 아는 한 눈꺼풀 이상으로 관심을 받을 만한 부분은 없다. 눈꺼풀은 눈을 보호한다. 이 부위는 눈을 닦아 준다. 또 잠을 자도록 눈을 닫아 준다. 예술 작품 중에서 이러한 기관이 충족시키는 것 이상으로 뚜렷한 목적을 갖는 작품이 있는가?

분비액은 끊임없이 눈을 세척해준다. 이와 같이 세척이 이루어지는 것은 눈을 촉촉하고 깨끗하게 유지(이는 눈을 밝게 유지하면서 사용하는 데 필요한 특징이다) 하기 위함이다. 그리고 뼈 안의 거위 깃만 한 크기의 구멍을 통해 여분의 눈물이 코로 전달된다. 일단 액체가 코로 들어오면, 이는 콧구멍의 내부에서 흩뿌려지며, 호흡의 과정에서 계속적으로 콧구멍을 가로지르는 따뜻한 공기의 흐름에 의해 증발된다. … 눈이 없다면 눈물을 만들어 내는 선(腺, gland)[47]이 만들어질 수 있었을까? 혹은 눈물이 방출되는 구멍 — 뼈를 관통하는 구멍 — 이 뚫릴 수 있었을까?[48]

이는 실로 인상적인 서술로, 사람을 설득하기에 적절할 뿐 아니라 가슴을 흔들어 놓기에도 적절하다. 학창 시절의 젊은 다윈은 이러한 논의에 완전히 설득당했다. 하지만 냉정하게 고찰해 보았을 때 페일리가 제시한 논증은 허점투성이다. 우선 그는 눈과 망원경 양자 모두가 지적인 창조의 산물이라는 '정확히 동일한 증거가 있다'고 말하는 잘못을 범하고 있다. 우리는 사람들이 망원경을 고안하고 만드는 장면을 볼 수 있다. 그리하여 우리는 어떻게 망원경이 만들어졌는지 분명하게 알고 있다. 하지

---

46) 〔역주〕 활 모양으로 굽은 선.

47) 〔역주〕 생물체의 안에서 분비 작용을 하는 기관.

48) Paley, *Evidences*, repr. in Edwards and Pap, pp. 427~428.

만 그 누구도 눈을 고안하고 만든 창조자를 본 적이 없다. 이렇게 보았을 때 두 경우에 대한 '정확하게 동일한 증거'는 존재하지 않는다. 페일리의 책이 출간되기 23년 전, 흄은 자신의 《자연 종교에 관한 대화》(*Dialogues Concerning Natural Religion*)에서 이것, 그리고 그 이상의 것을 지적한 바 있다. 이렇게 보았을 때 페일리는 자신의 실수에 대해 핑계를 댈 여지가 별로 없다.

일반적으로 오늘날 흄의 책은 설계 논증에 결정적인 반박을 가한 서적으로 평가받고 있다(이는 현대 철학자들의 의견이 일치하는 얼마 되지 않는 평가 중의 하나다). 하지만 페일리와 마찬가지로 19세기의 독자들은 대부분 흄의 논리에 별다른 감흥을 받지 않았다. 더욱 중요했던 것은 신의 창조 가설이 눈, 그리고 언뜻 보기에 합목적적인 자연적 요인들에 대한 설명 방식을 제공했다는 사실이었다. 사람들이 더 나은 이해 방식이 없음에도 유용한 이해 방식을 포기해야 할 이유는 전혀 없다. 설계로부터의 논증이 갖는 논리적 취약성에도 불구하고, 그러한 가설은 또 다른 설명이 제공되기 전까지는 호소력을 상실할 수 없었다. 그런데 다윈이 더 나은 설명을 제시했으며, 그는 자신의 논지를 부각시키기 위해 페일리의 사례를 논의의 대상으로 삼았다.

다윈 역시 지적인 설계의 증거로 눈이 사용된다는 사실과 어느 정도 별개로, 눈과 같이 복잡한 기관이 자연선택 이론에 특별한 문제를 제기한다는 점을 잘 알고 있었다. 첫째, 눈과 같은 복잡한 기관은 다른 기관들과 공조를 할 때를 제외하면 무용한 듯이 보이는 수많은 부분들로 구성되어 있기 때문에 골칫거리였다. 이 모든 부분들의 진화를 우리는 어떻게 생각해야 하는가? 발달되지 못한 눈, 발달되지 못한 누관(淚管), 발달되지 못한 눈꺼풀, 그리고 다른 모든 기관들이 서로 함께 발달한다고 상상해야 하는가? 두 번째로, 다윈이 그러한 복잡한 기관을 수백만 세대의 진화적인 변화를 거쳐 성숙하게 된 수많은 조그만 변이들이 합해진 산물이라고 생각했음을 기억하라. 우리는 충분히 발달한 눈이 이를 소유한 사람에게 유용하다는 사실을 어렵지 않게 파악할 수 있다. 하지만 완성되

226

기까지 여전히 수많은 세대를 거쳐야 할 반쪽 눈은 어떤 유용성을 가지고 있는가? 반쪽 눈이 선택되어야 할 이유는 무엇이며, 진일보한 발달을 위해 보존되어야 하는 이유는 무엇인가?[49]

이러한 문제를 다루기 위해 다윈은 두 가지 논점을 제시했다. 첫째, 그는 일부 해부학적 구조가 그것이 최종적으로 기여하게 되는 적응적인 목적과는 다른 목적에 기여하기 때문에 자연선택에 의해 애초부터 보존될 수 있었으리라는 점을 강조했다. 후일 이러한 구조는 우연히 거기에 있었다는 이유로 어떤 복잡한 구조를 형성하는 데 일조하게 될 것이다. 자연은 가까이 있는 재료라면 무엇을 사용해서도 복잡한 구조를 임시방편으로 만들어 낼 것이다. 둘째, 다윈은 오늘날의 이론가들이 **기능의 강화**(*the intensification of function*) 라고 부르는 데 관심을 기울였다. 초기 단계에서 거의 이점이 없었던 어떤 생물학적 구조가 이후의 단계에서는 이익을 줄 수 있다. 눈을 설명하기 위해 다윈은 이와 같은 두 가지 논점에 동시에 호소해야만 했다.

상이한 거리에 초점을 맞추고, 상이한 양의 빛을 받아들이며 구면수차(球面收差, *spherical aberration*)[50] 와 색수차(色收差, *chromatic aberration*)[51] 를 보정하기 위한 비할 바 없는 장치를 갖춘 눈이 자연선택에 의해 형성될 수 있다고 생각하는 것은 실로 터무니없어 보인

49) 〔역주〕 어떤 형질의 최종 단계가 자연선택에서 살아남을 수 있는 특징을 갖는다는 사실을 받아들인다고 해도, 그 이전 단계, 다시 말해 그 형질의 중간 단계는 그러한 특징을 갖추지 못할 수 있다. 저자는 눈의 예를 들고 있는데, 최종적으로 모습이 갖추어진 눈은 선택될 수 있다고 해도, 그 전 단계인 반쪽 눈은 진화적인 장점을 갖지 못할 수 있다. 그럼에도 반쪽 눈이 선택되어 완전한 눈으로 진화되었는데, 이와 같은 반쪽 눈이 보존될 수 있었던 이유에 대해 의문이 제기될 수가 있다.
50) 〔역주〕 광축에서 먼 광선이 광축에서 가까운 광선보다 렌즈에 의한 굴절이 더 심하기 때문에 한 점에 모이지 않는 현상을 구면 수차라고 한다.
51) 〔역주〕 렌즈가 맺는 물체의 상이, 빛의 파장에 따른 굴절률의 차이로, 빛깔에 따라 그 위치나 배율이 달라지는 현상.

다고 솔직하게 고백한다. 하지만 이성은 내게 다음과 같이 말한다. 만약 완벽하고 복잡한 눈으로부터 매우 불완전하고 단순한 눈에 이르기까지 수많은 단계(각각의 단계가 그 전 단계에 유용하면서)가 있음을 보일 수 있다면 … 설령 우리가 상상하기 힘들다고 하더라도, 완벽하고 복잡한 눈이 자연선택에 의해 형성되었다고 믿는 것이 불가능하지만은 않다.[52]

우리가 상상해야 할 것이라고는 빛에 다소 민감할 따름인 신경이 생존 경쟁에서 한 생물에게 어떤 조그만 이익을 제공한다는 정도다. 이것만으로도 우리는 최초의 원시 눈이 만들어진 이유를 이해할 수 있다. 그러한 단순한 눈으로부터 최종적으로 우리의 복잡한 눈이 탄생하게 된다.

생체 내에서 변이가 가벼운 변화를 야기할 것이고, 생식이 이를 거의 무한정 증진시킬 것이며, 자연선택이 흠잡을 데 없는 기술로 각각의 개선점을 추려 낼 것이다. 이러한 과정이 수백만 년 동안 계속된다고 생각해 보라. 그리고 이러한 과정이 해마다 수많은 종류의 개체들에게 계속된다고 생각해 보라. 창조주의 작품이 인간의 작품보다 빼어나다고 할 수 있듯이, 살아 있는 광학 기계가 유리로 된 광학 기계보다 빼어나다는 사실 또한 믿어야 하진 않을까?[53]

그리고 눈이 이러한 방식으로 형성될 수 있다면 누관, 눈꺼풀, 뼈, 그 외 다른 기관 또한 이와 마찬가지 방식으로 형성될 수 있을 것이다. 눈꺼풀을 예로 들어보자. 원시 눈이 만들어졌으며, 일부 생물에서의 미세한 변이가 눈을 어느 정도 보호하는 조그만 피부 주름을 만들게 되었다고 상상해 보자. 그러한 피부는 눈을 보호하기 위해 거기에 있는 것이 아니다. 이는 원래 다른 혜택을 제공했기 때문에 발달했던 것이다. 하지만 그것은 거기에 있었기 때문에 눈 보호라는 새로운 '목적'에 기여할 수 있었으

---

52) Darwin, *Origin*, p. 186.
53) 위의 책, p. 189.

228

며, 그러한 피부의 새로운 특징은 일상적인 방식으로 선택되어 진일보한 변화를 겪었을 것이다.

다윈은 가장 효과적인 방식으로 페일리에 대응했다. 흄과 여타 철학적 비판가들은 설계 논증에 대해 논리적 결함을 지적할 수 있었다. 하지만 그들은 자연이 설계된 듯이 보이는 이유에 대한 더 나은 이해 방식을 제시할 수 없었다. 설계라는 설명 방식을 제거하고 난 후 그들은 대안을 마련하지 않았다. 그리하여 흄의 비판에도 불구하고 가장 총명한 사람들마저도 설계 가설을 계속 신봉했다는 사실은 놀라운 일이 아니다. 그런데 다윈은 흄이 이루지 못했던 바를 이루었다. 그는 사람들에게 대안적 설명을 제시했으며, 이는 사람들이 신뢰할 수 있는 다른 설명 방식이었다. 이제야 비로소 설계 가설이 더 이상 명맥을 유지하지 못하게 되었던 것이다.

유신론적 대응, 다윈주의의 응답

진화를 거부하고 싶어 하지 않는 유신론자는 이 모든 생각에 대해 두 가지 방식 중 하나로 대응할 것이다. 그중 한 가지는 '다윈이 주장하는 바와 다르게 자연선택에 의한 진화는 사실상 설계 가설과 양립 가능하다'라고 주장하는 방법이다. 또 다른 대응 방식은 요컨대 "그래서 어쨌다는 거냐?"라고 말하는 방법이다. 다윈이 설계 가설의 잘못을 정말로 보여 주었다고 가정해 보자. 여기서 유신론이 잘못임이 도출되는가? 아니다. 그 이유는 설계 가설이 유신론의 필수 요소가 전혀 아니라고 주장할 수 있기 때문이다. 이렇게 본다면 우리가 설계 가설을 부정한다고 해서 유신론마저 거부해야 하는 것은 아니다.

이러한 유신론적 대응을 하나씩 순서대로 고찰해 보도록 하자.

1. 과연 다윈주의는 세상, 그리고 세상에 거주하는 모든 존재들이 지적인 설계의 산물이라는 생각과 조화를 이루지 못하는가? 철학자 마브로데스(George Mavrodes)[54]는 양자가 얼마든지 양립 가능하다고 주장한 수많은 사상가들 중의 하나다. 마브로데스는 진화 과정에 대한 '자연주

의적' 해석을 유신론적 해석과 구분한다. 여기서 전자는 신의 의도 혹은 개입을 전혀 언급하지 않고서도 자연 법칙을 통해 진화 과정을 설명할 수 있다는 입장임에 반해, 후자는 이러한 과정에 신의 목적이 내재된다는 입장으로, 이는 각각의 중요 단계가 신의 계획이나 의도에 부합되는 신의 지시에 따른다는 입장이다. 그는 유신론적 해석을 배제할 아무런 증거가 없다고 주장하고 있다.

> 만약 고생물학적 증거가 분명하게 자연주의적 설명을 지지한다면, 우리는 신이 그 과정에 개입했다면 뼈들이 어떻게 달라졌을지에 대한 어떤 생각을 가지고 있어야 한다. 만약 신이 개입했을 경우에 대한 별다른 생각을 갖고 있지 못하다면, 우리가 가지고 있는 증거가 저 가설이 아니라 이 가설을 지지한다고 합당하게 말할 수 없을 것이다. 이렇게 본다면 유신론적 가능성을 진지하게 생각하는 사람들이 단순히 더 많은 뼈 증거로 인해 설득될 가능성은 별로 없다고 할 것이다. 하지만 나는 '신이 창조 과정을 주도했다면 증거가 어떻게 달라졌을 것인가'를 유신론자에게 설명해 줄 수 있는 진화론자 또한 소수에 불과하리라 생각한다. [55]

　만약 신이 진화 과정을 주도했다면 증거는 어떻게 달라졌을까? 마브로데스는 구체적으로 고생물학적인 증거를 언급하고 있다. 하지만 진화론을 지지하는 증거에는 이보다 훨씬 많은 것들이 포함된다. 이렇게 보았을 때 우리는 마브로데스가 다른 종류의 증거까지 포함하여 문제를 제기했다고 생각해 볼 수 있을 것이다. 마브로데스의 질문은 해명이 요구되는 중요한 질문이다. 마브로데스는 어떤 진화론자도 이러한 질문에 적절히 대응하지 못하리라고 생각했다. 그럼에도 일부 학자들은 그와 같은 시도를 해 보았다. 다윈은 그런 시도를 한 사람 중 한 명이었다.

---

54) 미시건 대학(University of Michigan)의 철학 교수이다. 《신앙: 종교 인식론 연구》의 저자.

55) Mavrodes, "'Creation Science' and Evolution", p. 43.

230

다윈의 이러한 문제에 대한 대응 방식은 두 부분으로 이루어져 있었다.

(a) 첫째, 다윈은 '변이를 수반한 유전' 이론을 받아들일 경우 지적인 설계 가설과는 다른 예측을 하게 된다고 주장했다. 우리는 어떤 예측이 실현되는가를 살펴봄으로써 두 가지 가설을 경험적으로 검증해 볼 수 있을 것이다. 예를 들어 우리는 지적인 설계자가 생물 자체에 필요치 않은 부분들을 생물에 포함시킬 것이라 생각하지 않는다. 하지만 자연선택에 의한 진화 가설에 따르면 우리는 그러한 무용한 부분들을 발견하리라 예측할 수 있다. 왜냐하면 그들은 한때 유용했던 구조들의 흔적일 것이기 때문이다. 실상은 진화론적 가설이 예측하는 바와 같다. 즉 우리는 인간에게서 더 이상 귀를 움직일 수 없는 근육, 무용한 체모, 아무 쓸모없는 연충 모양의 맹장, 꼬리의 흔적 등을 발견할 수 있는 것이다. 다윈은 다음과 같이 말했다. "목적 없는 기관들이 특별히 창조되었다고 자신을 납득시킬 수 있는 사람들은 이러한 사실을 무시하려 할 것이다. 생물이 완만하게 변해 간다는 입장을 믿는 반대 진영의 사람들은 지금까지 그러한 변화들이 항상 완벽하게 일어나지는 않았다는 사실에 대해 그다지 놀라지 않을 것이다."56)

다윈이 설계 가설에 불리하면서 자연선택에 유리하게 활용할 수 있다고 생각한 또 다른 종류의 증거가 있다. 《종의 기원》을 쓰자마자 쓴 난초에 대한 책에서 다윈은 원래 하나의 목적에 기여했던 해부학적 구조들이 나중에 다른 목적들에 기여하게 될 수가 있다고 강조한다. 그는 다음과 같이 말한다. "원래 하나의 목적에 기여했던 부분이 완만한 변화를 거치면서 매우 다른 목적들에 적응하게 되는 것이 사건의 일상적인 과정인 듯이 보인다."57)

만약 어떤 사람이 어떤 특별한 목적을 위해 어떤 기계를 만들고자 하

---

56) Darwin, *On the Various Contrivances by which British and Foreign Orchids are Fertilised by Insects*, p. 261.
57) 위의 책, p. 282.

는데 오래된 수레바퀴, 용수철 그리고 도르래 등을 약간 변경하여 사용하려 한다고 가정해 보자. 이런 모든 부분을 갖춘 온전한 기계는 현재의 목적을 위해 특별하게 고안되었다고 말할 수 있을 것이다. 이런 식으로 자연의 도처에서 각각의 생명체의 거의 모든 부분들은 약간 변경된 조건 속에서 다양한 목적을 위해 사용되었을 것이며, 특별한 모습의 오래된 수많은 살아 있는 기계 속에서 작동해 왔을 것이다. 58)

난초에 관한 책은 사례들로 가득하다. 한 지면에서 다윈은 곤충들을 불러들이는 데 유용한 화밀(花蜜)이 원래 "식물들의 조직에서 화학 변화가 일어날 때, 특히 햇빛이 비추는 동안 발생하는 불필요한 물질들을 제거하기 위한 배출물"59)이었다는 점에 주목하고 있다. 그러고 나서 그는 다음과 같이 덧붙인다. "불필요하거나 유해한 물질로부터 시스템을 보호하기 위해 분비된 물질이 〔다른〕 매우 유용한 목적들에 사용된다는 사실은 자연선택에 의해 이루어진 모습으로의 자연의 계획에 완벽하게 부합된다."

하지만 이러한 사실들이 '자연에 대한 〔설계 가설〕 설명 도식에도 완벽하게 부합될 수' 있지 않을까? 다윈은 그럴 수 없다고 생각했다. 그는 두 이론이 각기 매우 다른 유형의 증거에 의해 지지되리라고 생각했다. 완벽하고 세련된 적응 방식을 보여 주는 증거는 설계 가설을 지지할 것이다. 반면 즉흥적이고 임시방편적인 적응 방식을 보여 주는 증거는 진화론적 가설을 지지할 것이다. 여기서 대비되는 것은 설계와 고안(contrivances)60)인데, 현실 속에서 발견되는 모습은 후자다. 자연은 가까이 있는 어떤 물질이든 사용하여 자신의 새로운 고안물을 임시변통으로 만들어 낸다. 여기에는 이성적인 기술자라면 새로운 목적을 이루기 위해 그 누구도 사용하지 않을 물질까지도 포함된다. 다윈은 "어떤 딱정

58) 앞의 책, pp. 283~284.
59) 위의 책, p. 266.
60) 여기서 설계란 어떤 존재가 의도적인 목적으로 무엇인가를 만들었다는 의미를, 고안이란 제작자가 없이 우연히 만들어진 것을 의미한다.

벌레의 유충은 부드러운 몸을 보호하기 위해 **자신들의 분비물을 이용하여** 우산처럼 생긴 보호물을 만든다"[61]고 날카롭게 지적한다. 이러한 지적에 대해서는 분명 "이것이 무제한적인 권능과 수단을 갖춘 완벽한 제작자에게서 기대할 수 있는 계획인가"라는 의문이 제기될 것이다.

(b) 사람들은 이러한 주장이 논점을 놓치고 있다고 답하면서 유신론자들을 옹호하려 할 것이다. 우리가 방금 고찰했던 다윈주의의 논증은 삼라만상이 특별하게 창조되었다는 입장에 반대하려 한다. 즉 신이 처음부터 각각의 종들을 개별적으로 무(無)에서 창조했다는 생각에 반대하려는 것이다. 그런데 다윈주의의 논증은 마브로데스의 매우 다른 제안, 즉 시종일관 신이 진화 과정에서 **계속** 작업을 했다는 주장에 아무런 영향을 주지 않는다.[62] 다윈의 주장처럼 진화가 일어났다. 하지만 "각각의 중요 단계마다 신의 계획 혹은 의도에 부합되는 신의 지시가 있었다."[63] 살아 있는 존재들은 새로운 고안물이다. 하지만 이들은 신의 새로운 고안물이다. 이러한 생각이 잘못임을 보여 줄 수 있는 추론은 어떤 것인가? 여기서 우리는 다윈이 제시한 논의의 두 번째 부분으로 인도된다.

'신이 지시'했다는 주장은 너무 모호해서 검증하기가 불가능하다. 신이 진화 과정을 통틀어 시종일관 작업을 하고 있다면, 정확히 어떠한 방식으로 신의 개입이 일어나고 있는가? 우리에게는 구체적인 제안이 필요하다. 자연선택에 의한 진화가 어떻게 작동하는가를 상기해 보자. 변이가 나타나고, '삶을 위한 투쟁'에서 개체에게 이익을 주는 특징들이 보존되어 미래 세대로 전달된다. 그런데 구체적으로 어떤 지점에서 신이 이러한 과정에 개입하며, 어떻게 개입하는가? 가장 쉽게 추측할 수 있는 답변은 '신이 개체에게 이익이 될 것임을 아는 구체적인 변이들을 제공함으

---

61) Darwin, *On the Various Contrivances by which British and Foreign Orchids are Fertilised by Insects*, p. 266.

62) 자연선택 과정의 매 순간마다 신의 개입이 있었다고 주장하는 것은 자연선택 이론과 양립할 수 있다는 것.

63) Mavrodes, "'Creation Science' and Evolution", p. 43.

로써 개입한다'일 것이다. 만약 신이 특정한 방향으로 늑대를 변화시키려 한다면 예컨대 신은 조정을 통해 기후가 추워짐에 따라 일부 늑대들에게 약간 두꺼운 가죽을 제공할 것이다. 만약 종이 멸종되길 원한다면 신은 그 종에게 더욱 두꺼운 가죽을 제공하지 않을 것이며, 이에 따라 그 종은 추위로 인해 죽어 없어지게 될 것이다. 이러한 설명은 유신론적 해석에 세부적인 살을 붙이는 가장 자연스러운 방식이며 실제로 다윈은 《사육되는 동물과 식물의 변이》(The Variation of Animals and Plants under Domestication)에서 직접 그와 같이 주장하고 있다.

이상에서의 주장을 반박하기 위해 다윈은 자신의 인위 선택에 대한 논의로 되돌아가 유비 논증에 호소한다. 다윈은 자연선택이 '선택 교배64)를 통해 인간이 동식물의 새로운 변이들을 의도적으로 만들어 내는 과정과 매우 유사하다'고 주장했다. 두 과정은 모두 자연적으로 발생하는 변이들을 이용한다. 그런데 만약 자연선택에서 활용되는 변이들이 임의적인 것이 아니라 신의 지시에 의해 만들어졌다면, 육종가들에 의해 만들어진 변이 또한 육종가들의 지시에 의해 만들어졌다고 생각할 수 있다. 하지만 다윈은 '변이들이 육종가들의 이익을 위해 일어난다고 생각할 수 없다'고 주장한다. 이에 따라 그는 특정 방향을 향해 자연선택이 나아갈 수 있도록 변이가 발생한다는 생각을 거부한다. 65)

---

64) 〔역주〕 인위선택이라고도 한다. 이는 생물 스스로에게 유익하기보다는 경제적 또는 심미적 관점에서 바람직한 방향으로 유전적 변이가 조작된다는 점에서 자연선택과 다르다. 소극적인 의미의 인위선택은 잡초나 포식자, 열성자손과 같은 바람직하지 못한 형태를 제거하는 것을 말하기도 한다.

65) 〔역주〕 일부 사람들은 우연에 의한 선택에 초점이 놓인 자연선택 이론에 부정적인 입장을 취하며, 그 대안으로 '정향(定向) 진화설'을 제시한다. 이러한 이론에 따르면 생물체 속에 진화 요인이 있으며, 생물은 일정한 방향성을 가지고 진화한다. 이때 진화는 더욱 완벽해지려는 방향으로의 변화인데, 이는 어떤 고차적인 '섭리'에 의해 미리 결정되어 있다. 본문에서의 다윈의 논의와 별개로 이러한 이론은 타당하지 못하다는 반론이 제기된 바가 있다. 즉 화석의 진화 경로를 연구한 결과 정향진화의 증거가 발견되지 않았던 것이다.

234

전지전능한 창조주는 자신이 부과한 법칙들로부터 나타나는 모든 결과를 예견했을 것임에 틀림없다. 하지만 일상적인 의미에서 단어들을 사용할 경우, 창조주가 의도적으로 어떤 바위 조각들을 특정한 모양으로 만들어 제작자가 구성물을 세울 수 있게 했다는 주장이 합당하다고 말할 수 있는가? 만약 각각의 조각의 모양을 결정한 다양한 법칙들이 제작자를 위해 미리 결정된 것이라 할 수 없다면, 어떻게 신이 육종가들을 위해 사육 동물과 식물의 무수한 변이들 — 이러한 변이들 중 상당수는 인간에게 아무런 도움이 되지 않으며, 생물 자신에게 혜택을 주기는커녕 유해한 경우가 더욱 흔하다 — 을 특별하게 정했다는 주장을 더욱 개연적이라 할 수 있을까? 신이 명하여 비둘기의 멀떠구니[66] 와 꼬리 깃털에서 변이가 일어났고, 이로 인해 애조가가 자신의 기괴한 집비둘기와 공작비둘기를 번식시킬 수 있게 되었는가? 신이 개의 골격과 정신적 특성에 변이를 일으켰고, 이를 통해 어떤 품종의 개가 인간의 잔인한 스포츠를 위해 황소를 쓰러뜨리기에 적당할 정도의 턱과 불굴의 사나움을 갖게 되었는가? 하지만 우리가 한 가지 경우에서의 원칙을 포기할 경우, 다시 말해 우리가 의도적인 지시에 따라 원시 개들의 변이로부터 예컨대 좌우의 균형과 활력을 갖는 완벽한 이미지의 그레이하운드[67] 가 탄생하게 되었다는 입장을 받아들이지 않을 경우, 인간을 포함하여 자연선택을 통해 세상에서 가장 완벽하게 적응된 동물들을 탄생시킨 토대인 변이들이 의도적이면서 특별한 지침에 따라 나타나게 되었다는 믿음은 논의할 일고의 가치도 없다. [68]

다윈의 결론이 '신이 자연선택에서 활용되는 변이들을 의도적으로 제

---

66) 〔역주〕 새의 식도의 일부가 주머니 모양으로 되어 있는 부분. 먹이를 일시적으로 저장해 두었다가 조금씩 위로 보낸다. 모이주머니 또는 소낭이라고 부르기도 한다.

67) 〔역주〕 개의 한 품종. 몸이 가늘고 길며 털은 매끈하고 짧다. 주력과 시력이 발달한, 경주와 사냥에 쓰이는 개로 이집트가 원산지이다.

68) Darwin, *The Variation of Animals and Plants under Domestication* ii. pp. 414~415.

공하면서, 막상 육종가들을 위해 여타의 변이들을 의도적으로 제공하지 않기란 불가능하다'가 아님에 유의하라. 다윈은 두 유형의 변이들이 동일한 자연법칙의 작동을 통해 동일한 방식으로 만들어진다는 측면에서 보았을 때, 그와 같이 생각할 별다른 이유가 없다고 결론을 내리고 있을 따름이다. 종교에 맞닿아 있는 문제들을 다룰 때 항상 그러하듯이, 여기서 다윈은 '무엇을 믿는 것이 합리적인지 판단하는 일이 중요하다'고 주장한다. 만약 유신론자들이 이러한 믿음의 조합에서 **일관되지 않은** 것이 없다고 대답한다면, 다윈은 그러한 입장에 동의할 것이다. 하지만 그것만으로는 부족하다. 자기모순 없이 견지될 수 있는 믿음들 중에는 터무니없는 것들이 무수히 많이 존재한다. 이는 많은 관심을 끌기에는 너무 약한 기준이다. 더욱 관심을 끄는 문제는 과연 특정한 믿음이 합리적인가라는 질문이다.

(c) 전술한 논의는 '진화 과정에 대한 유신론적 해석을 배제하는 구체적인 증거를 제시하라'는 마브로데스의 도전에 의해 촉발되었다. 나는 가장 자연스러운 방식으로 구성한 유신론적 해석을 부정할 이유를 다윈이 어느 정도 제시했다고 주장했다. 그런데 어쩌면 유신론적 해석에 대한 다른 이해 방식이 있을지도 모른다. 만약 그렇다면 그에 대한 다른 대응 방식이 만들어져야 할 것이다. 그런데 특별히 언급할 만한 한 가지 이해 방식이 존재한다.

우리는 반박할 수 있는 어떤 증거도 있을 수 없음을 **확언한다** (*guarantee*) 는 의미로 유신론적 해석을 이해할 수 있을 것이다. 이러한 방식의 이해에서는 신이 어떻게 진화 과정을 통해 작업하는지에 관한 물음을 완전히 열어 놓은 채, 이에 관한 어떤 상세한 내용도 제시하지 않는다. 아무런 구체적인 내용을 제시하지 않을 경우, 유신론적 해석은 자연의 모습이 어떠한가에 대해 함축하는 바가 전혀 없을 것이다. 이러한 경우에는 설령 어떤 발견이 이루어진다고 하더라도 유신론자는 항상 다음과 같이 말할 수 있게 된다. "그래, 그것이 바로 사물의 이치이며, 신이 계획한 방식이야." 이러한 접근 방식을 취할 경우, 유신론적 해석에 반대

236

하는 증거를 제시하려는 시도는 어떠한 경우에도 절대로 성공할 수 없게 된다. 69)

내가 이러한 가능성을 언급하는 이유는 사람들이 진화를 유신론적으로 해석할 수 있다고 주장할 경우, 흔히 이상에서 언급한 바와 같은 생각이 어느 정도 배후에 잠복해 있다 (반드시 그렇지는 않지만) 고 생각하기 때문이다. 하지만 궁극적으로 보았을 때, 이는 유신론적 해석을 옹호하는 만족스럽지 못한 방식이다. 논리적으로 보자면 이는 진화론을 철저하게 거부하려는 이른바 '과학적 창조론자들'70) 이 사용하는 매우 조야한 논거에 비견된다. 지금까지 진화가 일어났음을 부정하기 위해 고안된 전략 중 가장 무모한 것은 신이 세상을 수천 년 전에 창조하면서 동시에 화석, 지리적 지층 등을 만들었을 수 있다고, 공룡은 존재한 적이 없으며, 오직 공룡의 뼈만이 존재했다는 주장이다 (만약 다양한 실험이 공룡의 뼈가 수백만 년이 되었음을 보여 주는 듯하다면, 그것은 신이 그러한 조건하에서 그러한 뼈를 만들어 냈기 때문이며, 이에 따라 실험은 그러한 결과를 산출하게 될 것이다). 창조론자들은 이러한 가설이 모든 자료들과 완벽하게 일치한다고 말할 수 있으며, 진화론자에게 그러한 가설이 잘못되었다는 증거를 제시하라고 독선적으로 요구할 수 있다.

언뜻 보기에 진화론자는 아무런 만족스런 답변도 제시하지 못할 듯이 보인다. 왜냐하면 진화론을 지지하여 제시될 수 있는 증거는 무엇이건

---

69) 〔역주〕유신론이 '어떤 경우에도 신이 개입된다'는 의미로 해석될 수 있을 것이다. 이 경우 구체적으로 어떠한 방식으로 개입이 이루어지는지 보여 주어야하는데, 이에 대한 설득력 있는 설명이 없다. 또한 이러한 해석은 반증이 불가능하며, 이에 따라 논의 자체가 불가능하게 된다. 어떤 경우를 제시해도 그것이 신의 뜻이라고 대응할 것이기 때문이다.

70) 〔역주〕창조과학은 창조론이 과학적으로 입증이 가능하다는 데에 기초한 운동이다. 그들은 성서에 언급된 이야기들을 실제로 있었던 역사적 사실로 해석하기 때문에, 창세기의 창조설화도 과학으로 입증 가능한 역사적 사실로 본다. 또한 그들은 지구와 우주의 역사, 생물의 진화 등에 대한 과학 이론에 대해서도 창조론적인 관점에서 새로운 과학적 증거를 제시하고자 한다.

이와 같은 창조론자의 시나리오 내에 편입될 수 있는 듯 보이기 때문이다. 그럼에도 창조론자의 책략에서 무엇이 잘못되었는지를 설명하기란 어렵지 않다. 이는 특이한 방식으로 자기반박적이다. 이러한 가설이 참이라고 가정해 보자. 이러한 가설은 세상이 만들어진 지 수천 년이 지났을 따름이지만, 신이 우리가 달리 믿는 것이 합리적이라고 생각할 수 있는 증거로 세상을 채웠음을 의미한다(이 경우 데카르트의 유명한 금언과 대조적으로 신은 사실상 속이는 존재임이 드러난다). 실제로 신은 지구의 나이가 46억 살이라고 믿는 것이 합당하다고 생각하게 하는 증거를 제공했다. 그리고 이를 믿는 것이 합당하기에, 우리가 창조론자의 가설이 거짓이라고 믿는 것이 합당하다는 결론이 도출된다.

우리는 진화 과정에 대한 유신론적 해석에 대해서도 동일하게 말할 수 있을 것이다. 즉 그러한 해석이 반박 불가능한 방식, 다시 말해 모든 가능한 증거와 양립할 수 있는 방식으로 구성될 경우, 우리는 그러한 해석에 대해서도 마찬가지로 말할 수 있을 것이다. 신이 다윈 이래의 진화생물학자들이 서술해 왔던 과정에 어떠한 방식으로든 개입되어 있다고 가정해 보자. 이는 그의 개입이 너무나도 완벽하게 감추어져서, 어떤 지시하는 손 없이 그와 같은 과정이 작동하는 듯 보이는 상황이 창출되었음을 의미할 것이다. 달리 말해, 신은 자신이 개입되지 않았다고 우리가 믿는 것이 합당한 상황을 창출했다는 것이다. 하지만 신이 개입되지 않았다고 믿는 것이 합당하다면, 우리가 유신론적 해석을 거부하는 것 또한 합당하다고 말할 수 있다.

2. 하지만 만약 다윈의 논의가 수용된다면 어떻게 되는가? 다윈주의의 입장에서 우리가 설계 가설을 거부하면 어떻게 되는가? 이 경우 우리가 유신론 또한 거부해야 하는가? 아마도 설계 가설이 유신론의 필수 요건일 경우에만 그렇게 될 것이다. 이러한 답변은 유신론에 대한 회의적인 결론을 거부하는 두 번째 주요 전략이 될 수 있다. 즉 페일리가 옹호하고 다윈이 비판한 형식으로서의 설계 가설은 애초에 유신론에 전혀 필요치 않았다고 말할 수 있다는 것이다.

　유신론과 설계에 대한 믿음을 분리할 수 있는가? 그것은 최후의 수단으로나 이용할 수 있을 것이다. 왜냐하면 설계 가설은 전통적인 종교적 믿음에서 중요한 위치를 차지하고 있기 때문이다. 하지만 그러한 분리는 이루어질 수 있으며, 사실상 18세기의 이신론자(理神論者)71)들은 그러한 작업을 수행했다. 이신론자들은 항상 존재하는, 사랑의 신이 이 세상을 돌본다는 이야기를 믿지 않았다. 대신 그들은 세상을 만들고 세상이 작동하는 법칙을 확립했지만, 그 후 손을 놓은 창조자로 신을 파악했다. 이에 따라 그들은 신을 우주의 위대한 계획 — 자연법칙 — 을 고안한 공로자로 파악하긴 했어도, 시시콜콜한 문제에 관여하는 존재로 보지 않았다. 이러한 견해에 따르면 신이 자연선택이 일어나는 메커니즘을 창출하긴 했어도, 그러한 메커니즘의 산물까지 설계하진 않았다.

　이신론은 일관성을 갖춘 유신론적 견해다. 이에 따라 그저 유신론과 다윈주의가 양립 가능해야 한다고 결론내리고, 더 이상 이야기하지 않고 싶다는 충동이 느껴질 수 있다. 하지만 적어도 이신론으로 물러나면서 무엇을 포기했는지가 분명해질 때까지 우리는 그러한 유혹에 저항해야 한다. 만약 종교적 믿음이 이신론으로 환원되었다면 그러한 입장은 취할 만한가? 이 경우 세상과 연결되지 않은 매우 추상적인 '신'만 남게 되며, 우리가 믿을 수 있는 존재로서의 대상은 거의 남지 않는다. 1927년 프로이트는 이러한 종류의 믿음에 대해 다음과 같이 이야기했다.

　　실제로 이러한 믿음을 갖는 목적은 오래 전부터 종교로부터 거리를 두어 종교와의 관계가 느슨하게 된 상황에서, 우리가 단지 자기 자신에게 혹은 다른 사람에게 전과 다름없이 종교에 애착을 갖는 듯이 보이기 위해서일 따름이다. 사람들은 종교에 관한 물음이 제기되는 곳

---

71)〔역주〕이신론은 18세기 계몽주의 시대에 등장한 신학 이론이다. 이신론자들은 신이 천지를 창조한 후 인간에게 양도했으며 자연은 스스로 움직인다고 생각하였다. 이처럼 이신론은 신이 천지를 창조한 후 인간의 역사 속에서 더 이상 역할을 하지 않는다고 생각한다. 그들에게 신은 자연을 창조한 신일 뿐 역사속의 신은 아니다.

에서 온갖 부정직과 지적인 잘못을 범한 죄가 있다. 철학자들은 원래
의 의미로부터 거의 모든 것을 의미하는 데에 이르기까지 신이라는
단어의 의미를 확대한다. 그들은 '신'이라는 이름을 그들 스스로 창조
한 어떤 모호한 추상 개념에 부여한다. 그렇게 하고 난 후 그들은 자
신들이 이신론자들, 신을 믿는 사람들이라고 으스댄다. 그리고 이제
그들은 자신들의 신이 공허한 그림자에 불과하며, 더 이상 종교적 교
의의 권능 있는 실재가 아님에도 불구하고, 심지어 자신들이 더 높
고, 순수한 신의 개념을 알게 되었다고 떠벌리기까지 한다. 72)

　　이러한 주장에 대해 사람들은 "이신론이 '종교적 교의의 권능 있는 인
격체'를 추방하긴 해도, 보존할 만한 한 가지 생각을 그 안에 담고 있다"
고 답할 수 있을 것이다. 즉 이신론은 우주의 궁극적인 원인으로서의 신
이라는 관념을 유지한다는 것이다. 하지만 다윈은 여기서 올바른 의견을
제시한다. 그 누구도 우주의 궁극인에 대해서 알지 못하기 때문에 그러
한 원인이 신이라는 주장은 매우 단순한 사색의 결과다. 우리가 그렇게
말할 수는 있지만 그러한 입장을 지지할 아무런 훌륭한 이유도 갖지 못한
다. 다윈이 생각하기에 좀더 정직한 접근 방식은 우리의 무지를 받아들
이고 침묵을 지키는 일이었다. 분명 그가 옳았다.

　　이신론은 어떤 다른 의미에서 종교적인 믿음의 후퇴를 나타내기도 한
다. 이제 신이라는 개념에는 훨씬 빈약한 내용만이 남아 있다. 우리를 창
조하고, 우리를 위해 계획하고, 명령하고, 우리를 천국에 기꺼이 받아들
이려는, 우리를 사랑하는 전능한 인격체로서의 신 개념은 인간의 삶에 의
미와 중요성을 부과한다는 측면에서 소중한 개념이다. 하지만 만약 우리
가 이 모두를 제거해 버리고, 오직 원초적인 원인이라는 개념만을 남겨
두면, 동일한 단어가 심지어 사용되어야 하는가에 대해서마저도 의문이
제기된다. 73) 우리는 원래의 단어를 계속 사용함으로써 동일한 대상에 대

---

72) Freud, *The Future of an Illusion*, p. 32.
73) 모든 것의 원인이라는 의미로만 신이라는 단어를 사용할 경우, 이는 과거에
　　사람들이 의미하고자 했던 신 개념과는 매우 동떨어지게 되어 사실상 동일한

해 이야기하고 있다고 생각하는 착각에 빠진다. 프로이트가 말하고 있듯이, 우리는 "〔우리가〕 더욱 높고 순수한 신의 개념을 알게 되었다고 떠벌릴 수 있다."─ 하지만 그러한 떠벌림은 프로이트의 조롱을 받을 만하다.

요약하자면 우리가 무신론적 결론을 피할 방법이 없진 않지만 오직 커다란 대가를 치르고서야 그렇게 할 수 있다. 남아 있는 신 개념은 매우 모호해서 자연 일반, 특히 인간의 본성을 설명하는 데 거의 사용할 수 없을 것이다. 이 경우 신은 우리가 아는 세상으로부터 너무도 멀리 후퇴하여 프로이트의 말을 빌리자면 '공허한 그림자에 불과'하게 된다.

결 론

다윈주의자는 종교에 반드시 회의적이어야 하는가? 만약 이러한 질문이 "논리적으로 다윈론자인 동시에 유신론자가 될 수 있는가?"를 의미한다면 그 답은 "가능하다"이다. 어떤 경우에도 다윈주의를 통해 모든 유형의 유신론이 틀렸다고 입증할 수는 없다. 하지만 질문이 의미하는 바가 좀더 개괄적일 수 있다. 이 경우 설령 다윈주의가 유신론이 틀렸음을 입증하지는 못한다고 해도, 우리는 설득력 있는 이유를 제시하여 그 진상에 대해 회의를 품게 할 수는 있다고 답할 수 있을 것이다.

진화론적 시각은 과거에 종교적 신념을 지탱해 온 일부 근거들을 제거함으로써 그 신념을 훼손했다. 굴드는 "과학은 신학적인 관심사와 서로 만나지 않는다"[74]고 말한다. 이것은 확실히 잘못된 생각이다. 과학과 신학은 그 관심의 대상이 다를지는 모르나 상호 교차한다. 교차하는 가장 중요한 지점은 자연 현상에 대한 목적론적 설명과 관련된다. 신학에서 자연을 목적론적으로 이해할지의 여부는 매우 중요한 문제다. 세상을 비목적론적으로 이해한다고 했을 때, 다시 말해 신이 더 이상 삼라만상을 설명하는 데 필요 없다고 했을 때 신학의 권위는 실추된다.

단어가 전혀 다른 것을 의미하게 된다.

74) Gould, "Darwinism Defined", p. 70.

사람들은 흔히 신학자의 설명이 과학자의 설명과 본질적으로 다르며, 이에 따라 양자가 서로 공존할 수 있다고 말한다. 그런데 흔히 그들은 단순한 공존이 사실상 신학적 권위의 실추임을 깨닫지 못하고 있다. 과학 시대의 종교의 역사는 '세상에 대한 우리의 이해 방식에서 중심을 차지하고 있다가 눈에 뜨이지 않을 정도로 작은 자리로 서서히 퇴각해 가는 이야기'다. 전통 종교는 '세상의 의미를 이해하는 데 신학적 설명이 필요하다'는 사실로부터 힘을 끌어왔다. 이 세상이 어떻게 현재의 모습처럼 되었는가를 설명할 방법이 없었을 시기에 종교적 사고의 지배력은 강력했다. 과학자들을 포함한 모든 사람들이 종교를 믿을 이유가 있었다. 그러나 다윈 이후 자연에 대한 우리의 이해로부터 신학적 사고가 사라지게 되면서 종교가 해야 할 역할이 현저하게 줄어들었으며, 신은 점차 불필요한 가설처럼 보이게 되었다. 이것이 다윈주의가 유신론을 철저하게 부정하진 않지만 그럼에도 이전보다 훨씬 매력을 잃은 듯이 보이게 하는 이유다.

마지막으로 우리는 이 책에서의 전반적인 논의를 위해 이상에서 살펴보았던 모든 내용이 시사하는 바를 고려해 볼 수 있을 것이다. 여기서 우리의 주요 관심사는 인간이 존엄하다는 교의를 뒷받침했던 전통적인 종교의 지지 방식이다. 이러한 입장에 따르면 다른 동물들의 생명이나 이익과 달리 인간의 생명이나 이익은 도덕적으로 중요하다. 그 이유는 오직 인간만이 신의 형상에 따라 창조되었고, 신이 창출한 질서에서 특별한 지위를 차지하기 때문이다. 나는 이 장에서 다윈주의가 유신론을 훼손했다고 주장했다. 일부 독자들은 이 주장에 어느 정도 동조할 것이다. 하지만 그들은 모든 종류의 유신론을 거부해야 한다고 결론내리는 데에까지 이르지는 않을 것이다. 그 대신 그들은 상당히 세련된 형태의 일부 유신론을 지지할 수 있다고 결론 내릴 것이다. 그럼에도 여전히 남게 될 의문은 그러한 세련된 유신론이 충분히 견고하여 신의 형상 테제를 지지할 수 있는 정도가 되는지의 여부다. 신의 형상 테제가 모든 유신론적 견해와 동반자 관계를 유지하는 것은 아니다. 신의 형상 테제는 신이 적극적으로 인간과 인간을 위한 안식처로서의 세상을 고안했다는 유신론이 필요하다. 만약 다윈주의로 인해 '매우 상세하게 설계된 자연관'을 폐기해야 하고, 이로 인해 이신론 등으로 어쩔 수 없이 후퇴해야 한다면, 이때 우리는 신이 창출한 질서 속에서 인간이 특별한 지위를 갖는다는 견해를 박탈당하게 된다. 신이 어떤 의미에서 자연을 창조했다고 여전히 생각할 수 있어도, 우리는 더 이상 인간이 존엄하다는 입장을 지지하는 유신론적 입장은 견지할 수 없게 될 것이다.

제4장

인간은 다른 동물과 얼마나 다른가?

지금까지 인간이 인간 아닌 동물들의 본성을 객관화시켜 생각하기란 늘 어려웠다. 흔히 언급되는 바와 같이 한 가지 문제점은 우리가 자연을 의인화하고 동물들을 지나칠 정도로 우리와 다를 바 없다고 파악하는 경향이 있다는 것이었다. 이와 상반되지만 가끔 지적되는 문제점은 동물이 어떠하다고 객관적으로 생각하는 경우, 우리가 동물과의 도덕적 관계를 정당화해야 할 부담을 안게 된다는 사실과 관련이 있다.[1] 우리는 동물을 식용으로 사용하기 위해 죽인다. 우리는 동물을 연구실 실험 대상으로 사용한다. 우리는 가죽이나 모직물과 같은 소재의 공급원으로 사용하기 위해 동물을 착취하며, 일을 시키기 위해 동물을 사육하기도 한다. 이러한 예는 무수히 많이 들 수 있다. 이러한 관행은 우리에게 이익을 주며, 때문에 우리는 그와 같은 관행을 계속 유지하려 한다. 이처럼 동물이 어떤 특성을 가지고 있는가를 생각할 때, 우리는 방금 언급한 방식의 처우와 양립할 수 있는 방식들로 동물을 생각하려는 경향이 있다. 만약 우리가 동물을 지능과 감각을 가진 존재로 파악한다면 이상에서 언급한 방식

---

1) 〔역주〕 동물의 행동이나 동기를 연구하는 데서의 문제점으로 지적되는 것 중의 하나는 동물과 인간을 지나칠 정도로 유사하게 그린다는 점이다. 그런데 동물에 대한 객관적인 연구가 이루어질 경우 또 다른 문제가 노출되는데, 바로 동물의 도덕적 지위에 관한 문제다. 동물들에 대한 연구는 지금까지의 동물에 대한 처우를 전면적으로 재고하게 한다.

244

의 그들에 대한 처우는 끔찍하게 느껴질 것이다. 때문에 인간은 동물을 지능이나 감각을 갖는 존재로 생각하고 싶어 하지 않는다.

간혹 동물을 무시하려는 태도가 극단으로 치닫기도 한다. 17세기는 생리학의 발전이 활기차고도 신속하게 이루어졌던 시기였다. 이 시기는 주요 기관의 기능과 혈액 순환이 최초로 이해되기 시작하는 시점이었다. 하지만 생리학의 발전은 동물들에게 엄청난 고통을 주는 실험 과정을 거쳐 이루어졌다. 예를 들어 실험자는 개의 발에 못을 박아 판에 고정시켰으며, 그러고는 몸을 절개하여 내부 기관들의 작동을 관찰하곤 했다. 이는 마취법이 개발되기 훨씬 전의 일이었는데, 해부학자들은 울부짖는 소리로 방해받지 않기 위해 개의 성대를 잘라내기도 했다.

과학자가 실험에 관한 곤경을 겪게 될 경우 그를 안심시켜 준 것은 전통 도덕이었다. 아퀴나스와 같은 사상가들은 "자비는 이성 능력을 갖추지 못한 존재에게까지 확대되지 않으며"[2], 야수들은 인간을 위해 존재할 따름이라고 오랫동안 가르쳐 왔다. 하지만 이러한 위안은 충분치 않아 보였다. 요컨대 이성 능력을 갖추고 있는지와 무관하게, 그리고 인간을 위해 사용되는지와 무관하게 적어도 동물들이 엄청난 고통을 느낄 수 있는 존재로 태어났다는 사실은 여전히 남는다. 그리고 바로 이러한 사실 하나만으로도 우리는 문제를 좀더 고찰해 볼 필요가 있다. 우리가 양심에 꺼려지는 모든 이유들을 제거하려면 동물들을 고통을 느낄 수 없는 존재로 파악해야 할 것이다. 오늘날의 관점에서 보았을 때에는 이상하게 보일지 모르지만 그 당시 동물들은 실제로 고통을 느낄 수 없는 존재로 파악되었다. 사람들은 단순한 동물들이 인간과 현격하게 다르며, 이에 따라 고통을 느낄 수도 없다고 말했다.

흔히 '근대 철학의 아버지'라 불리는 데카르트(René Descartes, 1596~1650)는 바로 이와 같은 입장을 대표하는 인물이었다. 데카르트는 정신과 육체가 근본적으로 다른 유형의 실체라는 입장을 견지했다. 그에 따

2) Aquinas, *Summa Theologica* II, Q. 65, Art. p. 3.

르면 정신은 본질적으로 완전히 물질이 아님에 반해 육체는 일종의 기계에 불과하다. 인간은 육체뿐만 아니라 정신을 갖추고 있기 때문에 생각하고 느낄 수 있다. 하지만 데카르트에 따르면 단순한 동물은 정신을 갖지 않는다. 이에 따라 동물은 고통을 포함하여 어떤 종류의 의식 작용 능력도 없는 기계에 불과하다. 그는 다음과 같이 썼다. "나의 입장은 동물에게 잔혹하기 보다는 인간에게 관대한 것이다. … 이렇게 말하는 이유는 나의 입장으로 인해 사람들이 동물을 먹거나 죽일 때 죄를 범하는 것이 아닌가라는 의혹에서 벗어날 수 있기 때문이다."3) 이러한 주장은 생리학자에게 면죄부를 부여한 격이기도 했다. 그 이유는 실험자가 실험 대상이 되는 동물의 고통에 대해 더 이상 관심을 가질 필요가 없게 되었기 때문이다. 적어도 일부 실험실은 데카르트의 관점을 적극적으로 받아들였다. 퐁텐(Nicholas Fontaine)은 1738년에 발간된 자신의 회고록에서 그와 같은 실험실을 방문해 본 경험에 대해 다음과 같이 쓰고 있다.

> 그들은 아주 냉담한 태도로 개들을 구타했으며, 개들이 고통을 느낀다고 생각하여 동정하는 사람들을 조롱했다. 그들은 개들이 일종의 시계라고 말했다. 그리고 그들은 개들을 때릴 때 개들이 지르는 소리가 단지 조그만 스프링을 건드렸을 때 내는 소리에 불과하며, 전체로서의 몸은 고통을 느끼지 않는다고 말했다. 그들은 불쌍한 개들을 해부하여 그 당시 커다란 화젯거리였던 혈액 순환을 관찰하기 위해 판 위에 세워 놓고 네 다리에 못을 박았다.4)

다윈 이전의 사상가들은 동물이 어떤 중요한 심리적 능력을 갖추었음을 부정하였고, 이를 편리하다고 생각했는데, 이렇게 생각한 것에 대해서는 또 다른 이유가 있다. 즉 동물의 고통은 심각한 신학적 문제를 제기

---

3) Descartes, Letter to Henri More (1649), Singer의 *Animal Liberation*, p. 219에서 인용.
4) Nicholas Fontaine, *Memoires*, Singer의 *Animal Liberation*, p. 220에서 인용.

했던 것이다. 정의롭고 전능한 신은 아무런 목적 없는 고통을 느끼는 존재를 창조하지 않았을 것이다. 인간의 고통은 그의 타락과 결부시켜 설명할 수 있다(혹은 그렇게 알려져 왔다). 즉 인간의 고통은 아담이 저지른 죄의 결과인 것이다. 하지만 동물은 아담의 후손이 아니며, 따라서 원죄를 공유하지 않는다. 게다가 동물은 이 세상에서의 고통을 보상받을 수 있는 천국에 들어갈 희망이 없다. 이렇게 보았을 때 동물의 고통은 처리하기 곤란한 신학적 문제임에 분명하다. 우리가 살펴본 바와 같이 다윈은 이러한 문제에 대해 고민해 보았으며, 신이 어쩌면 존재하지 않을지도 모른다고 결론을 내렸다. 하지만 이러한 결론을 도출하기를 꺼려하는 (혹은 도출할 수 없는) 사람들에게는 어떠한 해결 방식이 있을까? 많은 사람들이 선호했던 해결책은 모든 명백한 징표와 상반되게 동물이 고통을 느낀다는 사실을 부정하는 것이었다. 데카르트와 동시대인인 말브랑쉬(Nicolas Malebranche)[5]는 이러한 이유로 데카르트의 견해에 환영을 표시했다. 동물이 고통을 느끼지 못한다는 신학적 관념은 다윈이 《종의 기원》을 발간했을 당시에도 여전히 대세였으며, 일부 독자들은 '만약 다윈이 옳다면 이는 동물이 고통을 느낄 수밖에 없음을 의미한다'는 이유를 들어 다윈의 이론에 반대했다.

　　오늘날 우리는 과거를 돌이켜보면서 데카르트의 견해가 우스꽝스럽다고 생각하기 쉽다. 어떻게 동물이 고통을 느끼지 않는다고 진지하게 생각할 수 있을까? 요컨대 우리는 인간이 고통을 느낄 때와 동일한 증거를 동물이 고통을 느낄 때에도 확보할 수 있다. 인간은 고문을 당하면 고함

---

5) 〔역주〕 프랑스의 로마 가톨릭 사제, 신학자. 데카르트 학파의 주요철학자로서, 정신과 물질이 본질적인 차이 때문에 상호작용할 수 없다고 확신했다. 말브랑쉬는 인간 육체가 세계와 상호작용하는 경우에는 언제나 신이 그들의 정신 속에 적절한 지각 가능한 관념을 제공한다고 주장했다. 그리고 인간이 자신의 육체를 움직이려고 할 때에는 항상 신이 그 육체를 움직이게 한다고 주장했다. 따라서 정신과 육체 사이에는 직접적인 인과적 상호작용이 전혀 없으며 신에 의해 매개된, 별개의 평행적인 일련의 정신적·물질적 사건만이 있을 뿐이다. 이런 견해를 기회원인론(*occasionalism*)이라 한다.

을 지른다. 동물도 마찬가지다. 인간은 고통스런 자극에 직면하면 물러서 도망가려 한다. 동물 또한 마찬가지다. 인간의 고통은 복잡한 신경계의 작동과 결부되어 있다. 동물 또한 마찬가지다. 동물과 인간의 유일한 차이는 인간은 자신들이 고통을 느낀다는 것을 말로 알려 줄 수 있다는 정도이다. 하지만 이것이 모든 인간에게 적용되진 않는다. 아이들은 말을 하지 못하며, 일부 심각한 정신지체인이나 노인들 또한 마찬가지다. 그럼에도 우리는 그들이 아플 때 고통스러워한다는 것을 의심하지 않는다. 만약 이것이 사실이라면 우리는 구체적으로 어떤 근거를 통해 동물이 고통을 느끼지 못한다고 말할 수 있을까?

데카르트의 견해는 심지어 그가 살아있던 당시에도 극단적이라는 평가를 받았다. 그의 광범한 영향력에도 불구하고 대부분의 사상가들은 그의 입장에 동조하지 않았다. 그럼에도 그 당시에는 그것이 가능한(오늘날에는 더 이상 가능하지 않은 방식으로) 견해였다. 동물에 대한 데카르트의 견해가 오늘날 더 이상 가능하지 않은 이유는, 다시 말해 그의 견해가 우리에게 매우 **분명하게** 잘못된 것으로 보이는 이유는 그와 우리 사이에 다윈이 끼어 있기 때문이다. 일단 다른 동물을 우리의 친족으로 파악하게 되면 우리는 동물들의 조건이 우리와 유사함을 받아들이지 않을 수 없다. 다윈은 어떤 중요한 의미에서 동물의 신경계, 행동, 고함이 우리의 신경계, 행동, 고함을 약간 변형한 것에 다름 아님을 강조했다. 이들은 동물과 우리가 공유하는 특징이다. 이렇게 말하는 이유는 동물과 우리가 동일한 조상에게서 그러한 특징을 물려받았기 때문이다. 데카르트는 이러한 사실을 몰랐으며, 때문에 우리 이상으로 인간과 인간 아닌 존재들 사이에 커다란 간극을 간단하게 상정했던 것이다.

하지만 '현대인들이 일반적으로 동물이 고통을 느낄 수 있음을 무조건적으로 받아들인다'라고 생각하는 것은 잘못이다. 심지어 오늘날에도 그와 같은 조그만 양보를 얻기가 쉽지 않다. 데카르트주의의 흔적이 오늘날에도 남아 있는 것이다. 이에 대한 하나의 징표로 들 수 있는 예는 과학 저술과 대중 잡지에서 동물을 대상으로 '고통'과 '아픔' 같은 단어들을 사용하는 경우다. 이 경우 필자들은 마치 동물에게 그와 같은 개념을 적용하는 것이 의심스럽다는 듯이 그러한 단어를 인용부호 속에 집어넣는 경우가 다반사다. 1986년 〈버밍햄 뉴스〉(*Birmingham News*)는 다음과 같은 표제하에 정부의 실험 연구 기사를 실었다. "연구자들은 실험용 동물의 '고통'을 최소화한다고 알려져 있다."6) 신문 구독자들은 이러한 사실을 알게 되어 기뻤을지 모르겠지만, 다른 한편으로 비록 부지불식간이겠지만 그들은 인용부호 때문에 안도의 한숨을 내쉬기도 했다.

흔히 살펴볼 수 있는 또 다른 책략은 이론상으로는 동물이 고통을 느낄 수 있다는 사실을 부정하지 않으면서, 막상 그들이 어떤 특별한 경우에 고통을 느낀다는 것에 대해 회의적인 태도를 취하는 방법이다. 1978년 인도 정부는 대미(對美) 붉은털원숭이 수출을 중단했다. 왜냐하면 미국이 핵무기 연구를 위해 동물을 사용할 수 없다는 수출 동의 조항을 위반했기 때문이다. 미국 방위 원자력국(Defense Nuclear Agency)은 3년 이상의 기간 동안 1,379마리의 유인원 — 이 중 거의 대부분이 붉은털원숭이었는데 — 들이 이러한 실험에 사용되었음을 확인했다. 그중 한 가지 실험에서 실험자들은 원숭이들을 치사량 이상의 방사능에 노출시켰고, 그 후 쓰러질 때까지 전기 충격을 주면서 강제로 쳇바퀴를 돌리게 했다. 마취가 되지 않은 원숭이들은 죽기 전 구토와 설사가 동반된 예측 가능한 방사능 과다노출 효과로 인해 고통을 받았다. 이 모든 사실을 인정했음에도 방위 원자력국 대변인은 "우리가 아는 한 원숭이들은 고통을 경험하지 않았다"7)고 논평했다.

다윈의 이론은 인간 아닌 동물 — 최소한 그들 중 다수 — 이 고통을 받으면 괴로워할 뿐 아니라 다른 여러 측면에서 감각을 느낄 수 있는 영리한 존재임을 시사하고 있다. 그는 사람들이 이를 웬만해선 받아들이려 하지 않을 것임을 알고 있었고, 그 이유를 나름대로 설명했다. 다윈은 퐁

---

6) *Birmingham News*, 2 Feb. 1986, 23A.

7) Lt. Col. William J. McGee, *Time*, 6 Feb. 1978, p. 50에 인용.

텐느(Nicholas Fontaine)의 비망록이 출간된 지 정확히 100년이 지난 후 다음과 같이 말했다. "우리가 노예로 만든 동물, 우리는 그들을 우리와 동등하게 생각하고 싶어 하지 않는다."[8]

인간만이 합리적 존재인가?

앞에서 우리는 일부 다윈의 동시대 사람들, 예를 들어 월리스가 '자연선택을 통해 인간 진화의 상당부분을 설명할 수 있을지 몰라도 인간의 고등한 지적인 능력을 설명할 수 없다'고 생각했음을 살펴보았다. 이에 따라 그들은 오직 인간만이 특별히 창조되었다는 제한적인 입장, 다시 말해 신이 역사상의 어떤 시점에 개입하여 인간에게 이성적인 영혼을 부여했다는 생각을 이용해 진화론을 보완해야 한다고 주장했다. 물론 다윈은 자연선택을 통해 이성 능력의 출현 또한 설명할 수 있다는 입장을 견지했다. 그는 인간의 능력을 설명하기 위해 어떤 특별한 방식의 설명도 필요하지 않다고 생각했던 것이다.

동물의 합리성에 대한 다윈의 논의는 바로 이와 같은 맥락에서 살펴보아야 한다. 그는 인간이 철저하게 자연선택의 산물임을 보여 주고자 했다. 하지만 인간의 육체적 특성에 대한 진화적 증거를 들이대는 것만으로는 이를 증명하기에 미흡했다. 인간은 제일의, 그리고 최고의 '합리적인 동물'이라고 일컬어진다. 때문에 인간의 기원을 보여 주려는 노력은 인간의 합리적인 능력마저도 자연선택의 산물이라는 증거까지 제시해야 했다. 다윈은 우리가 다른 동물에게서도 유사한 합리성을 발견할 수 있다고 주장함으로써 이를 보여 주고자 했다. 그는 데카르트주의의 언어를 그대로 사용하면서 동물이 단순히 '살아있는 것처럼 보이는 기계'[9]에 불과하다고 생각하는 사람들의 입장을 부정했다. 그런데 다른 동물의 이와

---

8) Darwin, *Metaphysics, Materialism, and the Evolution of Mind*, p. 187.
9) Darwin, *Descent of Man*, p. 48.

같은 능력을 자연선택을 통해 설명할 수 있다면, 인간의 능력 또한 마찬가지 방식으로 설명하지 못할 이유가 무엇인가? 다윈은 인간의 합리적인 능력이 다른 동물을 훨씬 앞선다는 사실을 부정하지 않았다. 하지만 그는 이러한 차이가 질적인 것이 아니라 단지 정도의 차이에 지나지 않는다고 주장했다. 이러한 맥락에서 다윈은 "근본적으로 보았을 때 인간과 고등 포유류 사이에는 정신 능력의 차이가 없다"[10] 라고 말했다.

원숭이에서 벌레까지

다윈은 막연히 동물이 합리적인 사유를 한다고 주장하는 데에 만족하지 않았다. 꼼꼼하게도 그는 동물이 고민, 슬픔, 낙담, 절망, 기쁨, 사랑, '부드러운 느낌', 헌신, 심술, 부루퉁함, 결심, 증오, 노여움, 경멸, 죄책감, 자부심, 무력함, 인내, 놀람, 경악, 두려움, 공포, 부끄러움, 쑥스러움, 그리고 겸손까지 경험한다고 주장하기도 했다. 다윈은 상세한 분석을 통해 동물들에게서 상기의 특징들을 살펴볼 수 있음을 뒷받침하고 있다. 그럼에도 그는 동물이 가지고 있는지가 가장 의문시되는 것이 합리적인 능력임을 인정하고 있다. 그는 다음과 같이 밝히고 있다.

> 나는 인간의 모든 정신 능력 중에서 합리적인 능력이 최고의 위치에 우뚝 서 있음을 받아들여야 하리라고 생각한다. 동물이 합리적 능력을 갖추고 있다는 사실을 받아들이지 않는 사람은 소수이다. 동물은 끊임없이 생각하고 숙고하며 결정하는 듯이 보인다. 자연사 연구자는 연구를 계속해 감에 따라 특정한 동물의 습관을 학습이 이루어지지 않은 본능보다는 합리적 능력에 귀속시키는데, 이는 의미심장한 사실이다. [11]

---

10) 앞의 책, p. 35.
11) 위의 책, p. 46.

다윈은 자신의 주장을 확실하게 뒷받침하기 위해 여러 사례들을 제시한다. 실제로 그의 서술 기술은 사례들을 통해 독자들을 질리게 만드는데 있는 것처럼 보인다. 마치 당신이 이것을 좋아하지 않는다면 여기 당신이 더 좋아할 다른 사례가 있다고 말하는 것처럼 말이다. 그가 제시하는 일부 사례들은 자신의 관찰 결과다. 하지만 상당수의 사례들은 다른 자연 애호가들의 저작에서 끌어온 것이다. 다음은 그 전형적인 사례다.

동물이 일정 정도의 합리적인 능력을 소유하고 있음을 보여주는 수많은 사실들이 있다. 이는 다양한 연구 분야에서 기록된 바 있다. 나는 여기서 단지 두세 가지 사례만을 제시하려 한다. 이는 렝거(Rengger)가 보증하고 있는, 낮은 서열의 아메리카 원숭이에 관한 사례다. 그는 다음과 같이 말하고 있다. 처음 달걀을 몇 개 주었을 때 원숭이들은 달걀을 깨뜨려 내용물을 많이 잃었다. 그 후 그들은 어떤 단단한 물체에 달걀의 한쪽 끝을 조심스럽게 두드렸고, 자신들의 손가락을 이용해 껍데기 조각을 제거했다. 날카로운 도구에 한번 베어 본 후 원숭이들은 이를 다시 만지려 하지 않았고, 만지더라도 매우 조심스레 다루려 했다. 또한 렝거는 종종 설탕 덩어리를 종이에 싸서 원숭이에게 주곤 했다. 그런데 그는 간혹 종이 속에 살아 있는 말벌을 넣어두었고, 원숭이들은 종이를 서둘러 풀어 볼 경우 벌에 쏘였다. 이와 같은 일이 한 번 있고 난 후, 원숭이들은 항상 종이 다발 안의 어떤 움직임을 감지하기 위해 먼저 이를 자신들의 귀에 갖다 대 보곤 했다. 이러한 사례, 그리고 자신이 키우는 개에게서 살펴볼 수 있는 바를 통해서도 동물이 합리적일 수 있음을 받아들이지 않는 사람들은 내가 추가적으로 제시하는 그 무엇을 통해서도 동물이 합리적 능력을 가지고 있음을 받아들이려 하지 않을 것이다. 12)

마지막에서 이렇게 말했음에도 그는 더 많은 사례들을 추가적으로 제시한다.

---

12) 앞의 책, p. 47.

원숭이와 같은 유인원들이 합리성에 입각해 행동한다고 생각하는 데엔 별다른 어려움이 없다. 왜냐하면 그들은 우리와 밀접한 관계에 놓여 있기 때문이다. 하지만 다윈은 다른 종류의 매우 다양한 동물에게까지도 합리적 능력을 확장하여 부여했다. 여기에는 신뢰성이 극히 의심스러운 동물도 일부 포함되어 있었다. 그는 《인간의 유래》에서 "일부 극단적으로 낮은 단계의 동물도 어느 정도의 합리적 능력을 보여 준다"[13] 고 쓰고 있다. 그는 자신의 마지막 저술인 《지렁이의 활동에 의한 식물재배 토양의 형성》(*The Formation of Vegetable Mould, through the Action of Worms*)에서 심지어 저급한 지렁이마저도 본능이 아니라 합리적 능력을 이용하여 일부 행동을 한다고 상세하게 설명하고 있다. 그는 "내가 지렁이를 보고 가장 놀란 것은 지렁이가 합리적 능력을 이용한 행동을 한다는 점이었다"[14] 고 말한다.

> 나는 흙으로 채워진 단지 속의 지렁이들을 계속 연구했다. 연구가 진행되어 감에 따라 나는 지렁이들에게 흥미를 갖게 되었으며, 지렁이들이 어느 정도까지 의식적으로 행동하며, 얼마만큼 정신 능력을 나타내는가에 대해 알고 싶어졌다. 지렁이는 그다지 유기적이지 못한 구조를 갖춘, 감각 기관이 발달하지 않은 동물이다. 그런데 내가 아는 한 이와 같은 동물의 정신 능력에 대한 연구가 이루어진 적은 거의 없다. 때문에 나는 관련 주제에 대한 호기심이 더욱 컸다. [15]

다른 사람들이 이러한 문제를 연구하지 않았다고 해서 이상할 것은 전혀 없다. 다윈을 제외하고는 그와 같은 연구를 해 볼 사람을 상상하기란 어렵기 때문이다. "지렁이의 정신 능력?" 이는 우스갯소리처럼 들린다.

알려진 바에 따르면 지렁이에 관한 서적은 지렁이가 이른바 '부식토'로 알려진 토양 상층을 조성하는 데 관여한다는 증거를 제시하려는 목적으

---

13) 앞의 책, p. 46.
14) Darwin, *Formation of Vegetable Mould*, p. 35.
15) 위의 책, pp. 2~3.

로 씌어졌다. 지렁이가 그러한 역할을 한다는 주장은 다윈이 28세의 젊은 시절에 지질학회에서 발표한 논문에서 최초로 제기되었다. 이는 땅의 구성에 관한 중요한 내용을 밝혀주는 의미심장한 발견이었다. 토양은 지렁이의 내장을 통과하는데, 그곳에서 가루로 만들어지면서 영양분이 추출되며, 이윽고 이런 과정을 거친 토양이 지표면에 '뿌려진다'. 다윈은 10년마다 2.5 내지 5㎝의 상층토가 이러한 방식으로 만들어진다는 사실을 입증했다. 하지만 이 책은 이보다 더 중요한 두 가지 하위 주제를 다루고 있었다. 첫째, 지렁이가 상층토를 만드는 과정은 매우 오랜 기간에 걸쳐 수많은 조그만 행동들이 축적될 경우 대규모의 결과가 산출될 수 있음을 인상적으로 보여 주었다. 다윈은 이를 구체적으로 보여 줌으로써 진화의 배후가 되는 중요한 논의에 약간의 설득력을 더했다. 16) 둘째, 다윈은 지렁이가 '일정 정도의 합리적 능력'에 따라 행동한다는 주장을 통해 우리가 인간 아닌 동물의 세계를 계속 오해해 왔다는 자신의 입장을 매우 도발적인 방식으로 부각시켰다.

'벌레들(worms) 17)의 정신 능력'을 거론하는 것은 우스개처럼 들릴지 모르지만, 다윈은 매우 진지하게 이러한 문제를 다루었다. 정확히 어떠한 방식으로 벌레들이 합리적 능력을 드러냈는가? 다윈은 벌레들의 습관을 관찰하면서 벌레들이 "단지 먹기 위해서가 아니라 숨어 있는 구멍 입구를 막기 위해 잎사귀를 잡아서 자신들의 구멍으로 끌어가는 것"18)에 주목했다. 벌레들은 잎사귀 줄기 혹은 가운데를 움켜쥐는, 상대적으로 효과적이지 않은 방식을 이용하기도 했다. 하지만 그들은 일상적으로 자신들의 뾰족한 말단부를 이용하여 잎사귀들을 움켜쥐면서 그러한 일을

16) 〔역주〕 진화는 단시간 내에 이루어지는 경우도 있지만, 그보다 훨씬 많은 경우에 실로 엄청난 시간을 지나면서 조그만 변이가 축적됨으로써 이루어지는데, 지렁이는 다윈 자신의 진화의 메커니즘에 대한 설명을 뒷받침하는 훌륭한 사례가 될 수 있었다는 것.
17) 〔역주〕 여기서 벌레들이란 대체로 지렁이·털벌레·땅벌레·구더기·거머리·회충류(類) 등을 말한다.
18) 위의 책, p. 58.

효과적으로 해냈는데, 다윈에게는 이것이 놀라운 일이었다. 다윈은 이러한 행동이 지능으로 인해 나타난 결과인가에 대해 호기심을 느꼈다. 그는 이 문제를 다루는 데 35쪽을 할애한다.

다윈은 지능을 상정하는 방법 외의 다른 가설들을 통해 벌레의 행위를 설명할 수 있는가를 고찰해 보고자 했다. 만약 다른 가설이 제거되고 오직 지능만이 설명 방법으로 남게 된다면, 우리는 아무리 이상하게 보일지라도 그러한 설명을 받아들여야 할 것이다. 첫 번째 가설은 벌레가 경험을 통한 학습 없이 단순히 시행착오를 통해 일을 처리해 나간다는 것이다. 또 다른 가설은 벌레들이 순전히 본능에 따라 행동한다는 것이다. 이러한 가설을 실험하기 위해 다윈은 벌레들에게 문제를 부과했다. 그는 친숙한 잎들을 벌레들에게서 빼앗고, 벌레들이 사는 지역에서 살펴볼 수 없는 이상하게 생긴 잎사귀와 상이한 모양으로 자른 종잇조각들에 대처하게 하였다. 만약 벌레들이 오직 고착된 본능의 영향을 받는다면, 벌레들은 이와 같은 새로운 재료들에 전혀 대처할 수 없을 것이다. 하지만 그들은 상당히 쉽게 새로운 잎사귀와 종잇조각들에 대처했다. 게다가 그들은 우둔한 시행착오로 설명될 수 없는 영민한 방식으로 그와 같은 과제를 수행했다. 벌레들은 새로운 대상의 모양을 지각하고는 거기에 대해 영리하게 대처하는 듯했다. 이러한 관찰로 인해 다윈은 학습이 이루어지지 않은 본능가설과 시행착오 가설이 옹호될 수 없다고 확신하게 되었고, "오직 하나의 선택지, 다시 말해 비록 하등 생물이지만 벌레들이 일정 정도의 지능을 소유하고 있다"[19] 고 확신하게 되었다.

그럼에도 우리가 분명히 해야 할 것은 **모든** 생물들이 아무리 낮아도 지능을 갖추고 있음을 보이려는 어떤 일반적인 캠페인의 일환으로 다윈이 지렁이를 언급하고 있는 것은 아니라는 점이다. 그는 그렇게 하기에는 지나칠 정도로 신중한 사람이었다. 그는 문제가 해결되지 않았다고 생각했고, 각각의 경우를 실험적으로 결정해야 한다고 생각했다. 다윈은 다

---

19) Darwin, *Formation of Vegetable Mould*, p. 98.

른 하등동물은 벌레들과 동일한 정도의 지능을 보여 주지 않았다고 주장
했다. 그는 조롱박 말벌(*sphex wasp*)의 습관을 검토해 보았는데, 말벌은
벌레와 유사한 행동 유형을 살펴볼 수 있는 곤충이다. 조롱박 말벌은 기
절한 메뚜기의 더듬이를 움켜쥐고 자신의 동굴로 끌고 들어갔다. 하지만
벌레들과는 달리 말벌은 상황의 변화에 대처하지 못했다. 메뚜기의 더듬
이가 잘려 나가자 말벌들은 당황해 하면서 자신들의 임무를 수행할 수 있
는 다른 방식을 찾아내지 못했다. "말벌은 메뚜기의 여섯 다리 중의 하나
혹은 배란관을 움켜쥘 수 있었는데, 이는 더듬이를 움켜쥐는 것과 마찬
가지로 효과적인 방법이었다. 하지만 그들은 이러한 방법을 이용할 만큼
영리하지 않았다."[20] 말벌은 새로운 상황에 적절히 대응할 만큼 자신의
행위를 적응시키지 못했고, 결국 문제 해결에 실패했다. 이에 따라 다윈
은 말벌의 행위가 지렁이와 달리 지능적이지 않았다고 결론짓고 있다.

　다윈이 죽기 바로 전 해에 발간된 벌레에 관한 책은 그의 주요 저서 중
마지막 책이었다. 처음 이 책을 읽은 독자들 중 상당수는 벌레들에게 지
능이 있다는 것을 믿을 수 없었으며, 이는 백 년 후의 독자들 또한 마찬가
지일 것이다. 만약 원숭이와 개에게 지적인 능력을 부여했다면 우리는 다
윈이 더욱 굳건한 토대 위에 서 있다고 분명 생각할 것이다. '벌레들의 정
신 능력'을 진지하게 고찰한다는 사실은 다윈이 괴짜 노인이 되었음을 시
사한다. 그는 자신의 결론을 '모든 사람이 매우 이상하게 생각하리라는'
점을 인정했으며, 그나마 이것도 사람들이 수용하지 않을 것임을 완곡하
게 표현한 것이다. 그럼에도 내가 여기서 벌레에 대한 다윈의 논의를 부
각시킨 이유는 이에 대한 논의가 일부 설득력 있는 다윈주의 논제를 적절
히 예증(그의 다른 논의보다 더욱 생생하게)해 주고 있기 때문이다. [21]

---

20) 앞의 책, p. 97.

21) 다윈은 인간과 동물의 질적인 차이를 인정하려 하지 않았다. 이러한 생각을
　　구체적으로 입증하기 위해 그는 인간의 두뇌마저도 진화의 산물임을 보이기
　　위해 노력했고, 하등동물마저도 기본적인 지능이 있음을 보이고자 했다. 저
　　자가 제시한 벌레의 예는 다윈이 수미일관 자신의 입장을 고수하고 있음을

첫째, 다윈이 생각하기에 지적인 능력은 어떤 존재가 완전히 갖추거나 전혀 갖추지 못하는, 모 아니면 도 방식의 능력이 아니다. 다른 특징들과 마찬가지로 우리는 지적인 능력 또한 모든 동물의 왕국을 통틀어 다양한 편차로 분배되어 있으리라 생각할 수 있다. 인간은 합리성을 갖춘 유일한 동물이 아니다. 그는 그저 '일정 정도의 합리성'을 가진 다른 동물보다 합리적일 따름이다. 심지어 지렁이마저도 소량의 지능을 갖추고 있다고 말하는 이상으로 가장 하등동물에서 가장 고등동물에 이르기까지 자연의 연속성을 보여 주는 더 나은 방법이 있을 수 있을까?

둘째, 지능의 존재 여부는 경험적으로 결정해야 할 문제이며, 선입견에 의존하기보다는 관찰과 실험을 통해 판단해야 할 문제다. 다윈은 대부분의 사람들이 동물이 어떠한 존재인가에 대한 수많은 믿음(편견 없는 관찰보다는 철학과 종교를 통해 조장된)을 가지고 있으며, 그들이 그다지 참된 지식을 갖추고 있지 못하다는 점을 너무나도 잘 알고 있었다. 또한 그는 우리가 열린 마음으로 사실을 직시한다면 계속 놀라게 된다는 점 또한 잘 알고 있었다. 그런데 사람들이 지능을 전혀 갖지 못한다고 확신하는 동물인 벌레들마저도 일정한 지능을 갖추고 있음을 보여 주는 것 이상으로 놀라움을 생생하게 보여 주는 방식이 있을 수 있을까?

마지막으로 동물의 지능에 관한 다윈의 모든 글은 인간 우월주의적 사고방식을 은연중에 경고하고 있다. 우리는 우리 자신에게 적용하는 기준 이상을 다른 동물에게 적용해서는 안 된다.

소박하지만 대상의 모양과 은신처에 대한 일부 개념들을 습득할 수 있는 능력이 있다면 벌레들은 지능을 갖춘 존재라는 말을 들을 자격이 있다. 이 경우 그들은 유사한 상황에 처해 있는 인간과 거의 동일한 방식으로 행동할 것이기 때문이다.

우리가 특정한 상황에서 인간에게 기대하는 바와 매우 유사한 행동을

보여 주는 적절한 사례라 할 수 있을 것이다.

동물에게서도 발견할 경우, 그리고 양자를 구분할 아무런 실험적 근거가 없는 경우에는 동물도 최소한 어느 정도 지능을 갖추었다고 생각해야 한다. 만약 인간이 지능을 갖춘 존재로 파악된다면 말이다. 다윈이 생각하기에 그 외의 다른 입장은 비논리적이며 공정하지 못한 것이었다. 다윈은 이러한 원칙을 진심으로 고수하고자 했는데, 이에 대한 가장 훌륭한 증거는 다윈이 심지어 벌레마저도 이러한 원칙에서 배제하지 않으려 했다는 데서 발견된다. 이러한 견지에서 보았을 때, 다윈의 '벌레의 정신 능력'에 대한 논의를 단순히 늙은이의 별난 생각이라고 여겨서는 안 되며, 그가 동물 또한 지능을 갖추었음을 효과적으로 보여 주기 위해 선택한 사례라고 생각해야 할 것이다.

합리성, 언어 그리고 지능적인 행동

일부 주석가들은 19세기의 자연사 연구자들을 회고하면서 다윈의 시대가 소박한 의인화의 시대이기도 했다고 주장한다. 그들은 데카르트와 그의 추종자들이 동물에게 인지 능력을 부여하는 데에 너무 인색했다고 한다면, 다윈과 그의 추종자들은 데카르트와 정반대의 방향으로 지나치게 멀리 감으로써 실수를 범했다고 주장한다. 심리학자 페리(Georgina Ferry)는 다음과 같이 말한다. "이와 같은 빅토리아 시대의 신사 숙녀들은 수집용 주석 그릇으로 장식하고,[22] 의인화의 선입견이라는 무거운 짐을 짊어지고 있었으며 … " 지나칠 정도로 "자신들의 경험에 빗대어 수집한 관찰 내용을 해석하려는"[23] 열의가 넘쳐흘렀다. 20세기의 많은 연구자들은 소박한 의인화를 피하기 위해 인간과 다른 동물 간의 차이를 강조하는 데 여념이 없었다. 그들은 인간의 합리성과 단순한 동물의 '유사 - 합리성'(pseudo-rationality)을 구분하기 위해 꽤 많은 논거를 제시하였

---

22) 〔역주〕 자료만 모아 놓고, 그에 대한 해석이나 이론적 근거를 갖추지 못한 것을 빗댄 말.
23) Ferry, *The Understanding of Animals*, p. 2.

258

다. 그 결과 사람들은 다윈보다는 미바트[24]를 만족시킬 접근 방식을 취하게 되었다. 즉 다른 동물이 우리와 유사한 육체를 지니고 있을지 몰라도, 우리의 정신은 무엇인가 특별한 것으로 남게 된다는 입장을 취하게 되었던 것이다.

언어 능력은 인간 정신의 특별함을 보여주고자 할 때 흔히 활용되는 논의 중 하나다. 우리는 복잡한 언어를 능숙하게 사용하는 존재다. 이에 따라 우리는 사유를 명확히 할 수 있고, 추론을 할 수 있으며, 일반적으로 우리와 우리 주변에서 일어나는 일을 복잡한 방식으로 이해할 수 있다. 이러한 논의에 따르면 언어를 갖지 못한 동물은 이와 같은 능력을 가질 수가 없으며, 때문에 우리는 동물을 우리와 동일한 의미에서 '합리적'인 존재라고 말할 수가 없다.

하지만 다윈은 이러한 논의를 뒷받침하고 있는 두 가지 가정을 모두 부정했다. 그는 우리의 언어가 인간 아닌 존재에서 발견되는 것과 근본적으로 다름을 부정하며, 언어 소유가 합리성을 갖추기 위한 필요조건임을 부정한다.

첫째, 그는 우리의 언어 사용 방식은 다른 동물이 사용하는 신호 체계와 질적인 차이가 아니라 정도의 차이를 보여 주는 데에 그친다고 주장한다. 다윈이 생각하기에 우리의 언어는 원시적인 신호 체계가 자연스레 확장된 것에 불과하다.

나는 다른 동물과 자연의 다양한 소리, 그리고 인간 자신의 본능적인 울부짖음을 모방하거나 변형한 데에서 언어가 유래했으며, 여기에 손짓과 몸짓이 가미되었음을 의심할 수 없었다. … 우리는 다양한 사례에 대한 유추를 통해 인간이 구애를 하면서 이러한 능력을 유별나

24) 19세기 영국의 생물학자. 미바트는 일반적인 진화개념은 지지했으나 자연선택이 이에 기여하리라고는 생각지 않았으며, 새로운 종의 출현은 생물체를 '개체화'하는 어떤 내재적인 힘에 연유한다고 믿었다. 또한 인간의 이성은 신적인 힘에 의해 부여된 것이지 진화의 결과는 아니라고 주장했다. 그는 이러한 입장을 통해 다윈과 헉슬리를 모두 부정했다.

게 사용했으리라고 결론내릴 수 있을 것이다. 인간은 이러한 능력을 이용하여 사랑, 질투, 환회와 같은 다양한 정서를 표현했을 것이며, 이를 경쟁자들에 대한 도전에 활용하기도 했을 것이다. 이렇게 보았을 때 분절음을 통해 음악적인 울부짖음을 모방함으로써 여러 복잡한 정서를 표현하는 단어가 산출되었을 가능성이 매우 크다. … 유달리 영리한 유인원을 닮은 어떤 동물이 포식동물의 으르렁거리는 소리를 흉내 냈고, 이를 통해 동료 원숭이들에게 예상되는 위험의 특성을 알리지 않았을까? 이것이 언어 형성의 첫 단계였을 것이다. 25)

하지만 이러한 언급이 실로 흥미로운 논의로 이어지진 않았다. 다윈은 만약 인간 언어의 기원을 이상에서와 같이 설명할 수 있다면, 진화적 발달이 어떻게 원시 신호 체계를 현대 영어, 헝가리어 혹은 중국어에 이르기까지 확장시켰는지를 이해하는 데 아무런 문제가 없다고 생각했다. 하지만 헉슬리는 인간의 언어가 다른 어떤 동물도 감히 근접할 수 없는 능력을 인간에게 부여했다고 지적했다. 이로 인해 각각의 인간 세대는 자신들의 지식과 경험을 다음 세대로 물려줄 수 있게 되었으며, 그리하여 우리는 선조들의 축적된 지혜를 물려받을 수 있게 된 것이다. 여기에 추가해야 할 것은 인간의 언어가 풍부한 개념 체계를 제공한다는 사실이다. 이는 인간 아닌 존재들이 심지어 이해하려는 시도조차 하지 못하는 체계다. 이와 같은 점을 감안한다면 동물과 인간의 차이는 종류가 아니라 정도의 차이에 불과하다는 다윈의 주장은 다소 약해 보인다.

그렇다면 인간 아닌 동물은 언어 능력을 갖추고 있는가? 이에 대한 답은 '언어'가 무엇인가에 따라 상당 정도 달라진다. 만약 언어 능력이 단순히 통상적인 신호를 이용하여 의사소통을 하는 능력을 의미한다면, 분명 동물은 능숙하고도 빈번하게 그러한 능력을 이용한다(다윈은 "원숭이를 관찰한 사람이라면 누구든 원숭이가 서로의 몸짓과 표현을 완벽하게 이해한다는 사실을 의심하지 않을 것"26)이라고 말한다). 하지만 사람들은 언어가

---

25) Darwin, *Descent of Man*, pp. 56~7.

이것 이상을 의미한다고 생각한다. 인간의 언어에는 구문론적 규칙이 있어서, 우리는 이를 통해 새로운 사고를 표현하는, 이제껏 존재했던 적이 없는 새로운 문장을 무수히 만들 수 있다. 그리고 인간은 이러한 문장들을 이전에 한 번도 접해 본적이 없음에도 즉각 이해할 수 있다. 이와 같은 맥락에서 훔볼트(Wilhelm von Humboldt)[27]는 자신의 유명한 구절에서 인간의 언어가 "유한한 수단으로 무한한 활용 방식을 만들어 낸다"[28]고 말하고 있다. 동물의 의사소통 방식에는 인간 언어의 구문 구조에 필적할 만한 특징이 전혀 포함되어 있지 않다. 그리고 데카르트가 밝혔던 고전적인 관점에 따르면 이것이 인간과 짐승을 구분하는 기준이다.

〔이러한 방법〕을 통해 우리는 인간과 야수의 차이도 파악할 수 있을 것이다. 이렇게 말하는 이유는 아무리 무능하고 우둔해도 서로 다른 단어들을 정렬하지 못하고, 자신들의 생각을 담을 언명을 만들 수 없을 정도로 지능이 떨어지는 사람은 없다(이는 천치마저도 예외가 아니다)는 매우 주목할 만한 사실 때문이다. 반면 아무리 완벽하면서도 운 좋은 환경에 놓여 있다고 하더라도 이와 동일한 능력을 행사할 수 있는 동물은 존재하지 않는다.[29]

그리고 데카르트에 따르면 이러한 사실은 인간과 다른 동물이 근본적으로 다른 **본성**을 가질 수밖에 없음을 의미한다.

짐승의 영혼은 우리의 본성과 근본적으로 다르며, 이에 따라 '그 종에서 가장 완벽한 원숭이나 앵무새마저도 이 문제와 관련해서 가장 어리석은 아이에 비할 수 없다'는 주장을 신뢰할 수 있는 것이다.[30]

26) Darwin, *Expression of the Emotions*, p. 60.
27) 〔역주〕독일의 철학자이자 언어학자(1767~1835). 세계 각지의 언어를 연구하여 비교 언어학의 기초를 마련하였다. 저서에 《비교언어에 대하여》가 있다.
28) Wilhelm von Humboldt, Chomsky의 *Aspects of the Theory of Syntax* v에서 인용.
29) Descartes, *Philosophical Works* i, p. 117.

데카르트가 잘못되었음을 보여 주려는 시도, 그리고 인간 아닌 동물이 구문적으로 복잡한 언어를 숙달할 수 있음을 보여 주려는 시도가 간혹 있긴 했지만 그 결과는 실망스러웠다. 1960년대와 70년대에 미국의 신호 언어 사용법(이는 청각 장애인이 사용하는 신호 체계였다)을 배운 워슈(Washoe)라는 침팬지를 둘러싼 소동이 있었다. 그 당시 워슈는 질문하고 답할 수 있으며, 심지어 이전에 배운 적이 없는 문장들을 즉흥적으로 만들어 낼 수 있는 것으로 알려져 있었다. 워슈를 훈련시킨 사람은 네바다 대학의 파우츠(Roger Fouts)였다. 홍보가 잘 이루어진 파우츠의 '성공' 사례를 따라 다른 연구자들도 유사한 방식으로 다른 유인원들을 훈련시키기 시작했다. 캘리포니아에서는 프리맥(David Premack)이 단어를 지칭하기 위해 유색의 패를 사용했으며, 이를 이용한 사라(Sarah)라는 이름의 침팬지에 대한 훈련에서 커다란 성공을 거두었다고 보고했다. 반면 조지아에서는 럼바우(Duane Rumbaugh)가 또 다른 침팬지 라나(Lana)에게 컴퓨터 조종대를 조작하여 말을 가르쳤다. 그중에서 가장 놀라운 경우는 코코(Koko)라는 이름의 고릴라에 관한 이야기였다〔스텐포드의 심리학자 패터슨(Penny Patterson)이 훈련을 시켰다〕. 그는 농담을 하고, 은유를 개발하며, 운문을 지을 수 있는 것으로 알려졌다.

한동안 우리는 실로 혁명적인 상황에 직면하게 된 듯했다. 즉 우리가 다른 종 구성원들과 진정한 대화를 나눌 수 있는 듯이 보였던 것이다. 하지만 아직까지도 이러한 희망은 실현되지 못하고 있다. 20년 이상의 연구에도 불구하고 어떤 진정한 의미에서 인간과 대화를 할 수 있는 동물은 아직까지 없다. 더욱이 실험 초기의 '성공' 사례는 사실상 인간 조련사들이 의식하지 못하고 제시한 단서들에 동물들이 이해하지 못한 상태에서 나타낸 반응이라는 인상적인 증거가 제시되었다. 조련사들은 무수한 영문 모를 말들의 사례들을 무시하고, 오직 소수의 '유의미한' 반응들만을 추출해 냄으로써 동물의 수행이 갖는 의미를 그릇되게 전달했다. 오래전

---

30) 앞의 책.

부터 비둘기들은 학습을 통해 유색 버튼을 올바른 순서로 쪼아 댐으로써 모이를 얻을 수 있는 것으로 알려져 있었다. 새겨진 글을 색으로 대체하고, 그리하여 비둘기가 제발 - 내게 - 모이를 - 주세요(빨강 - 파랑 - 초록 - 노랑보다는)를 쪼는 것은 착각을 불러일으킬지언정 비둘기가 언어를 알고 그런 행동을 한 것은 아니다. 비판자들은 침팬지를 대상으로 한 실험도 이보다 조금 나을 따름이라고 설득력 있게 주장했다.

만약 이상에서와 같은 설명이 사실이라면, 현재 우리가 확보하고 있는 증거보다 인상적인 사실이 알려진다고 해도 우리는 인간 아닌 동물의 언어 능력이 인간에 비해 훨씬 열등하다는 결론을 벗어나지 못할 것처럼 보인다. 인간 아닌 동물은 서로 의사소통이 가능하지만 사실상 구문적으로 복잡한 언어를 사용하지 않으면서 그렇게 한다. 이러한 결과는 종 사이에서 뚜렷한 단절이 아닌 연속성을 발견하려는 다윈의 계획에 부정적인 영향을 미친다. 왜냐하면 이는 인간과 다른 동물의 뚜렷한 단절을 보여주는 것처럼 보이기 때문이다. 그런데 인간 아닌 동물과 인간의 질적 차이를 부정했음에도 불구하고 다윈은 인간의 언어와 인간 아닌 동물의 의사소통 도구 간의 커다란 차이를 잘 알고 있었다. 그는 무엇이 이러한 차이를 야기하는지 추측해 보았다. 그는 뇌가 발달해야 언어 발달이 이루어질 수 있으며, 현존하는 종들 중에 오직 인간의 두뇌만이 언어 발달이 적절하게 이루어질 수 있는 방식으로 발달되었다고 주장했다.

> 목소리가 더욱 빈번하게 사용됨에 따라 발성기관은 강화되고 완전하게 되었을 것이다. … 하지만 언어의 계속적인 사용과 뇌의 발달 간의 관계가 훨씬 중요한 역할을 했을 것임에 분명하다. 일부 조상 인류의 정신 능력은 가장 불완전한 형태의 언어를 사용할 수 있기 전에 이미 어떤 유인원보다도 크게 발달했음에 틀림없다. 하지만 이러한 능력의 계속된 사용과 발전은 연속된 긴 사유를 할 수 있는 기회를 주고 그 발달을 촉진했는데, 우리는 이것이 정신 자체에 재차 영향을 주었음을 확신할 수 있는 듯하다. [31]

이것이 다른 동물을 배제하고 오직 인간만이 합리적임을 의미하는가? '언어'와 마찬가지로 '합리성'은 다양한 방식으로 해석이 가능한 개념이며, 사람마다 이를 무엇이라고 생각하느냐에 차이가 있을 수 있다. 어떤 의미에서 보면 합리적이라는 것은 복잡한 추론의 사슬을 구축하고 따를 수 있음을 말한다. 이러한 의미에서 셜록 홈즈(Sherlock Holmes)는 수학자들과 마찬가지로 합리적 인간의 전형이다. 그런데 이러한 유형의 합리성이 있는지의 여부는 언어를 소유하고 있는가에 좌우되는 듯하다. 다윈이 언급했듯이 "길고도 복잡한 사유의 연속은 그것이 말로 표현되건 그렇지 않건 단어들의 도움 없이는 더 이상 수행될 수 없다. 이는 숫자 혹은 대수학 없이 긴 계산을 할 수 없는 것과 마찬가지다."[32] 그리고 다른 동물은 가능하지 않지만 인간이 이러한 방식으로 '합리적 사고'를 할 수 있다는 것은 너무나도 분명하다.

반면 우리는 동물들, 즉 인간 혹은 인간 아닌 동물이 자신들의 행동을 복잡하고도 영민한 방식으로 환경의 요구에 적응시킬 때에도 합리성이 개입됨을 살펴볼 수 있다. 더욱 구체적으로 말해 우리는 우리의 믿음과 태도에 의해 적절한 동기를 갖게 되었을 때 합리적으로 행동한다. 만약 X를 원하고 Y를 행함으로써 X를 실현할 수 있다는 것을 깨닫고, 거기에 따라 행동한다면 우리의 행동은 합리적이다. 이때 우리는 '어떠한 이유에 따라' 행동하는 것이다. 여기서 한걸음 나아가 이전에 경험해 보지 않은 환경 조건에 맞추어 **즉흥적으로 대응**을 하고, 원하는 바를 얻기 위해 환경 조건을 조작할 수 있다면, 우리는 이를 더욱 확실하게 합리성이라 말할 수 있을 것이다.

언어가 합리적이기 위한 전제 조건이라는 주장에 대해 회의적인 태도를 보일 때 다윈은 이와 같은 의미의 '합리적'을 염두에 두고 있었던 것처럼 보인다. 동물은 합리적인가? 초기의 비망록에서 다윈은 다음과 같은

31) Darwin, *Descent of Man*, p. 57.
32) 위의 책.

지침을 적어 놓았다. "언어 사용은 잊고 오직 네가 보는 바에 따라 판단하라."[33] 그는 언어를 사용하는지와 무관하게 인간 아닌 동물의 **행동**을 살펴보면 흔히 동물들에게서 합리성이 드러난다고 생각했다. 그는 다음과 같은 사례를 제시한다.

> 동양의 여러 섬들에 사는 오랑우탄이나 아프리카의 침팬지는 자신들이 잠을 자는 편평한 단상을 만든다. 두 종 모두 동일한 습성에 따른다는 사실로 미루어 보건대, 우리는 이것이 본능에 따르는 행위라고 말할 수도 있을 것이다. 하지만 이는 두 동물이 원하는 바와 추론 능력이 유사함으로써 나타나는 결과일 수도 있다.[34]

우리는 다음과 같이 말할 수도 있을 것이다. 동물의 행동을 가장 잘 설명하는 이론에 따르면 동물들 또한 욕구와 믿음을 갖는다. 이러한 이론에서는 욕구와 믿음이 행동을 하는 이유가 된다. 어떤 동물의 행동을 이와 같은 방식 — 그 동물이 무엇인가를 원하고, 일정 단계를 거치면 원하는 바를 얻을 수 있음을 깨닫는다는 — 으로 설명할 경우, 우리는 그 동물의 행동을 합리적인 것으로 파악한다. 하지만 회의주의자들은 이처럼 간단하게 동물이 합리성을 갖는다고 생각하는 것에 반대해 왔다. 지금까지 제시된 반대의 유형은 크게 두 가지다.

1. 일부 심리학자들에 따르면 동물의 행동을 가장 잘 설명하는 이론은 동물들에게 욕구와 믿음 같은 것을 갖는다고 귀속시키지 않는다. 그들은 이처럼 동물이 욕구와 믿음을 갖는다고 생각하는 것이 민간의 신화적인 태도로, 이는 조금만 가까이서 연구해 봐도 소박하다는 사실이 이내 드러난다고 말한다. 유명한 행동주의자인 스키너(Burrhus F. Skinner)는 동물의 행동을 욕구와 믿음과 연결시키려는 태도에 대해 누구보다도 많은 의문을 제기한 사람이다. 스키너는 동물의 행동을 설명하기 위해 '정

---

33) Gruber, *Darwin on Man*, p. 296.
34) Darwin, *Descent of Man*, p. 36.

신과 관련한' 개념을 사용하는 데에 철저하게 반대했다. 그러한 용어를 사용하는 것은 자연스럽긴 하지만 잘못이다. 스키너는 어떤 글에서 이러한 잘못을 학생들에게 어떻게 말해 주려했는가를 서술하고 있다. "시범 실험에서 배고픈 비둘기 한 마리를 시계 방향으로 회전하도록 조건화시켰다. 비둘기는 마지막 행동 패턴을 별 무리 없이 수행했는데, 이는 모이를 통해 계속적으로 목표 행동을 강화함으로써 가능했다."[35] 다음으로 스키너는 학생들에게 어떤 일이 일어났는가를 서술하라고 요구했고, 학생들은 일관되게 "비둘기가 어떤 행동이 어떤 결과를 산출하리라는 것을 알았다"[36] 혹은 "비둘기가 자신의 행동으로 인해 모이가 주어진다는 것을 느꼈다"[37] 등의 방식으로 대답했다. 바꾸어 말하자면 학생들은 비둘기의 행동을 믿음과 욕구의 산물로 설명했던 것이다. 하지만 행동의 원인을 알게 될 경우 이러한 설명은 단순히 환상에 지나지 않는다는 사실이 밝혀진다. 비둘기는 사실상 이전의 조건화에 따라 기계적으로 반응하고 있을 따름인 것이다. 스키너는 모든 행동의 배후에 유사한 원인이 있다는 사실을 적절히 이해할 경우 우리가 정신을 이용한 설명 방식이 적절치 않다는 결론을 받아들일 수밖에 없으리라 생각했다.

그런데 이러한 결론은 단지 인간 아닌 동물의 행동에만 적용되는 것이 아니다. 만약 동물이 이러한 형태의 조건화를 통해 행동하게 된다면, 인간 또한 마찬가지일 것이다. 인간의 행동을 산출하는 조건화는 너무나도 복잡하여 그 과정을 일일이 밝힐 수 없으며, 때문에 인간의 행동이 인간 아닌 동물과 다르다는 환상을 가질 수 있다. 하지만 이는 잘못된 생각이다. 인간의 행동 또한 정신을 이용하여 설명하는 것은 적절하지 못하다. 비둘기의 행동은 단지 인간 행동의 축소판에 지나지 않는다.

여기서 두 가지 질문이 자연스럽게 제기된다. 첫째, 스키너의 견해가 옳은가? 둘째, 만약 그의 견해가 옳다면 그것이 다윈의 견해에 문제를 초

---

35) Skinner, "Behaviorism at Fifty", p. 90.
36) 위의 책, p. 91.
37) 위의 책.

266

래하는가? 물론 스키너의 행동주의에 대한 전반적인 평가는 너무 방대한 과제라 여기서 이를 다룰 수는 없다. 현재 우리의 목적을 위해서는 하나의 주요 논점만을 언급하는 것으로도 충분하다. 스키너의 논의는 기계적 설명과 정신적 설명이 양립할 수 없음을 전제하고 있다. 그는 일부 행동을 조건화의 산물로 설명할 수 있을 경우, 동일한 행동을 욕구나 믿음이 유발했다고 설명하는 것은 적절하지 못하다고 생각하고 있다. 하지만 이는 그다지 확실하지 않다. 예를 들어 아이인 당신이 딸기 아이스크림을 먹으면 보상을 받고, 바닐라 아이스크림을 먹으면 처벌을 받는다고 가정해 보자(당신의 부모는 이를 의도적으로 실험해 보는 심리학자다). 결과적으로 당신이 바닐라 아이스크림에 대한 강한 혐오감을 갖게 되었다. 이제 어른인 당신에게 다양한 맛의 아이스크림이 제공되었고, 당신은 과거와 다를 바 없이 바닐라 아이스크림을 선택하지 않고 딸기 아이스크림을 먹는다. 이때 당신의 행동이 조건화의 산물(기계적 설명)이라고 말하는 것과, 당신의 행동이 욕구에 의해 촉발되었다(정신적 설명)고 말하는 것은 **모두** 맞지 않은가? 요컨대 현재 당신이 딸기 아이스크림을 선호한다는 사실은 그 자체가 당신이 그러한 선호를 갖도록 조건화되었다는 사실을 통해서도 설명될 수 있는 것이다. 이렇게 보았을 때 양자는 양립 가능하다.

스키너주의자들은 이러한 논의가 하나의 의심스러운 개념을 훨씬 의심스러운 개념에 호소함으로써 옹호하는 격이라고 대응할지 모른다. 우리는 조건화로부터 욕구로, 그리고 행동으로 이어지는 인과적 사슬을 연상하게 된다. 하지만 스키너주의자들에 따르면 욕구와 같은 중간적인 용어는 아무런 역할도 하지 않는 무용한 이론적 용어다. 행동과 그 선행 조건들을 확인해 보면 우리는 조건화의 과정을 목도하게 되고, 그러고는 행동을 보게 된다. 이를 설명하기 위한 단순하고도 간명한 가설은 조건화가 행동을 야기한다는 것이다. 여기에서 어떤 영적(靈的)이면서 관찰되지 않는 제3의 무엇을 상정할 필요가 없다. 즉 양자 사이를 잇는 다리로 '욕구'를 상정할 필요가 없는 것이다. 과학 이전의 '상식'은 그러한 개넘의 사용을 허용할지도 모른다. 하지만 과학은 훨씬 엄격하다. 행동을 과학적으로 설명하려 할 때 정신적 실재에 대한 언급은 필요치 않으며, 따라서 제거되어야 한다.

이러한 답변은 이론적 용어의 본질에 관한 커다란 이론적인 논쟁을 야기한다. 이는 비둘기를 언급함으로써 입증될 수 없다. 사실 이러한 문제는 세상의 어떤 행동 사례에 대한 언급을 통해서도 입증될 수 없다. 우리가 이러한 논쟁을 해결하려면 완전한 과학철학을 산출해 내야 할 것이다. 여기서 우리는 단지 조그만 논점에 대해서만 관심을 가질 뿐이다. 우리가 유일하게 강조해야 할 것은 기계적 설명과 정신적 설명이 **양립할 수 있다**는 것이며, 하나의 설명은 본래적으로, 그리고 자동적으로 다른 설명을 배제하지 않는다는 것이다. 어떤 심리학자가 정신적인 설명을 제거할 수 있다는 일반적인 철학적인 입장을 취할 경우 그는 정신적인 설명을 피하려 할 것이다. 스키너는 분명 이와 같은 철학적인 입장을 취하고 있다. 하지만 이는 서로 다른 문제다. 즉 일반적인 근거에서 정신적인 용어들이 과학적 심리학에서 아무런 역할을 하지 못한다고 말하는 것과, 정신적 설명과 기계적 설명이 그 특성상 공존할 수 없다고 말하는 것은 별개다. 전자는 옳을 수도 있고 그를 수도 있다. 하지만 후자는 분명 그르다. [38]

스키너가 예로 든 비둘기의 경우, 일단 우리가 기계적인 설명을 하게 되면 정신적 설명은 더 이상 적절하지 않아 보인다. 하지만 비둘기의 행동이 그렇게 느껴지는 이유는 고찰 대상이 되는 행동이 너무 단순하고 융통성이 없기 때문인 듯하다. 만약 스키너의 제자들에게 다른 사례를 제시했다면, 그들의 반응 또한 달라졌을 가능성이 크다. 예를 들어 그들에

38) 예를 들어 동일한 현상을 놓고 우리는 사회학적 설명을 할 수도 있고, 생물학적 설명을 할 수도 있다. 이들이 양립 불가능한 것은 아니며, 오히려 상호 보완적일 수가 있다. 저자는 이처럼 동일한 현상에 대해 정신적 설명과 기계적 설명이 양립가능하다는 것을 인정할 수 있다고 말한다. 한편 우리가 인문학에서 사용하는 여러 정신에 관한 용어들은 보이지 않는 실체를 상정하지 않고, 오로지 과학적으로 검증이 가능한 것들만을 다루는 심리학의 영역에서는 별다른 역할을 하지 못한다고 말할 수 있다.

게 어떤 사람이 바닐라 아이스크림 대신 딸기 아이스크림을 선택하는 모습을 보이고서 이를 설명하라고 요구했다고 가정해 보자. 그들은 그가 바닐라보다는 딸기를 더 좋아한다고 설명했을지 모른다. 다음으로 조건화의 과정이 밝혀졌을 때 그들은 그러한 과정을 흥미롭다고 생각했을 수 있다. 하지만 그들이 바로 그러한 이유 때문에 자신들이 이미 언급한 바를 철회해야 한다고 생각했을지는 의심스럽다. 여기서 인간과 동물의 차이를 산출하는 특징으로 보이는 것은 인간 행위의 유연성(이는 수많은 인간 아닌 동물의 행동에서 공통적으로 살펴볼 수 있는 유연성이다)이다. 나는 이하에서 유연성의 중요성을 추가적으로 언급할 것이다.

어쨌거나 이상에서 살펴본 논의가 인간과 동물의 정신 능력을 유사하게 파악하려는 다윈의 계획에 문제를 야기하는지에 대해서는 의문이 남는다. 어떤 면에서 이는 커다란 문제를 야기한다. 다윈은 인간과 마찬가지로 다른 동물 또한 믿음과 욕구를 갖는다고 생각했다. 그리하여 만약 스키너가 옳다면 동물은 믿음과 욕구를 갖지 않을 것이고, 그리하여 다윈은 틀린 것이다. 하지만 또 다른 의미에서 보았을 때 앞에서의 논의는 전혀 문제를 야기하지 않는다. 왜냐하면 만약 스키너가 옳다면 인간 또한 믿음과 욕구를 갖지 않을 것이기 때문이다. 가장 심층적인 수준의 다윈주의는 단지 인간과 동물의 심리가 연속적이라고 주장할 따름이다. 그리하여 단지 정도의 차이를 제외하고는 둘 중의 하나에 대해 적용되는 것은 나머지 하나에 대해서도 적용되어야 한다. 스키너의 심리학은 인간과 동물의 행동이 **모두** 조건화의 산물이라는 입장을 견지함으로써 인간과 동물의 심리가 연속적이라는 다윈주의 테제를 건드리지 않은 채 그대로 둔다.

2. 동물이 합리성을 갖추었다는 확신에 의문을 제기하는, 이상에서의 논의와 밀접하게 연결된 또 다른 전략은 **향성**(向性, *tropisms*)[39]에 대한 연구와 관련된다. 울드리지(Dean Wooldridge)는 향성을 '오직 한 생물의 운동 전반에 영향을 준다는 측면에서만 다른 반사와 차이가 있는 자동

---

39) 동식물이 빛·온도 등의 물리적 자극에 대해 나타내는 성질.

적인 반응'[40] 이라고 정의하고 있다. 무릎 반사는 자동적이고 사유가 개입되지 않은 운동의 친숙한 사례다. 자극(무릎에 대한 가격)은 자극과 행동을 매개하는 아무런 유형의 사유 혹은 의도 없이 반응을 촉발(무릎 이하의 다리가 움직인다)한다. 그런데 향성을 이야기하면서 동물의 합리성을 부정하려는 전략을 취하는 사람은 이른바 하등동물의 합리적 행위가 사실상 이와 같다고 생각한다. 이러한 전략을 취하는 사람에 따르면 우리가 착각 때문에 동물이 합리적으로 행동한다고 생각할지 모르지만 사실상 동물의 운동은 기계와 유사한, 자극에 대한 추론이 개입되지 않은 반응에 불과하다.

이와 관련된 사례들은 쉽게 찾아볼 수 있다. 예를 들어 벌은 먹을거리를 발견하고 나서는 자신의 둥지로 돌아와 다른 벌들에게 먹을거리의 양과 방향, 그리고 거리 등을 알리는 '춤'을 춘다. 인간은 이와 같은 조그마한 벌의 '합리적인' 행동을 보고 놀라움을 금하지 못한다. 하지만 일벌은 **설령 다른 벌들이 없다고 해도** 더듬이에 적절한 자극이 가해질 경우 동일한 방식으로 춤을 출 것이다. 이와 같이 하여 일벌의 행동이 향성에 관한 것임이 밝혀진다. 그들의 행동은 단순히 자극에 대한 기계적인 수행에 불과하며, 전혀 '합리적인' 행동이 아니다.

또 다른 사례를 들어 보자. 암컷과 짝짓기를 하려 할 때 흔히 야행성 수컷 나방은 남다른 열정을 나타낸다. 이는 인간에서 살펴볼 수 있는 왕성한 성욕에 비할 수 있다. 하지만 수컷 나방의 행동은 사실상 전적으로 암컷의 복부 근처에 있는 두 가지 냄새 기관에서 발산되는 향기 때문에 촉발된다. 이들 기관을 제거할 경우 수컷은 곁에 있는 암컷을 무시하면서 그러한 기관과 짝짓기를 시도하려 할 것이다. 이런 분석에 근거해 보았을 때, 다시 한 번 우리는 고정된, 추론 과정이 개입되지 않은 자극에 대한 반응 이외의 다른 무엇을 발견하지 못할 것이다.

우리가 이미 살펴본 바와 같이 다윈은 땅파기 말벌이 '지능을 갖추지

---

40) Wooldridge, *The Machinery of the Brain*, p. 76.

못했다'고 주장했는데, 실제로 말벌은 향성 행동의 더욱 훌륭한 사례다. 울드리지는 다윈과 유사하지만 훨씬 상세하게 말벌의 행위를 서술하고 있다.

알을 낳을 시기가 되면 땅파기 말벌은 일정한 목적을 위해 좁은 굴을 만들며, 귀뚜라미를 찾아 죽지 않고 기절만 하도록 침을 쏜다. 말벌은 귀뚜라미를 굴로 끌어와서, 알을 그 옆에 낳고는 굴을 폐쇄하고 날아가 버리는데, 다시는 돌아오지 않는다. 다음 단계로 알이 부화하고, 말벌 유충은 냉동상태에 있는 것과 다를 바 없는, 썩지 않은 기절한 귀뚜라미를 먹어 치운다. 우리가 보았을 때 이와 같은 정교하게 조직화되고, 외견상 합목적으로 보이는 처리과정은 더욱 상세하게 검토되기 전까지는 상당히 조리 있고 사려 깊다는 느낌을 준다. 구체적으로 말벌의 처리과정은 기절한 귀뚜라미를 굴로 끌어 와서, 이를 입구에 둔 채 굴 안으로 들어가 아무런 문제가 없는지 살펴보고, 나와서 귀뚜라미를 데리고 굴속으로 들어가는 것이다. 그런데 말벌이 굴속으로 들어가 예비적인 검토를 하고 있는 동안 귀뚜라미가 몇 센티 움직였다면, 말벌은 굴속에서 나와서 귀뚜라미를 다시 굴 입구로 끌어가지 굴 안으로 끌고 들어가지 않으며, 이윽고 별다른 문제가 없는지 살펴보기 위해 굴속에 들어가는 예비적인 절차를 반복할 것이다. 만약 말벌이 굴속에 들어가 있는 동안 또 다시 귀뚜라미가 몇 센티 움직였다면 말벌은 또 다시 굴 입구에 귀뚜라미를 끌어 놓고 마지막 점검을 위해 굴속으로 들어갈 것이다. 말벌은 절대 곧장 귀뚜라미를 굴속으로 끌고 들어갈 생각을 하지 않는다. 어떤 실험에서는 말벌이 40회에 걸쳐 동일한 행동을 반복했다.[41]

울드리지는 우리가 컴퓨터 과학에서 차용한 개념들을 이용하여 말벌의 행동을 이해할 수 있다고 주장한다. 즉 곤충의 행동은 제한된 숫자의 서브루틴(*subroutine*)[42]만을 갖는 프로그램의 통제를 받는다는 것이다.

41) Wooldridge, *The Machinery of the Brain*, pp. 82~83.
42) 특정 또는 다수의 프로그램 중에서 반복 사용할 수 있는 독립된 명령군(群).

여기서 각각의 서브루틴은 어떤 구체적인 자극에 의해 작동을 하게 된다. 말벌에게서 조금 떨어져 있는 귀뚜라미는 굴 입구로 끌고 가는 서브루틴을 촉발하는 자극이며, 굴 입구의 귀뚜라미는 굴을 점검하는 서브루틴을 촉발하는 자극이다. 말벌은 이와 같은 방식으로 제한된 행동 목록 내에서 행동을 한다. 만약 아무런 방해만 없다면 모든 일들이 원활하게 진행될 것이며, 그리하여 우리는 그들이 외견상 지능을 갖추고 있는 듯이 생각하게 된다. 하지만 인간이 그들의 행동을 방해할 경우 그들 행동의 진정한 본질이 모습을 드러낸다. 말벌의 행동 프로그램은 이전 단계로 맴돌이를 하며, 이전에 있었던 일을 무시한 채 기계적으로 또 다시 진행이 이루어진다.

우리는 이러한 사례에 대해 어떻게 생각해야 할 것인가? 여기서 핵심적인 질문 중의 하나는 모든 동물의 행동이 향성적인지 아니면 오직 일부 동물들의 행동만이 그러한지 라는 것이다. 만약 후자라면 다윈의 생각은 전혀 위협을 받지 않는다. 다윈 자신은 말벌이 지능을 갖추고 있지 않다고 주장했다. 왜냐하면 말벌은 변화하는 환경에 자신의 행동을 적응시키지 못하기 때문이다. 울드리지의 보고서에서 다윈은 오히려 자기 자신의 관점을 더욱 확고히 하는 증거를 발견할 것이다. 그리고 설령 벌과 나방 또한 지능이 발달하지 않았다고 하더라도 그것이 어쨌다는 것인가? 만약 다양한 정도의 지능을 소유한 다양한 동물이 연속성만 갖추고 있다면, 설령 일부 하등동물이 전혀 지능을 소유하지 못해도 상관이 없을 것이다.

하지만 가장 인상적인 고등동물의 행동까지 포함해 **모든** 행동이 향성적이라면 어떻게 할 것인가? 그럴 가능성이 없다고 말할 수 있는 근거를 발견하기란 어렵다. 다음을 생각해 보자. 말벌의 행동 목록은 특정한 자극에 의해 촉발되는 축적된 서브루틴으로 이루어져 있다. 말벌의 행동 목록은 매우 소수이기 때문에 향성을 밝혀내기란 그리 어렵지 않다. 예를 들어 말벌은 세세히 밝혀낼 서브루틴을 갖지 않기 때문에 오직 굴 탐색 한 가지만이 가능하다. 하지만 이러한 문제를 제대로 검토하기 위해 하나의 서브루틴을 추가했다고 가정해 보자. 이 경우 말벌의 행동은 조

272

금 더 지능적인 듯이 보일 것이다. 우리는 한걸음 나아가 다른 여러 서브
루틴을 추가하여 말벌이 훨씬 많은 유형의 자극에 반응하는 훨씬 많은 행
위 목록들을 갖게 할 수 있을 것이다. 이 때 말벌은 매우 지능적으로 보일
것이며, 그리하여 원숭이나 유인원만큼 영리하게 보일 것이다. 하지만
다니엘 데닛(Daniel Dennett) 43) 이 지적한 바와 같이, 우리는 절대로 말
벌이 가능한 모든 상황에 지능적으로 대처하기에 충분할 만큼의 서브루
틴을 추가할 수 없다.

> 우리가 아무리 시스템을 개선하는 데 시간을 들인다고 해도, 완고한
> 기계적인 반응 작용임이 밝혀질 또 하나의 상황에 대한 여지가 늘 남
> 아 있을 것이다. 말벌의 행동이 너무 총명해져서 그것이 더 이상 향
> 성이라고 생각할 수 없을 정도에 이르고 한참이 지나서도, 말벌의
> 행동을 통제하는 시스템의 본질은 변하지 않은 채 그대로 남아 있을
> 것이다. 다시 말해 그것이 그저 더욱 복잡해졌을 따름이라는 것이
> 다. 이러한 의미에서 유한한 시스템의 통제를 받는 행동은 모두 향
> 성적임에 틀림없다. 44)

모든 동물의 행동이 유한한 시스템의 통제를 받는다고 생각할 경우,
우리는 이러한 생각을 따라 심지어 더욱 '지능적인' 고등동물의 행동마저
도 원칙적으로 벌, 나방 그리고 말벌의 행동과 유사한 것으로 파악하게
된다.
만약 우리가 동물의 행동에 대해 이와 같은 관점을 취하면서 **인간의 행
동을 다르게 파악한다면** 인간과 인간 아닌 동물의 심리가 유사하다는 다
윈의 견해가 부정될 것임에 틀림없다. 하지만 반복해서 말하지만 우리가

---

43) 미국의 철학자. 심리철학과 과학철학, 특히 진화생물학과 인지과학을 주로
연구하였다. 최근에는 터프츠(Tufts) 대학의 인지과학센터 소장이며 철학 교
수로 있다. 그는 진화와 의식에 대한 많은 저서를 출간했고, 신경 다윈주의
(*Neural Darwinism*) 라고 알려진 이론에 대한 대표적인 반대론자이다.

44) Dennett, *Brainstorms*, p. 245.

인간을 다르게 파악해야 할 이유는 무엇인가? 우리가 기꺼이 원숭이와 유인원의 가장 복잡한 행동마저도 원칙적으로 향성적이라고 생각하려 한다면, 인간을 동일한 방식으로 생각하지 말아야 할 아무런 이유가 없다. 인간의 행동 또한 유한한 시스템 — 인간 두뇌 — 의 통제하에 있으며, 이러한 사실은 인간의 행동 목록이 아무리 광범위해도 한계를 갖는다는 것을 의미한다.

많은 철학자들은 인간의 능력에 대한 이상에서와 같은 견해를 받아들일 수 없다고 생각했다. 그들은 인간의 행동이 적어도 일부 측면에서 한없이 유연하다는 입장을 견지했다. 이와 관련해 즐겨 제시되는 사례는 인간의 언어다. 데카르트는 인간의 언어 능력에 아무런 제한이 없다고 생각했다. 있을 수 있는 무수한 문장이 있으며, 데카르트는 "심지어 가장 하급의 사람마저도 면전에서 그에게 하는 **모든** 말에 적절하게 대응할 수 있을 것이다"[45] 라고 다소 과장해서 말했다. 이처럼 데카르트는 인간의 지적인 행동이 두뇌와 같은 유한한 것에 의해 철저하게 통제될 수 없다고 생각했다. 하지만 아무리 우리의 자부심을 충족시켜준다고 하더라도, 이는 우리가 인간을 실제로 관찰함으로써 이르게 된 결론이 아니라는 데에 주목할 필요가 있다. 사실상 데카르트의 언명은 잘못되었다. 왜냐하면 사람들은 무슨 말을 해야 할지 곤경을 겪는 경우가 흔히 있기 때문이다.

물론 인간의 행동이 엄청나게 유연하게 보일 수는 있다. 하지만 그렇다고 무한히 유연한 것은 아니다. 거꾸로 인간의 지능이 아무런 제한 없이 유연하다는 주장을 의심할 훌륭한 이유가 있다. 데카르트 자신이 제시한 언어 이해 방식에 관한 사례를 고찰해 보자. 원칙적으로 우리는 영어로 만들 수 있는 무수한 문장들이 있다고 말할 수 있다. 하지만 그것은 그러한 문장의 길이에 아무런 제한이 없기 때문일 따름이다. 영어 어휘는 유한하다. 이렇게 보았을 때 우리는 가능한 모든 두 단어 문장들을 만들어 낼 수 있다. 그리고 다음에는 세 단어 문장 등을 모두 만들어 낼 수

---

45) Descartes, *Philosophical Works* ⅰ, p. 116.

있다. 이러한 과정은 원칙적으로 영원히 계속될 수 있다. 하지만 우리는 결국 어떤 사람도 이해할 수 없는 문장에 이르게 될 것이다. 왜냐하면 어떤 사람도 백만 단어로 이루어진, 구문적으로 복잡한 문장의 의미를 파악할 수 없을 것이기 때문이다.

그럼에도 한 개인의 행동이 합리적이라는 평가를 받기 위해 무한정 유연해야 할 필요는 없다. 이는 지나치게 높은 기준이며, 그것보다 낮은 정도의 유연성만으로도 합리적이라는 평가를 얼마든지 받을 수 있다. 우리는 그 핵심 패턴을 다음과 같이 나타낼 수 있을 것이다. 어떤 개인이 X를 원한다고 가정해 보자. 그리고 X를 얻기 위한 효율적인 전략을 채택할 수 있다고 가정해 보자. 그런데 이때 상황이 변하여 그러한 전략이 더 이상 통용되지 않게 되었다. 이 경우 그 개인은 새로운 상황을 감안하여 새로운 전략을 짜낼 수 있을 것이다. 만약 그가 그렇게 변한 상황의 많은 경우에 대처할 수 있다면, 우리는 그의 행동을 합리적이라고 합당하게 부를 수 있을 것이다. 반면 어떤 구체적인 상황에 대처할 수 없다면 그는 그 상황에 합리적으로 대처하지 못한 것이다. 하지만 이러한 사실이 곧 우리가 그의 다른 행동을 더 이상 합리적이라고 불러선 안 된다는 것을 의미하지 않는다. 이상과 같은 방법은 합리성을 보여 줄 수 있는 주요한 방식 중의 하나다. 그리고 위에서의 패턴은 단지 인간뿐 아니라 수많은 인간 아닌 동물의 행동에서도 살펴볼 수 있다.

인간만이 도덕적 동물인가?

다윈은 다음과 같이 썼다. "인간과 하등동물 간의 모든 차이 중에서 도덕 감정이 단연 가장 중요하다. [46]" 마치 이의 중요성을 강조하기나 하듯 그는 《인간의 유래》에서 긴 장을 할애하여 도덕의 본질과 기원을 논의했다. 우리가 짐작할 수 있는 바와 같이 다윈은 다음과 같이 주장했다. "인

---

46) Darwin, *Descent of Man*, p. 70.

간 아닌 동물은 도덕적 능력이 그다지 발달된 편이 아니다. 하지만 그들은 인간에게서 도덕의 토대가 되는 능력과 동일한 능력을 갖추었다."

다윈의 관점에서 보았을 때 도덕은 우리의 '사회적 본능', 즉 타인에게 이익이 되는 행동을 하려는 우리의 자연스런 성향으로 인해 탄생할 수 있다. 그는 다음과 같이 썼다. "도덕 감정은 근본적으로 사회적 본능과 동일하다."47) 사회적 본능으로 인해 우리는 우리 자신의 협소한 이익을 극복할 수 있으며, 공동체 전체에 선이 되는 바를 행하게 된다. 하지만 다른 동물 또한 사회적 본능을 갖추고 있으며, 동료들의 이익을 위해 자기 희생적으로 행동할 수 있다. 이렇게 보았을 때 그들 또한 도덕적으로 행동한다고 생각해야 한다.

다윈의 도덕에 대한 논의는 자신의 합리성에 대한 논의와 근본적으로 동일한 방식을 취하고 있다. 첫째, 그는 동물의 행동에 대한 방대한 양의 사례를 제시한다. 이는 동물에게 실제로 공동체의 선을 위해 작동하는 본능이 있다는 증거를 제시함으로써 독자들을 압도하기 위해 고안된 것이다. 다음으로 그는 이것이 놀라운 일이 아니며, 자연선택 가설에 입각해 보았을 때 정확히 예측할 수 있는 바라고 주장한다. 그 와중에 그는 어떤 행동을 했을 때 인간에게는 도덕적인 특성을 부여하려 함에 반해, 동물이 본질적으로 인간과 동일한 행동을 했을 때에는 도덕성을 부여하지 않으려는 우리들의 일관되지 못한 태도를 비판한다. 마지막으로 그는 인간의 도덕에서 살펴볼 수 있는 두드러진 특징이 어떻게 인간 아닌 동물로부터 진화되었는가에 대한 설명을 제시한다.

인간 아닌 동물에게서 살펴볼 수 있는 '사회적 본능'

다윈은 사회적 본능을 보여 주는 간단한 사례를 언급함으로써 논의를 시작하며, 점차 더욱 인상적인 사례들을 소개하는 방향으로 나아간다.

---

47) 위의 책, pp. 97~98.

동물이 사교성을 갖는다는 사실을 보여 주는 가장 간단한 증거는 그들이 집단을 이루어 살고 있다는 점과 그들이 동료들을 분명 필요로 한다는 점이다. "모든 사람들은 말, 개, 양 등이 동료들에게서 떨어져 있을 때 얼마나 불쌍해 보이는지 분명하게 보았을 것이다. 그리고 적어도 말과 개가 서로 재회했을 때 얼마나 커다란 애정을 나타내는지 보았을 것이다."48) 그들은 그저 서로 가까이 모여 사는 것이 아니다. 우리는 "사회적 동물이 서로에게 수많은 조그만 서비스를 제공한다"는 사실 또한 알아야 한다. 예를 들어 "말들은 가려운 곳을 서로 깨물어 주고, 소들은 그러한 곳을 핥아 준다. 원숭이들은 몸에 있는 기생충을 찾아 준다."49)

몸에 있는 기생충을 제거해 주는 행동은 동물에게 사소한 일이 아니다. 하지만 우리는 그러한 사례들에 별다른 감흥을 느끼지 않는다. 요컨대 우리는 그러한 행동 패턴들을 단순히 '네가 나의 등을 긁어 줬으니, 나는 너의 등을 긁어 주겠다'는 식의 자기 이익에 의해 촉발되었다고 설명해 버린다. 이러한 행동은 사실상 도덕이라 불리는 특징과 별다른 관계가 없다.50) 하지만 동물이 서로에게 더욱 가치 있는 서비스를 제공하는 듯이 보이는 경우가 있다. 예를 들어 어미는 자신의 새끼를 온화하게 돌보고, 부모를 잃은 새끼들을 집단의 다른 구성원이 '입양'하기도 하며, 심지어 늙거나 힘이 없는 동료들을 돌보는 경우가 발견되기도 한다. 만약 인간에게서 도덕적 행동의 뚜렷한 사례를 제시하라고 요구한다면, 우리는 누군가가 보상 가능성이 전혀 없음에도 나이 많은 병자를 돌보는 사례를 선택할 것이다. 이를 염두에 두었는지 몰라도 다윈은 다음과 같은 보고서를 인용한다.

---

48) Darwin, *Descent of Man*, p. 74.
49) 위의 책, pp. 74~5.
50) 〔역주〕 도덕은 정의상 자기 이익을 고려하여 남에게 무엇인가를 해주는 것과는 관계가 없다. 거꾸로 말하자면 다른 사람이 내게 무엇인가를 해 주지 않았음에도 그 사람에게 무엇인가를 해 주는 것이 도덕이다.

스텐스베리(Stansbury) 선장은 유타 주(州)의 한 염호(鹽湖)에서 늙고 완전히 실명한 펠리컨 한 마리를 발견했다. 그 펠리컨은 매우 비대했으며, 그의 동료들이 계속 오랫동안 잘 보살펴 주었음이 확실했다. 비스(Byth) 씨도 인도 까마귀가 2~3마리의 실명한 동료들에게 먹을 것을 주는 경우를 본 적이 있다고 말해 주었다.[51]

동물은 서로 위험을 경고하기도 하며, 필요할 경우 다른 동료를 구하기 위해 자신을 위험에 노출시키기까지 한다.

아비시니아(Abyssinia)[52]에서 브렘(Brehm)은 계곡을 건너고 있는 커다란 규모의 개코원숭이 집단을 마주쳤다. 일부 원숭이들은 이미 반대편 산에 올라갔고, 일부는 여전히 계곡에 있었다. 그런데 계곡에 있던 무리가 개의 공격을 받게 되었다. 그러자 나이 든 수컷 원숭이들이 즉시 바위 위에서 서둘러 내려왔고, 원숭이들은 입을 크게 벌리고 매우 무섭게 으르렁거렸다. 그러자 개들이 급히 꽁무니를 뺐다. 그런데 개들이 또 다시 공격할 용기를 회복했다. 이번에는 모든 개코원숭이들이 높은 곳으로 올라갔고, 대략 6개월 된 새끼 원숭이만이 남아 있었다. 새끼는 개들에 둘러싸여 있었고, 바위 위에 기어올라 큰 소리로 도움을 요청하고 있었다. 이때 진정한 영웅인 가장 몸집이 큰 수컷 개코원숭이 중 한마리가 산에서 다시 내려와 서서히 새끼에게 다가갔다. 수컷은 새끼를 안심시킨 후 새끼를 데리고 유유히 그곳을 빠져 나갔다. 개들은 너무 놀라 감히 공격하지도 못했다.[53]

다윈은 이 이야기에서 개코원숭이를 '진정한 영웅'이라고 추켜세우며, 다른 동물들을 온화하고, 너그러우며, 희생적이라고 말하는 데에도 주저하는 기색이 거의 없다. 이러한 사례들은 다윈이 동물의 '도덕성'을 긍정적으로 평가하고 있음을 적절히 보여 주고 있다. 하지만 이러한 사례

---

51) Darwin, *Descent of Man*, p. 77.
52) 〔역주〕 에티오피아의 옛 이름.
53) Darwin, *Descent of Man*, pp. 75~6.

278

들은 다윈이 동물의 행동에 관한 가용한 증거를 그다지 많이 가지고 있지 않았음을 보여 주고 있기도 하다. 그는 상세하고도 신뢰할 만한 동물 행동학적 연구 자료를 갖추고 있지 못했다. 때문에 그는 자신만의 제한적인 관찰, 민간 전례, 그리고 아마추어 관찰자들의 소문과 관련된 보고 등에 의존할 수밖에 없었다. 다윈의 저술을 살펴보면서 한 가지 놀라운 사실은 그러한 우화적 보고를 인용하면서 그가 느끼는 뚜렷한 자신감이다. 우리는 19세기의 자연사 서술들 중 적지 않은 내용들이 아마추어들의 작업이었음을 기억해 두는 편이 좋을 것이다.

그럼에도 다윈 이후 이어진 동물행동학적, 심리학적 연구들은 다윈의 느낌을 확증해 주었다. 오늘날 우리는 현장과 실험실에서 획득한 동물 행동에 관한 정보를 풍부하게 갖추고 있으며, 이러한 연구들은 인간 아닌 동물의 행위가 다윈이 생각했던 것 훨씬 이상으로 '인도적'임을 보여 주고 있다. 이에 관한 연구를 좀더 상세히 살펴보도록 하자. 물론 이는 수많은 사례들 중에서 뽑은 한 가지에 불과하다.

붉은털원숭이의 이타성

이타성은 다소 막연하게 '다른 대상을 도우려는 욕구에 의해 동기 부여가 된 행동'이라고 정의내릴 수 있을 것이다. 하지만 우리는 이러한 단어를 다소 강한 의미로 사용할 수도 있다. 그리하여 다른 대상을 돕기 위해 자신의 이익을 포기하려는 의지를 포함하는 의미로 이타성을 사용할 수 있을 것이다. 54) 이와 같이 강한 의미로 이해할 경우 이타성은 흔히 전형적인 도덕적 특징으로 간주된다. 하지만 이러한 의미에서의 이타성이 인간만의 특징인가? 혹시 다른 동물 또한 이러한 특징을 갖추고 있진 않은가?

이러한 문제를 적절히 고찰해 보기 위해 1964년 심리학 저널에 실린 일련의 실험을 검토해 보도록 하자. 이는 노스웨스턴 대학 의과 대학에

---

54) 이타성은 단순히 다른 존재를 돕는 것뿐만 아니라 다른 존재를 위해 자기를 희생하는 것까지 포함할 수 있다.

서 시행된 실험이다. 이러한 일련의 실험은 붉은털원숭이가 과연 이타적
인가를 확인하기 위해 고안되었다. 실험자들은 다른 원숭이들에게 고통
이 초래될 수 있음에도 원숭이들이 먹을거리를 얻기 위해 장치를 작동할
것인가를 파악하는 방법을 사용했다. 피실험 원숭이(실험자들이 '조작자'
혹은 'O'라고 부른)는 분리된 상자의 한쪽에 들어가 있었고, 두 사슬 중의
하나를 당겨서 먹을거리를 얻도록 학습이 이루어졌다. 원숭이들은 오직
빛 신호가 주어질 경우에만 음식을 얻을 수 있었고(각각의 사슬을 당길 경
우 서로 다른 빛이 주어졌다), O는 두 사슬 중의 어떤 하나를 특별히 즐겨
선택하지 않도록 훈련을 받았다.

  다음으로 상자의 다른 쪽에는 또 다른 원숭이('자극을 받는 동물' 혹은
'SA'로 불린)가 들어가 있었다. 이 상자는 한쪽 방향으로만 보이는 거울로
분리되어 있어서 O가 SA를 볼 수 있지만 그 반대는 가능하지 않도록 고
안되어 있었다. SA가 있는 상자의 바닥은 전기 충격을 가할 수 있도록 전
원이 연결된 망으로 짜여 있었다. 그리고 3일이라는 시간을 줘서 O가 SA
가 있다는 사실에 적응하게 했으며, O가 음식을 얻기 위해 사슬 중 하나
를 잡아당길 때마다 SA가 심한 전기 충격을 받는 경우 한 단계가 마무리
되도록 실험이 고안되었다. 다른 사슬을 잡아당길 경우 음식이 계속 제
공되었지만 아무런 충격이 가해지지 않았다. 이와 같은 방식으로 실험자
는 다양한 순서와 간격으로 신호 빛을 하나씩 비춰 주었고, 이러한 방법
을 통해 실험자는 SA의 고통에 대한 지각이 충격을 산출하는 사슬을 잡
아당기려는 O의 의지에 얼마만큼 영향을 주는지를 결정할 수 있었다.

  여러 번의 실험을 거친 후 실험자들은 "다수의 붉은털원숭이들이 동일
종의 원숭이에게 전기충격을 주는 대가로 먹이를 확보하기 보다는 계속
굶주리려 했다"[55]고 결론을 내렸다. 특히 첫 번째 실험에서는 8마리 중 6
마리가 이와 같은 희생적인 행동 유형을 보여 주었다. 두 번째 실험에서
는 10마리 중 6마리가, 세 번째 실험에서는 15마리 중에서 13마리가 그

---

55) Masserman et al., "'Altruistic' Behavior in Rhesus Monkeys", p. 585.

러한 모습을 보여 주었다. SA의 충격을 목격하고 난 후 어떤 원숭이는 12일 동안 두 사슬 중 어떤 것도 잡아당기지 않았고, 또 다른 한 마리는 5일 동안 그러한 모습을 보여 주었다. 이처럼 사슬을 잡아당기지 않았다는 사실은 그들이 그 기간 동안 전혀 먹지 않았음을 뜻한다.

이러한 일련의 실험은 붉은털원숭이가 강한 의미에서 이타적임을 보여 주는 듯했다. 즉 붉은털원숭이들이 다른 원숭이들을 위해 자신의 이익을 희생하려 했다는 것이다. 실험자들은 스스로 이러한 결론에 도달했다. 그럼에도 실험자들은 '이타성'이라는 단어를 인용 부호 안에 집어넣었다. 이는 그러한 단어를 사용하는 데 단서 조건이 있음을 분명하게 나타내고 있다. 하지만 단서 조건이 있어야 할 이유가 무엇인가? 우리가 생각해 볼 수 있는 한 가지 이유는 동물이 인간의 언어를 가지고 있지 않기 때문에 추상적인 도덕 개념을 형성하지 못한다는 것이다. 그들은 자신들을 이타적이라고 생각하지 못하며, 이타적 행동이 좋다는 관념을 형성하지도 못할 것이다. 하지만 인간이 이타적이라고 말할 때에도 거기에 반드시 이타적이 좋다는 관념을 형성한다는 의미가 포함되는 것은 아니며, 이타적으로 행동할 것을 도덕적으로 요구한다는 관념을 형성한다는 의미가 포함되지도 않는다. 이타적이라는 것은 단지 타인이 고통을 받지 않길 욕구하고, 심지어 자신의 불이익을 감수하면서도 그러한 욕구에 따라 행동하는 것일 따름이다. 물론 동물이 추상적인 개념을 형성할 수 없을지 모른다. 하지만 동물은 분명 욕구를 가지고 있으며, 붉은털원숭이는 동일종의 다른 원숭이들에게 고통을 야기하지 않으려는 강력한 욕구를 가지고 있음이 분명하다.

우리는 원숭이가 이타적인 동기를 갖는지의 여부를 판단하는 데에 신중해야 할 것이다. 왜냐하면 그들의 행동을 다르게 해석할 수 있는 여지가 있기 때문이다. 원숭이의 행동은 다양한 방식으로 설명이 가능하다. 우리가 어떤 해석이 옳은지 어떻게 알 수 있는가? 다행스럽게도 실험자들은 원숭이들의 복리 때문이 아니라 우리의 호기심을 충족시키기 위해 이러한 질문에 답하기 위한 추가적인 정보를 제공했다.

먼저 실험자들은 O가 충격을 가하는 사슬을 잡아당기길 주저하는 이유가 지배와 복종의 계층 구조 내에서의 상대적인 지위와 상관관계가 있는 것이 아닌가에 대해 실험해 보았다. 여기서 상대적인 지배 관계는 원숭이들을 "또 다른 기구 내에 두 마리씩 짝을 지어 집어넣고 한번에 100개의 포도를 놓고 경쟁을 벌이도록 하는 방법을 통해 결정되었다."[56] 대부분의 경우 지배 관계는 신속하게 확립되었고, 지배하는 위치에 있는 원숭이는 90%의 포도를 가졌다. 다음으로 실험자들은 지배하는 위치의 원숭이를 SA로, 복종하는 위치의 원숭이를 O로 나누거나, 그 역할을 바꾸는 등 다양한 방식으로 나누었다. 그런데 이러한 구분이 충격을 가하는 사슬을 잡아당기길 주저하도록 하는 데 별다른 영향을 주지 않았음이 밝혀졌다.

다음으로 실험자들은 성차가 어떤 차이를 산출하는지에 대해 신중하게 관찰했다. 구체적으로 그들은 O가 수컷이고 SA가 암컷일 경우, 양자 모두가 수컷일 경우 등을 관찰했다. 그런데 이 또한 아무런 차이를 낳지 않았다.

이러한 결과는 중요하다. 왜냐하면 만약 O의 행동이 지배 원숭이에 대한 두려움 혹은 어떤 형태의 젠더와 관련된 충동보다는 자기가 속한 종의 다른 구성원들을 향한 일반적인 이타성으로 인해 야기되었다면, 그러한 결과는 우리가 예측하는 바와 정확히 일치하기 때문이다.

이러한 실험은 고함 소리가 잦아졌기 때문이라는 설명을 배제하기도 한다. 왜냐하면 "SA는 간헐적으로 소리를 질렀기 때문이다."[57] 설령 SA들이 자주 고함을 질렀다고 해도, 이는 동정심 때문에 원숭이들이 그렇게 행동했다는 설명을 배제할 수 없을 것이다. 왜냐하면 원숭이들의 고함 소리는 너무나도 분명하게 고통에서 우러나오는 소리일 것이기 때문이다. 이외에도 실험자들에 따르면 "SA들은 충격이 가해지는 동안 분노

---

56) Wechkin et al. , "Shock to a Conspecific as an Aversive Stimulus", p. 47.
57) 위의 책, p. 48.

와 의태적 공격 행동을 나타내기도 했는데, 이러한 행동을 나타낸 SA의 몸집의 크기는 O들에 영향을 주지 못했다. 다시 말해 몸집이 크건 작건, SA들의 분노와 의태적 공격 행동은 상대의 고통에 별다른 관심을 나타내지 않던 O들의 급식 반응을 지연시키거나 '이타적 행동'을 촉발하는 데에 효과적이지 못했던 것이다."58) 이에 따라 또 다른 대안적인 설명 방식이 배제되었다.

실험의 다른 측면들이 원숭이들이 이타적 특성을 갖는다는 설명을 다른 방식으로 지지한다. 실험자들은 이전에 SA였던 원숭이들이 SA 경험이 없는 다른 원숭이들에 비해 자신들이 막상 O가 되었을 때 충격 사슬을 잡아당기길 훨씬 주저하는 경향이 있다는 사실을 발견했다. "충격을 받아 본 경험이 있는 O들의 이와 같은 행동은 경험을 통해 얻게 된 기구 자체에 대한 혐오감과 연결시킬 수 없었다. 왜냐하면 그들은 충격이 주어진 후 곧바로 이어진 적응 기간 동안의 사슬 조작에서 아무런 문제도 나타내지 않았기 때문이다."59) 이타성 가설에서는 그러한 원숭이들이 충격의 고통을 경험해 봤으며, 이로 인해 고통의 느낌이 어떠한지를 더욱 생생하게 이해하고 있었고, 그리하여 동일한 입장에 있는 다른 원숭이들을 바라보길 훨씬 꺼려했다고 설명한다. 이로 인해 그들이 사슬을 잡아당기길 더욱 망설였다는 것이다.

상자 안에서 SA와 함께 생활했던 O와 그렇지 않았던 O를 비교해 보았을 때, O들이 동료가 아닌 SA보다 동료 SA에게 사슬을 당겨 충격을 주길 더욱 꺼려했음이 발견되었다. 이 또한 인간에 대한 우리의 상식을 모델로 삼을 경우 충분히 예측할 수 있는 바다. 우리는 모르는 사람을 괴롭히기보다 아는 사람을 괴롭히길 훨씬 힘들어 한다.

논의를 종합해 보았을 때 이상의 결과들은 원숭이들의 행동에 대한 가능한 다른 해석을 배제함으로써, 그리고 인간과 원숭이가 이타적 행동을

---

58) 앞의 책, p. 585.
59) 위의 책, p. 48.

할 때 유사한 요인들의 영향을 받는다는 점을 보여 줌으로써 붉은털원숭이들이 이타적이라는 입장을 지지한다. 이상과 같은 설명에도 불구하고 많은 사람들은 단순한 동물이 이타성과 같은 도덕적 특징을 갖는다는 사실을 인정하지 않으려 한다. 이에 따라 우리는 그들이 다양한 반론을 제기하리라 예상해 볼 수 있다.

어떤 사람은 다음과 같이 말할 것이다. "하지만 원숭이들은 단지 자신들의 종에 속하는 다른 원숭이들에게 고통을 야기하지 않으려 했을 따름이다. 원숭이들이 다른 종의 동물에게도 동일한 행동을 보여 줄까? 그들의 이타성은 동정의 미덕을 논하기에 너무 제한적이다." 이러한 비판에 대해서는 '설령 원숭이의 동정심이 그들 자신이 속해 있는 종의 다른 원숭이들에 제한되어 있다고 하더라도, 원숭이들의 동정심은 인간이 보여 주는 대부분의 동정심에 비해 그다지 제한적이지 않다'고 분명하게 답할 수 있다. 대부분의 사람들 — 심지어 다른 사람들의 이익을 매우 잘 존중하는 사람들마저도 — 은 인간 종이 아닌 존재의 이익에 대해서는 매우 무관심하다(예를 들어 인간은 다른 종의 구성원들을 대상으로 하는 전기 충격 실험에 대해서는 별다른 관심을 기울이지 않는다). 우리는 어떤 사람이 특정한 사람들의 고통에만 관심을 갖는다는 이유로 그가 동정심을 전혀 갖지 않는다고 말하지 않는다. 그리고 우리가 우리 자신을 판단하는 경우보다 다른 동물에 대한 기준을 까다롭게 하는 것은 옳지 않다.

또 다른 사람은 다음과 같이 말할 것이다. "하지만 오직 실험 대상이 된 동물 중 일부만이 '이타적인' 행동을 보여 주었으며, 다수는 그렇지 않았다." 그런데 이러한 답변 또한 정확히 인간에게서 예측할 수 있는 결과다. 각각의 인간이 보여 주는 동정심의 정도와 강도에는 상당한 편차가 있다. 우리들 중 일부는 상당한 동정심이 있고, 일부는 비교적 타인의 곤경에 무관심하다. 심지어 거의 대부분의 경우에 이타적인 사람들마저도 어떤 특별한 경우에는 그렇게 행동하지 않을 수가 있다. 그런데 우리가 원숭이들에게서 인간과 유사한 편차를 발견한다고 해서 놀라워해야 할 이유는 무엇인가? 오히려 놀라운 사실은 그 차이가 생각보다 크지 않다는 것이다.

사회적 본능에 대한 설명

다윈 이전에는 우리가 가지고 있던 특정한 세계관으로 인해 인간 아닌 동물의 본성에 대한 이해가 제약을 받았다. 이러한 관점에 따르면 인간과 동물 사이의 본성의 간극은 신이 천지를 창조할 때 일시에 정해졌다. 신은 인간에게 영혼, 자유의지, 합리성, 그리고 도덕 판단 능력을 부여했다. 반면 신은 다른 동물을 인간보다 열등한 존재로 창조했다. 이러한 관점의 배경하에서는 동물에게 어떤 도덕적 특징을 부여할 수 없는 것처럼 보인다. 그들에게 도덕적 특징을 부여하기 위해 필요한 것은 기존의 관점을 다른 관점으로 대체하는 방법이다. 다윈은 새로운 관점을 제시했으며, 일단 그러한 관점을 수용하면 동물이 도덕적 존재(최소한 부분적으로라도)라는 견해를 자연스럽게 취할 수 있음을 보여 주고자 했다.

다윈은 사회적 본능이 자연선택의 과정을 거치면서 생겨났다고 설명할 수 있다고 생각했다. 항상 그렇듯이 여기서 핵심은 이러한 특징을 소유한 개체들이 어떻게 생존을 위한 투쟁에서 더 나은 위치를 점할 수 있는가를 이해하는 문제다. 그런데 이를 이해하기란 쉽지 않다. 사실상 이타성에 관한 한 그 반대의 입장이 참인 듯이 보인다. 즉 이타적으로 행동하려는 경향은 번식 성공에 반하여 작동할 듯이 여겨지는 것이다. 다윈이 제시한 사례인 어린 동료를 구하기 위해 자신의 목숨을 기꺼이 희생하려한 영웅적인 개코원숭이에 대해 고찰해 보자. 개코원숭이의 행동은 어린 원숭이가 생존하여 번식할 수 있는 기회를 증진시키겠지만, 이는 영웅의 생존기회를 감소시킴에 분명하다. 이렇게 보았을 때 미래 세대에 전해질 특징들은 어린 동료를 구해 준 영웅의 특징이 아닐 가능성이 크며, 구조를 받은 원숭이의 특징이 후대에 전해질 가능성이 높다. 만약 이것이 사실이라면 어떻게 다른 원숭이를 구하려는 경향이 보존되었을까?

이러한 질문에 대해서는 '생존 경쟁'이 개체들 간의 경쟁이기보다는 종

(種) 간의 경쟁이라고 상상할 경우 쉽게 답할 수 있다. 60) 이때 우리는 국지적인 집단이건 전체 종이건 한 집단의 성원들이 서로에게 도움을 준다면, 그 집단은 서로 돕지 않는 성원들로 이루어진 집단에 비해 존속될 가능성이 높다고 말할 수 있을 것이다. 이러한 답변은 그럴 듯하게 들린다. 하지만 이는 우리가 제기했던 문제를 해결하지 못한다. 왜냐하면 이와 같은 설명 방식은 이타성이 어떻게 집단 내에 확고히 자리 잡을 수 있는가를 설명하지 못하기 때문이다. 무엇보다도 어떻게 이타성이 집단 내에 널리 확산된 특징으로 자리 잡을 수 있는가? 우리의 영웅적인 개코원숭이와 같은 개별적인 이타주의자들은 불리해질 텐데, 그럼에도 불구하고 이타적 성향이 나타나자마자 즉시 제거되지 않은 이유는 무엇인가? 다른 동료를 구하려는 경향은 **구조자**에게 어느 정도 유리한 점이 있어야 자연선택을 통해 존속될 수 있으며, 구조자의 관대한 성향을 공유하지 않는, 구조를 받은 자만 유리해질 경우에는 존속될 수 없다.

다윈은 이러한 문제를 익히 알고 있었다. 그리하여 그는 다음과 같이 썼다.

> 하지만 다음과 같은 질문이 제기될 수 있다. 어떻게 동일한 부족이라는 경계 내에서 상당수의 구성원들이 처음에 이러한 사회적·도덕적 특징을 갖게 되었는가? 그리고 탁월성이라는 기준은 어떻게 함양되었는가? 더욱 동정심이 많고 인자한 부모의 자손, 혹은 동료들에게 매우 충실한 사람들의 자손이 동일한 부족의 이기적이면서 남을 쉽게 배반하는 사람들의 아이들보다 제대로 양육될 가능성은 그리 커 보이지 않는다. 수많은 미개인들이 그랬듯이, 흔히 동료들을 배신하기보다는 자신의 목숨을 기꺼이 희생하려는 사람은 자신의 고귀

---

60) 〔역주〕 이는 집단선택을 염두에 두고 있는 것인데, 집단선택 이론에 따르면 각각의 개체들은 그가 속해 있는 집단의 이익을 위해 존재하며, 경우에 따라 집단의 존속을 위해 개체들이 자신을 기꺼이 희생하기도 한다. 하지만 이러한 이론은 잘못되었음이 밝혀진 바 있으며, 오늘날 진화론자들은 대체로 선택의 단위를 개체 또는 유전자로 파악한다.

한 본성을 물려받을 자손을 남길 가능성이 낮을 것이다. 전쟁에서 언제나 기꺼이 맨 앞에 서려하고, 다른 사람을 위해 기꺼이 목숨을 바치려는 매우 용감한 사람들은 평균적으로 다른 사람보다 훨씬 많이 죽을 것이다. 이렇게 본다면 (여기서 우리가 다른 종족에 대해 승리를 거두는 경우에 대해 언급하고 있지 않음을 염두에 두라) 그러한 덕목을 갖춘 사람들의 수가 많아질 가능성, 혹은 그들의 탁월성의 기준이 자연선택, 다시 말해 적자생존을 통해 증진될 가능성은 극히 희박한 듯하다. 61)

　문제에 대한 다윈의 언급은 그의 마지못한 해결 노력에 비해 훨씬 인상적이다. 다윈은 분명 '사회적 본능'의 진화에 관해 **무엇인가를** 언급해야 한다고 느꼈다. 이에 따라 그는 다음과 같이 추측해 보았다. "지능적인 동물은 다른 대상들을 도울 경우 그 보상으로 도움을 받는다는 사실을 경험을 통해 학습할 것이고, 그러한 돕는 행동은 일단 시작하면 습관이 될 것이며, 사회적 칭찬과 비난을 통해 강화될 것이다." 하지만 이러한 언급은 분명 심각한 문제를 건드리지 않은 채 남겨 둔 것처럼 보였다.

　사실상 다윈은 사회적 본능이 경쟁에 주는 이점을 어떻게 설명할지 몰랐다. 그는 다소 더듬거리다가 기탄없이 자신이 이를 어떻게 설명할지 모르겠다고 시인했다. 이타적 행동 중 자연계를 통틀어 가장 흔하고, 강렬하며, 변하지 않는 것은 부모가 자식들에게 보여 주는 이타적 행동, 그리고 형제가 서로에게 나타내는 이타적 행동이다. 이러한 행동을 어떻게 설명할 수 있을까? 다윈은 이를 놓고 고민에 빠졌다.

　사회적 애정의 밑바탕에는 부모와 자식 간의 애정이 깔려 있음이 분명하다. 이러한 애정의 기원은 알아 낼 도리가 없다. 하지만 우리는 그러한 애정이 상당 부분 자연선택을 통해 얻어졌다고 추론해 볼 수 있는 듯하다. 62)

---

61) Darwin, *Descent of Man*, p. 163.
62) 위의 책, pp. 80~81.

여기서 언급하고 있는 '추론'은 다윈이 자신의 이론에 대해 신념을 가지고 있음을 드러내는 대목이다. 그는 "그러한 애정이 상당 부분 자연선택을 통해 획득되었다고 추론할 수 있을 것이다"라고 말한다. 왜냐하면 다윈은 **모든** 것들이 상당 부분 자연선택을 통해 획득되었음을 자신했기 때문이다. 하지만 이러한 애정이 정확히 어떤 방식으로 "자연선택을 통해 획득 되었는가?" 다윈은 이를 알지 못했다. 하지만 오늘날 우리는 그 메커니즘에 대해 어느 정도 알게 되었다. 왜냐하면 우리는 자연선택이 작동하는 메커니즘에 대해 다윈보다 더 많이 알 수 있게 되었기 때문이다. 다윈은 유전자에 대해서 알지 못했지만 우리는 알고 있다.

물론 유전자는 개인의 형질 중 전부가 아닌 일부만을 결정하는 생물학적 단위다. 아이들이 부모를 닮는 경향이 있는 이유는 생식 과정에서 부모들이 자신의 유전자를 아이들에게 물려주기 때문이다. 아이는 아버지의 유전자 절반과 어머니의 유전자 절반을 물려받는다. 이를 염두에 둘 경우 우리는 '생존 경쟁'에서 어떤 형질이 주는 장점의 의미를 재차 정의할 수 있을 것이다. 미래 세대에 어떤 형질을 갖춘 개체의 유전자가 보존될 가능성이 높아질 경우, 그러한 형질은 장점으로 작용한다고 말할 수 있을 것이다.

이것이 어떤 방식으로 작동하는가를 살펴보기 위해 두 가지 유형의 동물, 즉 자식에게 애정을 나타내는 어미와 무관심한 어미가 있다고 가정해 보도록 하자(그 동물이 개코원숭이건 캥거루건 돼지건 인간이건 혹은 무엇이건, 그것은 전혀 상관이 없다). 자손에게 애정을 보이는 어미는 자손을 보호하려는 경향을 갖게 하는 유전자를 가지고 있다. 반면 자손에게 무관심한 어미는 그렇지 않다. 자식에게 애정을 나타내는 어미는 자식들의 복리를 공고히 하기 위해 노력할 것임에 반해, 자식에게 무관심한 어미는 자식들에 별다른 관심을 보이지 않을 것이다. 누구의 유전자가 미래 세대에 존속될 가능성이 높을까? 분명 자식에게 애정을 나타내는 어미의 유전자가 미래에 존속될 가능성이 높을 것이다. 그녀의 유전자가 존속될 가능성이 높은 이유는 그러한 유전자를 실어 나르는 존재인 그녀

288

의 아이들이 생존할 가능성이 높기 때문이다. 이와 같은 과정을 거쳐 자식을 보호하려는 행동을 하게 하는 유전자들은 세대가 흘러감에 따라 개체군 내에 널리 확산될 것이다. 반면 자식에 대한 무관심을 허용하는 유전자들은 사라지게 될 것이다.

그런데 오직 자식들만이 한 개체의 유전자를 공유하는 것은 아니다. 다시 말해 형제와 자매들 또한 유전자를 공유한다. 다시 한 번 형제들에게 애정을 나타내는 동물과 무관심한 동물이라는 두 유형의 동물이 있다고 가정해 보자. 형제들에게 애정을 나타내는 동물은 자신의 형제와 자매를 돕게 하는 유전자를 가지고 있다. 반면 형제들에게 무관심한 동물은 그렇지 않다. 형제들에게 애정을 나타내는 동물의 형제와 자매들은 도움을 주는 존재가 있기 때문에 생존하여 번식에 성공할 가능성이 커진다. 때문에 그러한 유전자들 또한 미래 세대에 전달될 가능성이 커지게 된다.

이와 같은 방식으로 우리는 다윈이 '부모와 자식의 애정'이라고 부른, 가장 단순하고도 강력한 이타적 행동 사례를 설명할 수 있을 것이다. 이상과 같은 관점에서 보자면 부모와 형제들이 보여 주는 자기희생적인 이타성은 전혀 신비롭지 않다. 자연선택이 어떻게 작동하는가를 적절하게 이해할 경우 그와 같은 이타성의 출현은 충분히 예측할 수 있는 바다. 여기서 유의해야 할 점은 개체들이 어떻게 자신들의 유전자의 생존을 보장할 수 있는지를 계산해 보는 것은 아니라는 점이다. 63) 어떤 동물도 그렇게 하지 않는다. 여기서 핵심은 유전의 영향을 받은 이와 같은 행동 유형들이 북극곰의 따뜻한 외피, 핀치 새의 잘 형성된 부리, 그리고 그 외 다른 유리한 형질을 보존하는 방법과 동일한 메커니즘을 통해 보존되리라는 것이다.

---

63) 개체는 유전자의 존속이나 번영을 의도적으로 도모하는 것이 아니다. 예를 들어 개체는 유전자의 존속을 머릿속에 그리면서 성관계를 맺는 것이 아니다. 개체는 자신도 모르는 사이에 어떠한 전형적인 행동을 나타내거나 그러한 행동을 하고자 하는 의도를 갖는데, 그러한 행동이나 의도를 갖게 하는 것이 바로 유전자라는 것이다.

개체들은 이른바 '혈연 선택'으로 인해 유전자를 공유하는 정도만큼 특정한 친척들에게 관심을 갖게 된다. 이러한 사실은 우리가 자식들과 형제들의 복리에 특별히 관심을 갖고, 우리의 사촌(그들은 우리와 유전자를 공유하는 비율이 상대적으로 낮다)에 대해 관심을 덜 가지며, 모르는 사람들에게는 별다른 관심을 나타내지 않는 이유를 설명해 준다. 사회생물학자들은 이러한 사실이 동물 세계에서 돕는 행동이 작동하는 방식이라는 충분한 증거를 발견했다. 다음은 트리버스(Robert Trivers)와 헤어(Hope Hare)의 저술에서 가져온 주목할 만한 사례다.

대부분의 유성생식을 하는 동물은 부모로부터 각각 절반의 유전자를 물려받는다. 이에 따라 형제들은 평균적으로 서로의 절반의 유전자를 공유할 것이다. 우리는 그런 형제들이 2분의 1의 비율로 서로 관련성을 갖는다고 말할 수 있을 것이다. 하지만 여기에는 예외가 있다. 개미들은 암컷들이 자신들의 형제와 4분의 1의 비율로, 자매와는 4분의 3의 비율로 관련성을 갖도록 번식을 한다. 이와 같은 방식으로 암컷 개미들은 형제들보다 자매들과 세 배 많은 유전자를 공유한다.

이러한 사실은 만약 다른 존재를 도우려는 경향의 차이가 혈연관계의 가까운 정도에 따라 나타난다면, 암컷 개미들이 자신들의 형제들보다 자매들의 복리에 세 배 더 많은 관심을 기울이리라 예측할 수 있다는 것을 의미한다. 이미 알려진 바와 같이 우리는 어떤 간편한 방식을 활용해 한 마리의 암캐미가 형제들에게 얼마만큼의 도움을 줄 것인가를 결정할 수 있다. 개미 군체(colony)[64]에서는 일개미들이 다른 개미들에게 먹을거리를 제공한다. 이에 따라 우리는 암컷 일개미들이 형제와 자매들에게 제공하는 먹을거리의 양을 관찰함으로써 그들의 형제 혹은 자매에 대한 선호의 정도를 측정할 수 있다. 트리버스와 헤어는 이러한 먹을거리 제공 패턴을 연구했는데, 여기서 그들은 일개미들이 형제보다 자매에게 거의 정확히 세 배의 먹을거리를 제공하고 있다는 사실을 발견했다! 또 다

---

64) 같은 종류의 개체들이 한몸처럼 이루어져 살아가는 동물 집단.

른 연구에서는 '노예가 되어' 자신들과 관련성이 없는 여왕을 위해 일하게 된 일개미들의 행동을 비교할 수 있도록 고안되었다. 이때 일개미들이 암컷과 수컷에게 제공하는 음식의 양은 거의 동등했다.

이와 같은 방식으로 우리는 다윈이 곰곰이 생각해 봤자 소용없다고 생각했던 부모와 자식 간의 애정의 기원에 대한 설명 방식을 발견하게 된다. 친척에 관심을 갖게 하는 유전자들은 다른 유전자들이 보존되는 방식과 마찬가지로 자연선택에 의해 보존될 것이다.

하지만 모든 이타성이 혈연 이타성은 아니다. 동물은 자신들과 밀접한 관련성이 없는 다른 동물을 돕기 위해 자신의 이익을 희생하는 경우가 있으며, 이는 설명하기에 더욱 곤란하다. 이러한 문제를 처리하기 위해 사회생물학자들은 '호혜적 이타성'이라는 개념을 도입했다. 하지만 호혜적 이타성이라는 개념은 혈연 이타성에 비해 문제가 있는 개념이다. 호혜적 이타성의 근본 착상에 따르면 개체들이 다른 개체를 돕는 이유는 자신에게 유사한 서비스가 제공될 가능성이 높아지기 때문이다. 예를 들어 A라는 원숭이가 B라는 원숭이의 등에 붙어 있는 기생충을 제거해 줄 경우 A 원숭이는 그와 같은 호의를 되돌려 받게 된다. 모든(혹은 대부분의) 집단 구성원들이 이와 같이 호혜적인 도움을 주고받을 경우 모든 구성원들에게 이익이 돌아가게 될 것임에 분명하다. 하지만 자연선택의 원리에 근거해 보았을 때, 그러한 행동이 어떻게 정착될 수 있는가를 파악하기란 쉽지 않다.

이러한 문제에 대한 완벽하게 만족스러운 해결책은 없다. 호혜적 이타성에 대한 설명은 혈연 이타성에 대한 설명에 비해 애매한 구석이 많다. 하지만 우리는 해결책이 제시될 방향을 경험적으로 추측해 볼 수는 있다. 바로 이 시점에서 다윈 자신의 이타성에 대한 설명이 어느 정도 가치를 인정받게 된다. 다윈은 더욱 고등한 형태의 사회적 애정을 이성과 결부시켰는데, 이는 다윈이 올바른 선택을 한 것처럼 보인다. 인간의 이타성 발달을 언급하면서 그는 다음과 같이 말했다.

먼저 집단 구성원들의 추론 능력과 예측 능력이 개선됨에 따라 각각의 구성원은 얼마 있지 않아 경험을 통해 자신이 동료를 도울 경우 자신 또한 보답으로 도움을 받으리라는 사실을 알게 될 것이다. 그는 이와 같은 저급한 동기로부터 동료들을 돕는 습관을 얻게 되었을 것이다. 그리고 자비로운 행동을 습관화할 경우, 이는 분명 자비로운 행동을 하고자 하는 최초의 충동을 제공하는 동정심을 강화시킨다. 65)

여기서 핵심이 되는 착상은 한 개체군 내의 호혜적 이타성이 확립되는 과정에서 개인들의 인지 능력이 중요한 역할을 한다는 것이다. 이 점은 혈연 이타성의 설명과 호혜적 이타성이 중요한 차이를 나타내는 대목이다. 우리가 이미 살펴본 바와 같이 혈연 이타성은 이성 능력에 대한 어떤 가정도 필요치 않았다.

다윈의 주장을 따를 경우 우리는 세 단계로 이루어지는 이타성의 발전 단계를 상상해 볼 수 있을 것이다. 첫 번째 단계에는 오직 혈연 이타성만이 존재한다. 개체들은 자신들의 혈연만 돕고 다른 대상들을 돕지 않는다. '사회적 본능'이 있긴 하지만 이러한 본능은 혈연을 넘어선 대상에 대해서는 작동하지 않는다. 두 번째 단계에서는 개체들이 충분한 '합리성과 예측 능력'을 얻게 된다. 그리하여 혈연 아닌 대상들을 돕는 것이 개체들 자신에게 이익이 되는 훌륭한 전략일 수 있음을 이해할 수 있게 된다 (물론 이를 위해서는 혈연 아닌 대상들이 설득당하여 호혜적으로 행동할 수 있게 된다는 전제가 있어야 한다). 처음에는 이러한 도움은 단순한 행동에서 출발했을 것이다. 예를 들어 A와 B 양자 모두가 제거하기 어려운 곳에 기생충이 붙어 있으며, 양자 모두가 기생충을 제거하고 싶어 한다. 이러한 목적을 달성하기 위한 방편을 궁리한 끝에 A가 B의 기생충을 제거하고 나서 B에게 자신에게 붙어 있는 기생충도 제거해 달라고 넌지시 의사를 전달한다. B는 A의 요구를 '이해하게 되고' 자신의 복리가 팃포텟 (*tit-for-tat*) 게임66)을 통해 증진된다는 사실을 파악하게 된다. 그리하여

---

65) Darwin, *Descent of Man*, pp. 163~64.

292

B가 A의 기생충을 제거해 준다. 이와 같은 방식으로 사회적 본능이 혈연을 넘어서 확장된다. 세 번째 단계에서는 이러한 행동 패턴이 더욱 확산되어 관습화된다.

이러한 설명이 그럴 듯한 상상에 불과한 것은 아닌가? 혈연을 넘어선 대상에 대한 이타성을 이해하기 위한 열쇠가 이러하다고 생각해야 할 이유가 무엇인가? 혈연 아닌 대상에 대한 이타적 행동의 인상적인 사례가 대부분 인간, 원숭이, 개코원숭이 등의 이른바 '고등' 동물, 다시 말해 사유 능력이 잘 발달한 동물에 관한 것이라는 사실은 의미심장하다. 하등 동물에서는 오직 혈연 이타성만이 발견된다. 이러한 사실은 특정한 대상을 넘어선 이타성의 발달이 지능의 발달과 밀접한 관계에 있다는 다윈의 착상을 확증하는 듯이 보인다. 다윈의 가설에 따르면 동물이 혈연 아닌 존재들에게 이타적 행동을 나타낼 수 있으려면 지능이 발달하여 도움의 대가를 받을 수 있는지에 대한 믿음을 형성할 정도가 되어야만 있다. 이러한 가설은 인간 아닌 동물이 그러한 믿음을 **명확하게 표현할** 수 있어야 한다고 가정하지 않으며, 단지 그들이 다른 존재의 행동에 대한 기대를 형성할 수 있으며, 자신들의 행동을 거기에 맞춰 조정할 수 있다는 가정만으로도 충분하다고 말한다.

여기서 다윈주의가 오직 제한된 현상만을 설명하려 한다는 사실을 상기하는 것도 중요하다. 인간은 산상수훈적인 일종의 원대한 이타적 행동을 보여 주기도 하는데, 다윈이 이러한 이타성까지도 설명하려 한다면, 이는 지나치게 무리하게 보일 것이다. 그럼에도 우리가 유의해야 할 점은 인간의 혈연 아닌 대상에 대한 이타적 행동의 범위를 과장하지 말아야 한

66) 〔역주〕 이는 '선에는 선, 악에는 악' 식의 전략으로 처음에는 무조건 상대방에게 협력하되 이후의 만남에서는 상대방의 직전 행동과 동일하게 행동하는 전략이다. 먼저 배신하지 않지만, 상대가 배신하면 즉시 나도 배신하는 방식의 전략이다. 원숭이나 침팬지가 상대의 털을 골라주는 행동, 흡혈 박쥐가 먹지 못한 동료에게 자신의 먹이를 나누어 주는 행동 등이 이런 전략의 산물이다. 조건부 협동의 대가로 모든 참가자들은 최적의 이익을 얻게 된다.

다는 것이다. 인간 사회에서도 가장 강력한 종류의 이타성은 단연 혈연
이타성이다. 심지어 사람들이 모르는 사람들을 도우려는 이타적인 의지
를 드러내는 경우마저도 혈연을 우선적으로 배려하려는 태도는 이보다
훨씬 강하게 남아 있다. 혈연 아닌 대상에 대한 우리의 이타성은 실로 나
약하기 짝이 없다. 때문에 자식들을 비싼 대학에 보내기 위해 수천 불을
사용하는 부유한 미국인이 기아 구제 운동을 지원하기 위해 고작 수백 불
을 기부하는 경우에도 우리는 그를 매우 관대한 사람이라고 평가한다. 진
정으로 사심 없고, 보편적인 거룩함은 소수의 사람들에게서만 발견된다.
그러한 사람은 매우 드물며, 때문에 자연사 연구자 식으로 표현하자면 그
는 단순한 '변이'에 지나지 않는다. 그리고 그러한 이타성이 전체 개체군
내에 확산될 수 있는가에 대해서는 의심의 여지가 있다.

인간의 특별한 도덕 능력

　다윈은 인간과 동물의 삶이 연속적임을 보여 주려는 열정을 보인다.
그럼에도 막상 그는 인간 아닌 동물이 인간과 동일한 의미에서 도덕적 행
위자라고 주장하지 않는다. 다른 곳에서와 마찬가지로 여기에서도 그의
견해는 사람들이 일반적으로 생각하고 있는 상식을 통해 완화된다. 인간
과 인간 아닌 동물의 도덕 능력에는 분명한 차이가 있으며, 다윈은 이를
부정하지 않는다. 그 대신 그는 그러한 차이가 무엇이며, 그러한 차이가
존재하는 이유가 무엇인가를 설명하고자 노력한다.
　다윈은 인간의 도덕성을 논의하면서 자신의 저서 중 다른 어떤 부분에
서보다도 훨씬 뚜렷하게 철학적인 논의를 전개한다. 그는 도덕성을 정의
하고, 인간이 어떻게 도덕적 지식을 획득했는지에 대한 생각, 양심의 본
질에 대한 설명, 인간을 선하거나 악하게 만드는 것에 대한 서술, 그리고
도덕적 진보를 이루기 위해 우리가 취해야 할 길에 대한 의견 등을 제시
하고 있다. 언뜻 보았을 때 이 모든 것은 생물학자들의 고유한 관심사와
는 거리가 있는 듯하다. 다윈은 자신이 전통적으로 도덕 철학자들이 점

294

유해 왔던 영역을 다루고 있음을 깨닫고 있었다. 하지만 그는 위에서 언급한 내용들을 '자연사의 측면'[67]에서 보았을 때 어떻게 보일지 고찰해 보는 것이 분명 의미가 있다고 생각했다.

도덕이란 무엇인가. 다윈은 자연사의 관점에서 도덕을 보았을 때 "도덕의 토대가 이기성의 형태로 존재한다"[68]는 일부 철학자들의 견해를 거부할 이유를 발견하게 된다고 생각한다. 도덕의 토대를 이루는 것은 사회적 본능이지 자기 보존의 본능이 아니다. 이에 따라 다윈은 '최대 행복의 원리'[69]를 옹호하는 철학자들이 도덕의 토대를 파악하는 데 더욱 근접해 있다고 말한다. 비록 그가 '일반적인 행복보다는 공동체의 일반 선 혹은 복리'[70]를 논하는 것이 더욱 낫다고 생각하긴 하지만 말이다(그의 생각에 행복은 지나치게 제한된 용어다).[71] 물론 다윈은 사회적 본능이 생존 경쟁에 유리하게 작용하기 때문에 나타나게 되었다고 생각했다. 그리고 어떤 의미에서 보았을 때 자기 보존에의 충동이 더욱 근본적이라고 생각하기도 했다. 하지만 도덕은 오직 사회적 본능이 있어야 탄생할 수 있다. 때문에 다윈은 '최대의 행복 원리'가 더욱 적절하게 근본적인 도덕 규칙을 표현하고 있다고 주장하고 있는 것이다.[72]
다윈의 주장에 공감하지 않는 독자들은 그가 '존재'로부터의 '당위'도

67) Darwin, *Descent of Man*, p. 71.
68) 위의 책, p. 97.
69) 위의 책
70) 위의 책, p. 98.
71) 〔역주〕선이나 복리라는 단어가 비교적 포괄적임에 비해 행복이라는 개념은 비교적 제한적이며 구체적이다. 그런데 다윈은 좀더 포괄적인 용어를 사용하는 것이 낫다고 생각했다는 것.
72) 〔역주〕만약 사회적 본능이 아닌 이기적인 충동이 도덕의 기초로 자리 잡고 있다면 우리는 최대 다수의 최대 행복 원리 외의 다른 것을 기본적인 도덕 규칙이라 생각했을 것이다. 하지만 사회적 본능으로 인해 우리는 이러한 본능에 부합되는 것처럼 보이는 최대의 행복 원리를 가장 기본적인 도덕 규칙이라 생각하게 된다는 것.

출에 대한 흄의 비난을 거스르고 있음을 어렵지 않게 발견할 것이다. 다음 구절을 고찰해 보자. 다윈은 인용된 구절에서 인간과 인간 아닌 동물의 행위를 포괄하는 도덕성에 대한 '정의'를 제시한다.

> 인간과 하등동물의 사회적 본능은 동일한 단계를 거쳐 발달했음에 분명하다. 이에 따라 만약 필요하다면, 두 경우에 동일한 정의를 사용하고, 공동체의 일반 선 혹은 복리에 대한 추구를 도덕의 시금석으로 간주하는 편이 좋을 듯하다. 73)

다윈은 우리가 '공동체의 일반 선 혹은 복리를 증진시키는 것이라면 무엇이든 해야 한다'는 특정한 옳고 그름에 대한 개념이 우리의 사회적 본능이 어떻게 발달하게 되었는가에 관한 사실로부터 도출된다고 생각하는 듯하다. 하지만 이는 흄이 우리에게 경고한 오류다. 우리는 자연사 연구자로서의 다윈이 행동 능력을 포함해 인간 능력의 역사적 발달을 서술할 수 있으며, 그 배후가 되는 원인을 이론화할 자격이 있다고 말할 수 있을지 모른다. 하지만 논리적으로 보자면 인간 능력의 역사적 발달에 관한 사실적 지식으로부터는 어떠한 가치도 도출되지 않는다. 즉 인간 능력의 역사적 발달로 인해 선하거나 악한 행동 경향이 나타나게 되었는지의 여부는 열린 문제로 남는 것이다. 74) 그리고 더욱 문제는 (비판가들은 계속해서 다음과 같이 이어서 말할 것이다) 다윈이 얼마나 도덕철학이 논쟁의 여지가 많고 비판에 열려 있는가를 깨닫지 못하고, 너무 소박하게 특정 분야의 도덕철학인 공리주의를 진리라고 가정하고 있는 듯하다는 것이다.

하지만 이는 지나칠 정도로 다윈의 입장을 부정적으로 파악하는 논변이다. 다윈은 무엇이 옳고 무엇이 그른가를 증명하려는 것이 아니다. 또

---

73) Darwin, *Descent of Man*, p. 98.
74) 〔역주〕옳고 그름의 개념이 어떻게 탄생하게 되었는가에 대한 역사적인 연구가 이루어진다고 해도, 그로부터 무엇이 옳고 그름이냐에 대한 답을 도출해 낼 수 있는 것은 아니다. 그렇게 하는 것은 발견의 맥락과 정당화의 맥락을 구분하지 못하는 오류를 범하는 것이다.

296

한 그가 논쟁의 대상이 되는 철학 이론을 옹호하려는 것도 아니다. 그는
다른 선택의 여지가 없기 때문에 도덕이 무엇인가에 대한 개념을 형식화
함으로써 출발하는 것이다. 우리가 도덕 능력의 발달을 이해하고자 한다
면 그러한 능력이 무엇인가에 대해 어느 정도의 생각을 가지고서 출발해
야 한다. 그렇지 않으면 완전히 다른 무엇의 발달을 설명하는 데로 빠질
수 있을 것이다. 그런데 이러한 사실은 처음부터 난처한 문제를 야기한
다. 왜냐하면 도덕 능력을 어떤 방식으로 개념화해도 논란의 여지가 있기
때문이다. 어떠한 옳고 그름에 대한 이해 방식을 제안한다고 해도, 그리
고 그것이 무해하다고 해도 거기에 반발할 철학자들이 있기 마련이다.

어찌되었건 다윈이 자신의 논의에 도입하고 있는 옳고 그른 행위에 대
한 이해는 도덕적으로 유별난 것이 아니다. 다시 말해 그의 이해가 다른
어떤 이해 이상으로 특별히 문제가 되진 않는다는 것이다. 겉보기는 차
치하고라도, 그의 이해는 경쟁하는 주요 도덕철학들 사이에서 어느 정도
중립적이다. 이는 공리주의와 칸트주의 개념의 기본 착상들과 양립할 수
있을 정도로 포괄적이다. 다윈은 도덕 행동이 일반 복리를 증진한다고
가정하고 있다. 동시에 그는 도덕 행위자가 칸트가 상상하는 바와 다를
바 없는 양심 — 의무감 — 을 갖춘 사람임을 강조하고 있기도 하다.[75]
두 가지 개념은 일반적으로 양심적인 사람이 일반 복리를 증진하는 행동
을 도덕적으로 옳다고 생각하리라는 다윈의 가정을 매개로 맺어진다. 다
윈이 자신에게 부과한 과제는 인간이 어떻게 자연선택의 원리에 부합되
면서 방금 언급한 유형의 도덕적 행위자가 될 수 있었는가를 설명하는 일
이었다.

이성과 도덕적 지식의 습득. 인간의 도덕은 단순히 사회적 본능의 산물
이 아니라 사회적 본능에 지능이 더해짐으로써 얻게 된 산물이다. 그리

---

75) 〔역주〕 그가 생각하는 도덕은 칸트주의와 공리주의의 조합이었다는 뜻. 즉
그는 공리주의에서 말하는 일반 복리를 증진하려는 칸트적 의미의 양심의 중
요성을 강조하고 있는 것이다.

하여 다윈의 관점에서 보았을 때 더욱 상위 단계의 도덕은 더 높은 이성 능력의 발달과 더불어 나타난다. "뚜렷이 식별되는 사회적 본능을 갖춘 동물에게서 인간과 다를 바 없거나 거의 인간에 가깝게 지적인 능력이 발달할 경우, 그러한 동물은 어떠한 동물이라도 즉시 도덕 감정 혹은 양심을 획득하게 될 것이다."[76]

하지만 지능이 어떤 차이를 산출하는가? 이에 대한 답은 적어도 고등동물의 행동은 태도와 믿음이 조합되어 이루어진 산물이라는 것이다. 매우 단순한 예를 들자면, 우리는 어떠한 방식으로 행동함으로써 욕구하는 바를 얻을 수 있다고 믿는다. 그런데 우리가 원인과 결과를 잘 모를수록 원하는 바를 얻을 수 있는 행동을 할 가능성은 확실히 낮아진다. 사회적 본능은 일련의 태도, 즉 일반 복리를 원하는 태도로 이해될 수 있다. 이렇게 보자면 어떤 동물의 지능이 낮을수록 일반 복리를 추구하려는 행동을 선택할 수 있는 능력 또한 낮아질 것이다. 다윈에 따르면 원시인들이 조야한 지식을 축적함에 따라 실수를 하게 되었고, 이로 인해 그들은 결함이 있는 행동 규칙을 채택하게 되었다. 여기서 결함이 있다는 것은 그러한 규칙들이 인지적 실수로 인해 합당하게 보였다는 의미에서 그렇다는 것이다. "예를 들어 미개인들은 절제와 순결 등의 덕목을 갖지 못함으로써 초래되는 복합적인 해악을 생각해내지 못한다."[77] 하지만 더욱 복잡한 지력을 갖게 됨에 따라 그들은 한층 더 훌륭하게 그러한 악의 원인을 추적할 수 있게 되었을 것이며, 이로 인해 그들의 행위가 개선되었을 것이다. 이와 같은 방식으로 도덕 지식의 발달이 이루어진다.

> 하등동물과 마찬가지로 인간 또한 공동체의 선을 위해 사회적 본능을 획득했다는 것은 의심의 여지가 없다. 이러한 사회적 본능으로 인해 인간은 처음부터 동료들을 돕고자 하는 어떤 바람, 그리고 어떤 동정의 감정을 갖게 되었을 것이다. 이러한 충동은 아주 먼 옛날

---

76) Darwin, *Descent of Man*, pp. 71~72.
77) 위의 책, p. 97.

에 옳고 그름에 대한 조야한 규칙으로 활용되었을 것이다. 하지만 인간의 지력이 점차 발달하면서 자신의 행동이 미치게 될 결과까지도 추적할 수 있게 되자, 그리고 인간이 유해한 풍습과 미신을 거부할 만큼 충분한 지식을 습득하게 되자 … 인간의 도덕적 기준 또한 점차 높아지게 되었을 것이다. 78)

양심. 18세기의 영국은 샤프츠베리 경(Lord Shaftesbury) 79), 버틀러 (Joseph Butler) 80), 그리고 흄과 같은 인물을 포함한 탁월한 도덕철학자들을 배출했다. '도덕 감정' 혹은 양심이라는 개념은 그들의 사상에서 두드러진 역할을 했다. 하지만 그들은 이러한 개념을 자연주의적으로 해석했음에 분명했다. 도덕 감정을 갖는다는 것은 이차적인 태도 — 우리의 **다른** 태도를 그 대상으로 삼는 태도 — 를 취할 능력을 갖추고 있다는 것이었다. 81) 그들이 생각하기에 이는 인간을 도덕 행위자(다른 동물이 그렇지 않다는 의미에서) 로 만드는 능력이었다. 예를 들어 개의 모든 태도는 개 자신의 외부에 있는 대상들로 향해 있다(고 그들은 말한다). 개는 먹을 거리를 먹고자 하며, 자신을 따뜻하게 하는 것을 욕구하며, 고통을 회피하려 한다. 만약 그들이 동물들의 이타성에 대해 더욱 잘 알고 있었다면 그들은 개가 다른 개들이 고통을 받아선 안 된다는 욕구를 가진다고 말했을지도 모른다. 하지만 개는 어떤 태도를 갖길 욕구할 수 없으며, 자신이 어떤 태도를 갖는 것에 대해 후회할 수도 없다. 반면 인간은 무엇인가를 원할 수 있으며(예를 들어 나는 나에게 상처를 준 사람에게 상처를 주길 원한

---

78) 앞의 책, p. 103.

79) 〔역주〕영국의 철학자이자 사상가(1671~1713). 도덕의 고유한 가치를 강조하여 진·선·미의 일치를 주장하였다. 저서에는 《인간, 풍습, 세론(世論), 시대의 특징》이 있다.

80) 〔역주〕영국의 신학자(1692~1752). 국교파의 성직자로서 이신론에 반대하여 계시 종교로서의 기독교를 강조하였다. 저서에 《종교의 유비(類比)》가 있다.

81) 〔역주〕간단히 말해 도덕 감정을 갖는다는 것은 곧 반성 능력을 갖추고 있음을 전제한다는 것. 예를 들어 우리는 상황에 대한 합리적 이해가 바탕이 되어야 도덕적인 즐거움을 느낄 수 있을 것이다.

다), 동시에 그것을 원하는 것에 대해 후회할 수도 있다(예를 들어 나는 내 자신이 복수를 원하는 것에 반대하며, 내가 더욱 관대한 성품을 갖길 바란다). 우리의 양심을 구성하는 것은 바로 이와 같은 우리 자신의 태도를 승인하거나 승인하지 않는 능력이다.

1838~40년 사이의 다윈의 비망록에는 이러한 사상가들에 대한 무수한 언급을 살펴볼 수 있으며, 양심에 대한 다윈 자신의 입장 — 이는 《인간의 유래》를 발간한 후 수년이 지난 후 적절히 다듬어졌는데 — 은 그들의 입장과 유사하다. 하지만 다윈은 양심이 있다는 사실을 곤혹스러워했다. 어떻게 그와 같은 것이 있을 수 있는가? 우선 나는 그러한 곤혹스러움에 대해 설명할 것이며, 다음으로 이에 대한 다윈의 해결책을 살펴볼 것이다.

다윈에 따르면 양심이란 **갈등** 상황과 밀접하게 결부되어 있는 현상이다. 우리는 무엇을 할 것인가에 대한 선택에 직면해서 '자연적인 충동'끼리 충동을 경험함으로써 양가감정을 느낄 것이다. 예를 들어 우리가 도망감으로써 회피할 수 있는 위험이 있을 수 있는데도 두려워하면서 그렇게 하지 않을 수 있다. 혹은 우리가 탈취할 수 있는 음식이 있음에도 그렇게 하지 않고 굶주릴 수가 있다. 그런데 위험으로부터 도망간다든가 음식을 탈취하는 것은 전체로서의 공동체의 이익과 상충되며, 우리가 그러한 일들을 하고 싶어 하지 않는 이유는 우리가 '사회적 본능'을 가지고 있기 때문일 수 있다. 이처럼 우리는 어떤 일을 행하건 자신의 이런 저런 자연적인 충동과 다른 방향으로 나아갈 수가 있다. 그런데 두려움 혹은 배고픔이 승리를 거두어 우리가 공동체의 일반 복리에 배치되는 행동을 했다고 가정해 보자. 나중에 자신이 행한 바를 곰곰이 생각해 보았을 때, 우리는 이것이 잘못되었다고 느낄 것이며, 후회하게 될 것이다. 바로 이것이 양심의 평결이다. 이는 우리의 태도 중 다른 충동이 아닌 특정한 어떤 하나가 승리를 거두었으면 하는 바람이다.

다윈은 이러한 현상이 나타나는 것에 대해 당혹스럽게 생각했다. 왜냐하면 어떤 한 종류의 '자연적 충동' — 사회적 본능 — 이 다른 충동에 비해 낮거나 더욱 존중되어야 한다고 여겨져야 하는 것이 이상하게 생각되었기 때문이다. 만약 모든 본능들이 동등하게 '자연스럽다면', 과거를 돌이켜 보면서 특정한 본능에 따라 행동했다는 사실로 인해 불편함을 느끼는 이유는 무엇인가?[82] 다윈이 다음과 같이 언급하고 있는 것처럼 말이다.

> 인간이 다른 것에 따르지 않고 하나의 자연스런 충동에 따랐음을 후회하는 이유는 무엇인가? 그러한 후회를 하지 않으려고 노력하는데도 말이다. 나아가 그가 자신의 행위에 대해 후회해야 한다고 느끼는 이유는 무엇인가? 이러한 점에서 인간은 하등동물과 매우 다르다.[83]

18세기의 도덕가들은 이러한 문제에 대해 두 가지의 일반적인 해결책을 내어 놓았다. 먼저 우리는 다양한 행동 충동 간의 **힘**의 세기를 구분할 수 있다. 어쩌면 사회적 본능은 다른 본능들에 비해 힘이 셀지 모른다. 우리가 두려움 혹은 배고픔에 굴복한 것에 대해 후회를 한다면, 그것은 사회적 충동의 힘이 더 강하기 때문에 그러는 것이다. 하지만 이러한 설명 방식은 적절치 못해 보인다. 만약 두려움이나 배고픔에 비해 사회적 충동이 강하다면 우리가 처음부터 거기에 따라 행동하지 않았던 이유는 무엇인가?

버틀러 ― 그는 성공회 주교였는데, 다윈이 살아있을 당시 그의 저작들은 대학에서 표준적인 교과 과정에 포함되어 있었다 ― 는 이러한 형태의 고찰을 바탕으로 양심의 **권위**(*authority*)와 양심의 세기를 구분하였

---

82) 〔역주〕만약 모든 본능들이 자연스러운 것이라면 우리는 과거를 돌이켜 보면서 후회의 감정을 갖지 않을 것이다. 예를 들어 내가 여러 여성들을 겁탈했고, 그러한 것이 본능적인 행동이었다고 가정해 보자. 이때 나는 사회적인 본능을 통해 행동한 것은 아니었을 것이다. 그런데 모든 본능이 동일한 가치를 갖는다고 한다면 나는 과거에 대한 회한을 갖지 않을 것이다. 어떠한 본능을 충족시켰건 그것은 마찬가지일 것이기 때문이다. 하지만 나는 사회적 본능을 더욱 중요하게 생각하며, 이에 따라 과거를 생각하며 잘못을 뉘우치는 것이다.
83) Darwin, *Descent of Man*, p. 89.

다. 그에 따르면 다양한 행동의 원동력은 자연스런 위계질서를 형성하는데, 여기에서 양심이 최상위에 있으며, 이에 따라 양심은 그 세기에 의존하지 않는 지고함(supremacy)을 갖게 된다. 이에 따라 어떤 개인이 다른충동은 강하지만 양심이 약하기 때문에 끊임없이 양심에 반하는 행동을한다고 해도, 그의 양심은 여전히 그가 무엇을 **해야 할 것인가**에 대한 지배권을 행사할 것이다. 그것이 양심의 자연스런 기능이기 때문이다. 하지만 다윈은 이러한 설명을 일종의 속임수라고 간주했고, 그리하여 이보다 덜 생경한 설명 방식을 찾고자 했다.

자신의 비망록에서 다윈은 "버틀러와 매킨토시(MacIntosh)는 도덕 감정의 특징으로 '지고함'을 거론한다. 나는 다른 정열 혹은 본능보다 사회적 본능의 인상이 더욱 오래 지속된다는 사실을 이용하여 도덕감의 지고함을 설명한다"[84]고 썼다. 바로 이와 같은 '더욱 오래 지속된다'는 개념이 다윈의 도덕 감정에 대한 설명에서 핵심을 차지한다. 《인간의 유래》에서 다윈의 설명은 다음과 같이 이어진다. 어떤 사람이 두려움 혹은 배고픔 때문에 공동체에 해를 주는 행동을 했다고 가정해 보자. 후에 그는자신이 행한 바를 곰곰이 생각해 본다. 그런데 사회적 본능은 영구적이며 지속적이다. 이에 반해 특정한 욕구들은 찰라적이다. 이에 따라 과거행적을 곰곰이 돌이켜 볼 때 사회적 본능은 여전히 우리와 함께 남아 있는 반면, 특정한 욕구는 행동할 당시에는 사회적 본능을 압도하지만 점차 사라져 버린다. 이로 인해 우리는 스스로가 한 행동을 후회하게 되는것이다. 이와 같은 사후적 고찰을 우리는 '양심'이라고 부른다. 사회적본능은 행동할 당시에는 강하지 않을 수 있지만 사후적 고찰의 순간에는사회적 본능이 더욱 강하다. 이러한 사실은 왜 사후적 고찰로 인해 사회적 본능을 용인하게 되는 지를 적절히 설명해 준다.

이처럼 인간은 과거에 받았던 인상들이 계속해서 마음에 되살아나는것을 막을 수가 없다. 이에 따라 인간은 상대적으로 약한 느낌, 예

---

84) Darwin, *Notebooks*, p. 628.

를 들어 '과거의 배고픔, 이루어진 복수 혹은 다른 사람을 희생하여
피할 수 있었던 위험에 대한 인상들'을 '과거와 다를 바 없이 존재하
고 있고 마음에서 어느 정도 계속 활동 중인 동료에 대한 공감의 본
능 및 선의지'와 비교하지 않을 수 없게 될 것이다. 그러고 나면 인
간은 상상을 통해 더욱 강한 본능이 현재 비교적 약한 듯이 보이는
본능에 굴복했다고 느낄 것이다. … 분명 인간은 행동을 하는 순간 더
욱 강한 충동을 따르기 쉽다. 물론 이로 인해 간혹 인간이 매우 고귀
한 행동을 하는 경우도 있을 것이다. 하지만 이보다 훨씬 더 흔히 인
간은 다른 사람들을 희생하여 자신의 욕구를 충족한다. 하지만 일단
욕구를 충족하고 난 후 만약 지속적으로 남아있는 사회적 본능과 과
거의 약한 인상들을 대비해 볼 경우 우리는 틀림없이 징벌을 받게 된
다. 이때 인간은 자신에 대해 불만을 느끼고, 나중에는 달리 행동하
겠노라고 어느 정도 굳게 다짐을 하게 된다. 이것이 바로 양심이다.
이렇게 말하는 이유는 우리가 그 강도가 약할 경우 후회라 부르고,
심각할 경우 가책이라 부르는 유형의 불만을 야기하면서 양심이 과
거를 되돌아보고 과거의 행동을 판단하기 때문이다.[85]

선한 사람과 악한 사람의 차이. 지금까지의 논의를 잘 따라왔다면 이제
다윈의 관점에서 보았을 때 선한 사람과 악한 사람의 차이가 무엇인지를
분명하게 파악할 수 있어야 한다. 크게 칭찬을 받을 만한 사람은 사회적
본능이 충분히 강하여 일반 복리에 상반된 행동을 촉발하는 특정한 경향
성인 두려움, 배고픔 등을 극복할 수 있는 사람이다(다윈이 명시적으로 말
하고 있진 않지만, 우리는 이러한 유형의 사람을 칭찬하는 이유가 무엇인가를
쉽게 설명할 수 있다. 즉 그가 사회적 본능이 강하기 때문에 칭찬하는 것이
다). 하지만 모두가 전적으로 칭찬할 만한 사람들은 아니며, 우리는 또
다른 방식으로 사람을 구분하여 '유혹에 넘어갔지만 나중에 거기에 대해
후회하는 사람'과 '전혀 후회를 하지 않는 사람'으로 나눌 수 있다. 다윈이
'본질적으로 악하다고' 규정짓는 사람은 후자다. 그 이유는 그들의 사회

---

85) Darwin, *Descent of Man*, p. 90.

적 본능이 너무 약하거나 심지어 존재하지도 않으며, 이에 따라 심지어 나중에 반성마저도 하지 못하기 때문이다. 그들은 이른바 양심이 없는 사람들이다.

> 만일 그가 공감 능력을 갖추지 못했고, 그 상황에서 사악한 행동으로 이어지는 욕구가 너무 강하다면, 그리고 회상되는 것들이 변치 않는 사회적 본능의 지배를 받지 않는다면 그는 본질적으로 나쁜 사람이다. 오직 처벌에 대한 두려움만이 그를 제재할 수 있는 남아 있는 유일한 동기다. 86)

어떻게 그러한 사람이 있을 수 있는가? 자연사의 관점에서 설명을 하자면 그들은 변이라는 것이다.

어떻게 도덕적 진보가 이루어지는가. 양심 없는 사람이 있다고 생각했음에도 불구하고, 다윈은 극히 19세기적인 방식으로 인류가 더욱 커다란 도덕적 완성을 향해 나아가고 있음을 믿었던 낙관주의자였다. 이러한 진보의 본질에 대한 설명, 그리고 이를 가능하게 하는 인간 삶의 조건에 대한 설명은 '사회적 본능의 범위를 확장하는 데에서의 이성의 역할에 관한 그의 입장'으로부터 자연스럽게 도출된다. 그는 도덕적 관심 범위의 끊임없는 확장을 머리에 그렸다. 이는 자신과 가족을 넘어서 이웃과 동포, 궁극적으로 모든 인류를 포함하는 방향으로의 확장이었다. 그가 혐오했던 노예제도의 폐지는 이러한 확장된 도덕의식의 자연스런 결과일 것이다. 여기서 다윈은 모든 사람들이 동등한 권리를 갖는다는 점을 강조했고, 이와 더불어 20세기의 자유주의에 생기를 불어넣었던 도덕적 관점을 미리 예견했다. 하지만 그는 인간의 사회적 본능이 여기에서 한 걸음 더 나아가, 궁극적으로 다른 동물까지도 관심의 영역 내에 포함시키는 데까지 확장된다고 생각했다.

---

86) 앞의 책, p. 92.

304

인간이 문명화되고 조그만 부족들이 더욱 커다란 공동체를 이룸에 따라, 가장 순수한 이성은 각각의 개인에게 설령 개인적으로 아는 사람이 아닐지라도 동일 국가의 모든 성원들에게 사회적 본능과 공감을 확장해야 한다고 말해 줄 것이다. 일단 이 지점에 이르면 공감이 모든 국가와 인종의 사람들에게 확장되지 못하도록 막는 것은 인위적인 장벽일 따름이다. 외모나 습성이라는 측면에서 그러한 사람들이 우리와 많이 다를 경우, 유감스럽게도 그들을 동료로 파악하는 데 무척 오랜 세월이 흘러야 한다. 우리는 이를 경험을 통해 알 수 있다. 인간을 넘어선 공감, 즉 하등동물에게 베푸는 자비는 우리가 가장 최근에 획득한 도덕적인 사유 중의 하나로 보인다. … 이러한 덕목〔하등동물에 대한 공감〕은 인간이 받은 덕목 중 가장 고귀한 것 중의 하나인데, 이는 우리의 공감이 더욱 부드러워지고, 더욱 널리 확산되어 쾌고 감지 능력이 있는 모든 존재에게까지도 확장됨으로써 우연히 나타난 것처럼 보인다. 일부 사람들이 이러한 덕목을 높이 평가하고 실천에 옮기게 되면 이는 곧바로 교육과 예시를 통해 젊은이들에게 확산되고, 궁극적으로 대중의 의견을 통해 널리 확산된다.[87]

다시 한 번 다윈은 인간이 더욱 이성적이 되고, 그의 사회적 본능이 이성의 인도를 받게 되면 될수록 "그의 공감은 더욱 유연해지고 널리 확산되며, 그리하여 모든 인종의 사람들, 저능한 사람들, 불구의 사람들, 사회에서 유용한 구실을 하지 못하는 성원들, 그리고 최종적으로 하등동물에 이르기까지 확장될 것이다. 이러한 방식으로 인간의 도덕 기준은 더욱 고양될 것이다"[88]라고 말한다. 이러한 시각은 역사를 이상적으로 그려 놓은 것에 불과하다. 이러한 형태의 발전이 인간의 본성에 의해 불가피하게 이루어졌는가에 대해서는 분명 의심의 여지가 있다. 하지만 합당한 도덕철학이라면 도덕에 대한 이와 같은 시각을 수용해야 할 것이며, 이는 내가 마지막 장에서 주요 테마로 삼고 있는 것 중의 하나다.

87) 앞의 책, pp. 100~1.
88) 위의 책, p. 103.

진화적 사실이 동물에 대한 의인화에 설득력을 부여하는가?

다윈은 동물이 우리와 유사한 이성 능력과 도덕 능력을 갖추었다고 생각했다. 다윈이 예상했듯이 다른 사람들은 이러한 결론을 받아들이길 거부했다. 이러한 거부가 종교적 혹은 철학적 교조의 영향을 받는 경우도 있었지만, 많은 경우 과학자들로부터 제기되었다. 그들은 다윈이 지나칠 정도로 자신이 사랑하는 동물에게 이성 능력과 도덕 능력을 부여했다고 주장했다.

동물이 그와 같은 능력을 갖추었는지, 그리고 그러한 능력이 어떤 특징을 갖는지에 대한 논쟁은 구체적인 사례들에 관한 일련의 논의들로 진행될 것이다. 그리하여 긍정적인 관점을 취하는 사람들은 동물이 합리적 특성(문어가 어떻게 유리병 뚜껑을 열어서 먹을거리를 얻을 수 있는가를 파악하는 경우와 같은)을 갖추었다는 사례, 혹은 동물이 도덕적 특성(붉은 털원숭이의 이타성 등의)을 갖추었다는 사례를 제시할 것이다. 그러고는 그러한 사례들이 자신의 논지를 입증한다고 주장할 것이다. 하지만 이러한 주장은 회의주의자에게 사례들을 더욱 자세히 관찰하게 할 따름이며, 이를 통해 회의주의자는 동물의 행동에 관한 과도하지 않은, 다른 해석을 선택하게 될 것이다. 이처럼 회의주의자는 사례들에 대한 이의를 제기하고 난 후 얼토당토않게 동물에게 합리성과 도덕성을 귀속시킬 필요가 없으며, 그렇게 하려는 것은 증거가 실제로 입증하는 이상으로 나아가는 격이라고 주장할 것이다.

구체적인 사례들에 관한 논의는 끝이 없는 듯이 보인다. 하지만 논쟁의 결과가 전적으로 특정한 경우들을 어떻게 서술하기로 정했는가에 좌우되는 것은 아니다. 우리가 기억해야 할 몇 가지 좀더 일반적인 논점들이 있으며, 그러한 논점들은 적어도 일부 경우에 다윈의 견해가 승리해야 한다고 생각할 합당한 이유가 된다.

그와 같은 일반적인 논점 중 첫 번째는 다음과 같다. 많은 경우 우리는

306

동물의 행동을 합리적이라고 해석할 수 있다. 하지만 동물의 행동을 어떤 다른 방식, 즉 비합리적인 요소의 산물이라고 설명할 수도 있다. 동물의 행동에 부여하려 하는 해석 — 합리적인가 아닌가? — 은 사실을 통해 결정하기가 다소 어렵다. 이 경우 우리는 어떻게 해야 하는가?

만약 기원에 관한 적절히 확증된 이론 없이 이러한 문제를 고찰하려 한다면, 동물이 합리적이지 않다는 답변을 선택하는 것이 합당하다. 요컨대 인간의 지적 능력은 단순한 동물을 훨씬 앞지른다. 때문에 동물의 능력이 우리와 유사한지가 의심스러울 수 있다. 도대체 우리와 그들이 어떤 상관관계에 있는가? 다윈 이전에는 사람들이 거의 보편적으로 이러한 접근 방식을 취했다.

하지만 이제 상황이 달라졌다. 다른 종들과 인간의 밀접한 관련성을 보여주는 충분히 확증된 이론이 존재한다. 이제 우리는 인간이 원숭이나 개코원숭이와 동일한 조상으로부터 한동안 진화해 왔음을 알고 있다. 이러한 입장이 알려지자 인간과 다른 동물의 능력이 관련성을 갖는다고 생각하는 것이 더욱 합리적으로 여겨지게 되었다. 특정 동물의 일부 행동을 인간과 유사하게 서술해야 하는지가 명확하지 않은 상황에서 양자가 공통의 역사적 기원을 갖는다는 사실은 양자의 행동이 유사하다는 해석을 뒷받침하는 또 다른 이유(그리고 어떤 사람은 이를 강력한 이유라고 생각할 수도 있다)가 될 수 있다. 내가 생각하기에 이러한 사실은 매우 중요하다. 이는 동물을 합리적(그리고 어느 정도 도덕적)이라고 보는 입장의 설득력이 소수 동물의 개별적인 행동이 어떻게 해석될 수 있는지에 대한 개별적인 논의 결과에 좌우되지 않을 수 있음을 의미한다. 89)

89) 〔역주〕동물들의 행동이 합리적일 수 있는가와 관련한 쟁점은 그들의 행동에 대한 '해석'을 놓고 벌어지는 논쟁이기 때문에 결론을 맺기 어렵다. 각기 다른 해석의 틀을 가지고 행동을 해석할 것이기 때문이다. 그런데 이러한 방식으로 쟁점을 해결하기보다는 다른 해결 방법이 있을 수 있는데, 그것은 인간 아닌 동물과 인간이 공통적인 조상을 갖는지 확인해 보는 방법이다. 이는 결정적인 증거가 될 수 없음에도 양자의 유사성을 확인할 수 있는 훌륭한 방법이 될 수 있다.

두 번째, 그리고 이상에서의 논의와 밀접하게 관련된 논점은 다음과 같다. 다른 동물이 합리적임을 부정하는 데에는 인간과 다른 종 구성원들 사이에 커다란 간극을 상정한다는 뜻이 포함된다. 이는 우리 인간이 자연의 다른 어떤 곳에서도 발견되지 않는 특징(심지어 약한 형태로마저도)을 갖는다는 사실을 말하고 있다. 다윈 이전에는 사람들이 이러한 입장을 합당하게 생각했다. 하지만 진화론의 관점에서 보자면 이는 완전히 터무니없는 생각일 것이다. 진화론은 동물과 인간 사이에 뚜렷한 간극이 아니라 연속성이 있다고 생각하게 한다. 진화론은 우리가 편견 없는 눈으로 본성을 검토할 경우 인간과 동물 사이에서 차이 못지않게 복잡한 패턴의 유사성을 발견하게 될 것임을 시사하고 있다. 우리는 인간에게서 과거로부터의 진화의 흔적을 발견할 것이며, 다른 종, 특히 진화 계통상으로 우리와 매우 밀접하게 관련된 종들에서도 인간에게서 어느 정도 잘 발달한 특징의 흔적을 발견할 것이다. 우리는 다른 특징과 다를 바 없이, 인간을 '합리적'으로 만드는 특징에 대해서도 마찬가지로 말할 수 있다.

이 모든 사실에도 불구하고 오늘날 인간의 독특한 특징을 공유하는 다른 종들이 존재한다는 사실은 우연에 지나지 않는다. 즉 얼마든지 현재와 다를 수 있었다는 것이다. 우리의 가까운 조상들의 다른 모든 자손들이 몇 가지 이유로 죽어 없어졌고, 그리하여 오늘날 원숭이, 개코원숭이, 개 등의 다른 포유류들이 더 이상 남아있지 않다고 가정해 보자. 이 경우 이 세상에 살고 있는 존재들 중에서 오직 인간만이 합리성을 갖추었다고 생각하는 것은 지금보다 훨씬 그럴 듯하게 보일 것이다. 왜냐하면 이와 같은 특성을 가장 확실하게 공유했을 다른 동물들이 사라졌기 때문이다. 물론 이러한 일은 일어나지 않았다. 이 세상에 현존하는 동물 중에는 우리의 가까운 혈연이 포함되어 있으며, 때문에 오직 인간만이 다른 어떤 곳에서도 발견되지 않는 심리적 특징을 포함한 주요 특징들을 갖는다고 상상하는 것은 합당하지 않다.

마지막으로 우리가 이상에서의 사실을 알게 되었음에도 여전히 인간이 심리적으로 특이하다고 믿고 싶어 한다면, 오늘날 시행되고 있는 실험 심리학이 전반적으로 이와 다른 가정하에 기획되고 있음을 기억하는 편이 좋을 것이다. 일반적으로 동물의 행동을 연구하는 목적은 인간에게 적용할 수 있는 정보를 획득하는 데 있다. 예를 들어 어머니의 행동을 탐구하고자 하는데도 윤리적인 이유로 인간의 모자(母子)를 대상으로 실험을 해 볼 수 없는 심리학자들은 붉은털원숭이 모자의 행동을 연구할 것이다. 그러면서 심리학자들은 원숭이에게서 참인 특징이 인간에게서도 참일 것이라고 가정한다. 왜냐하면 그들은 우리와 매우 유사하기 때문이다. 이와 같은 유형의 연구를 전문으로 하는 수많은 심리학자 중의 한 명인 할로(Harry Harlow)는 실험에 정당성을 부여하려는 목적으로 붉은털원숭이가 자손들을 사랑하고, 우리가 우리들의 자식에게 그러하듯이 자신들의 자식들에게 관심을 기울일 뿐만 아니라, 매우 지능이 발달하여 "표준적인 인간 지능 검사에 활용되는 항목들과 유사한 유형의 수많은 문제들을 해결할 수 있다"[90]고 썼다(나는 5장에서 이러한 유형의 연구, 특히 할로 박사의 연구에 대해 더 많은 이야기를 하게 될 것이다). 동물이 인간과 유사한 정신 능력을 갖는다는 사실을 계속 부정하려는 사람들은 이와 같은 연구가 근본적으로 방향을 잘못 잡고 있음을 은연 중 드러내고 있는 것이다. 이와 같이 하여 그들은 경험적 증거와는 별개의 이유로 실험 과학의 전 분야를 외면하려는 사상가들의 길고도 꼴사나운 행렬에 동참하게 된다.[91]

---

90) Harlow and Harlow, *Lessons from Animal Behavior for the Clinician*, ch. 5; Godlovitch et al.의 *Animals, Men, and Morals*, p. 75에서 인용.

91) 〔역주〕경험 과학은 계속적으로 인간과 동물이 유사하다는 다양한 증거를 내놓고 있다. 그럼에도 이를 애써 외면하려는 사람들은 연구 방법의 잘못을 지적하면서 인간만의 정신적 특징에 초점을 맞추려 한다. 저자는 물론 이러한 태도가 잘못되었음을 지적하고 있다.

의인화에 대한 비난

의인화의 문제는 이와 같은 논의의 전반에 구름처럼 드리워져 있다.[92] 이에 따라 결론을 맺기에 앞서 이에 대해 무엇인가를 언급할 필요가 있다.

의인화에 대한 비난은 실험실에서 연구하는 실험 심리학자들보다 현장에서 동물의 행동을 연구하는 동물 행동학자들에 대해 더욱 흔히 제기된다. 어쩌면 그 이유는 실험실 연구자들이 자신들이 말하는 바에 대해 더욱 냉담하고 신중한 경향이 있어서인지 모른다. 하지만 구달(Jane Goodall)[93]의 곰비(Gombe) 침팬지들에 대한 연구, 혹은 비룽가스(Virungas) 산악 고릴라에 대한 포시(Dian Fossey)[94]의 관찰에 초점을 맞추어 보면 우리는 전혀 다른 측면을 발견하게 된다. 그들은 동물들의 복잡한 행동에 대한 매우 흥미로운 설명을 제공했는데, 이는 동물이 지능적이고 사회적이며 심지어 도덕적 존재라는 다윈의 견해를 충분히 지지해 준다. 하지만 그러한 동물에 대한 그들의 서술이 절제되지 않고 주관적으로 보일 때가 흔히 있으며, 이로 인해 그들이 자신들의 연구에 감상적인 인간주의(인간의 '인격'을 너무 쉽게 동물에게 부여하게 하는)를 도입하는 소박한 열광자로 치부되어 버리는 경우가 흔히 있다.

포시의 산악 고릴라들에 대한 서술을 살펴보자. 그녀는 고릴라들에게

---

92) 〔역주〕 동물과 인간의 비교 연구에서 의인화의 문제는 반드시 짚고 넘어가야 한다는 의미.

93) 〔역주〕 1934년 런던에서 태어나 영국 남부의 해안에 있는 빈머스에서 자랐다. 26세 때 아프리카 곰비에서 침팬지 연구에 돌입하여 세계적인 명성을 얻기에 이른다. 케임브리지 대학에서 동물행동학 박사학위를 받은 후, 침팬지와 비비를 연구하는 〈곰비 강 연구센터〉(Gombe Stream Research Center)를 설립했고, 1975년 전 세계에 걸쳐 동물 연구를 후원하는 〈야생동물의 연구, 교육, 보호를 위한 제인 구달 연구소〉를 설립했다.

94) 〔역주〕 미국의 동물학자. 산악 고릴라(*mountain gorilla*)에 관한 세계적 권위자였다.

예쁜 사람 이름을 붙여주면서 출발한다. 예컨대 그녀는 고릴라들을 퍽, 베토벤, 피너츠, 아우구스투스, 코코, 파피, 리사, 에피, 플로시, 파블로, 그리고 엉클 버트라고 부른다. 그리고 나선 그녀는 기회가 있을 때마다 인간과 고릴라의 삶과 행동의 유사점을 발견하기 위해 여념이 없는 듯이 보인다. 그녀는 위협 받지 않으면 모르는 자들을 공격하려 하지 않는 평화로운 동물로 고릴라를 묘사한다. 하지만 고릴라와 평화를 유지하려면 우리는 고릴라에게 적절한 방식으로, 열린 마음으로 접근해야 한다. 그렇지 않을 경우 고릴라는 우리를 공격하려 할 것이다. 고릴라가 우리를 두려워하기 때문에 생기는 이러한 공격은 단순히 방어적인 행동으로 파악된다. 만약 우리가 물러나지 않고 아무런 반항을 하지 않으면 고릴라는 물러선다. 반면 도망가는 것은 실수다.

매우 유능한 연구생이 나와 동일한 실수를 범한 적이 한 번 있었다. 바로 아래 지역에서 8그룹에 접근할 때였다. 그는 침입자 영역 내의, 극단적으로 밀도가 높은 군엽지대를 통해 오르고 있었으며, 고릴라 집단이 근처에 있다는 사실을 모른 채 팽거(*panga*)[95]를 가지고 소란스럽게 식물들을 치고 있었다. 이와 같은 잘못된 접근 방식이 누가 다가오는지 볼 수 없는 나이 든 우두머리 수고릴라의 공격을 촉발했다. 젊은이가 본능적으로 뒤돌아 달아나자, 수컷은 달아나는 모습을 향해 돌진했다. 고릴라는 그를 쓰러뜨렸고, 그의 배낭을 맹렬히 공격했으며, 막 자신의 이빨을 연구생의 팔에 박아 넣으려 할 즈음에 그가 친근한 관찰자라는 사실을 알아차렸다. 나이 든 수고릴라는 즉각적으로 물러섰고, 사람들이 '미안할 때 짓는 얼굴 표정'이라고 말하는 표정을 짓고는 뒤도 돌아보지 않고 나머지 고릴라들이 있는 8그룹으로 급히 되돌아갔다.[96]

이처럼 나이 든 수고릴라는 알지 못할 위험에 직면하자 동료들을 보호

---

95) (동아프리카에서 쓰는) 날이 넓고 긴 칼.
96) Fossey, *Gorillas in the Mist*, p. 56.

하기 위해 자신의 몸을 던졌고, 이윽고 상대가 친밀한 사람임을 파악하자 매우 온당하면서, 심지어 민감한 사과의 반응을 나타냈다. 하지만 '사과하는 듯한 얼굴 표정'을 논하는 것은 동물이 합리적이라는 생각에 공감을 나타내는 사람들에게조차도 눈살을 찌푸리게 하기 쉽다.

흥미롭게도 과학자들이 동물의 이런 모습을 두 가지 방식으로 설명하려는 경우를 간혹 볼 수 있다. 즉 그들은 학문적 동료들에게는 무미건조하고 조심스런 설명을 제시하고, 일반 대중들에게는 더욱 '인간적인' 설명을 제시하는 것이다. 보르네오에서 오랑우탄을 연구한 맥키넌(John Mackinnon)은 〈동물 행동〉(*Animal Behaviour*)이라는 저널에 자신의 발견에 대한 학술 논문을 게재하였다. 그 후 그는 《붉은 유인원을 찾아서》(*In Search of the Red Ape*)라는 대중 서적을 썼는데, 책에서 분명 인간의 것처럼 묘사된 행동은 논문에서는 매우 다른 용어들로 표현되었다. 예를 들어 책에서 우리는 다음과 같은 문구를 발견한다.

> 루비의 얼굴은 험프리가 뒤에서 그녀를 부둥켜안고 보금자리에서 끌어내자 두려움으로 찌푸려졌다. 이윽고 열렬한 구애자는 그녀를 물고 때리고 나서는 허리를 다리로 꽉 조이면서 애처로운 암컷을 강간하기 시작했다. [97]

수컷 오랑우탄 험프리와 암컷 루비 사이에서 일어난 일은 거칠지만 열렬한 구애자가 여성을 강간하는 듯이 서술되고 있다. 하지만 학술지에서는 동일한 장면이 달리 묘사된다.

> 오직 암컷이 짝짓기에 협력할 경우에만 성공적인 삽입이 이루어질 가능성이 높아진다. 왜냐하면 수컷의 성기 크기가 작고, 매달린 상태에서의 교미(*copulation*)[98]가 어렵기 때문이다. 관찰된 한 가지

---

97) Mackinnon, *In Search of the Red Ape*, p. 176.

98) 성관계가 아닌 교미라는 표현을 쓴다는 것은 인간과 동물이 구분됨을 은연중에 나타내고 있다.

'강간' 사례에서 암컷은 계속 저항했고, 우리는 암컷의 등에 밀쳐지고 있는 수컷의 성기를 볼 수 있었다. [99]

여기에서는 이름만이 사라진 것이 아니라 '강간'이라는 단어마저도 인용 부호 속에 들어갔으며, 교미의 시도가 실패했다는 말이 나오기도 한다. 이제 그러한 행동은 그저 수컷의 시도를 좌절시키는 비협조적인 암컷의 문제에 지나지 않는다. [100]

이러한 현상은 다른 사례들에서도 살펴볼 수 있다. 레이들러(Keith Laidler)는 오랑우탄에게 언어를 가르치려 했던 사람 중의 한 명인데, 그는 자신의 경험을 두 가지 방식으로 설명하고 있다. 하나는 다른 연구자들을 위해 쓴 논문에서의 설명 방식이고, 다른 하나는 일반 독자들을 위해 쓴 대중 서적인 《말하는 유인원》(The Talking Ape)에서의 그것이다. 우리는 책에서의 설명 방식으로 인해 오랑우탄의 언어 능력이 매우 인상적이었다고 믿게 된다.

시간이 흘러감에 따라 우리의 조그만 '말하는 유인원'은 간단한 기능 언어를 사용하기 시작했다. 코디는 자신이 원하는 것, 심지어 그것이 보이지 않게 되었을 경우에도 달라고 보챌 때 이러한 언어를 사용했다. 이러한 모습은 코디가 태어난 지 14개월째 되던 시기의 밥 먹는 시간에 최초로 확인할 수 있었다. 코디는 마지막으로 남은 곡물 한 숟가락을 먹길 거부하고, 그 대신 '우유'라는 단어를 발화했다. 나는 주저했고, 코디는 더욱 커다란 소리로 '우유'를 반복했다. 나는 이 어린것이 어떻게 할지 호기심이 생겨 바닥에 내려놓았다. 그러자 코디는 우유 한 컵을 달라고 조리대 위에까지 기어올라왔다. 코디가

---

99) Mackinnon, "The Behavior and Ecology of Wild Orang-utans", p. 57.
100) 〔역주〕인간에서의 강간에 대해 이야기할 때 우리는 강간범의 후안무치함을 비롯한 비도덕성을 다양하게 거론한다. 하지만 동물들 사이에서 이러한 일이 벌어질 경우 과학자들은 인간에서의 강간에서 느끼는 부정적인 느낌을 배제한 채 그저 암컷의 비협조에 관한 문제인양 무미건조하게 서술한다.

더 이상 고형 음식을 먹고 싶지 않다고 내게 말해 주면서, 자신이 먹고 싶은 것을 가리키려 한 것인가? 코디가 우유를 달라고 한 것인가? 나는 코디가 그러한 의사소통 기술을 구사할 수 있는지 확신할 수 없었지만, 두 번째 사건으로 인해 그럴 수 있음을 확신하게 되었다. 코디는 바닥에서 놀고 있었고, 나는 포리지(porridge)[101]와 꿀 한 접시를 가지고 코디에게 다가 갔다. 이는 어린 오랑우탄이 정말 좋아하는 특식이었다. 다음과 같은 '대화'가 이어졌다.

코디: '나를 끌어 올려 주세요.'

나: (코디가 일상적으로 사용하는 '먹을 것'이라는 소리를 낼 것을 기대하면서) '응? 뭐라 그랬니?'

코디: (내 바지의 반쯤 올라와서) '나를 끌어올려 달라니까요.'

이윽고 코디는 내 허리의 상부에까지 기어올라왔고, 나의 오른쪽 허리 골반부에 편안히 자리를 잡았다. 그제야 코디는 뒤돌아서 포리지가 담긴 그릇을 똑바로 보며 '먹을 것'이라는 소리를 냈다.[102]

어떻게 이와 같은 설명을 읽고 유인원들이 말할 수 있음을 의심할 수 있겠는가? 하지만 전문적인 논문에서는 동일한 사건에 대해 훨씬 진지한 보고가 이루어지고 있다.

어떤 상황에서 보이지 않는 무엇인가를 요구할 때 코디는 자신의 소리를 활용하는 경우가 드물었으며, 첫 번째 소리를 이용하여 두 번째 소리를 내는 상황을 만들고자 하지도 않았다.[103] 이는 실험이 마지막에 이를 무렵 생후 15개월이 되었던 피실험 동물의 미성숙에 어느 정도 기인하는 것으로 파악되었다. 예외적인 경우는 흔치 않았다. 하지만 그럼에도 그러한 일은 일어났다. 이하에서 제시하는 사

---

101) 〔역주〕 오트밀을 물이나 우유로 끓인 죽.

102) Laidler, *The Talking Ape*, p. 146.

103) 〔역주〕 예를 들어 어떤 소리를 내는 것과 자신이 원하는 바를 이루는 것을 연결시킬 줄 안다면 코디는 자신이 원하는 바가 있을 때 그러한 소리를 다시 내려고 할 것이다. 하지만 그러한 경우가 없었다는 것.

314

건은 실험이 행해진 마지막 주에 일어난 일에 대한 기록이며, 이는 피실험 동물의 능력이 완전히 제약되기 보다는 발달해 간다는 사실을 시사하고 있다. 10월 15일 어린 오랑우탄은 두 번에 걸쳐 각각의 경우마다 '쿠'라는 소리를 통해 그릇에 담긴 음식을 거부했다. 바닥에 내려놓자 그는 즉각적으로 우유병이 있는 곳을 향해 갔다. 실험이 끝나고 어린 오랑우탄과 함께 사는 더욱 자연스런 상태로 다시 되돌아가기 전 어린 코디는 선생이 접시에 담긴 먹을 것을 주자, 두 번 '푸' 소리를 내며 그에게 다가갔다. 선생은 각각의 경우에 '푸 없어' (접시에 담긴 먹을 것에 대한 올바른 소리) 라고 대답했지만, 어린 코디는 각각의 경우에 계속 '푸'라고 대응하면서 선생에게 기어오르려 하였다. 그렇게 하도록 허락을 받자 코디는 선생의 오른쪽 허리골반부에 안착했고, 이어서 뒤돌아서 서두르지 않고 음식에 눈을 주며 훌륭하게 푸 소리를 냈다. 104)

이제 코디의 능력은 과장되지 않아 보인다.

이 모든 현상을 어떻게 생각해야 할까? 필자가 생각하기에 이에 대한 현명한 대응은 우선 의인화가 피해야 할 잘못이라는 데에 동의하고, 이와 동시에 연구자들이 실제로 동물에게서 '인간의' 특징을 지나칠 정도로 열심히 발견하려다 자료를 왜곡하는 경우가 흔히 있음을 의식하는 것이다. 이러한 문제는 빈번하게 발생하며, 이는 우리가 놀라운 주장을 믿기에 앞서 특별히 신중해야 할 한 가지 이유가 된다. 하지만 동물이 생각지도 않은 뜻밖의 특징을 갖추고 있음을 발견할 때마다 연구자들이 매번 의인화의 잘못을 범한다고 생각하는 경우도 불합리하긴 마찬가지다. 붉은 털원숭이의 이타성에 대한 연구를 다시 한 번 살펴보자. 원숭이들이 이타성을 가지고 있음은 실험 결과를 통해 매우 구체적으로 입증되며, 대안적 가설이 조심스럽게 배제된다. 이와 같은 방식으로 우리는 증거를 통해 원숭이들이 실제로 이타성을 갖는다는 사실을 알게 된다. 다시 말해 우리가 단순히 동물의 행동을 '이타성으로 해석하는 것'은 아닌 것이

104) Laidler, 'Language in the Orang-utan', p. 152.

다. '인간' 심리에 관한 서술을 전혀 사용하지 않기로 맹세하는 것은 의인
화를 피하는 적절한 방법이라 할 수 없다. 적절한 방법은 증거가 실제로
보증하는 경우에만 의인화를 사용하면서 사용에 만전을 기하는 것이다.

　연구실 연구와 현장 관찰은 동물 심리에 관한 정보 제공원인데, 여기
서 문제는 한편이 충족시키는 점은 다른 한편이 충족시키지 못한다는 것
이다. 실험실 연구의 결점은 자연 서식지에서의 동물 생활에 관한 정보
를 전혀 제공하지 않는다는 것이다. 이에 따라 이러한 정보는 인간의 개
입이 이루어지지 않을 경우 동물이 어떠한 특징을 나타낼지에 대한 지식
을 거의 제공하지 못한다(어떻게 실험실에서 드러난 이타적 행동이 원숭이
의 자연스런 생활의 일부가 될 수 있는가?). 그러한 정보를 획득하기 위해
서는 현장 연구에 관심을 돌려 봐야 한다. 하지만 이러한 연구 또한 자체
적인 문제를 갖는데, 그중 가장 큰 문제는 실험적 통제가 이루어지지 않
는다는 점이다. 대부분의 현장 동물행동학자는 사건과 상황을 수동적으
로 관찰할 수밖에 없다. 때문에 그들은 상황을 조작하는 데 아무런 힘을
발휘할 수가 없다. 그들은 동물의 행동에 관한 대안적 가설들을 확증하
거나 부정할 수 있는 상황을 만들어 낼 수 없다. 그들의 자료는 자신들의
눈앞에서 돌아가는 일에 대한 보고로 제한되어 있고, 이에 따라 체계가
불완전할 수밖에 없으며, 다른 해석의 여지를 남긴다. 이처럼 명백한 이
타적 행동 장면에 대한 구달의 보고를 접하면서도 사람들은 그러한 동물
의 행동을 동물에게 지나칠 정도로 많은 것을 부여하지 않는 해석 방법을
통해서도 설명할 수 있지나 않은지 궁금해 한다.

　이러한 문제들을 비껴갈 수 있는 방법이 있다. 그 해결책은 실험실에
서 습득된 바와 현장에서 관찰된 바를 비교하는 방법이다. 실험 심리학
자들은 야생에서 불가능한 양의 통제를 실험실에서 가할 수 있을 것이
다. 예를 들어 원숭이들이 이타적이라고 생각하는데, 원숭이들이 이타
적 행동을 나타내는 이유가 지배 - 복종 관계 혹은 더욱 덩치가 큰 동물의
보복에 대한 두려움 때문이 아닌가를 의심한다면, 실험은 이러한 요인들
을 통제하면서 반복될 수 있을 것이다. 여기에서 일정한 지식을 갖추고

난 후 우리는 현장 연구로 관심을 돌릴 수 있을 것이다. 그리고 동물이 자신들의 본래 환경 속에서도 이타적 행동을 나타낸다면, 우리는 확신을 가지고 그러한 행동이 다른 무엇의 위장된 모습이 아니라 실제적인 이타적 행동이라고 말할 수 있을 것이다. 연구실에서 배제된 대안적 설명은 곰비와 비룽가스에서도 마찬가지로 배제될 것이다.

마지막으로 만약 의인화가 잘못이라면, 우리는 이와 짝을 이루는 잘못에 대해서도 유의해야 한다. 즉 우리 자신과 다른 동물 간의 유사성을 너무 간단하게 과소평가할 수 있다는 것이다. 예를 들어 실험자들이 붉은 털원숭이의 이타성에 관한 발견을 보고하는 데에서 사용하는 언어를 고찰해 보자. 실험자들은 고문을 당하는 원숭이들을 '자극 동물'(*stimulus animal*)이라고 부르며, 그들이 고통에 겨워 울부짖으면 '소리를 냈다'(*vocalized*)고 말한다. 또한 이런 실험의 결과로 '소음 레벨이 증가'(*increased noise level*)되었다고 말한다. 이러한 언어를 사용한다는 사실은 사슬을 끌어당기는 원숭이들이 고함이 무엇인가를 인식할 수 있는 능력조차 없음을 시사한다. 실험자들은 이러한 언어를 사용함으로써 동물이 실제보다 훨씬 덜 복잡하며, '인간과 덜 유사하다'고 생각하려 한다. 위대한 동물학자인 로렌츠(Konrad Lorenz)가 자신이 연구했던 동물에 대한 의인화로 비난을 받았을 때, 그는 적절하게 다음과 같이 답했다. "내가 동물을 인간화했다고 생각하십니까? … 내가 실수로 동물에게 인간의 성향을 귀속시키고 있는 것은 아닙니다. 믿어주세요. 반대로 나는 인간에게 오늘날까지 엄청난 동물의 유산이 남겨져 있음을 보여 주고 있습니다."[105] 물론 이것은 다윈의 논점이기도 했다.

---

105) Lorenz, *King Solomon's Ring*, p. 152.

요 약

　이 책에서 말하고자 하는 핵심 중의 하나는 우리가 다윈주의로 인해 불가피하게 인간이 존엄하다는 관념을 포기하게 되며, 이를 다른 종류의 윤리로 대체하게 된다는 것이었다. 2장에서 나는 이러한 주장을 뒷받침하는 데 사용할 수 있는 전략을 개괄하였다. 나는 다윈주의가 인간이 존엄하다는 입장이 잘못되었음을 시사한다고 주장하려 하지 않았다. 그보다 나는 다윈주의가 인간이 존엄하다는 주장을 뒷받침하는 논거가 적절치 못함을 보여 주며, 이로 인해 인간이 존엄하다는 관념이 손상 받는다고 주장하려 했다.

　인간이 존엄하다는 생각은 인간과 다른 동물이 서로 다른 도덕 범주에 속해 있는 것으로 파악하는 도덕적 입장이다. 이는 인간의 생명과 이익이 도덕적으로 가장 중요함에 반해, 다른 동물의 생명과 이익은 비교적 중요하지 않음을 보여 주기도 한다. 전통적으로 이와 같은 입장은 인간의 본성에 관한 상호 연결된 두 가지 관념에 호소한다. 인간이 신의 형상에 따라 만들어졌다는 관념, 그리고 오직 인간만이 이성적 존재라는 관념이 그것이다. 3장에서 나는 다윈주의가 종교에 시사하는 바에 대해 논의했는데, 거기서 나는 다윈주의를 진지하게 받아들일 경우 신의 형상 테제를 지지하는 유신론이 더 이상 합리적인 선택지가 될 수 없다고 주장했다. 다음으로 4장에서 나는 다윈주의가 오직 인간만이 합리적인 동물이라는 생각을 거부할 수밖에 없다고 주장했다. 이제 우리는 인간이 존엄하다는 관념에 대한 전통적인 지지 방식이 더 이상 지탱될 수 없다고 결론내릴 수 있을 것이다. 다윈의 이론은 어마어마한 시각의 전환을 초래했고, 인간의 존엄성에 대한 전통적인 지지 방식은 이러한 전환으로부터 살아남지 못했다.

　그런데 이러한 결과로 인해 인간이 존엄하다는 관념이 완전히 무너졌다고 생각할 필요는 없다. 왜냐하면 설령 전통적인 방식으로 지지할 수 없다고 하더라도, 우리는 인간이 존엄하다는 관념을 어떤 **다른** 근거에 입각해 여전히 옹호할 수 있기 때문이다. 그러나 다시 한 번 말하지만 진화적 시각을 받아들일 경우 우리는 회의적인 입장을 취하지 않을 수 없다. 오직 인간만이 존엄하다는 입장에 따르면 인간은 단순한 동물과 근본적으로 다른 도덕적 관심의 대상이어야 한다. 이것이 사실이려면 동물과 인간 사이에는 어떤 커다란, 도덕적으로 의미심장한 차이가 있어야 할 것이다. 이렇게 보자면 인간이 존엄하다는 관념을 옹호하고자 하는 입장은 그 어떤 입장이라도 다른 동물과 근본적으로 차이가 있는 인간 개념을 필요로 할 것이다. 하지만 진화론은 바로 이 부분에 의문을 제기한다. 진화론을 받아들이는 사람은 인간과 다른 모든 생물 사이에 어떤 종류의 커다란 간극이 있다고 생각하는 그 어떠한 입장에 대해서도 의혹을 품는다. 만약 이것이 사실이라면 다윈주의자는 인간만이 존엄하다는 관념을 성공적으로 옹호할 가능성이 매우 낮다고 결론을 내릴 것이다.

제5장

인간이 특별하다는 생각을 배제한 도덕

만약 인간이 존엄하다는 관념을 포기한다면, 어떤 종류의 도덕적 관점이 대안으로 채택되어야 할 것인가? 이는 쉬운 문제가 아니다. 그레이와 다를 바 없이, 인간이 동물과 동류라는 생각을 할 경우, 우리는 한쪽 방향으로 이끌리게 될 것이다. 반면 모든 것을 언급하고 행했음에도 우리가 동물과 상당히 다르다는 확신을 가질 경우 우리는 다른 방향으로 이끌리게 될 것이다. 적절한 포스트 다윈주의 윤리를 형식화하고자 하는 사람들이라면 누구나 이러한 긴장을 분명 느낄 것이다. 두 입장이 충돌하고 있다는 사실은 저명한 진화생물학자 마이어(Ernst Mayr)[1]의 주장에서도 분명하게 드러난다.

> 인간을 '권좌에서 끌어내리는' 충격파는 아직 누그러지지 않았다. 공통 유래 이론(*the theory of common descent*)은 부득이하게 인간에게서 특권적 지위를 빼앗는데, 이는 최초의 다윈주의 혁명이었다. 인간이 동물에 '불과하다'는 일부 극단주의자들이 처음 제기한 주장에 반영되어 있듯이, 이는 다른 대부분의 혁명처럼 지나치게 멀리까지 반향을 불러일으켰다. 인간이 동물에 '불과하다'는 주장은 사실이 아니다. 물론 동물학적으로 말해 인간은 분명 동물이다. 그럼에도 인

---

1) 독일 출신 미국의 신다윈주의 학자로 20세기의 가장 유명한 진화생물학자로 꼽히며 '20세기의 다윈'이라고 불린다.

간은 독특한 동물이며, 매우 근본적인 방식으로 여타의 동물과 다르다. 이에 따라 인간을 다루는 개별 학문이 충분히 정당화될 수 있는 것이다. 이러한 사실을 인식하면서도 우리는 흔히 의심할 수 없는 수많은 방식으로 인간의 조상이 드러난다는 점을 잊어서는 안 된다. 이와 동시에 인간의 독특함은 인간 - 지향적인 가치 체계와 인간 중심의 윤리를 어느 정도 정당화한다. 이러한 의미에서 대폭 수정된 인간중심주의가 계속 정당성을 유지하게 된다. 2)

우리에게는 인간과 다른 동물 간의 유사성과 차이를 모두 포괄하는 도덕이 필요하며, 이는 '어느 정도까지만' '인간 중심적'일 것이다. 하지만 그 정도라는 것이 정확히 어느 정도를 말하는가? 우리의 인간중심주의는 얼마만큼 '대폭 수정'되어야 하는가? 이 장의 목적은 이러한 질문에 답하는 데에 있다. 나는 내가 도덕적 개체주의(*moral individualism*)라고 부르는 입장을 서술할 것이다. 그리고 나는 이것이 다윈주의자가 채택해야 할 자연스런 견해라고 주장할 것이다.

도덕적 개체주의는 개체들이 어떤 처우를 받아야 하는가라는 판단의 정당화와 관련된 테제다. 이의 기본 착상은 어떻게 한 개체가 처우되어야 하는가가 그가 어떤 집단의 성원인가에 대한 고려를 통해 결정되어선 안 되고, 그가 가지고 있는 독특한 특징에 대한 고찰을 통해 결정되어야 한다는 것이다. 만약 A가 B와 달리 처우되어야 한다면, 이에 대한 정당화는 A가 가지고 있는 개체적인 특징과 B가 가지고 있는 개체적인 특징을 근거로 이루어져야 한다. 그들에 대한 각기 다른 처우는 하나 혹은 다른 개체가 어떤 선호 집단의 구성원이라는 사실을 지적함으로써 정당화되지 않는다. 여기에는 심지어 인간 '집단'도 예외가 아니다.

이러한 주장은 극히 추상적으로 보일 수 있다. 이에 따라 이하에서는 한 가지 사례를 제시해 보도록 하겠다. 우리가 의료 실험에 침팬지를 사용할 수 있는지에 대해 고찰한다고 가정해 보자. 실험 도중 침팬지는 질

---

2) Mayr, *The Growth of Biological Thought*, pp. 438~439.

병에 감염될 것이며, 그러한 질병의 추이가 관찰의 대상이 될 것이다. 다음으로 침팬지는 살해될 것이고, 그의 시신은 연구 대상이 될 것이다. 실제로 이러한 실험은 흔히 행해지고 있으며, 대체로 도덕적으로 용인할 만한 것으로 파악된다. 하지만 유의해야 할 점은 우리가 인간을 대상으로 동일한 실험을 행할 경우, 이를 허용해선 안 된다고 말한다는 것이다. 우리는 인간이 존엄성을 갖는다는 전통적인 입장에 호소하여 인간의 생명은 인간 아닌 동물의 생명이 갖지 않는 본래적인 가치를 갖는다고 말함으로써 그 이유를 설명하려 할 것이다. 이에 반해 도덕적 개체주의는 이러한 입장과는 다른 접근이 이루어져야 한다고 생각한다. 도덕적 개체주의에 따르면 침팬지가 단순히 우리가 선호하는 집단의 성원이 아니라는 사실, 즉 침팬지들이 인간이 아니라는 사실을 아는 것만으로는 충분하지 않다. 대신 우리는 구체적인 침팬지, 구체적인 인간을 살펴보아야 하며, 한쪽은 활용할 수 있지만 다른 쪽은 활용할 수 없다는 판단을 뒷받침할 수 있는 어떤 특징을 그들이 가지고 있는지 물어야 한다. 우리는 저러한 특별한 인간이 아닌 이러한 특별한 침팬지 사용을 정당화하는 근거가 무엇인가를 물어야 하고, 그 답변은 그들 각자의 개별적인 특징에 근거하여 결정되어야 한다.

이러한 생각은 자연스레 진화적 시각과 보조를 함께 한다. 왜냐하면 진화적 시각은 인간과 다른 동물이 종류가 다르지 않다고 생각하기 때문이다. 그리고 양자 간에 근본적인 차이가 사실상 존재하지 않는다면 우리는 합당하게 양자를 도덕적으로 구분할 수 없다. 만약 다윈이 옳다면 인간과 다른 종의 구성원들 사이에 절대적인 차이는 없다. 실제로 그 어떠한 종의 구성원들도 다른 모든 종들과 절대적으로 차이가 나지 않는다. 우리는 종 사이의 분명한 차이보다는 한 종에 전형적인 특징들과 다른 종에 전형적인 특징들이 겹친다는 사실을 목도한다. 그러면서 우리는 특정한 동물들 간의 수많은 유사성과 차이점을 발견한다. 다윈이 밝히고 있듯이 인간과 인간 아닌 동물 사이에는 단지 정도의 차이만이 존재한다. 즉 단일 종 내 개체들 간의 우연한 변이, 그리고 조상이 공통된다는 사실을 반영하는

322

복잡한 유사성과 차이점의 패턴만이 존재하는 것이다. 이렇게 보았을 때, 근본적인 현실을 가장 적절히 나타낼 수 있는 방법은 서로 다른 **종류**의 존재들이 지구상에 살고 있음을 보이기보다는, 지구에 무수한 방식으로 서로 닮은, 그리고 서로 다른 개체들이 거주하고 있음을 보이는 것이다. 인간이 존엄하다는 입장은 인간이 특별한 종이라는 오늘날 의혹의 대상이 되고 있는 관념을 강조함에 반해, 도덕적 개체주의는 도덕적 정당화를 위해 개체들 간의 유사성과 차이점에 관심을 기울인다.

다윈은 인간과 다른 동물 사이에서 살펴볼 수 있는 여러 유사성을 강조했다. 《인간과 동물의 감정 표현》(*The Expression of Emotion in Man and Animals*) 에서 그는 동물이 근심, 슬픔, 낙담, 절망, 즐거움, 사랑, 부드러운 느낌, 헌신, 성마름, 부루퉁함, 결단, 증오, 노여움, 경멸, 치욕, 혐오, 죄책감, 자부심, 난감함, 인내, 놀라움, 경악, 두려움, 전율, 부끄러움, 소심함, 그리고 겸손함을 보여 준다고 주장했다. 이미 살펴본 바와 같이 오늘날의 독자들에게 이러한 주제에 대한 다윈의 논의 중 상당수가 소박하게 보일 수 있다. 그는 상당히 빈약한 근거를 통해 모든 종류의 동물이 상당히 복잡한 정신 능력을 가지고 있다고 주장했다. 그럼에도 그의 주장이 어느 정도 일리가 있다면, 우리는 다음과 같이 말할 수 있을 것이다. "어떠한 방식으로 인간을 처우하는 것에 반대할 경우, 우리는 인간 아닌 동물에 대한 그와 유사한 처우를 반대할 유사한 근거를 갖는다." 만약 특정한 방식으로 인간을 처우하는 것이 잘못이고, 그러한 처우가 잘못인 이유가 그가 어떤 특징을 가지고 있기 때문이라면, 그리고 특정한 인간 아닌 동물이 그와 같은 특징을 인간과 공유하고 있다면, 이 때 우리는 인간 아닌 동물을 그러한 방식으로 처우하는 데에도 반대해야 한다. 이는 일관성이 요구하는 바이기 때문이다.

이러한 생각들은 인간이 존엄하다는 단순한 관념을 이보다 복잡한 도덕적 개체주의의 입장으로 대체하기 위한 최초의 동기가 된다. 우리는 이와 같은 도덕적 개체주의에 따라 개별 생물들 — 그것이 인간이건 인간 아닌 동물이건 — 에 대한 처우를 그러한 생물들의 실질적 특징들에 맞게 조정해야 한다. 이때 단순히 어떤 종의 구성원이라는 사실이 아니라 한 존재의 구체적인 특징은 그러한 존재를 어떻게 처우할 것인가에 대한 판단의 밑거름이 되는 것처럼 보이게 된다. 이 장에서 나는 이러한 생각에 대한 상세한 설명, 그리고 그러한 설명이 초래하는 실질적인 결과를 일부 개괄하고 있다. 아울러 이 장에서 나는 그러한 생각이 진화론적 시각에서 도출된다는 상세한 논의도 다룰 것이다.

평등의 원리

인간이 평등하다는 관념을 간단히 살펴보는 데서 출발해 보도록 하자. 이러한 관념은 현대 자유주의 사상의 핵심부에 놓여 있으며, 지난 3세기의 서구의 사상가들은 거의 모두가 이런 저런 형태로 평등의 관념을 지지하고 있다. 하지만 그 친숙함에도 불구하고 무엇이 평등의 이념인가에 대해서는 정확하게 말하기가 쉽지 않다. '모든 사람들이 평등하다'는 말은 **정확히** 무엇을 의미하는가? 만약 이를 인간에 대한 서술로 파악할 경우 모두가 평등하다는 주장은 분명 거짓이다. 사람들은 지능, 아름다움, 재능, 도덕에 관한 덕, 그리고 육체적 힘에서 차이가 있다. 사실상 사람들은 중요한 것으로 간주되는 모든 특징이라는 측면에서 차이가 있다.

적어도 평등의 원리가 설득력을 갖게 하려면 우리는 이러한 원리를 사람들이 어떠한가를 서술하는 사실적 언명으로 해석해서는 안 된다. 그 대신 우리는 평등의 원리를 사람들을 어떻게 처우해야 할 것인가를 관장하는 원리, 개략적으로 말해 사람들을 평등하게 처우해야 한다고 말하는 도덕 규칙으로 이해해야 한다.

하지만 여기에도 문제가 있다. 만약 사람들이 실제로 평등하지 않다면 그들을 평등하게 처우해야 하는 이유는 무엇인가? 똑똑한 사람과 그렇지 않은 사람, 재능 있는 사람과 없는 사람, 덕 있는 사람과 사악한 사람을 동등하게 처우해야 하는 이유는 무엇인가? 이와 같은 간단한 비판으로 인해 일부 회의적인 철학자들은 평등의 이념이 우리를 잘못된 방향으로 이

끄는 이상(理想)이라고 생각하면서 이를 완전히 포기했다. 회의주의자들이 일리가 없진 않다. 왜냐하면 우리는 분명 모든 사람들에 대한 획일적인 의미에서의 동일한 처우를 바라지 않기 때문이다. 예를 들어 의사는 모든 환자들에게 무엇을 고통스러워하는지와 무관하게 동일한 처방을 내려선 안 된다. 모든 사람들을 동일하게 처우한다는 '평등주의적' 근거에서 항상 페니실린을 처방한다는 말은 듣기에도 섬뜩한 농담이다. 또 다른 예를 들어 보자. 로스쿨 입학 위원회가 모든 사람들을 '평등한 사람들'로 처우하기 때문에 모든 지원자를 받아들여야(혹은 거부해야) 하는가? 분명 아니다. 모든 지원자들은 평등한 존재가 아니다. 따라서 그들을 마치 평등한 듯이 처우하는 것은 잘못이다. 마찬가지로 사람들이 평등할 경우, 다시 말해 그들 간에 아무런 적절한 차이가 없다면 정의는 그들을 유사하게 처우하길 요구할 것이다. 이는 유사한 경우를 유사하게, 상이한 경우를 상이하게 다뤄야 한다는 아리스토텔레스의 오랜 논점을 적용한 것에 불과하다.

우리는 이러한 논점을 염두에 두고 평등의 원리를 형식화해야 한다. 이와 같은 원리에 반드시 포함되어야 할 기본적인 착상은 그들 사이에 처우의 차이를 정당화하는 적절한 차이가 있을 경우, 그들을 달리 처우하는 데에 반대해서는 안 된다는 것이다. 그리하여 만약 어떤 환자가 페니실린으로 치유될 수 있는 질병에 걸려 있는 반면 다른 환자는 그렇지 않다면, 페니실린 주사를 한 사람에게 놓고 다른 사람에게 놓지 않는 것은 별다른 문제가 없다. 환자들 간의 차이가 처방의 차이를 정당화하는 것이다. 반면 그들 간에 그와 같은 차이가 없다면, 예를 들어 양자에게 정확히 동일한 의료적 처방이 필요하다면 처방의 차이가 있어서는 안 된다. 또 다른 예를 들어 보자. 만약 어떤 로스쿨 지원자가 대학 성적이 좋았으며, 자격시험에서 좋은 점수를 얻었음에 반해 다른 지원자는 그렇지 않았다면, 한 명의 입학을 허용하고 다른 한 명의 입학을 불허하는 데에는 별다른 문제가 없다. 요컨대 어떤 문제에 관여한 사람들 간의 차이는 처우의 차이를 정당화한다. 따라서 평등의 원리는 다음을 말한다고 이해할 수 있을 것이다.

> 처우의 차이를 정당화하는 적절한 차이가 존재하지 않는 이상 우리는
> 개체들을 동일한 방식으로 처우해야 한다.

하지만 이러한 정의는 또 다른 의문을 제기한다. 정확히 적절한 차이가 무엇인가? 고용주가 흑인을 배제하고 오직 백인만을 고용하려 한다고 가정해 보자. 그의 고용에 대한 입장은 개인들 간의 차이, 즉 인종의 차이에 근거하고 있다. 하지만 이것이 처우의 차이를 정당화하는 적절한 차이인가? 만약 아니라면 아닌 이유는 무엇인가? 다른 예를 들어 보자. 고용주가 동일 노동에 대해 남성보다 여성에게 급료를 덜 지불한다고 가정해 보자. 또 다시 여기에는 차이, 다시 말해 젠더의 차이가 있다. 하지만 이것이 적절한 기준인가? 만약 아니라면 그 이유가 무엇인가? 개체들 간의 오랜 차이 중 어떤 것이라도 처우의 차이를 정당화할 수 있는 적절한 기준이라 말하는 데 별다른 문제가 없다면, 내가 제시한 원리는 전적으로 공허하게 될 것이며, 인종차별주의자 혹은 성차별주의자는 자신들의 행동을 조금도 바꾸지 않고서 이러한 기준을 기꺼이 받아들일 것이다.

하지만 모든 차이를 적절한 기준이라고 말할 수는 없다. 그리하여 인종차별주의자 혹은 성차별주의자가 인종 혹은 젠더가 기준이 된다고 선언했다고 해서 이것들을 차등 처우의 합당한 토대로 받아들일 필요는 없다. 어떤 차이가 적합한 기준인가는 이성적 평가의 문제다. 우리는 개체 간의 특정한 차이가 차등 대우를 정당화하는지 물을 수 있으며, 만약 그러한 차이가 적절한 기준이 된다면 우리는 물음에 대한 답을 기대할 수 있을 것이다.

그렇다면 우리는 무엇이 적절한 차이인지를 설명하여 평등의 원리를 보완할 필요가 있다. 우리에게는 어떤 차이가 적절하고 어떤 차이가 그렇지 않은가를 결정하는 기준을 상세히 밝힐 수 있는 이론이 필요하다. 그러한 이론은 훌륭한 평등 이론의 핵심을 차지하게 될 것이다. 여기서

적절한 차이에 관한 완전한 이론을 제시할 수는 없다. 이는 현재 다루고 있는 주제에서 너무 벗어나며, 해결을 위한 노력이 현재의 목적을 위해 별다른 도움이 되지 않는 논쟁거리를 포함하게 될 것이다. 그럼에도 내가 여기서 그러한 이론의 특징을 개략적으로나마 밝혀야 함은 분명하다.

적절한 차이를 생각해 보면서 먼저 주목해야 할 점은 우리가 어떤 종류의 처우를 생각하고 있느냐에 따라 개체들 간의 어떤 차이가 적절한 기준이 되는지가 결정된다는 것이다. 한 종류의 처우의 차이를 정당화하는 개체들 간의 차이는 또 다른 처우에서의 차이를 정당화하는 데는 전혀 적합한 기준이 되지 못한다. 앞의 사례를 다시 한 번 인용해 보기로 하자. 로스쿨 입학 위원회가 한 명의 지원자를 받아들이고 다른 지원자를 받아들이지 않는다고 가정해 보자. 그들은 이를 정당화하라는 요구를 받고 첫 번째 지원자의 대학 성적과 시험 점수가 탁월했음에 반해 두 번째 지원자의 성적은 신통치 않았다고 설명한다. 다음으로 의사가 두 환자를 달리 처우했다고 가정해 보자. 그는 한 환자에게 페니실린 주사를 놓아 주고 다른 환자의 팔에는 깁스를 해 주었다. 다시 한 번 이러한 처우는 그들 간의 적절한 차이를 지적함으로써 정당화될 수 있다. 첫 번째 환자는 바이러스에 감염되었음에 반해 두 번째 환자는 팔이 부러진 것이다.

이제 우리가 모든 상황을 바꾸어 놓았다고 가정해 보자. 로스쿨 입학 위원회가 A의 입학을 허가하고 B의 입학을 불허한 이유를 정당화하라는 요구를 받았는데, 이때 A가 바이러스에 감염되었지만 B는 팔이 부러졌기 때문에 그렇게 했다고 답했다고 가정해 보자. 다음으로 A에게 페니실린 주사를 놓고, B의 팔에는 깁스를 한 것을 정당화하라는 요구를 의사에게 했는데, A의 학교 성적과 시험 점수가 좋았기 때문이라고 답했다고 가정해 보자. 물론 두 답변 모두 바보 같다. 왜냐하면 한 맥락에서 사용할 수 있는 적절한 차이를 다른 맥락에서는 적절하게 사용할 수 없기 때문이다. 그럼에도 여기서 분명히 해야 할 논점은 개체 간의 차이가 처우의 차이를 정당화하기에 적절한지를 결정하기에 앞서, 우리가 어떤 종류의 처우가 문제가 되고 있는가를 알아야 한다는 것이다. 우리는 이를 다음과 같은 일반 원리로 나타낼 수 있을 것이다.

> 개체들 간의 차이가 처우의 차이를 정당화하는지의 여부는 문제가
> 되고 있는 처우의 종류에 좌우된다. 한 종류의 처우의 차이를 정당
> 화하는 차이가 또 다른 처우에서의 차이를 정당화할 필요는 없다.

이처럼 명시적으로 나타낼 경우 이 원리가 무엇을 말하는지 명백하게
느껴진다. 하지만 많은 사람들은 이로부터 추론되는 다음과 같은 결과를
뚜렷하게 의식하지 못했다. '처우에서의 **모든** 차이를 정당화하기에 적절
한, 개체들 간의 **하나의** 커다란 차이는 존재하지 않는다.' 내가 많은 사람
들이 이를 명백하게 의식하지 못했다고 말하는 이유는 매우 영민한 사람
들 중 상당수가 이를 간과했기 때문이다. 예를 들어 칸트는 이러한 논점을
간과했다. 그리고 이와 같은 논점을 간과함으로써 그는 종(種)이 갖는 도
덕적 중요성에 대한 자신의 전반적인 논의의 가치를 떨어뜨리는 중요한
실수를 범했다.

2장에서 살펴본 바와 같이 칸트는 우리가 동물이 **연루된** 의무를 갖지
만 동물에 대한 의무를 가질 수는 없다는 입장을 견지했다. 마치 우리가
나무가 연루된 의무를 가질 수는 있어도 나무에 대한 의무를 갖지 않는
듯이 말이다.[3) 칸트의 입장에 따르면 우리에게는 동물을 죽여서는 안 되
는 의무가 있을 수 있다. 예를 들어 그 동물이 누군가의 애완동물일 수 있
으며, 주인은 그 동물이 죽을 경우 슬퍼하게 될 것이다. 하지만 그 동물
에게 해를 입히지 말아야 할 이유는 그 동물의 이익에 관련되는 것이 아
니라 주인의 이익과 관련된다. 칸트의 입장에 따르면 동물의 이익은 그
자체를 고려해 보았을 때 전혀 중요하지 않다.

도덕적 지위에서의 이와 같은 현저한 차이를 정당화하는 인간과 다른
동물 간의 차이는 무엇인가? 먼저 칸트에 따르면 인간은 '자의식적'임에

---

3) 칸트는 동물에 대한 직접적인 의무는 없으며, 단지 인간에게 미칠 영향을 고
   려해서 그들에 대한 간접적인 의무만 가질 따름이라고 생각했다.

반해 다른 동물은 그렇지 않다(다른 한편 그는 인간이 자율적인 행위자임에 반해, 다른 동물은 그렇지 않음을 시사하고 있다). 여기서 나는 칸트의 제안의 내용보다는 형식에 관심을 갖는다. 그는 **모든** 처우에서의 차이를 정당화할 수 있는 인간과 인간 아닌 동물 사이의 한 **가지** 차이를 밝혀내고자 한다. 인간 아닌 동물에 대한 다양한 처우 방식을 고려해 보자. 우리는 동물들을 키워서 음식으로 먹는다. 우리는 동물을 의학 실험뿐 아니라 심리 실험을 위해 연구실에서 사용하며 비누와 화장품과 같은 제품의 안전성을 실험하기 위해 사용하기도 한다. 우리는 동물을 교육적 목적으로 교실에서 해부한다. 우리는 동물의 가죽을 의복, 깔개 그리고 벽을 장식하기 위해 사용한다. 우리는 동물을 동물원, 서커스, 그리고 로데오에서 즐거움을 느끼기 위한 대상으로 삼기도 한다. 우리는 동물을 농장에서 일을 시키는 데 활용한다. 우리는 동물을 애완동물로 키운다. 또한 우리는 동물을 재미삼아 죽이는 대중 스포츠를 즐기기도 한다. 만약 인간을 이러한 방식으로 처우했다면 우리는 이를 매우 비도덕적이라고 생각할 것이다. 그런데 칸트는 사실상 이것이 별다른 문제가 없다고 말한다. 왜냐하면 동물은 자의식을 갖추지 못했으며, 그리하여 우리에게는 그들에 대한 아무런 의무가 없기 때문이다.

하지만 이러한 생각은 분명 옳지 않다. 왜냐하면 처우를 정당화하는 데에 활용되는 적절한 특징은 어떤 처우를 염두에 두는가에 따라 각기 다르기 때문이다. 우리는 인간에게 대학 입학을 허용하지만 동물에게는 허용하지 않는다. 그리고 이는 인간 아닌 동물이 읽거나 쓰지 못하고 수학을 하지 못하기 때문에 전혀 문제가 없다. 여기서 인간과 동물은 서로 다른 입장에 놓여 있다. 하지만 대학 입학이 아닌 격심한 고통에 관해서 질문한다고 가정해 보자. 동물에게 불필요한 고통을 야기하는 것이 잘못인 이유는 무엇인가? 동물이 읽거나 쓰지 못하고 수학을 할 수 있는 능력이 없다는 사실은 적절한 기준이 될 수 없다. 여기서 적절한 기준은 동물의 고통을 느낄 수 있는 능력이다. 이와 관련해서 인간과 인간 아닌 동물은 동일한 배에 타 있다. 양자 모두 고통을 느끼며, 이에 따라 인간에게 고

통을 주는 데에 반대하는 것과 동일한 이유로 동물에게도 고통을 주어서
는 안 된다.

　내가 비판의 대상으로 삼는 것은 우리 시대의 도덕철학자들이 한결같
이 동물과 인간을 서로 다른 도덕 범주로 묶는 하나의 커다란 차이가 있다
고 주장하려 한다는 점이다. 널리 논의되는 책 《무정부, 국가 그리고 유
토피아》(Anarchy, State and Utopia) 의 저자인 로버트 노직 (Robert
Nozick) [4] 은 "자신이 받아들이기로 한 어떤 총체적인 개념에 따라 자신의
삶을 규제하고 인도할 수 있는 능력" [5] 을 갖춘 이성적이면서 자유로운 도
덕 행위자만이 권리를 갖는다는 입장을 견지한다. 동물은 이러한 능력이
없기 때문에 아무런 권리를 갖지 못한다. 여기서 노직은 오랜 칸트적 책략
을 따르고 있다. 즉 그는 어떤 존재가 어떤 하나의 매우 일반적인 특징을
소유하거나 그렇지 못하다는 사실에 근거하여 특정 종 전체를 도덕의 영
역 밖에 두려고 하며, 우리가 차지하고 있는 도덕의 영역을 그러한 종에게
는 허용하지 않으려 하는 것이다. 하지만 하나의 처우 방식과 관련 있는
바로 그 특징이 다른 모든 처우와도 관련이 있을 수 있다는 주장을 우리가
믿어야 할 이유는 무엇인가? 현명한 접근 방식은 서로 다른 처우 방식과
그러한 처우에 적절한 특징들을 하나씩 따져 보는 것임에 분명하다.

　평등은 오직 인간에게만 적용되는 관념이며, 이에 따라 인간과 인간
아닌 동물 사이의 그와 같은 비교가 온당치 못하다는 비판이 있을 수 있
다. 하지만 내가 여기서 형식화한 평등의 원리는 인간 아닌 동물을 비교
하는 데에도 적절히 활용될 수 있는 듯이 보인다. 예를 들어 침팬지와 새
우의 처우에 관한 결정을 고찰해 보자. 침팬지는 호기심이 많고 영리한
동물이기 때문에 따분함으로 인해 쉽게 고통을 느낄 수 있으며, 그리하
여 일부 관찰자들은 단조롭고 자극 없는 환경에 침팬지를 속박해 두는 것

---

4) 1974년에 《무정부, 국가 그리고 유토피아》(Anarchy, State and Utopia) 를 발간
　한 미국의 정치 철학자. 롤즈(John Rawls) 와 더불어 20세기 후반 영미의 분석적
　정치철학을 대표했던 인물로 자유지상주의(Libertarianism) 를 옹호했다.

5) Nozick, Anarchy, State and Utopia, p. 49.

을 비난해 왔다. 그들에 따르면 침팬지를 아무런 하는 일 없이 벽만 바라볼 수밖에 없는 황량한 우리에 두어서는 안 된다. 반면 침팬지와는 달리 새우는 호기심이 많지 않고 영리하지도 않다. 따라서 그들의 처우 방식에 대한 유사한 불만이 제기될 수 없다. 양자 사이에는 적절한 차이가 있으며, 이에 따라 침팬지에게는 맞지 않은 방식으로 새우를 처우하는 데는 별다른 문제가 없는 듯이 보인다.

이와 같은 방식으로 우리는 인간과 다른 동물을 비교하는 경우뿐만 아니라 어떤 동물을 다른 동물과 비교할 때에도 평등의 원리가 적절히 활용될 수 있음을 알게 된다. 만약 이것이 사실이라면 평등의 원리가 인간과 다른 동물 간의 비교에서 동등한 설득력을 가지고서 활용되어선 안 될 이유는 무엇인가? 직관적으로 보았을 때, 양자의 비교에 평등의 원리를 사용하는 것은 별다른 문제가 없어 보인다. 만약 인간 아닌 동물을 어떤 방식으로 처우하는 것은 별다른 문제가 없음에 반해, 유사한 방식으로 인간을 처우하는 것에 문제가 있다면, 그 이유를 설명해 주는 그들 간의 어떤 차이가 존재할 것이다. 평등의 원리가 요구하는 바는 이것이 전부다.

또 다른 논의를 추가해 보도록 하자. 이는 적절한 차이를 어떻게 인식할 수 있는가에 관한 논의다. 예를 들어 다음과 같은 질문이 제기되었다고 가정해 보자. 샴푸와 같은 제품의 안전성을 실험하기 위한 과정에 토끼가 사용되는 경우가 있다. 새로운 샴푸 제조법이 발명되었고, 이것이 유통되어 인간에게 사용되기 전에 그 제품이 안전한지 확실하게 알고 싶다. 간혹 샴푸가 사람의 눈에 들어가는 경우가 있는데, 이것이 사람에게 유해할까? 토끼의 눈은 인간의 눈과 유사하다. 이에 따라 농축된 화학물질을 토끼의 눈에 삽입하여 그 결과를 관측한다〔이는 드레이즈(Draize) 실험[6]으

---

6) 〔역주〕 안구 유해성 실험으로 잘 알려져 있는 이 실험의 목적은 동물의 눈에 직접 주입한 물질의 반응을 평가하는 데 있다. 하나의 물질을 테스트하기 위해 최소한 3마리의 어른 백색 토끼를 사용한다. 마취하지 않은 토끼의 한쪽 눈에 각 물질을 떨어뜨리는데 대개 투약할 때에는 토끼가 움직이지 못하도록 나무판에 단단히 고정시킨다. 반면 투약이 되지 않은 나머지 한쪽 눈은 대조

로 불린다]. 만약 실험 결과가 특정한 한계를 넘어서지 않는다면 그 제품의 사용이 허용될 것이다. 하지만 이를 확인하는 절차는 눈을 비벼서 화학물질을 제거하지 못하도록 조치가 취해진 토끼에게 분명 고통을 줄 것이다. 그런데 스스로의 의지에 반해서 인간을 그러한 실험에 활용한다면 커다란 물의가 빚어질 것임은 명약관화하다. 인간을 대상으로 한 동일한 실험을 도덕적으로 허용할 수 없다는 주장에 사람들이 일반적으로 동의하리라고 말하는 데는 별다른 문제가 없을 것이다. 심지어 동일한 방식으로 토끼를 처우하는 데 아무런 잘못이 없다고 생각하는 사람마저도 이에 대해서는 수긍할 것이다. 그런데 여기서 질문은 이와 같은 처우의 차이를 정당화하는 인간과 토끼 사이의 차이가 무엇인가라는 것이다.

　물론 인간과 토끼 사이에는 수많은 인상적인 차이들이 있다. 토끼는 글을 읽을 수 없지만 인간은 그럴 수 있다. 인간은 수학을 할 수 있고, 오페라를 즐길 수 있다. 또한 인간은 차를 몰 수 있고 영화를 제작할 수 있다. 이와 같은 차이의 목록은 끊임없이 제시할 수 있다. 하지만 이러한 차이가 적절한 기준인가? 이러한 차이들이 인간은 드레이즈 실험에 이용할 수 없음에 반해, 토끼는 이용할 수 있다는 주장을 정당화하는 데 활용되었다고 가정해 보자. 그러한 차이가 적절한 기준인가에 관한 질문에 대해서는 다음과 같이 답할 수 있을 것이다. 첫째, 토끼는 잠시 접어 두고, 우리는 인간을 그와 같은 방식으로 사용하는 데 반대하는 이유가 무엇인가를 물을 수 있다. 그에 대한 답은 그 과정이 상당히 고통스러우며, 사람들의 눈이 복구가 불가능할 정도로 손상을 받는다일 것이다. 이는 사람들에게 나쁘다. 왜냐하면 고통은 나쁘며, 사람들은 모든 이유 — 시력을 잃는다는

―――――――――――

군의 역할을 한다. 토끼는 인간에 비해 흘리는 눈물의 양이 현저하게 적다. 따라서 안구에 고통스런 물질이 주입되더라도 눈물을 많이 흘리지 않는다. 과학자들이 토끼를 안구 테스트에 사용하는 이유는 바로 이것이다. 토끼는 이물질에 대한 반사작용으로 눈을 깜박거리지도 않는다. 이것은 화학물질의 주입을 용이하게 한다. 또한 실험 시에 고통을 덜기 위한 어떠한 조치도 취해지지 않고 있다.

것은 우리가 어떤 형태의 삶을 영위하고 있는지와 무관하게, 훨씬 삶을 영위하기 어렵게 만든다 — 에서 눈을 필요로 하기 때문이다. 이제 우리는 인간에 관한 우리의 판단을 정당화할 수 있는 내용이 무엇인가를 밝혀 냈다. 인간에게 그러한 실험을 해서는 안 되는 적절한 이유는 (a) 인간이 고통을 느낄 수 있기 때문이며, (b) 인간이 자신들의 삶을 영위하기 위해 어떤 경우에도 시력을 필요로 하기 때문이다.

이 정도만을 염두에 두고 다음으로 우리는 토끼에 재차 관심을 두면서 토끼가 두 가지 측면에서 인간과 유사한가를 물을 수 있을 것이다. 토끼가 고통을 느낄 수 있는가? 그리고 토끼가 삶을 영위하기 위해 시력이 필요한가? 만약 여기에 긍정적으로 답하게 된다면, 우리는 인간을 실험에 사용하는 데에 반대하는 것과 동일한 이유로 토끼를 실험에 사용하는 데에도 반대할 이유가 있는 것이다. 그리고 누군가가 인간은 수학을 할 수 있고 오페라를 감상할 수 있지만, 토끼는 그렇지 못한다고 주장하면서 반대한다고 가정해 보자. 이때 우리는 다른 처우 방식이 문제가 될 경우에는 그러한 차이들이 적절한 기준이 될지 몰라도, 적어도 드레이즈 실험에서는 적절한 기준이 되지 못한다고 답할 수 있을 것이다.

드레이즈 실험은 단지 하나의 사례에 불과하다. 여기에서 더욱 중요한 것은 적절한 차이를 결정하는 방법을 규명해 내는 일이다. 지금까지 내가 서술한 절차는 다음과 같이 일반화시켜 나타낼 수 있을 것이다. 만약 어떤 방식으로 B는 처우할 수 없지만 그러한 방식으로 A를 처우할 수 있다고 생각한다면, 우리는 우선 그러한 방식으로 B를 처우해서는 안 되는 이유가 무엇인가를 물어야 한다. 이때 제시되는 이유는 B의 어떤 능력일 것이다. 만약 그러한 능력을 갖추지 못했다는 면에서 A와 B가 다르다면, 이는 적절한 기준이 되는 차이다. 하지만 A와 B가 차이가 있기는 한데, 그 차이가 B를 특정한 방식으로 처우하는 것이 잘못인 이유를 설명할 때 등장하지 않는다면, 그 차이는 적절한 기준이 되지 못한다. 이상에서의 설명은 정식화된 적절한 차이에 대한 정의와는 거리가 있다. 그럼에도 이러한 정의는 그러한 개념이 어떻게 작동하는가를 어느 정도 보여 주고 있다.

종차별주의[7]

동물의 복리를 다루는 오늘날의 저술가들은 체계적으로 이루어지는 인간 아닌 동물에 대한 차별을 지칭하기 위해 '종차별주의'(*speciesism*) 라는 용어를 도입했다〔싱어(Peter Singer)[8]의 저서 《동물 해방》(*Animal Liberation*) 이 이러한 용어를 대중화하는 데 기여하긴 했지만 사실상 이는 동물 실험이 비도덕적임을 확신하고 난 후 더 이상 실험을 하지 않은 라이더 (Richard Ryder) 라는 영국의 심리학자가 주조해 낸 용어다〕. 종차별주의는 인종차별주의에 비견된다고 일컬어진다. 인종차별주의가 특정한 인종 구성원의 이익이 더욱 중요하다는 개념이듯이, 종차별주의는 특정 종 구성원들의 이익이 다른 종 구성원들의 이익에 비해 더욱 중요하다는 개념이다. 싱어가 이렇게 말하는 것처럼 말이다.

인종차별주의자들은 자신들의 이익과 다른 종족의 이익이 충돌할 때 자신이 속한 인종의 이익에 더 큰 비중을 두고 있다는 측면에서 평등의 원리를 위배하고 있다. 성차별주의자들은 자신이 속한 성의 이익을 우위에 둠으로써 평등의 원리를 위배한다. 이와 유사하게 종차별주의자들은 스스로가 속한 종족의 이익이 다른 종족의 더욱 큰 이익을 넘어서도 이를 눈감아 준다. 이 모든 경우에 문제의 패턴 자체는 동일하다. [9]

종차별주의는 인간이 존엄하다는 전통적인 입장에서 핵심을 차지하고 있는 개념이다. 이렇게 말하는 이유는 이러한 전통적인 입장이 다른 모

---

7) 《동물 해방》(*Animal Liberation*) 에서 싱어(Peter Singer) 는 정당성이 결여된 견해에 근거하여 여타의 생물종을 차별하는 인간 특유의 태도를 종차별주의 (*speciesism*) 라고 규정하고 있다.
8) 현재 프린스턴 대학 교수로 있는 호주 출신의 실천 윤리학의 권위자. 동물해방 운동의 성전이라 일컬어지는 《동물해방》을 통해 널리 알려지게 되었다.
9) Singer, *Animal Liberation*, p. 9.

든 생물들의 이익에 비해 인간의 이익이 우선되어야 한다는 생각을 포함하고 있기 때문이다. 이를 조금 더 상세하게 구분해 보도록 하자. 인간이 행하는 종차별주의는 두 가지 형태가 있을 수 있다. 이 중 하나가 훨씬 설득력이 있다.

> **과격한 종차별주의:** 이러한 종차별주의에 따르면 비교적 사소한 인간의 이익마저도 인간 아닌 동물의 중요한 이익보다 우선적으로 고려되어야 한다. 그리하여 '인간에게 가벼운 불편을 야기하는 경우'와 '인간 아닌 동물에게 커다란 고통을 야기하는 경우' 사이에서 선택해야 한다면, 우리는 인간 아닌 동물에게 고통을 야기하면서 인간이 고통을 느끼지 않게 하는 경우를 선택해야 한다.

이는 싱어가 자신의 책에서 비판하고 있는 유형의 종차별주의다. 우리는 다른 종 구성원의 **더욱 커다란** 이익을 무시하면서 우리가 속해 있는 종의 이익을 도모한다. 하지만 우리는 이보다 온건하고 설득력 있는 형태로 종차별주의를 재차 정의할 수 있을 것이다.

> **온건한 종차별주의:** 비교적 사소한 인간의 이익과 인간 아닌 동물의 더욱 중요한 이익 사이에서 선택을 해야 할 때, 우리는 인간 아닌 동물의 이익을 선택할 수 있을 것이다. 이처럼 동물에게 격심한 고통을 야기하기보다는 인간에게 약간의 불편을 야기하는 경우가 나을 수 있다. 하지만 만약 이익들 간에 비교가 이루어질 수 있다면, 예를 들어 **동일한 양**의 고통을 인간에게 야기하는 경우와 동물에게 야기하는 경우 사이에서 선택이 이루어진다면, 우리는 인간의 복리를 우선적으로 고려해야 할 것이다.

전통적인 도덕을 옹호하는 사람들 중 상당수는 과격한 형태의 종차별주의를 받아들였다. 우리가 살펴본 바와 같이 아퀴나스와 칸트는 인간 아닌 동물의 이익은 전혀 중요하지 않다는 입장을 견지했으며, 이에 따라 어떠한 인간의 이익도 동물의 이익에 비해 중요했다. 그들의 입장에서 보았을 때 '비중을 가늠해 본다'는 것은 아무런 의미가 없다. 왜냐하면 어떠한 경우에도 인간의 이익이 더욱 중요하기 때문이다. 심지어 데카르트는 인간 아닌 동물이 측정 가능한 어떤 이익을 갖는다는 생각마저도 거부했다. 오늘날의 독자들은 데카르트 등의 견해가 너무 극단적이라고 생각할지도 모른다. 하지만 그들은 적어도 온건한 종차별주의는 설득력 있는 입장이라고 생각한다.

이에 반해 평등의 원리는 심지어 온건한 종차별주의마저도 거부한다. 이러한 원리는 인간과 인간 아닌 동물이 어떤 의미에서 도덕적으로 평등하다는 생각을 함의한다. 즉 이는 인간 아닌 동물의 이익이 인간의 비교 가능한 이익과 동일한 고려의 대상이어야 한다는 것이다. 나는 이러한 주장을 제기한다는 면에서 평등의 원리가 많은 독자들에게 설득력이 없는 듯이 보이지 않을까 생각해 본다. 온건한 종차별주의만을 포함하는 입장으로 해석될 경우 인간이 존엄하다는 입장은 평등의 원리에 비해 훨씬 설득력 있는 견해인 듯이 보인다. 이러한 이유로 평등의 원리를 옹호하고자 할 때 나는 온건한 종차별주의마저도 거부해야 하는 이유를 설명해야 한다.

무조건적 종차별주의

과격한 종차별주의와 온건한 종차별주의에 대한 구분 외에 우리는 무조건적인 형태와 조건적 형태의 종차별주의를 구분할 수 있을 것이다. 전자의 견해가 포괄하는 범위와 관련된 구분임에 반해 후자의 구분은 논리적 토대와 관련되는 구분이다.

무조건적 종차별주의는 오직 어떤 종에 속해 있는지만이 도덕적으로 중요하다는 견해다. 이러한 견해에 따르면 다른 어떤 고려를 통해 보완할 필요 없이 개체가 어떤 종의 구성원이라는 단순한 사실만으로도 그러한 개체에 대한 처우 방식의 차이를 만들기에 충분하다.

이는 종(種)과 도덕 간의 관계를 이해하는 방식으로 썩 훌륭하다고 할

336

수 없으며, 전통적인 도덕을 옹호하는 사람들조차도 일반적으로 이를 받아들이지 않는다. 이러한 입장이 왜 설득력이 없는지를 파악하기 위해 바인더(Eando Binder) 10) 의 오래된 SF 이야기 '화성에서 온 선생님'을 검토해 보자. 이 이야기의 주인공은 학교에서 소년들을 가르치기 위해 지구에 온 화성인이다. 그는 '다르기' 때문 — 그는 키가 7피트이고, 마르고 촉수가 있으며, 무두질한 피부의 소유자다 — 에 비웃음을 사고 능욕을 당해서 거의 몰려날 위기에까지 몰린다. 하지만 이때 화성인의 영웅적인 행동으로 인해 소년들이 자신들의 잘못을 깨닫게 되며, 이야기는 못살게 굴었던 아이들의 주동자가 개과천선을 다짐하면서 행복하게 결말을 맺게 된다.

1941년에 쓰인 이 이야기는 인종차별주의를 다루고 있는 얄팍하게 위장된 도덕 이야기가 아니다. 이 이야기에서 명시적으로 초점을 맞추고 있는 것은 인종이 아니라 종이다. 화성에서 온 선생님은 심리적으로 정확히 인간과 닮은 모습으로 그려지고 있다. 그는 다른 모든 사람들과 다를 바 없는 관심과 이익을 갖추고 있으며, 인간과 다를 바 없이 지능적이면서 감각이 발달해 있다. 유일한 차이란 그가 다른 종류의 육체의 소유자라는 점이다. 그런데 그의 육체적 특징은 그를 존중하지 않는 태도를 정당화하지 않는 것이 분명하다. 이러한 점을 충분히 숙지했다면 독자들은 인종에 대해서도 분명 유사한 결론을 도출해야 할 것이다. 즉 백인과 흑인 — 예를 들어 피부색 — 간의 육체적 차이가 어떤 도덕적 처우의 차이를 만들어 내선 안 되는 것이다.

바인더의 이야기가 적절하게 보여 주듯이 무조건적 종차별주의는 별다른 설득력이 없다. 그럼에도 일부 철학자들은 이러한 입장을 옹호해 왔다. 그들은 오직 종만으로 어떤 존재에 대한 도덕적 의무의 차이를 만

10) 이앤도 바인더(Eando Binder)는 20세기 중반 공상 과학 작가 얼 앤드류 바인더(Earl Andrew Binder, 1904~1965)와 오토 바인더(Otto Binder, 1911~1974) 형제의 필명이다. 이러한 이름은 형제들의 첫 글자인 E와 O를 딴 것이다. 사실상 Eando Binder의 저작들은 오토 바인더 혼자 쓴 것들이 많다고 한다.

들 수 있다고 주장해 왔다. 예를 들어 노직은 어떤 만족스러운 도덕체계
에서 다음과 같은 주장이 성립한다고 말한다.

> 다른 인간들로부터 특별한 존경을 요구하게 만드는 것이 오로지 인
> 간이라는 순전한 종(種)적인 특징이라는 점이 밝혀지게 될지도 모른
> 다. 이는 어떤 종의 구성원들이 다른 종의 구성원보다 자신들의 동
> 료들에게 비중을 두는 일반 원리의 한 사례다. 사자들이 도덕적 행
> 위자라면 사자들 또한 다른 사자를 우선적으로 고려한다는 이유로
> 비난받을 수는 없다. 11)

노직은 자신이 고안한 공상 과학의 사례를 통해 자신의 논지를 예증한
다. 알파 켄타우르스(Alpha Centauri) 12)의 거주민들은 우리의 이익보다
알파 켄타우르스 사람들의 이익에 더욱 커다란 비중을 둘 것인데, 설령
우리가 모든 측면에서 그들과 닮았다고 하더라도, 그들은 자신들의 태도
에 대해 정당성을 부여 받을 수 있을 것이다.

하지만 이는 전혀 확실하지 않다. 노직의 입장은 언뜻 보았을 때 적절
한 태도가 아닌 듯이 보인다. 설령 알파 켄타우르스 사람을 바인더 이야
기에서의 화성인으로 대체한다고 해도 여기에는 아무런 차이가 없다. 단
지 그가 '다르기' 때문(이 경우 다른 종의 구성원이기 때문에)에 상대적으로
그를 나쁘게 처우한다는 것은 여전히 정당화될 수 없는 차별로 보인다.

노직이 제시하고 있는 '일반 원리'는 어떤가? 이는 대부분의 사람들이
별다른 문제가 없다고 생각하는 바, 다시 말해 가족 혹은 이웃들의 이익
에 특별한 비중을 두는 것이 정당하다는 생각을 확장한 설명인 듯이 보인
다. 만약 가족이나 이웃에게 특별한 관심을 갖는 것이 허용된다면, 우리
의 동료 종 구성원들에게 그렇게 하지 말아야 할 이유는 무엇인가?

이러한 사유 방식의 문제점은 우리가 자연스럽게 속해 있는 수많은 집

---

11) Nozick, "About Mammals and People", p. 29.
12) 켄타우르스 자리의 알파(α) 별.

338

단들이 있지만, 그러한 집단에 속해 있다는 성원 의식이 항상 도덕적으로 의미 있다고(그런 경우가 있긴 해도) 말할 수는 없다는 것이다. 가족에서 이웃을 거쳐 종에 이르는 진행은 중간에 다른 경계 지점, 예를 들어 인종이라는 경계 지점을 통과한다. 그런데 다른 인종의 이익보다 우리가 속한 인종의 이익에 더욱 커다란 비중을 부여하는 태도가 정당화된다는 주장이 제기되었다고 가정해 보자. 앞에서 제시한 노직의 인용문은 이러한 제안을 옹호하기 위해 다음과 같이 바꾸어 놓을 수 있을 것이다.

> 다른 백인들로부터 특별한 존경을 요구하게 만드는 것이 오로지 백인이라는 순전히 인종적인 특징이라는 점이 밝혀지게 될지도 모른다. 이는 한 인종 구성원들이 다른 인종의 구성원들에게 비중을 두기보다는 자신들의 동료들에게 비중을 두는 일반 원리의 한 사례다. 만약 흑인들이 도덕적 행위자라면 그들 또한 다른 흑인을 우선적으로 고려한다는 이유로 비난받을 수는 없다.

이러한 입장에 대해서는 적절하게 비판이 제기될 수 있을 것이다. 하지만 오직 종만으로 구분하는 경우도 사정은 마찬가지다. 바인더의 이야기가 시사하듯이 무조건적인 종차별주의와 인종차별주의는 쌍둥이 노선인 것이다.

조건적인 종차별주의

하지만 도덕과 종 간의 관계를 더욱 세련되게 파악하는 입장이 있다. 전통적인 도덕을 옹호하는 사람들은 대부분 이와 같은 견해를 채택한다. 이러한 견해에 따르면 종 자체는 도덕적으로 의미 있는 특징이 될 수 없다. 그럼에도 종의 성원이라는 사실은 다른 중요한 차이들과 상호 관련된다. 인간의 이익은 단지 그들이 인간이기 때문에 더욱 중요한 것이 아니라, 인간이 다른 동물이 갖지 못한 도덕적인 기준이 될 수 있는 적절한 특징을 갖기 때문에 더욱 중요하다고 일컬어진다. 이러한 견해가 제기되는 형식은 여러 가지다.

1. 인간이 이성적이며 자율적인 행위자이기 때문에 특별한 도덕적 부류라는 생각. 우리는 인간이 이성적이며 자율적인 행위자이기 때문에 특별한 도덕적 부류에 속한다고 말할 수 있을 것이다. 인간은 무엇을 해야 할지에 대한 스스로의 관념에 따라 행동을 이끌어갈 수 있다(이는 칸트 이래 철학자들이 인간과 다른 동물 간의 차이를 서술할 때 사용하는 가장 대중적인 방식이었다). 인간에게 특별한 고려의 대상이 될 자격을 부여하는 것은 인간이 인간이라는 단순한 사실보다는 그들이 자율적 행위자라는 사실이다. 인간의 이익이 다른 종의 이익에 비해 중요한 도덕적인 이유는 바로 이와 같은 사실, 즉 인간이 자율적 행위자이기 때문이다(비록 어떤 다른 종의 성원들이 이성적이고 자율적인 행위자일 경우 그들 또한 특별한 도덕적 범주에 포함될 것이며, 우선적인 처우를 받을 자격이 있음을 인정해야 하겠지만 말이다). 하지만 전통적인 도덕을 옹호하는 사람들은 다른 어떤 종도 이러한 특징을 가지고 있지 않다고 주장한다. 그리하여 오직 인간만이 충분한 도덕적 고려의 대상이 될 자격을 부여 받는다.

우리가 살펴본 바와 같이 다윈은 인간이 다른 동물과 공유하지 않는 특징들을 가지고 있다는 생각을 부정했다. 대신 그는 종간의 연속성을 강조했다. 만약 인간이 유인원에 비해 더욱 이성적이라면, 이는 종류의 문제가 아니라 단지 정도의 문제다. 하지만 이것이 사실일 경우 이로부터 어떤 주장이 제기될 수 있는가를 파악하는 것은 꽤 흥미로울 수 있다. 따라서 다윈주의로부터의 비판을 일단 제쳐 놓고 논의의 목적상 오직 인간만이 충분히 이성적이고 자율적인 행위자임을 인정해 보도록 하자. 이러한 가정으로부터 무엇이 도출될 것인가?

'어떤 존재가 이성을 갖춘 자율적 행위자'라는 사실이 어떻게 그와 같은 존재를 처우해야 할 것인지의 차이를 산출하는가? 분명 그럴 수 있다. 그러한 존재에게는 자신의 삶을 자발적으로 이끌어가는 것이 커다란 선(善)이며, 이는 수단적 가치 때문만이 아니라 그 자체로도 소중하다. 이로 인해 온정주의적 간섭[13]은 바람직하지 못하게 보일 수 있다. 단순한

340

사례를 한 가지 들어보도록 하자. 한 여성이 자신의 삶을 이끌어갈 확실한 입장을 가지고 있을 수 있다. 그런데 이러한 입장에 위험을 무릅쓰는 경우가 포함될 수 있다. 이는 우리가 어리석다고 생각하는 태도다. 이에 따라 우리가 그녀의 마음을 바꾸려 할 수 있다. 우리는 위험에 대한 주의를 환기시키고, 그것이 별다른 가치가 없다고 말해 줄 수 있다. 하지만 그녀가 우리의 경고를 귀 기울이려 하지 않는다고 가정해 보자. 이때 그녀가 자발적으로 선택한 삶을 강제로 막을 수 있는가? 이것이 정당하지 않다는 주장이 제기될 수 있다. 왜냐하면 그녀는 요컨대 합리적이고 자율적인 행위자이기 때문이다. 하지만 충분히 이성적인 존재가 아닌 사람, 예를 들어 조그만 아이의 경우는 사정이 다르다. 이 경우 우리는 그 아이의 행위에 간섭하여 그에게 해가 되는 것을 막아야 한다고 생각한다. 그 아이가 충분히 이성적인 행위자가 아니라는(아직 아니다) 사실은 충분히 이성적인 행위자인 어떤 사람을 처우하는 방식과 다르게 그를 처우하는 경우를 정당화한다.

물론 인간과 인간 아닌 동물에 대한 서로 다른 처우를 정당화하기 위해 동일한 주장이 사용될 수 있을 것이다. 동물을 위험으로부터 보호하기 위해 강제로 개입했지만, 인간에게는 동일한 행동을 취하지 않았다고 가정해 보자. 이때 우리는 인간이 이성적이면서 자율적인 존재로, 자신이 무엇을 하고 있는가를 알며, 스스로 선택할 수 있는 권리를 갖는 데 반해, 동물은 그러한 능력을 갖춘 존재가 아니라는 사실을 지적함으로써 양자 간의 처우의 차이를 정당화할 수 있을 것이다.

이제 이러한 추론이 함의하는 두 가지 논점에 주목해 보도록 하자. 첫째, 어떤 개체가 이성적이면서 자율적인 행위자라는 사실(다른 개체가 그렇지 못함에 반해)이 인간을 인간 아닌 동물과 달리 처우하는 것을 정당화하는 경우가 있다. 하지만 이는 일부 인간들을 다른 인간과 달리 처우하

---

13) 〔역주〕 상대방이 도덕적으로 낮은 지위에 있다고 생각하고 상대방의 행동에 일일이 간섭하는 태도.

는 것을 정당화하기도 한다. 이러한 고찰은 단순히 동물과 인간을 분리하는 데에만 그치지 않는다. 이는 일부 인간을 다른 인간에게서 분리하기도 하는 것이다. 그리하여 설령 오직 인간만이 합리적이며 자율적인 행위자라는 사실을 받아들인다(훌륭한 다윈주의자는 그렇게 생각하지 않겠지만)고 해도, 우리는 여전히 모든 인간과 모든 인간 아닌 동물을 분리하는 특징을 밝혀내지 못했다.

둘째, 그리고 더욱 중요하게도 일단 우리가 '이성적인 행위자'라는 사실이 어떤 존재에 대한 처우 방식의 차이를 만드는 이유를 이해하게 되면 (이성적인 행위자라는 사실이 분명 처우 방식의 차이를 만드는 경우에), 이러한 특징을 소유한다는 사실이 항상 적절한 기준이 될 수 없음을 분명하게 알게 된다. 우리가 이미 살펴본 바와 같이 어떤 차이가 적절한 기준이 될 수 있는지는 문제가 되고 있는 처우의 종류에 따라 달라진다. 만약 온정주의적 간섭이 필요한지의 여부를 가리고 있는 중이라면 어떤 행동을 강제당할 개인이 이성적인 행위자인지를 주목할 필요가 있다. 하지만 문제가 온정주의적 간섭이 필요한지의 여부가 아니라 새로운 샴푸의 안전성을 실험하기 위해 토끼의 눈에 화학 물질을 투여하는 경우라고 가정해 보자. 토끼들의 눈에 화학 물질을 투여할 수 있지만 인간들은 이성적인 행위자이기 때문에 그렇게 해서는 안 된다고 말하는 것은 한 사람은 팔이 부러졌음에 반해 다른 사람은 바이러스에 감염되었기 때문에 한 로스쿨 지원자는 입학 허가를 받았고, 다른 사람은 허가를 받지 못했다고 말하는 경우에 비견될 수 있다.

이렇게 보았을 때 인간이 이성적이면서 자율적인 행위자라는 사실은 인간과 인간 아닌 동물에 대한 모든 처우의 차이를 정당화할 수 없다. 이는 일부 처우의 차이를 정당화할 수 있을지언정, 모든 처우의 차이를 정당화할 수 없다.

이러한 유형의 조건적 종차별주의는 또 다른 문제점이 있다. 일부 불운한 인간들 ― 두뇌에 손상을 입었기 때문에 ― 은 이성적인 행위자가 아니다. 우리는 그들을 어떻게 생각해야 하는가? 우리가 고찰하는 입장에서 보았을 때 그들의 지위는 단순한 동물의 지위에 머문다는 결론이 자연스레 도출된다. 만약 이것이 사실이라면 우리는 인간 아닌 동물이 사용되는 경우와 다를 바 없이, 그들 또한 실험실 실험이나 음식 등으로 사용될 수 있다고 결론을 내려야 할지도 모른다.

물론 전통적인 도덕가들은 이와 같은 결론을 받아들이지 않는다. 그들은 어떤 '불리한 조건'을 갖추고 있는가와 상관없이 인간의 이익이 중요하다고 말할 것이다. 전통적인 입장을 견지하는 사람들은 어떤 존재의 도덕적 지위가 정상적인 종의 특징에 따라 결정된다고 가정하고 있음에 분명하다. 이렇게 본다면 인간은 일반적으로 합리성을 갖추고 있으며, 이 때문에 심지어 이성을 갖지 못한 인간마저도 이성적 종의 구성원이라는 기준에 준하여 처우되어야 한다. 미시간 대학의 철학자 코헨(Carl Cohen)은 의학 실험에서 인간을 사용하지 않고 동물을 사용하는 입장을 옹호하면서 이와 같은 입장을 분명하게 받아들이고 있다. 코헨은 다음과 같이 쓰고 있다.

> 일부 장애로 인해 인간의 자연스런 도덕적 기능을 수행할 수 없는 사람들이 있는데, 그들이 그와 같은 이유로 도덕 공동체에서 추방되지 않는 것은 분명하다. 기준이 되는 것은 종이다. 인간은 오직 자발적인 동의하에서만 실험 대상이 될 수 있는 그러한 종류의 존재다. 그들의 자유로운 선택은 존중되어야 한다. 반면 동물은 그러한 종류의 존재가 아니다. 따라서 그들은 자발적으로 동의를 할 수 없으며, 억제를 하거나 도덕적 선택을 하는 것 또한 불가능하다. 동물은 인간이 장애를 갖기 전에 가지고 있던 특징을 가져 본 적이 전혀 없다.[14]

일단 '동물이 실험에 참여하는 데에 동의하지 않을 수 있는 듯하다'는 분명한 사실은 그냥 지나치도록 하자. 동물이 연구 장치로부터 필사적으로 도망가려는 모습, 특히 심각한 불편을 야기했을 경우에 보여주는 모

---

[14] Cohen, "The Case for the Use of Animals in Biomedical Research", p. 866.

습은 동물이 동의하지 않을 수 있음을 매우 강하게 시사한다. 하지만 여기서 우리가 고찰하고자 하는 바는 더욱 일반적인 이론적 논점이다.

어떤 종이 정상적으로 갖추고 있는 특징에 따라 개체들에 대한 처우 방식이 결정되어야 한다는 생각은 어느 정도 호소력이 있다. 왜냐하면 이는 정신적으로 결함이 있는 사람들에 대해 갖는 우리의 도덕적 직관을 적절히 보여 주고 있는 듯하기 때문이다. 우리는 뇌 손상을 입은 사람에 대해 "어떤 사람이 지금까지 매우 불행했다는 이유 때문에 그 사람을 더 가혹하게 대해서는 안 된다"라고 말할 수 있을 것이다. 하지만 이러한 생각은 면밀한 검열을 버텨 내지 못할 것이다. 단순한 사유 실험은 곧바로 문제를 드러낼 것이다. 비범한 재능을 가진 침팬지가 영어를 읽고 말하는 방법을 학습하였다고 가정(이는 아마도 불가능할 것이다) 해 보자. 그리고 그가 과학, 문학 그리고 도덕을 논할 수 있게 되었다고 가정해 보자. 최종적으로 그가 대학 수업에 들어가고 싶다는 욕구를 표현한다. 이를 허용할지에 대해 다양한 논의가 있을 수 있지만, 누군가가 다음과 같이 주장했다고 가정해 보자. "오직 인간만이 그러한 수업을 들을 수 있다. 인간은 읽고, 말하고 그리고 과학을 이해할 수 있다. 침팬지는 그렇지 못하다." 하지만 이 침팬지는 이러한 것들을 할 수 있다. "그래. 하지만 정상적인 침팬지들은 그렇게 할 수 없고, 바로 그것이 문제야." 코헨을 따라 우리는 기준이 되는 것이 종(種)이며, 특별한 개체들이 우연적으로 갖춘 특별한 능력은 고려의 대상이 될 수 없다고 덧붙일 수 있을 것이다.

이는 훌륭한 논거인가? 다른 논거들이 설득력이 있을지는 몰라도, 적어도 이는 훌륭한 논거가 아니다. 이는 특정 개체 자체의 특징에 근거해서가 아니라, 다른 개체들의 특징에 근거해서 그 개체를 어떻게 처우해야 할 것인가를 결정해야 한다고 가정하고 있다. 이 논거는 그 침팬지가 읽을 수 있음에도 다른 침팬지들이 읽지 못한다는 이유로 그 침팬지에게 읽는 능력이 요구되는 무엇을 하지 못하게 해야 한다고 말하고 있다. 이는 불공정할 뿐만 아니라 비합리적이기도 하다.

2. 인간이 서로 이야기를 나눌 수 있기 때문에 특별한 도덕적 부류에 속

한다는 생각. 전통적으로 서구의 사상가들이 인간과 다른 동물 간의 차이를 말할 때 가장 먼저 언급하는 것 중의 하나는 인간의 언어 능력이었다. 우리가 살펴 본 바와 같이 데카르트는 언어 능력이 인간이 영혼을 가지고 있는 가장 분명한 징표라고 생각했다. 그리고 우리가 유인원과 친족이라는 사실이 우리의 '인격의 존엄성'을 파괴하지 않는 이유를 설명하라는 노동자들의 요구에 직면했을 때 헉슬리는 '오직 인간만이 이해 가능한 합리적인 연설을 할 수 있는 경이로운 능력을 부여 받았기 때문이다'라고 대답했다.

인간 아닌 동물이 갖추고 있는 다른 의사소통 시스템에 비해 인간은 구문적으로 복잡한, 훨씬 뛰어난 언어에 숙련되어 있다. 그런데 이러한 사실이 인간이 어떤 처우를 받아야 할 것인가를 결정하는 적절한 기준이 될 수 있는가? 앞서 언급한 구절에서 나는 이 문제와 관련된 몇 가지 의견을 이미 제시한 바 있다. 분명 언어에 대한 숙련이 적절한 기준이 되는 경우가 있다. 예를 들어 이는 '누구를 대학에 입학시킬까'라는 질문에 대한 적절한 기준이 된다. 많은 대학에서는 학생들에게 입학 조건으로 영어 지식을 요구하며, 인간(침팬지가 아니라)은 이러한 조건에 부합된다. 하지만 모든 인간이 이러한 조건에 부합되는 것은 아니다. 그리고 이와 같은 조건을 갖추지 못한 인간의 입학을 거부하는 것은 합당하다. 이와 같은 사실은 입학 허가를 결정하는 적절한 기준이 '인류'의 일반적인 능력이 아니라 개인들의 특별한 언어 능력임을 의미한다. 나아가 언어 능력이 적절한 기준이 될 수 없는 수많은 유형의 처우 방식이 있다. 고문은 그 예다(고문이 잘못된 이유는 피해자의 말할 수 있는 능력과 아무런 상관이 없다). 이렇게 보자면 그와 같은 '엄청난 재능'에 대해 우리가 말할 수 있는 것은 기껏해야 대부분의 사람들이 언어 능력을 갖추고 있으며, 그들이 어떤 처우를 받아야만 하는가에 관한 일부 결정에 적합한 기준이 될 수 있다는 정도다. 만약 이것이 사실이라면 언어 능력은 인간의 이익을 언제나 우선시하는 원칙화된 입장을 정당화할 수 없다.

이러한 입장이 언어의 중요성을 과소평가한다는 비판이 있을 수 있다.

이렇게 이야기하는 이유는 언어의 파장이 매우 크기 때문이다. 이는 단순히 우리가 영어를 알아서 책을 읽을 수 있고, 질문에 답하고, 대학에 입학할 자격을 가질 수 있음을 뜻하지 않는다. 이와 같은 개별적인 학업 성취 외에 우리는 하나의 언어를 가짐으로써 다른 심리적 능력이 풍부해지고 확장되기도 한다는 사실을 고려해야 한다. 언어를 소유한 존재는 만약 언어를 갖지 못했으면 불가능할 도덕적·종교적 믿음을 가질 수 있다. 그러한 존재의 희망, 욕구 그리고 실망은 훨씬 복잡할 것이다. 그 존재의 활동은 훨씬 다양할 것이며, 다른 대상과의 관계는 훨씬 정서적인 깊이를 가질 것이다. 요컨대 그 존재의 전체적인 삶은 더욱 풍부하고 복잡할 것이다. 그러한 언어를 갖지 못한 생물의 삶은 그로 인해 상대적으로 단순할 것이다. 이러한 입장에서 본다면 언어로 인해 인간의 삶이 도덕적으로 특별하게 된다고 생각하는 것이 합리적이라는 주장이 제기될 수 있다.

이는 분명 어느 정도 일리가 있는 생각이다. 나는 인간이 언어를 소유함으로써 거의 모든 심리적 능력이 풍부해지며, 이로 인해 우리의 일생 동안 계속해서 생각이 가지를 쳐 나갈 수 있게 된다고 생각한다. 그리고 이는 우리의 도덕적 견해가 수용해야 할 하나의 사실이다. 하지만 정확히 어떠한 방식으로 이러한 사실을 우리의 도덕적 견해에 수용해야 하는지는 분명하지 않다. 이러한 사실의 중요성은 정확히 무엇인가? 방금 언급한 내용 때문에 인간의 이익이 항상 인간 아닌 동물의 이익에 비해 우선적으로 고려되어야 한다고 말하는 것은 옳지 않은 듯하다. 왜냐하면 인간의 풍부한 능력마저도 특별한 유형의 처우에 적절한 기준이 될 수 없는 경우가 있을 수 있기 때문이다. 나는 풍부한 능력의 의미에 관한 다른 제안을 해 보고자 한다.

문제가 되는 처우의 유형이 살해라고 가정해 보자. 예를 들어 우리가 인간을 죽음에 이르게 하는 경우와 인간 아닌 동물을 죽음에 이르게 하는 경우 중에서 선택을 해야 한다. 여기서 우리는 어떠한 근거를 통해 선택을 해야 하는가? 살해가 구체적인 유형의 처우이긴 하지만 그것으로 인한 영향은 상당히 포괄적이다. 어떤 존재의 죽음은 그 존재의 활동, 계획, 희망, 그리고 관계에 종지부를 찍는다. 간단히 말해 이는 어떤 존재의 전체적인 삶을 종식시키는 것이다. 이에 따라 어떤 존재를 살해할지 결정을 내릴 때 우리는 많은 내용이 포함된 기준에 호소하는 편이 좋을 것이다. 우리는 어떤 존재의 생명을 구할 것인가를 결정하는 데에서 **사라질 삶의 종류**가 적절한 기준이라고 말할 수 있을 것이다. 그리고 삶의 종류에 대한 평가에서 우리는 단순히 생물에 관한 개별적인 사실들뿐 아니라 모든 개별적인 사실들의 합계가 의미하는 바가 무엇인가에 관한 요약적인 판단을 참고해야 할 것이다. 인간은 부분적으로 언어 능력으로 인해 다른 동물의 삶에 비해 훨씬 풍요하고 복잡한 삶을 영위한다. 이처럼 풍요하고도 복잡한 삶을 영위한다는 이유로 인간에 대한 살해가 인간 아닌 동물 살해에 비해 나쁘다고 합당하게 결론내릴 수 있을 것이다.

만약 이러한 설명이 옳다면, 이는 인간 아닌 동물 중에서 일부 동물을 죽이는 경우가 다른 동물을 죽이는 경우보다 더 나쁜 이유가 무엇인가를 설명할 수도 있을 것이다. 우리가 붉은털원숭이를 죽이는 경우와 파리를 잡는 경우 중의 하나를 선택해야 한다고 가정해 보자. 양자를 비교해 보았을 때 우리는 원숭이의 삶이 파리보다 훨씬 풍부하고 복잡하다는 사실을 알게 된다. 이렇게 말하는 이유는 둘 중에서 원숭이의 심리 능력이 훨씬 뛰어나기 때문이다. 우리는 여기서 원숭이의 의사소통 능력 또한 중요한 차이를 산출한다는 점에도 주목할 필요가 있을 것이다. 원숭이는 자신이 속한 종의 다른 원숭이들과 의사소통을 할 수 있는 능력 — 비록 원숭이들의 의사소통 능력이 인간보다 못하지만 — 이 있다. 이에 따라 원숭이들의 동료들과의 관계는 원숭이들이 그런 능력을 갖추지 못했을 경우보다 훨씬 복잡하다(이는 인간과 인간 아닌 동물 간의 차이가 정도의 문제지 종류의 문제가 아니라는 다윈의 테제를 분명하게 예증해 주고 있다). 이 모든 사실에 비추어 보았을 때 우리는 원숭이를 죽이는 경우보다 파리를 잡는 편이 낫다고 결론지을 수 있을 것이다. 직관적으로 보았을 때 이러한 결론은 옳다. 그리고 이러한 사실은 어떤 존재를 죽이는 것이 잘못인

가를 판단할 때 삶의 풍부함과 복잡성이 적절한 기준이 될 수 있다는 일
반적인 생각에 설득력을 더한다.

이러한 입장은 일정한 조건, 다시 말해 도덕적인 중요성을 갖는 것은
한 개체가 영위하는 삶의 풍부함과 복잡함이라는 생각을 추가할 경우 도
덕적 개체주의와 양립할 수 있을 것이다. 안타깝게도 일부 인간들은 우
리가 논의하고 있는 유형의 풍부한 삶을 영위할 능력이 없다. 심각한 뇌
손상을 입은 아이는 수년 동안 살아남는다고 해도 절대 말할 수가 없을
것이며, 그 아이의 정신 능력은 기본적인 수준을 절대 넘어설 수가 없을
것이다. 실제로 그러한 아이의 심리 능력은 일반적인 붉은털원숭이보다
훨씬 떨어질 수가 있다. 이 경우 도덕적 개체주의는 원숭이보다 아이의
생명을 우선적으로 고려할 아무런 이유도 발견하지 못할 것이다. 많은
사람들은 이와 같은 주장에 선뜻 동의하지 못할 것이다. 인간이 존엄하
다는 전통적인 입장을 취하는 사람들은 분명 이와 달리 생각할 것이다.
그럼에도 나는 도덕적 개체주의의 관점이 옳다고 생각하며, 이하에서 이
에 대한 더 많은 이야기를 하게 될 것이다.

3. 오직 인간만이 도덕이 근거하고 있는 합의에 참여할 수 있기 때문에
특별한 도덕적 부류에 속한다는 생각. 또 다른 논의는 도덕의 본질과 도
덕적 의무의 근원에 대한 특정한 생각에 호소한다. 이러한 논의에 따르
면 인간은 공통적인 도덕 공동체의 성원이고, 사회 속에서 함께 살아가
고 있다. 이는 직관적으로 호소력이 있는 관념, 즉 도덕이 공통적인 복리
에 기여하기 위해 협력하는 데에서 비롯되었다는 생각과 연결되어 있다.
이는 인간 사이의 유대를 창출하며, 인간 아닌 동물은 여기에 전혀 참여
하지 못한다. 이처럼 인간은 서로에게 의무를 가지며, 이는 단순한 동물
에 대해 가질 수 있는 의무와 중요한 점에서 다르다.

좀더 상세하게 뜯어보면 이러한 논의는 근본적으로 호혜성이라는 개념
에 의존하고 있음을 알 수 있다. 어떤 호혜성의 조건을 충족했을 경우에
만 도덕이라 할 수 있다는 주장은 설득력이 있다. 이러한 입장의 근본적
인 착상은 타인들이 어떤 사람의 이익을 기꺼이 존중해 주려고, 그의

348

권리를 받아들이려 할 경우에만 그 사람이 타인의 이익을 존중할 의무가
있고, 다른 사람들이 그 사람에 대해서도 그렇게 요구할 권리가 있음을
인정한다는 것이다. 이는 일종의 공정성의 문제로 생각해 볼 수 있을 것이
다. 만약 우리가 타인의 이익에 도움을 주거나 최소한 타인에게 해를
입히지 않기 위해 우리의 행동에 대한 불편한 제약을 받아들여야 한다
면, 타인들도 우리의 이익을 위해 자신들의 행동에 대한 유사한 제약을
받아들여야 하며, 이는 공정한 처사라 할 수 있다.

호혜성이라는 조건은 계약 윤리 이론의 핵심을 차지한다. 이러한 이론
은 타인들 또한 받아들인다는 조건하에서, 이성적이면서 이기적인 사람
들이 따르기로 동의한 규칙들로 도덕 규칙을 파악한다. 사람들은 각자
다른 사람들이 그러한 규칙들을 준수할 경우 얻을 수 있는 혜택을 고려함
으로써 그러한 합의를 받아들이려는 동기를 가질 수 있다. 그리고 규칙
의 승낙은 타인의 승낙을 확고히 하기 위해 치러야 할 공정한 대가다. 바
로 이것이 도덕 공동체를 창출하는 '계약'의 핵심이다.

이러한 이론은 우리가 특정한 도덕 규칙을 갖는 이유를 쉽고도 자연스
럽게 이해하는 데 도움이 된다. 우리가 살해에 반대하는 규칙을 가지고
있는 이유는 무엇인가? 그 이유는 우리들이 각자 그로부터 무엇인가 얻
는 바가 있기 때문이다. 다른 사람들이 그러한 규칙을 따를 경우 우리는
이익을 얻게 된다. 다른 사람들을 해하지 않겠다는 우리의 동의는 우리
를 해하지 않겠다는 그들의 동의를 확보하기 위해 치르는 공정한 대가
다. 이와 같은 과정을 거쳐 살해에 반대하는 규칙이 확립되었다. 우리는
약속 지키기, 진실만을 말하기 등을 요구하는 규칙들에 대해서도 동일하
게 말할 수 있을 것이다.

인간 아닌 동물이 인간에 대한 처우에 활용되는 동일한 도덕 규칙의 적
용 범위 내에 포함되지 않는다는 주장은 이러한 이론에 자연스레 포함된
다. 왜냐하면 동물은 전체 구성망이 의거하고 있는 상호 동의에 동참할
수 없기 때문이다. 최초의 위대한 사회 계약론자인 홉스는 이를 적절히
파악하고 있었다. 그는 다음과 같이 말했다. "야만스런 짐승들과 계약을

맺는다는 것은 불가능하다."15) 이러한 주장은 현대 계약론의 가장 탁월한 업적인 롤즈(John Rawls)의 《정의론》(*A Theory of Justice*)에서도 명시적으로 드러난다. 롤즈는 이성적이면서 이기적인 사람들이 자신이 '원초적 입장'이라고 부르는 입장, 다시 말해 자신에 대한 특별한 사실, 그리고 자신이 사회 내에서 처해있는 입장에 대해 무지한 입장이라고 부르는 상황에서 받아들일 내용들이 정의의 원칙이라고 규정한다. 이때 어떤 유형의 존재가 정의로운 대우를 받을 수 있는지에 대한 의문이 제기되는데, 이에 대한 롤즈의 답은 다음과 같다.

> 우리는 원초적 입장에 있는 자들에 대한 규정을 이용해서 선택된 원칙들이 적용될 존재의 종류를 상정하게 된다. 결국 그 당사자들은 그들의 공통된 제도들과 그들 상호간의 행위를 규제해 줄 그러한 기준을 채택하는 것으로 생각된다. 그리고 그들의 본성에 대한 규정은 그러한 원칙들이 선택되는 추론 속에 개입하게 된다. 그래서 평등한 정의는 최초의 상황의 공공적 합의에 참여하고 그에 따라 행할 수 있는 능력을 갖는 자들에게 주어지게 된다.16)

롤즈는 이것이 인간이 소유하는 '동등한 기본권'을 인간 아닌 동물이 갖지 못하는 이유를 설명한다고 말한다. "분명 동물은 어느 정도 보호를 받아야 한다. 하지만 동물의 지위는 인간과 같지 않다." 물론 롤즈가 이와 같은 결론을 내렸다는 것은 그다지 놀라운 일이 아니다. 그 이유는 만약 상호간의 이익에 관한 합의에 따라 권리가 결정된다면, 그리고 동물이 합의에 동참할 수 없다면, **동물의 이익에 '동등한 기본권'을 부여할 수 없기 때문이다.**

호혜성이라는 조건은 설득력이 있어 보이며, 나는 이러한 조건이 설득력 있는 착상의 맹아를 분명 포함하고 있다고 생각 — 이에 대해서는 조금

---

15) Hobbes, *Leviathan*, p. 90.
16) Rawls, *A Theory of Justice*, p. 505.

있다가 더 언급할 것이다 — 한다. 하지만 우리는 이러한 조건을 거부할 합당한 이유가 있다. 그 이유를 파악하고자 한다면 우리는 도덕적 의무를 갖는(having) 데에 필요한 조건들과 도덕적 의무의 수혜자(beneficiary)가 되기 위해 필요한 조건을 구분해야 한다. 17)

　예를 들어 보자. 정상적인 성인은 다른 사람에게 고통을 주지 말아야 할 의무가 있다. 그런데 어떤 특징으로 인해 정상적인 성인이 그러한 의무를 갖게 되는가? 우선 그는 고통이 무엇인가를 이해할 수 있어야 하며, 그것이 잘못임을 인식할 수 있어야 한다(언어 능력은 여기서 적절한 기준이 될 것이다. 언어가 없다면 고통이 잘못이라는 믿음을 형성할 수 없을 것이기 때문이다). 어떤 사람, 예를 들어 심각한 정신지체인이 그러한 능력을 갖지 못했을 때, 우리는 그가 그러한 의무를 갖는다고 생각하지 않으며, 그가 행한 바에 대해 책임이 있다고도 생각하지 않는다. 반면 무엇이 어떤 사람에게 의무의 수혜자가 될 자격을 부여하는가는 매우 다른 문제다. 누군가 — 그는 고통을 주어선 안 된다는 의무의 수혜자다 — 에게 고통을 주는 것이 잘못인 이유는 무엇이 고통인가를 이해하는 그의 능력, 또는 그것이 도덕적 잘못임을 인식하는 그의 능력 때문이 아니라, 단순히 고통을 경험할 수 있는 그의 능력 때문이다. 이처럼 어떤 사람은 그러한 의무를 갖는 데 필요한 특징을 갖지 않을 수 있으며, 그럼에도 그러한 의무의 수혜자로서의 자격을 갖는 데에 필요한 특징을 가질 수 있다. 만약 의구심이 든다면 심각한 정신지체인이 처한 상황을 생각해 보라. 심각한 정신지체인은 고통이 무엇인지, 또한 고통을 야기하는 것이 잘못인지 이해할 수 없을 것이다. 그럼에도 그는 고통을 느낄 수 있다. 이에 따

---

17) 〔역주〕 이하에서의 예에서 적절하게 보여 주듯이 우리는 '도덕적 고려의 대상'이 되는 것과 '도덕적 행위자'를 구분할 수 있어야 한다. 여기서 유의할 것은 양자가 일치하는 것은 아니라는 점이다. 다시 말해 도덕적 고려의 대상이 될 수 있어도 도덕적 행위자가 될 수 없는 경우가 있다는 것이다. 예를 들어 아기는 도덕적 고려의 대상이지만 도덕적 행위자가 될 수는 없다. 마찬가지로 동물 또한 도덕적 고려의 대상이 될 수 있지만 도덕적 행위자는 아니다.

라 설령 정신지체인이 우리를 괴롭혀서는 안 된다는 의무를 가질 수 없다
고 해도, 정신지체인이 아닌 우리는 그에게 고통을 주지 말아야 할 의무
를 갖는다.

　호혜성이라는 조건은 어떤 사람은 오직 다른 사람이 호혜적일 경우에
만 다른 사람을 해하지 않기 위해 자신의 행동에 대한 제한을 받아들일
도덕적 의무를 갖는다고 말한다. 그런데 정신지체인의 사례는 이러한 조
건이 잘못임을 보여 준다. 정신지체인은 자신의 행동을 그와 같은 방식
으로 제한할 수 있는 능력이 없다. 그럼에도 우리에게는 정신지체인에
대한 우리의 행동을 제한할 의무가 있다. 이는 우리와 인간 아닌 동물과
의 관계에서도 마찬가지다. 정신지체인과 마찬가지로 동물은 의무를 갖
는 데 필요한 특징을 갖추고 있지 않을 수가 있다. 그럼에도 동물은 우리
가 동물에게 갖는 의무의 수혜자로서의 자격을 갖추고 있을 수 있다. 만
약 이것이 사실이라면 동물이 호혜적일 수 없다는 사실이 우리의 동물에
대한 기본적인 의무에 영향을 미칠 수는 없다.

　나는 호혜성이라는 조건을 받아들일 수는 없지만, 그럼에도 그러한 조
건에 그럴 듯한 착상의 맹아가 포함되어 있다고 말한 바 있다. 내가 염두
에 두고 있는 착상은 만약 어떤 사람이 우리의 이익을 의식하여 사려 깊
게 행동할 수 있는데, 그렇게 하길 **거부한다면**, 우리는 그에게 가졌어야
하는 어떠한 유사한 의무로부터도 벗어날 수 있을 것이라는 생각이다.
물론 이러한 생각이 옳을 수도 있다. 하지만 우리가 이러한 논점을 받아
들이는지의 여부가 인간 아닌 동물에 대한 우리의 의무에 어떤 차이를 낳
진 않는다. 왜냐하면 동물은 그러한 의무를 받아들일 능력이 없으며, 우
리에 대한 의무를 인식하길 '거부할' 수 있는 능력 또한 가지고 있지 않기
때문이다.

　호혜성에 대한 고려가 우리가 무엇을 해야 할 것인가에 대한 결정에 관
여하는 또 다른 방식이 있다. 어떤 사람이 과거 어느 때에 은혜를 베풀었
다고 가정해 보자. 당신은 그에게 빚을 졌다고 생각할 수 있으며, 그리하
여 장래에 그에게 도움을 줄 수 있는 기회가 있다면, 그렇게 해야 할 특별

한 의무를 갖는다고 생각할 수 있다. 이와 같은 상황에서 그를 돕는 경우와 그러한 빚을 지지 않은 어떤 사람을 돕는 경우 사이에서 선택해야 한다면, 당신은 당신에게 혜택을 베푼 사람을 선택하게 될 것이며, 이는 합당하다(이는 평등의 원리의 요구를 충족시키는, 그들 사이에 존재하는 '적절한 차이'가 될 수 있을 것이다). 이에 대해서는 이론의 여지가 없다. 하지만 이러한 원리가 인간에 대한 우리의 일반적인 의무와 다른 동물에 대한 일반적인 의무를 구분하는 어떤 특별한 근거를 제공하는 것은 아니다. 우리는 평등의 원리가 그와 같은 경우보다는, 서로 다른 사람에게 은혜를 입은 경우 중에서 선택할 때 가장 흔히 활용된다고 생각해야 할 것이다. 나아가 우리가 인간 아닌 동물에게 이러한 종류의 특별한 의무를 갖는 경우도 있다. 요컨대 인간 아닌 동물은 인간에게 소중한 서비스를 제공하기도 했는데, 우리가 동물이 제공한 그러한 서비스에 대해 절대로 감사할 필요가 없다고 생각하는 것은 그들에 대한 은혜를 모르는 격이라 할 것이다.

4. 다른 동물에 비해 고통에 민감하기 때문에 인간이 특별한 도덕적 지위를 갖는다는 생각. 마지막으로 우리는 그다지 인상적이지 않지만 간혹 듣게 되는 논의를 간략하게 고찰해 볼 필요가 있다. 나는 인간과 다른 동물 간에 중요한 차이가 있다고 해도, 그들에게 고통을 경험할 수 있는 능력이 있다는 점에서는 아무런 차이가 없다고 (사실상 여러 번) 말했다. 인간과 인간 아닌 동물은 모두 고통을 느낄 수 있다. 때문에 다른 어떤 차이가 존재하는지와 무관하게, 우리는 인간에게 고통을 주는 데 반대하는 것과 동일한 이유로 동물에게 고통을 주는 데 대해서도 반대할 근본적인 이유가 있다. 이러한 근본적인 차원에서 보자면 인간과 인간 아닌 동물은 분명 동일하다.

하지만 이상에서의 논의가 잘못되었다는 비판이 제기될 수 있다. 즉 고통을 야기했을 때 인간이 다른 동물에 비해 더 고통을 느낀다는 것이다. 인간은 미래 예측 능력으로 인해 고통스런 경험을 예측할 수 있으며, 그러한 경험을 미리 두려워할 수 있다. 이러한 두려움은 상세하면서도 생생하게 느껴질 수 있다. 우리는 고통을 받을지의 여부를 알 뿐 아니라, 구체적으로 어떤 방식으로 그러한 고통을 받을 것인가를 안다. 그리고 고통을 받은 후 그에 대한 기억은 우리를 계속해서 따라다닐 것이다. 우리보다 인식 능력이 떨어지는 동물은 이와 같은 부수적인 영향으로 인한 고통을 비교적 적게 느낄 것이다. 이는 단지 육체적 고통뿐 아니라 심리적 고통에도 적용된다. 만약 강제로 자식과 격리될 경우 인간의 어머니는 평생 아이를 잃은 사실에 대해 슬퍼할 것이다. 물론 새끼를 빼앗긴 암컷 붉은 털원숭이 또한 마음에 충격을 받는다. 하지만 원숭이는 얼마 있지 않아 아픔을 극복할 것이다. 이렇게 보았을 때 표면상 유사하게 보이지만 우리는 인간에 대한 학대와 동물에 대한 학대를 동일하게 생각할 수 없다.

이상의 주장은 나름대로 일리가 있다. 하지만 우리는 이러한 주장으로부터 도출되는 바와 그렇지 않은 바가 무엇인가를 이해할 필요가 있다. 이상에서의 추론에서 인간 아닌 동물의 이익이 그에 비견되는 인간의 이익과 동일한 고려의 대상이 되어야 한다는 근본적인 착상을 완전하게 부정하는 것은 전혀 없다. 이로부터 도출되는 주장이라곤 기껏해야 동물의 이익과 인간의 이익에 대해 실제로 비교가 가능한 경우가 언제인가를 평가하는 데 신중을 기해야 한다는 정도다. 이러한 상황은 다음과 같이 도식적으로 나타낼 수 있을 것이다. 우리가 x 단위의 고통을 인간에 야기하는 경우와 인간 아닌 동물에게 야기하는 경우 중에 하나를 선택해야 한다고 가정해 보자. 인간은 뛰어난 인지 능력을 갖추고 있으며, 이로 인해 그에 대한 여파가 y 단위의 추가적인 고통을 불러일으킬 것이다. 이렇게 보았을 때 인간의 불행의 총계는 x + y 다. 반면 인간 아닌 동물의 불행의 총계는 x에 그친다. 이와 같이 하여 인간은 잃을 것이 더욱 많아지고, 평등의 원리는 인간을 우선적으로 고려하라는 명령을 내릴 것이다. 그런데 방금 제시한 사례를 변경하여 인간 아닌 동물이 느끼는 최초의 고통을 어느 정도 더 강하게 만들어서 그것이 x + y라고 가정해 보자. 우리는 고통의 총계를 다시 한 번 비교할 수 있게 될 것이고, 이 때 인간이 훨씬 많은 것들에 대해 민감할 수 있다는 논지는 인간에 대한 우대를 전혀 정당화할 수 없을 것이다.

　조건적인 종차별주의는 인간의 이익이 단지 그들이 인간이기 때문이 아니라 다른 동물이 가지고 있지 않은 도덕적으로 중요한 특징을 갖기 때문에 도덕적으로 더욱 중요하다는 입장을 취한다. 하지만 그러한 특징은 구체적으로 무엇인가? 지금까지 우리는 여러 가능성을 검토해 봤다. 인간이 말을 할 수 있다는 주장, 이성적 행위자라는 주장, 의무를 가질 수 있는 도덕적 행위자라는 주장, 다른 사람들과 호혜적인 합의를 할 수 있고 그들을 위해 서비스를 제공할 수 있다는 주장, 더욱 고통을 받기 쉽다는 주장 등을 검토해 보았다. 각각의 논의를 검토하면서 우리는 평등의 원리가 시사하는 접근 방식을 포기할 하등의 이유를 발견하지 못했다. 개체들 간의 적절한 차이가 존재할 경우 우리는 그들에 대한 처우를 달리해야 한다. 하지만 그렇지 않을 경우 그 존재가 인간이건 인간 아닌 동물이건 개체들 간의 동일한 이익에는 동일한 비중이 주어져야 할 것이다. 원칙적으로 우리는 인간을 대할 때의 고려 방식과 다른 동물을 대할 때의 고려 방식을 구분해야 한다는 입장을 지지해 줄 아무런 근거도 발견하지 못했다.

　이상과 같은 사실은 종과 도덕 간의 관계를 어떻게 규정하는가? 여기서 떠오르는 그림은 전통적인 도덕에 비해 훨씬 복잡하지만 그럼에도 사실에 더 부합된다. 인간은 다른 동물과 그저 '다른' 것이 아니다. 현실 속에서 양자 간에는 비슷한 점과 다른 점이 복잡하게 얽혀 있다. 이에 부합되는 도덕관념은 인간과 다른 종의 구성원이 유사할 경우 양자가 유사하게 처우되어야 하며, 오직 다른 정도만큼만 달리 처우되어야 한다는 것이다. 이러한 관념은 인간에 대한 더욱 나은 처우를 정당화하는 어떤 차이가 있을 경우 항상 인간에 대한 더욱 나은 처우를 요구할 권리가 있음을 받아들일 것이다. 하지만 이러한 관념에는 그가 단순히 인간이라고 해서, 혹은 인간 일반이 특정 인간이 가지고 있지 못한 어떤 특징을 가지고 있다고 해서, 또는 그가 특정한 유형의 처우와 무관한 어떤 특징을 갖고 있다고 해서 더욱 커다란 권리를 요구할 수 있는 것은 아니라는 생각이 포함될 것이다.

다윈주의와 도덕적 개체주의의 연관성

이상에서 살펴본 방식의 도덕에 대한 이해와 종의 본성에 관한 다윈의 견해 사이에는 두드러진 유사점이 있다. 종이 불변적이라고 생각하던 다윈 이전의 자연사 연구자들은 어떤 생물은 어떤 종의 본질로 규정되는 특징들을 소유했는지의 여부에 따라 그 종의 성원인지가 결정된다고 생각했다. 다윈 이전의 자연사 연구자에게 변이는 호기심의 대상이라는 측면 외에는 별다른 흥밋거리가 아니었다. 요컨대 자연사 연구자들이 연구하려 했던 것은 종의 외적인 본질을 구현하고 있는 '표준적인' 실례들이었다. 이와 같은 본질은 자연 그 자체가 정해 놓은 어떤 실제적이면서 결정적인 특징이었으며, 생물학자들이 고안한 분류 체계는 그것이 정해진 자연 질서에 얼마만큼 부합하느냐에 따라 정확하거나 부정확한 것으로 파악되었다.

진화생물학은 이와는 매우 다른 입장을 취한다. 다윈은 어떠한 고정된 본질도 존재하지 않는다고 주장했다. 다시 말해 어떤 측면에서는 서로 유사하지만 다른 측면에서는 다른 다수의 생물들만이 존재할 따름이라는 것이다(나아가 변이는 더 이상 흥밋거리로만 간주되지 않았다. 반대로 변이야말로 자연 그 자체였다. 그들은 자연선택을 가능케 하는 것들이었다). 그러한 개체들을 어떻게 종, 변이 등으로 분류하는가는 다소 임의적이다. 《종의 기원》에서 다윈은 다음과 같이 말했다.

> 나는 종이라는 용어가 서로 밀접하게 닮아있는 일련의 개체들에게 편의상, 임의적으로 주어졌다고 생각하며, 변종이라는 용어와 본질적으로 다르지 않다고 생각한다. 여기서 변종이란 덜 뚜렷하고 더욱 유동적인 형태를 일컫는 이름이다. 한편 단순한 개체적인 차이와 비교해 볼 때 변종이라는 용어 또한 임의적으로, 그리고 그저 편의적으로 사용된다. [18]

18) Darwin, *Origin*, p. 52.

이처럼 다윈주의 생물학은 결정된 종이라는 오랜 관념을 수많은 유사성과 상이성을 갖춘 개별적인 생물들로 대체한다. 반면 도덕적 개체주의는 어떤 생물이 속한 종이 중요하다는 오랜 관념을 어떤 생물을 처우할 때 그 생물이 가지고 있는 유사성과 상이성에 민감해야 한다는 입장으로 대체한다.

이렇게 본다면 도덕적 개체주의가 진화론에 잘 '부합된다'는 말은 일리가 있다. 하지만 이러한 '부합된다'가 정확히 무엇을 말하는가에 대한 의문이 제기될 수가 있다. 양자 간의 관계는 분명 논리적인 함의보다는 약할 것이다. 다윈주의 이론은 도덕적 개체주의의 진리성을 엄밀하게 담지하고 있지 않다. 우리는 아무런 자기모순을 범하지 않고서도 얼마든지 다윈주의를 받아들이면서 동시에 도덕적 개체주의를 거부할 수 있다. 하지만 양자의 연결 고리는 양자를 받아들이는 데에서 어떤 형식적인 모순이 없을 것만을 요구하는 단순한 일관성보다는 강할 수 있다. 그렇다면 양자의 관계는 무엇인가?

이즈음 해서 전통 도덕 내에서의 신의 형상 테제, 합리성 테제 그리고 인간이 존엄하다는 생각 사이의 관계를 다시 한 번 살펴볼 필요가 있을 것이다. 전통 도덕은 인간이 다른 동물과 '다를 수밖에 없다'는 가정에서 나왔다. 흔히 이러한 차이는 인간만이 신의 형상에 따라 만들어졌다는 주장, 오직 인간만이 이성적이라는 주장 혹은 양자 모두를 통해 설명되었다. 이는 인간의 생명과 인간의 이익에 특별한 중요성을 부여했으며, 이로 인해 인간의 지위는 단순한 동물에 비해 훨씬 고양되었다. 하지만 이러한 '사실'(인간이 신의 형상에 따라 만들어졌다거나 그들만이 이성적이라는)이 인간에게 특별한 도덕적 지위를 부여하는 이유는 무엇인가? 양자는 어떤 관계에 있는가?

2장에서 나는 인간이 존엄하다는 신조가 하늘에서 떨어진 도덕관념이 아님을 강조한 바 있다. 이는 인간에 대한 다윈 이전의 이해 방식, 즉 인간을 다른 생물들과 종류가 다른 존재로 파악하는 이해 방식에 '부합된다'. 더욱 구체적으로 나는 신의 형상 테제와 합리성 테제가 인간이 존엄하다는 신조를 지지하는 이유로서의 역할을 한다고 주장한 바 있다. 이제 우리는 이러한 설명에 어떤 중요한 내용을 덧붙여야 할 시점에 이르게 되었다. 덧붙일 내용은 평등의 원리와 관계가 있다.

내가 상세하게 설명한 바와 같이 평등의 원리는 새로운 생각이 아니다. 그러한 원리가 노예 제도, 인종차별, 성차별에 대한 포기를 요구한다는 사실을 깨닫게 된 것은 비교적 최근의 일이다. 하지만 평등의 원리 자체는 사람들이 합리적으로 사고할 수 있었던 이래 계속 작동해 온 합리성의 원리다(아리스토텔레스는 유사한 경우는 동일하게 다루어야 하며, 다른 경우는 다르게 다루어야 한다는 사실을 알고 있었다. 그리하여 그는 노예 제도를 옹호하면서 노예가 '다른' 이유가 무엇인가를 설명할 필요가 있다고 느꼈다). 이에 따라 인간이 존엄하다는 신조가 유지되려면 인간과 다른 동물이 도덕적 지위라는 측면에서 다르다는 점을 정당화하는 차이를 밝힐 필요가 있다. 바로 이곳이 신의 형상 테제와 합리성 테제가 도입되는 지점이다. 이러한 테제들은 인간과 동물이 도덕적 지위라는 측면에서 차이가 있음을 보이는 데 요구되는 적절한 차이를 제시한 바 있다.

이렇게 보았을 때 신의 형상 테제, 합리성 테제, 그리고 인간이 존엄하다는 신조 간의 '상호 부합성'은 다음과 같이 설명할 수 있을 것이다. 이들은 자연스럽게 맥을 같이 한다. 왜냐하면 이들은 평등의 원리가 핵심적인 역할을 하는 추론 연쇄의 일부를 이루고 있기 때문이다. 여기서 이들 간의 상호 부합성을 매개하는 것은 평등의 원리다.

> 처우의 차이를 정당화하는 개체들 간의 차이가 존재하지 않는 이상, 우리는 개체들을 동일한 방식으로 처우해야 한다.
> 인간과 다른 동물은 종류에서 근본적으로 다르다. 오직 인간만이 신의 형상에 따라 만들어졌으며, 오직 인간만이 이성적이다.
>
> 신의 형상에 따라 주조되었다는 점, 그리고 이성적이라는 점은 특별한 처우를 정당화하는 특징이다. 이러한 특징들을 갖는 생물들은 특별한 관심과 존중의 대상이 되어야 한다.

이렇게 보았을 때 인간과 다른 동물은 각기 근본적으로 다른 방식으로 처우해야 한다. 인간의 이익은 다른 어떤 동물의 이익에 대한 관심 이상으로 커다란 관심의 대상이어야 한다.

진화적 시각과 도덕적 개체주의 간의 '상호 부합성' 또한 유사한 방식으로 설명이 가능하다. 이전에 사람들이 믿어왔던 바와는 대조적으로, 우리는 인간과 다른 동물이 종류라는 측면에서 근본적으로 다르지 않다는 사실을 다윈에게서 배운다. 이러한 새로운 이해로 인해 우리는 다른 방식으로 추론을 할 수 밖에 없다.

처우의 차이를 정당화하는 개체들 간의 차이가 존재하지 않는 이상, 우리는 개체들을 동일한 방식으로 처우해야 한다.

인간과 다른 동물은 그 종류에서 근본적으로 다르지 않다. 그들은 어떤 방식으로는 유사하고, 다른 방식으로는 다르며, 이러한 차이는 흔히 단순히 정도의 문제에 지나지 않는다. 비록 정도라는 측면에서 차이가 있겠지만 만약 인간이 합리적이라면 다른 동물 또한 합리적이다. 인간의 다른 중요한 능력 또한 마찬가지로 말할 수 있다.

이렇게 보았을 때, 특정한 방식의 처우를 정당화하는 특징들을 인간이 가지고 있다면 다른 동물 또한 그러한 특징들을 가지고 있을 것이다.

이렇게 보았을 때, 인간과 다른 동물에 대한 처우 방식은 양자 간에 존재하는 유사성과 상이성의 패턴을 예의 주시해야 한다. 그들에 대한 서로 다른 처우를 정당화하는 차이가 있다면 우리는 양자를 다르게 처우할 수 있다. 하지만 그러한 차이가 없다면 그렇게 해서는 안 된다.

도덕적 개체주의와 진화적 시각의 '상호 부합성'을 매개하는 원리는 평등의 원리다. 이렇게 보았을 때 도덕적 개체주의는 '무엇이 행해져야 할 것인가'에 관한 결정에 평등의 원리를 일관되게 적용한 것으로, 다윈주의가 인간의 본성과 지구상에 살고 있는 다른 동물과 인간의 관계에 대해 알려준 바에 따르는 입장에 다름 아니다.

인간 생명의 가치

이 모든 논의에서 커다란 쟁점이 되는 것은 인간 생명의 가치다. 다윈의 글을 미리 읽어본 사람들, 심지어 그의 적대자뿐 아니라 친구들마저도 만약 인간이 고귀한 존재라는 전통적인 개념을 포기할 경우, 인간 생명의 가치에 대한 전통적인 믿음을 더 이상 정당화할 수 없게 되지 않을까 염려했다. 그들이 이를 심각한 문제로 파악한 것은 충분히 이해할 만하다. 문제는 다윈주의가 인간의 생명이 가치가 있다고 설명할 수 있는 자원을 그다지 남겨 놓지 않는다는 점이다. 전통적인 이론가들은 인간의 본성이 동물의 본성과 근본적으로 다르다는 관념뿐만 아니라 인간이 신으로부터 유래했으며 신의 계획 내에서 특별한 위치를 점한다는 주장에 호소할 수 있었다. 이러한 개념들을 이용하여 그들은 인간의 생명이 신성하며, 이에 따라 불가침하다는 입장을 뒷받침하는 확고한 설명을 개발할 수 있었다. 하지만 다윈주의자는 이보다 불충분한 소재를 가지고서 그러한 작업을 해야 한다. 더 이상 오랜 자원들을 활용할 수 없는 상황이라면 우리는 당연히 생명력 있는 이론을 잘 만들어낼 수 있을지에 대해 의심을 품을 수 있을 것이다.

인간 생명의 가치를 존중하는 포스트 다윈주의 이론은 어떠한 모습이어야 할까? 그러한 이론은 어디에 토대를 둘 수 있을까? 우선 그러한 이론은 무엇보다도 인간 생명의 가치가 그 생명의 주체인 인간에게 갖는 가치임을 강조하는 데서 출발할 수 있을 것이다. 우리의 생명은 신이나 자연 혹은 우주에게 가치가 있는 것이 아니라 우리에게 가치가 있다. 그런데 언뜻 보았을 때와 달리 종교적 회의주의자들의 저술에서 흔히 살펴볼 수 있는 이러한 생각은 그리 단순하지 않다. 이는 오해받기 쉬우며, 우리는 그 의미를 가능한 한 분명하게 해야 할 필요가 있다.

무엇인가가 '누군가에게' 가치 있다고 말할 때, 이는 세 가지를 의미할 수 있다. 첫째, 누군가가 그것을 가치 있다고 믿는다는 것을 의미할 수 있다. 두 번째로, 누군가가 그에 대해 의식적으로 관심을 갖는다는 것을 의미할 수 있다. 이러한 해석들은 가치에 대한 주관주의 이론이 전제되고 있음을 시사한다. 하지만 어떤 형태의 주관주의적 이해도 포함하지 않는 세 번째의 의미가 있다. 이는 가치 있다는 말이 의미하는 바에 대한 더욱 간단한 이해 방식이다. 무엇인가가 누군가에게 가치 있다고 말할 때, 우리는 그것이 없었을 경우 그 사람이 더욱 곤경에 처할 것임을 의미할 수 있다. 이러한 세 번째 의미는 앞의 두 가지와 독립적이라는 점에 주목할 필요가 있다. 무엇인가를 상실한다는 것은 설령 사람들이 그러한 사실에 무지하고, 이에 따라 그러한 사실에 관심을 갖지 않는 경우에도 사실상 해악을 줄 것이다.

나의 눈이 어떤 방식으로 '나에게' 가치가 있는지 고찰해 보자. 만약 내가 맹인이 된다면 이는 우주에게 나쁜 것이 아니라 나에게 나쁘다. 인간 외부에 존재하는 자연에 악을 귀속시키는 어떤 추상적인 기준에 호소함으로써 나의 불운을 설명하려는 시도는 쓸데없이 상황을 모호하게 만들 것이다. 단순하고 분명한 설명이 최선이다. 내가 시력을 잃었다면 이는 내게 나쁜 일이 될 것이다. 왜냐하면 내가 그로 인해 해를 입을 것이기 때문이다. 물론 이는 내가 시력을 잃게 됨으로써 부정적인 영향을 받게 될 내 주변 사람들에게도 나쁜 일이 될 것이다. 하지만 우리는 이를 부차적이라고 생각할 수 있을 것이다. 일차적인 해악은 내가 얻게 되는 고통에 있다.

이와 유사하게 우리가 어떤 여성의 생명이 '그녀에게' 가치 있다고 말할 때, 이때 '가치 있다'의 의미는 바로 세 번째의 의미다. 그녀의 생명은 그녀가 그러한 상실로 인해 해를 입을 바로 그 사람이기 때문에 그녀에게 가치 있는 것이다. 만약 그녀가 죽는다면 그녀는 자연이나 우주에 최고의 중요성을 갖는 무엇이 아니라 그녀에게 중요한 무엇, 곧 그녀의 생명을 잃는다. 그녀의 죽음은 그녀의 친구와 가족에게 나쁠 수 있지만, 반복해서 말하건대 이는 부차적이다. 일차적인 해악은 그녀가 감내하는 손실에 있다. 만약 이것이 적절한 생각이라면 우리는 신의 명령 혹은 지나치게 부풀려진 인간 개념에 호소하지 않고서도 생명의 가치를 설명할 수 있게 된다. 우리의 생명이 우리에게 갖는 가치의 종류에 호소하는 방법만으로도 충분한 것이다.

생명의 상실이 해악이 되는 정확한 이유는 무엇인가? 이를 이해하려면, 우리는 뒤섞여 있는 두 가지 개념을 구분할 필요가 있다. 즉 **살아있다**(*being alive*)는 것과 **삶을 영위한다**(*having a life*)는 것을 구분할 필요가 있는 것이다. 전자는 생물학적 개념이다. 살아있다는 것은 기능을 유지하고 있는 생물학적 유기체라는 뜻이다. 이는 '죽었다' 혹은 바위와 같이 살아있지도 죽지도 않은 유형의 사물에 반대되는 개념이다. 후자는 생물학적 개념이 아니라 전기(傳記, *biography*)적 개념이다. 예를 들어 후커(John Dalton Hooker)의 삶을 고찰해 보자. 후커는 1817년 유명한 식물학자의 아들로 태어났다. 그는 의학 공부를 마치고 HMS 에레버스(Erebus)호를 타고 남극 대륙으로 항해를 떠났다. 그는 1839년에 다윈을 만나게 되었고, 그의 절친한 친구가 되었다. 그의 두 아내 중 첫 번째 아내는 다윈의 생물학 개별 지도 교수의 딸인 프란시스 핸슬로(Frances Henslow)였다. 20년 동안 그는 아버지의 자리를 이어서 왕립 식물원장(*Royal Botanic Gardens*)으로 있었다. 자연사 연구자로서의 연구 성과로 인해 그는 왕립 협회의 국가 훈장인 코플리 훈장(*Copley Medal*)을 받았으며, 1892년에는 다윈 훈장을 받았다. 그는 다윈 장례식의 운구자였으며, 최종적으로 1911년 숨질 때까지 버크셔(Berkshire)에 칩거했다. 이상은 후커의 삶에 대한 일부 사실들이다. 비록 이것들 중 일부에 생물학적 내용이 포함될 수 있지만 그것들은 생물학적 사실이 아니다. 이들은 대체로 그의 살아온 역정, 품성, 행동, 이익, 그리고 관계에 관한 사실들이다.

일단 이러한 구분이 분명해진다면 우리는 'life'[19]의 가치라는 개념이

---

19) 〔역주〕 우리말로 옮길 경우 이는 다른 단어로 번역할 수 있기 때문에 별다른 문제가 야기되지 않는다.

매우 애매하다는 사실을 알 수 있을 것이다. 어떤 개념이 우리에게 중요한가? 생물학적 의미의 살아 있음인가, 아니면 전기적 의미의 삶인가? 분명 후자가 더욱 중요한 듯이 보인다. 우리의 삶은 우리가 소중하게 생각하는 것들의 합계다. 우리의 계획, 우리의 활동, 우리의 사랑과 우정, 그리고 다른 모든 것들의 합계인 것이다. 반면 살아 있음(being alive)은 그것이 삶을 영위할 수 있게 하는 한에서 우리에게 가치가 있다. 이는 여전히 살아 있지만 삶을 영위할 능력을 상실한 사람(돌이킬 수 없는 혼수상태에 놓여 있는 사람처럼)과 같은 극단적인 경우를 고찰해 보면 더욱 분명해진다. 애석하게도 살아있음이 그러한 사람에게는 전혀 도움이 되지 않는다. 이렇게 본다면 살아 있음의 가치는 도구적으로 이해될 수 있을 것이다. 살아 있음이 중요한 이유는 그것이 그가 삶을 영위할 수 있게 하기 때문이다.

이는 살해를 금하는 도덕 규칙이 일종의 '도출된 규칙'으로 파악될 수 있음을 시사한다. 누군가를 살해한다는 것은 생물학적인 생명을 앗아가는 것이다. 이를 반대해야 할 이유는 생물학적 생명이 없을 경우 전기적인 삶을 영위할 수가 없기 때문이다(맹인이 될 경우 그 사람은 어렵게 삶을 영위하게 된다. 이에 반해 죽을 경우 그 사람은 삶을 영위하는 것이 불가능해진다). 이렇게 본다면 살해를 금하는 규칙은 단순히 개체들의 살아 있음에 대한 반대가 아니라 개체들의 삶이 박탈되지 않도록 보호하는 것을 핵심으로 하는 규칙이다.

하지만 이러한 이론을 합당하게 만들고자 한다면 살해를 반대하는 규칙의 내용을 상세하게 설명할 필요가 있다. 즉 이는 그러한 규칙을 받아들여야 하는 이유 또한 설명해야 하는 것이다. 요컨대 어떤 도덕 규칙을 받아들인다는 의미는 우리의 행동에 미치는 불편한 제약을 참고 견딘다는 것이다. 살해를 반대하는 규칙을 받아들이는 것은 설령 우리에게 이득을 준다고 하더라도 다른 사람을 살해해서는 안 된다는 것을 의미한다. 그런데 이러한 규칙을 받아들여야 할 이유는 무엇인가? 우리는 여기서 개략적으로 살펴봤던 다른 사람들이 자신들의 생명을 가치 있게 여긴다는 사실을 어떤 것이 행해질 수 있는 바에 대한 불편한 제약을 받아들이는 설득력 있는 이유로 생각해야 하는 이유가 무엇인가를 물어 볼 수 있을 것이다. 이에 대한 대답은 '사회적 본능'에 대한 다윈주의적 설명을 통해 어느 정도 제시될 수 있을 것이다. 우리는 사회적 동물이며, 다른 존재들의 복리에 관심을 갖는 능력은 우리 본성의 일부다. 하지만 이러한 답변은 기껏해야 우리가 규칙을 받아들이는 이유를 설명하고 있을 따름이다. 이는 우리가 규칙을 **받아들여야** 할 이유가 무엇인가를 설명하지 않는다. 20) 나머지 설명은 평등의 원리가 제공한다. 우리들 각자 혹은 적어도 우리들 중 정상인들은 생명의 주체다. 그리고 우리들은 각기 생명을 잃음으로써 동일한 방식으로 해악을 입게 될 것이다. 이러한 측면에서 우리는 동일한 배에 타 있다. 이와 관련해서는 우리들 사이에 아무런 적절한 차이가 없다. 이렇게 보았을 때 타인들이 우리를 살해해선 안 된다고 생각한다면, 우리 또한 그들을 살해해선 안 된다는 사실을 받아들여야 한다.

　마지막으로 합당한 이론은 실질적인 도덕적 결정을 내릴 때 지침을 제공할 수 있어야 한다. 어떤 측면에서 이론과 실천은 조화를 이뤄야 한다. 내가 개괄한 생명의 가치에 대한 더욱 겸허한 관점을 받아들임으로써 초래되는 실천적인 결과는 무엇인가? 어렴풋이 짐작할 수 있는 바와 같이, 더욱 겸허한 견해를 받아들일 경우 전통적인 도덕의 처방과는 현저하게 다른 실천적인 결과가 초래된다. 이는 자살과 같은 문제를 고찰해 보았을 때 분명해진다. 이러한 쟁점 및 이와 유사한 다른 쟁점들을 다룰 때 우리는 인간 본성에 대한 다윈 이전의 개념들을 은근슬쩍 들여오는 논의에 의존해선 안 될 것이다. 21) 인간이 신성이 개입할 만한 가치를 지닌 위대한 작품이라는 관념에 직·간접적으로 호소하는 비슷비슷한 논의들이 있

---

20) 〔역주〕우리가 어떤 과정을 통해 사회적 본능을 획득하게 되었는지에 대한 설명은 사실 문제에 대한 설명일 뿐 이것이 우리가 특정한 규범을 받아들여야 하는 이유를 제시하는 것은 아니다. 사실과 가치의 문제는 별개인 것이다.
21) 〔역주〕신의 형상을 본뜬 존재로서의 인간, 이에 따라 마땅히 존중을 받아야 할 존재로서의 인간 개념을 도입해서는 안 된다는 것.

364

다. 이러한 논의들은 인간의 존엄성, 인간 생명의 신성함 혹은 다른 어떤
고귀하게 들리는 원리를 거론할 것이다. 인간에 대한 '좀더 겸허한' 견해
는 이와 같은 논의들을 활용하지 말 것을 요구한다. 그러한 논의들이 그
럴듯해 보일 경우, 우리는 항상 특정한 도덕 판단을 정당화하는 데 사용
할 수 있는 구체적인 인간의 특징을 통해 그러한 논의들을 바꾸어 볼 필
요가 있을 것이다. 만약 그러한 논의들을 이와 같은 더욱 겸허한 용어로
바꿀 수 없다면 우리는 어떻게 표현되었을지라도 그러한 선전 문구를 단
순히 과장된 칭찬이라는 이유로 거부해야 할 것이다. 22)

　　이러한 관점에서 본다면 칸트는 상당히 의심스러운 논의에 호소하여
자살에 대한 생각을 전개하고 있다. 2장에서 살펴본 바와 같이 칸트는
"자살은 어떤 경우에도 허용될 수 없다"23) 는 입장을 견지했다. 그는 다음
과 같이 썼다.

　　　　자살 옹호자는 다음과 같이 주장한다. 타인의 개인적인 권리를 침해
　　　하지 않는 이상, 인간은 자유로운 행위자다. 인간은 자신의 육체에
　　　다양한 것들을 적절하게 행할 수 있다. 그는 종기를 절개할 수 있고,
　　　사지를 절단할 수 있으며, 그러면서 상처에 개의치 않을 수 있다.
　　　사실상 그는 자신이 유용하고 적절하다고 생각하는 것은 무엇이든
　　　할 수 있다. 그런데 만약 그가 자신이 할 수 있는 가장 유용하고 적
　　　당한 일이 자신의 목숨을 끊는 것이라는 결론에 이르면, 그가 그렇
　　　게 하지 말아야 할 이유가 무엇인가? 자신이 계속 삶을 영위할 수 없
　　　고, 자신의 불운을 걷어 내거나 고통이나 망신을 당하지 않을 수 없
　　　다고 생각한다면, 그가 자살을 선택하지 않을 이유가 무엇인가?24)

<hr />

22) 〔역주〕 인간에게는 존엄함, 신성함 등 각종 수식어가 붙는다. 하지만 다원주
　　의적 입장에서 보았을 때 이는 과장된 수식에 불과하며, 이에 따라 아무런
　　이유를 마련하지 않고 이러한 수식이 당연하다고 생각하는 것은 잘못이라는
　　것. 설령 그러한 수식어를 붙일 수 있다고 해도 우리는 그러한 수식어를 붙일
　　수 있는 정당한 근거를 마련해야 할 것이다.
23) Kant, *Lectures on Ethics*, p. 151.
24) 위의 책, p. 148.

논의를 좀더 구체적으로 만들기 위해 한 가지 사례를 고찰해 보자. 슐레터(Richard Schlatter)는 러트거스(Rutgers) 대학의 교수 및 관리자로 유명하게 된 로즈(Rhodes) 장학생[25]이었다. 1962년부터 1972년에 이르기까지 그는 러트거스 대학의 학장이었고 총장 그로스(Mason Gross)의 절친한 친구였다. 1972년 그로스는 너무나도 고통스러운 질병으로 오랫동안 고생하다 숨을 거두었는데, 신문의 설명에 따르면 그의 목숨은 '감당하기에 너무나 고통스러운 순간까지'[26] 연장되었다. 슐레터 박사는 친구의 죽음에 커다란 영향을 받았고, 만약 자신이 그러한 입장에 처하게 된다면 자살하리라고 마음먹었다. 1987년 75살이 되던 해에 그는 등뼈에 말기 암이 발견되었다는 진단을 받고 자신이 친구와 동일한 입장에 처하게 되었음을 알게 되었다. 상당한 고통을 느끼는 상태에서 자신이 더 이상 가망 없다고 결론을 내리고서 슐레터 박사는 권총으로 자살을 했다. 이른바 칸트가 말하는 자살 '옹호자들'은 슐레터 박사의 결정이 합리적이었고, 이는 그의 권리에 해당한다고 주장할 것이다. 그의 전기적 삶은 여러 측면에서 바람직하게 끝이 났다. 그의 생물학적 삶은 더 이상 자신에게 아무런 소용이 없었다. 실제로 그 자신도 생물학적 삶이 참을 수 없는 짐이 되었다는 입장을 표명했다.

하지만 칸트는 이에 동의하지 않았을 것이다. 그가 제시한 이유는 '자살이 인간 본성의 고귀함을 침해한다'는 것이다. 그는 "인간은 사물이 아니고 야수도 아니다. 만약 자신의 목숨을 포기한다면, 그는 자신의 가치를 야수의 그것으로 평가하는 것이다"[27]라고 말했다.

> 자살이 혐오스럽고 받아들일 수 없는 이유는 생명을 귀중하게 여겨야 하기 때문이 아니다. 만약 생명을 높이 평가해야 하기 때문이라

---

25) 〔역주〕 로즈(C. J. Rhodes)의 유언에 따라 옥스퍼드 대학에 마련된 장학금을 받은 학생. 영연방·미국·독일의 유학생에게 수여된다.

26) Erlanger, "A Scholar and Suicide".

27) Kant, *Lectures on Ethics*, pp. 151~152.

면, 우리는 각자 생명을 얼마나 높이 평가해야 하는가에 대한 다른 의견을 가질 수 있을 것이며, 사려의 규칙은 흔히 최선의 수단으로 자살을 지목할 것이다. 하지만 도덕성의 규칙은 어떠한 상황에서도 이를 허용하지 않는다. 왜냐하면 그렇게 하는 것은 동물 본성의 수준 이하로 인간의 본성을 격하시키는 격이며, 그리하여 이를 훼손하기 때문이다.

자살이 정확히 어떻게 인간의 가치를 야수의 가치와 동등하게 평가하는 격인가? 이는 전혀 확실하지 않다. 하지만 칸트는 이성적 존재가 존재하는 것 자체가 좋은 것임에 반해, 비이성적인 생물의 존재는 그에 비견되는 가치를 갖지 않는다고 생각하는 듯이 보인다(물론 그는 인간 아닌 동물이 이성적 존재라고 생각하지 않았다). 이렇게 보았을 때 우리는 그의 논의를 우주에서 이성적 존재의 수를 감축하지 말아야 할 의무가 있으며, 그러한 의무는 우리 자신에게 좋은 것과 관련된 다른 어떤 고려보다도 앞선다는 주장으로 해석할 수 있을 것이다.

이러한 방식으로 해석할 경우 칸트의 논의는 사실상 '인간의 생명이 가치 있는 이유는 인간이 존재하는 것이 어떤 방식으로든 우주를 위해 좋기 때문이다'는 이해 방식에 호소하고 있다고 말할 수 있을 것이다. 사람들이 우주에 존재하지 않는 경우보다 존재하는 경우가 낫고, 그리하여 어떤 추상적인 방식으로 더 많은 사람이 있을수록 더 좋은 것이다. 이는 생명을 소유하고 있는 사람이 자신에게 부여하는 가치가 곧 인간 생명의 가치라는 우리의 견해와 뚜렷하게 대비된다. 그렇다면 칸트주의의 견해는 어떻게 지지를 받을 수 있는가? 다윈이 우리에게서 빼앗아 간 자원 없이 우리가 칸트주의의 견해를 어떻게 정당화할 수 있는가를 파악하기란 어렵다. 28)

---

28) 〔역주〕 다윈주의는 인간이 존엄하다는 생각에 의문을 초래했는데, 인간이 존엄하다는 생각을 전제하지 않고서는 칸트주의를 지지하기가 어렵다는 것. 여기서 다윈이 우리에게서 빼앗아간 자원이란 인간이 존엄하다는 생각을 말한다.

인간을 어떻게 처우해야 하는가와 동물을 어떻게 처우해야 하는가에 대한 칸트의 비교는 또 다른 오랜 논의를 연상하게 한다. 자살을 허용할 수 있는 경우가 있다고 생각하는 사람들은 흔히 고통에서 벗어나게 하기 위해 말에게 총을 쏘는 것과 동일한 이유로 인간의 목숨을 끊는 것 사이에 아무런 차이가 없다고 주장한다. 만약 전자가 인도적인 이유에서 받아들일 만하다면, 후자가 안 되는 이유는 무엇인가? 칸트의 일부 논지를 살펴보면 인간과 말은 다른 종류의 존재이며, 이 때문에 말에게 적용했던 동일한 추론 방식을 인간에게 적용해서는 안 된다고 말하는 것처럼 보인다. 칸트의 생각에 말을 처우하듯이 인간을 처우해서는 안 된다. 왜냐하면 인간은 인간이고 말은 말이기 때문이다.

이상과 같은 생각은 두 가지 방식으로 이해할 수 있다. 이를 인색하게 해석하자면 칸트가 또 다시 인간적 오만, 즉 인간은 단순한 동물에 대한 처우와 마찬가지의 방식으로 처우하기엔 너무 숭고한 천부적인 지위를 갖는다는 느낌에 호소하고 있다고 말할 수 있을 것이다. 하지만 칸트의 주장을 이보다 너그럽게 이해하는 방식은 인간의 본성이 동물의 본성과 다르다는 그의 주장을 다윈 식으로 해석하는 것이다. 다시 말해 우리는 그의 언급을 일반적으로 인간이 다른 동물이 갖지 못하는 일련의 특징들을 가지고 있으며, 그 반대의 경우도 있다는 관찰 내용을 속기식으로 간단하게 전달하는 주장으로 해석할 수 있을 것이다. 다음으로 우리는 평등의 원리를 머리에 그리면서, 말을 죽일 때 그와 같은 죽임을 정당화하는 독특한 특징을 인간 또한 공유하는지 물어볼 수 있을 것이다. 이상에서의 칸트의 논의를 더욱 겸허한 용어로 바꿀 수 있을까? 만약 가능하다면 이는 전통적인 입장뿐만 아니라 도덕적 개체주의 또한 받아들일 수 있을 것이다.

여기서 생각해 볼 문제는 말과 인간 사이에 차이가 있어 양자에 대해 다른 태도를 취하는 것이 정당화될 수 있는가라는 점이다. 우리는 말이 치유할 수 없는 치명적인 상처를 입고 고통 받고 있는 상황, 그리고 슐레터 박사와 마찬가지로 인간 역시 고통스런 말기 질환을 얻은 상황을 생각

368

해 볼 수 있을 것이다. 양자는 분명 유사하다. 양자 모두 죽어 가고 있다. 양자 모두 미래의 삶에 대한 전망이 없다. 양자 모두 고통을 받고 있다. 물론 그렇다고 해도 양자 사이에는 차이가 있을 수 있다. 인간(말은 아니지만)은 자신에게 무엇이 일어나고 있는가를 이해할 수 있는 능력이 있으며, 그에 대한 선호를 표현할 수 있을 것이다. 만약 인간이 더 빠른 죽음을 원하지 않는다면, 우리는 말을 처우하듯이 그를 처우하는 데 반대할 강력한 이유를 갖게 된다. 또한 인간은 자살을 선택할 수 있음에 반해, 말은 그와 같은 능력을 갖추고 있지 못하다. 하지만 설령 인간이 신속하고 고통 없는 죽음에 대한 선호를 표현한다고 해도, 그리고 설령 그가 자살함으로써 이를 이루고자 한다고 해도, 이것이 말과 인간을 동등하게 처우해야 한다는 주장을 약화시키지는 않으며, 오히려 이는 그러한 주장에 힘을 실어 준다.

결과적으로 인간의 구체적인 특징을 고려해 보았을 때, 우리는 자살을 절대적으로 반대할 근거를 전혀 발견할 수 없다. 이렇게 보자면 인간의 본성을 격하시키는 데 호소하는 칸트의 방법은 인간에 대한 과찬에 지나지 않는 듯이 보인다. 정서적 수사(修辭)를 걷어 버릴 경우 남는 것은 전혀 없다.

오직 사람들에게 좋은 것에만 호소하는 윤리[29]는 자살을 절대적으로 금지하는 데에 반대할 것이다. 하지만 이렇게 말한다고 해서 자살이 가볍게 다루어지리라는 것은 아니다. 현실 속에서 합리적인 자살은 드물다. 이는 너무 드물기 때문에 심지어 현명한 사람들조차도 비극이 초래될 것을 두려워하여 좀처럼 자살을 권하지 않는다. 실제로 자살은 대부분 비극적이다. 왜냐하면 자살은 사람들이 낙담하고, 자신들의 미래에 대해 불합리할 정도로 비관적인 생각을 할 때 발생하기 때문이다. 심지어 생명의 가치를 더욱 겸허하게 생각하는 입장에서도 우리의 생명이 스

---

29) 여기서 오직 사람들에게 좋은 것에만 호소하는 윤리란 도덕적 개체주의를 말한다.

스로에게 가치가 있음을 강조해야 한다. 설령 우리의 생명에 가치가 있다고 믿지 않는다고 해도, 그리고 우리의 생명에 의식적으로 관심을 갖지 않는다고 해도 말이다. 어떤 사람이 자신의 삶이 더 이상 살아갈 가치가 없음에 낙담하고 좌절할 수 있다. 하지만 일반적으로 그러한 낙담은 일시적일 수 있다. 그럼에도 그가 그 순간 자신의 삶이 가치가 있음을 믿지 않으며, 자신이 살건 죽건 개의치 않을 수 있다. 하지만 그가 그러한 상태에 놓여 있을지라도, 우리는 그의 삶이 단순히 추상적인 측면에서 가치 있기 때문이 아니라 그에게 가치 있기 때문에 가치 있다고 분별 있게 말할 수 있을 것이다. 이렇게 말하는 이유는 현재 처해 있는 상황과 상관없이 그가 생명을 잃음으로써 그가 커다란 해악을 얻게 되리라는 것은 분명한 사실이기 때문이다. 그럼에도 모든 경우에 이와 같은 논리가 적용되는 것은 아니다. 유감스럽게도 자신에 대한 우울한 평가가 옳은 경우가 있을 수 있다. 그리고 그러한 경우, 우리는 아무리 마음이 내키지 않더라도 자살을 선택하는 것이 합리적이라고 생각해야 할지 모른다.

자살의 문제는 안락사의 문제와 밀접한 관련이 있으며, 우리가 채택한 삶의 가치에 대한 이론은 두 가지 문제에 유사한 방식으로 접근할 것이다. 로지에(Patricia Rosier)와 같이, 죽어가는 사람이 참을 수 없는 수준의 존재로 격하되어서 불행하게 며칠을 더 연명하기보다는 빨리 죽길 선택한다고 가정해 보자. 로지에 부인은 열정적으로 살아간 테니스 선수이자 조깅 애호가, 그리고 나비 수집가였는데, 암에 걸려 뇌에 4개의 악성 종양이 발생했다. 그녀는 1985년 여러 번에 걸쳐 고향인 플로리다의 포트 마이어스(Ft Myers) TV에 출연했다. 거기서 그녀는 자신의 암에 대해 이야기하면서 다른 사람들을 도와 말기 질환에 대처하는 방법에 대해 충고를 해 주었다. 마지막으로 자신의 몸 상태가 악화되자 그녀는 의사인 남편에게 고통 없이 죽을 수 있도록 도와달라고 요청했다. 그는 치명적인 용량의 모르핀을 그녀에게 주었고(이는 그가 밝힌 바다), 그리하여 남편은 일급 살인 혐의로 고발되었다.

합법성의 문제는 차치하고, 그와 같은 상황에서의 자비로운 죽임[30]은 도덕적인 잘못인가? 사람들은 다양한 이유를 들어 안락사에 반대한다. 여기에는 안락사를 받아들임으로써 불가피하게 생명을 경시하게 되고, 그리하여 아무도 원하지 않는 살인이 증가하게 되리라는 두려움이 포함되어 있다. 하지만 이러한 반대는 자비로운 죽임의 허용 여부를 우연에 맡겨 두는 격이다. 이 경우 자비로운 죽임은 원인과 결과에 대한 평가에 근거하여 판단할 문제가 되어 버린다. 31) 안락사를 반대하는 사람들은 좀처럼 안락사 문제를 그렇게 처리하고 싶어 하지 않는다. 그들이 안락사를 반대하는 더욱 심층적인 이유 — 이는 무조건적으로 안락사를 금지할 것을 요구하는데 — 는 인간의 생명을 경외해야 하기 때문이다.

최근 이러한 주제를 다루고 있는 한 저술가는 "인간의 생명은 무한한 가치를 지닌다"32) 라고 주장했다. 이러한 글을 읽고 우리는 그것이 문자 그대로의 의미는 아니라고 생각한다. 무한한 가치란 너무 많은 듯하며, 심지어 인간의 생명처럼 고귀한 대상에 대해서도 마찬가지다. 하지만 이러한 특별한 저술가, 구체적으로 유대교 율법 교수인 텐들러(Moshe Tendler) 박사는 문자 그대로 인간의 생명이 무한한 가치를 지닌다고 생각한다. 그는 안락사에 대한 반대가 이와 같은 가르침에 근거한다고 설명한다. 우리는 죽어 가는 사람의 삶이 얼마 남지 않았을 때에만 자비로운 죽임을 허용하려 할 것이다. 하지만 텐들러는 간단한 도덕적 계산을 통해 "무한성의 일부 또한 무한성이며, 그리하여 삶이 조금밖에 남지 않은 사람의 삶 또한 삶이 60년 남은 사람과 다를 바 없는 가치를 갖는다"고 결론 내린다.

---

30) 〔역주〕 자비로운 죽임이란 안락사를 지칭한다.

31) 〔역주〕 앞으로 일어날 가능성이 있는 문제에 근거해 안락사 허용 여부를 결정하는 것은 우연에 근거한 판단이다. 왜냐하면 이는 일어날 수도 있고 그렇지 않을 수도 있기 때문이다. 하지만 인간 생명이 존엄하기 때문이라는 이유로 안락사를 허용해서는 안 된다고 했을 때에는 미래에 일어날 사건에 대한 판단과 무관하게 언제 어디서건 금지해야 한다는 필연성을 띤 판단이 된다.

32) Moshe Tendler, Kuhse의 *The Sanctity-of-Life Doctrine in Medicine*, p. 12 에서 인용.

추론의 측면에서 고찰해 보았을 때 이러한 논리에는 분명 결함이 있다 (한 가지 문제: '무한성의 부분 또한 무한성이다'라는 원리는 거짓이다. 연속 되는 자연수는 무한정 길지만 1-2-3-4-5처럼 그러한 연속의 일부는 무한정 길지 않다). 하지만 우리가 논리적 비판을 했다고 해서 그의 논의에 효과 적으로 대응했다고 볼 수는 없는 듯하다. 왜냐하면 형식적인 논의는 어 떤 훨씬 근본적인 논의에 대한 장식에 불과한 듯이 보이기 때문이다. "인 간의 생명이 무한한 가치를 갖는다"는 주장은 이성적인 논의라기보다는 추론이 개입되지 않은 심층적인 확신을 표현하려는 선전 문구 중의 하나 다. 여기에서는 인간의 생명이 너무 고귀하기 때문에 심지어 그 일부를 손상하는 경우마저도 용납할 수 없다는 관념에 대한 호소가 이루어지고 있다. 이와 같은 입장의 요지는 만약 로지에 부인이 하루 더 연명할 수 있 다면, 그녀의 24시간 동안의 생존은 말할 수 없을 정도의 가치가 있다는 것이다. 이러한 관점에서 보자면 그러한 24시간이 그녀에게 별다른 가치 가 없으리라는 사실을 지적하는 것은 적절하지 못하다. 왜냐하면 여기서 제시되고 있는 가치 개념은 그녀에게 가치 있다는 의미의 가치 개념이 아 니기 때문이다. 그녀의 생존은 어떤 더욱 추상적인 의미에서 좋은 것, 예 컨대 우주에 좋은 것으로 파악되고 있다. 여기에서는 그녀에게 좋은 것 이 사실상 그녀가 마지못해 살아가는 것도 포함되는 더욱 고차적인 선 (善)에 기여하기 위해 희생되어야 한다는 가정이 전제되고 있는 것처럼 보인다.

인간의 생명이 무한한 가치를 갖는다는 생각은 또 다른 의미를 내포한 다. 즉 생명은 절대 비교될 수 없으며, 하나의 생명이 다른 생명보다 가치 있다고 결론을 내릴 수 없다는 의미를 포함하기도 하는 것이다. 몇 개월 내에 어쩔 수 없이 죽게 될 테이사크(Tay-Sachs) 병[33]에 걸린 아이를 고찰 해 보자. 우리가 자원을 얼마 가지고 있지 못하고, 그 아이를 돌보는 경우

---

33) 유태인의 신생아 약 3,600~4,000명중 1명으로 나타나며, 양친을 통하여 자 식에게 전달된 유전자에 의하여 발생되는데, 3~4세 때부터 뇌세포가 파괴 되어 맹인이 되어 4~5세에 사망한다.

372

와 살아갈 날이 오래 남아 있는 건강한 아이 사이에서 선택해야 한다고 가정해 보자. 우리는 후자를 선택할 충분한 이유가 있다고 생각할 것이다. 하지만 자신의 선전 문구에 부합되게 텐들러는 다르게 생각한다. 그는 다음과 같이 결론 내린다. 각각의, 그리고 모든 인간의 생명은 무한한 가치를 갖는다. 따라서 "윤리적 맥락에서 보았을 때 장애가 있는 개인은 생명이 무한한 가치를 갖는 사람의 완벽한 사례다. 그 가치는 절대적이다. 이는 여명(餘命), 건강 상태, 혹은 사회에 대한 유용성과 무관하다."[34]

인간 생명의 가치를 더욱 겸허하게 설명하는 도덕적 개체주의는 위에서의 사례에 대해 매우 다르게 접근할 것이다. 만약 두 아기를 돌보는 경우 사이에서 선택해야 한다면, 도덕적 개체주의자는 그들 간에 차이가 있는지 물을 것이며, 그러한 차이가 두 아이 중 한 아이를 선택하는 경우를 정당화할 수 있는지 물을 것이다. 여명과 건강 상태 등은 적절한 기준이 될 것이다. 왜냐하면 그러한 특징들은 아이의 생물학적 생명이 그 아이에게 얼마만큼 유용한지를 결정하기 때문이다. 이들 간의 선택은 쉬울 것이다. 왜냐하면 테이사크 병에 걸린 아이는 전기적 삶에 대한 전망을 전혀 갖지 못하며, 그리하여 그 아이에게는 생물학적 생명이 아무런 가치도 갖지 못하기 때문이다. 더욱 겸허한 견해는 이를 결정적인 고려 사항으로 간주할 것이다.

이러한 견해가 전통적인 견해에 비해 인간 생명의 가치를 보장해 주지 못한다는 비판이 있을 수 있다. 실제로 그럴 수 있다. 인간 본성에 대한 고상한 개념을 포기할 경우, 그리고 삼라만상에 대한 설계 속에서의 인간의 위치에 관한 웅대한 관념을 포기할 경우 인간의 도덕적 지위는 불가피하게 격하된다. 신과 인간의 본성은 인간의 고상한 지위를 강력하게 뒷받침해 준다. 이들을 잃는 것은 무엇인가에 대한 상실을 의미한다. 하지만 그것이 모든 것에 대한 상실을 의미하지는 않는다. 인간의 생명은

34) Moshe Tendler, Kuhse의 *The Sanctity-of-Life Doctrine in Medicine*, p. 12 에서 인용.

여전히 가치를 인정받을 수 있고, 도덕적 개체주의자는 도덕적・법적인 규칙을 정당화하여 인간의 생명을 보호할 수 있다. 하지만 이러한 규칙들은 어떤 상위의 권위로부터 우리에게 내려왔다기보다는, 우리 자신의 평가로부터 탄생했음을 인정해야 할 것이다. 만약 이것이 상실이라면 이는 다윈 이후의 사람들이 받아들여야 할 상실이다.

한편 우리는 무엇인가를 얻기도 한다. 이런 말이 이상하게 들릴지 몰라도 어떤 측면에서 전통적인 도덕은 인간의 생명에 지나칠 정도로 많은 가치를 부여했다. 더욱 겸허한 개념을 이용할 경우 우리는 여러 문제에 더욱 잘 대처할 수 있을지도 모른다. 슐레터, 로지에, 그리고 테이사크병에 걸린 아이는 그 사례들이다. 수많은 상황 속에서 고상한 이념처럼 보이는 인간 생명에 대한 경외는 분별없는 미신으로 전락해 버릴 수 있다. 이러한 경우가 발생할 경우 이성은 무용지물이 되어 버리며, 사실상 사람들에게 좋은 것은 생명이 갖는 '가치'라는 추상적인 개념에 희생된다. 35) 우리가 도덕적 지위에 대한 상대적으로 웅대하지 않은 관점을 채택할 경우 이러한 함정을 회피할 수 있는데, 이는 상당한 장점이다.

생명권

일부 철학자들은 생명의 가치에 대한 나의 언급이 너무 빈약하다고 생각할 것이다. 그들은 내가 생명권을 전혀 고려치 않았기 때문에 그렇게 생각한다고 주장할 것이다. 생명권을 갖는다고 이야기할 때, 우리는 단

---

35) 인간 생명에 대한 경외심을 전제할 경우, 여기에는 더 이상 이성이 작동할 여지가 없게 되며, 그리하여 진정으로 개인에게 필요한 것을 제공할 수 없게 될 수가 있다. 저자는 예를 들어 안락사 시행은 인간 생명에 대한 경외심을 전제하고 있을 경우 불가능해질 수 있으며, 이에 따라 개인에게 커다란 고통을 야기할 수 있다고 생각한다. 이 경우 인간 생명에 대한 경외심이 강조됨으로써 개인이 진정으로 바라는 바를 취할 수 없게 될 수 있다. 반면 저자는 경외심을 전제하지 않고 윤리적 개체주의적 입장을 취할 경우 대의명분으로 인해 개인이 희생되는 경우를 방지할 수 있다고 생각하고 있다.

순히 그들의 생명이 가치가 있다는 사실 이상을 말하고 있다. 생명권을 갖는다고 할 때 우리는 여분의 무엇인가를 덧붙이는 것이다. 직관적으로 보았을 때 그렇게 하는 것은 옳아 보인다. 하지만 여분이 무엇인가를 정확하게 밝히기란 그리 쉽지 않다. 한 가지 통속적인 입장의 답은 '권리'가 사람들에게 행할 수 있는 바를 절대적으로 제약한다는 것이다. 예를 들어 우리가 무고한 사람을 살해함으로써 어떤 커다란 선 — 예를 들어 우리가 다섯 명의 무고한 사람들의 목숨을 구할 수 있었다 — 을 성취할 수 있다고 가정해 보자. 만약 최선의 결과를 산출하는 데 근거해서 결정을 내린다면, 우리는 다섯 명을 구하기 위해 한 명을 죽여야 한다는 결정을 내릴 것이다. 하지만 이처럼 무고한 사람들을 죽이면서 희생양이 되는 사람들의 권리를 침해하게 된다면, 이때 우리는 아무리 많은 선을 이룰 수 있다고 하더라도 그 사람들을 살해하지 않을 것이다. 목숨을 구하는 것은 고상한 이념이다. 하지만 우리는 고상한 이념을 추구하면서 사람들의 권리들을 침해해서는 안 될 것이다. 이러한 견해에 따르면 권리는 다른 모든 고찰을 능가하는 최후의 비방(秘方)이다.

  이러한 견해는 노직의 《무정부, 국가, 그리고 유토피아》(Anachy, State and Utopia)를 통해 많은 사람들에게 알려졌다. 책에서 노직은 권리가 본질적으로 불가침의 것이라고 주장했다. 하지만 이는 극단적으로 강한 권리 개념이다. 어쩌면 너무 강하다. 왜냐하면 이는 어떤 사람이 생명권을 가지고 있다면, 설령 전 세계의 파괴를 막는 데 필요하다고 해도 그 사람을 죽여선 안 된다는 생각을 함의하기 때문이다. 이의 대안으로 나는 다소 겸허한 설명을 제시하고자 한다. 우리는 일상적인 도덕적 사유 속에서 (a) 특정한 방식으로 사람을 대하지 말아야 할 의무를 갖는 경우와, (b) 그러한 방식으로 사람을 대함으로써 그들의 권리를 침해하는 경우 사이에 차이가 있음을 인식하는 데에서 출발할 수 있을 것이다. 다음으로 우리는 이러한 두 경우 간의 차이가 무엇인가를 물을 수 있을 것이다. 세 가지의 차이가 즉각적으로 머리에 떠오른다(물론 여기서 우리는 시종일관 도덕적 권리를 이야기하고 있지 다소 다른 고찰을 포함하는 법적인 권리를 논하고 있지 않다).

첫째, 한 개인이 특정한 방식으로 처우 받지 않을 권리가 있다고 가정해 보자. 이때 그 사람을 그러한 방식으로 처우하는 데에 반대하는 이유는 그 개인 자신을 위해서이지, 다른 사람 혹은 다른 어떤 것을 위해서가 아니다. 우리가 모든 피실험자들이 고문을 당하고 죽임을 당하는 나치의 강제 수용소 '실험'을 고찰하고 있다고 가정해 보자. 그리고 내가 강제 수용소에서와 같은 방식으로 존스를 처우하는 것은 잘못이라고 말한다고 생각해 보자. 여기까지는 별다른 문제가 없다. 하지만 존스가 적합하지 않은 피실험자이고, 만약 그를 이용할 경우 실험에 실패하리라는 — 이 것이 그를 이용한 실험이 잘못이라고 생각하는 유일한 이유다 — 생각이 내가 실험에 반대하는 유일한 이유라고 가정해 보자. 여기서 나는 존스가 문제에 대한 어떤 권리를 갖는다는 점을 고려하고 있지 않다.

둘째, 권리의 문제에서 권리의 담지자는 자신이 적절한 처우를 받지 못했을 때 특별한 방식으로 반대할 권한이 있다. 예를 들어 기아 구제를 위한 기부를 그저 당신 입장에서의 관대한 행동이라고 생각한다고 가정해 보자. 당신은 마땅히 그러한 일을 해야 한다고 생각한다. 왜냐하면 당신은 가난한 사람들에게 관대해야 하기 때문이다. 그럼에도 당신은 굶주린 사람들이 당신의 돈에 대해 어떤 권리를 갖는다고 생각하지 않는다. 당신은 어떠한 의미에서도 그들에게 그와 관련한 의무를 지지 않는다. 설령 당신이 기부하지 않기로 결정했다고 해도 당신은 그들이 불평할 권리를 갖는다고도 생각하지 않는다. 그들이 당신에게 기부를 하라고 강요하거나, 당신이 기부를 하지 않는다고 해서 잘못이라고 느낄 경우, 이는 적절한 태도가 아니다. 이 경우 당신이 도덕적 의무를 행하는지의 여부는 엄밀하게 당신과 당신 양심의 문제며, 당신이 기부를 하지 않기로 결정했다고 해도 당신은 굶주린 사람들에게 아무런 설명을 할 의무가 없다. 반면 그들이 도움을 받을 권리를 갖는다면, 그리고 당신이 그들에게 바라는 것을 주지 않는다면 그들은 불평하고, 조르고, 그리고 분개의 감정을 드러낼 수 있을 것이다.

셋째, 권리의 문제에서는 제 3자의 입장이 상이하다. 만약 당신이 누군가의 권리를 침해했다면, 제 3자가 개입해서 강제적으로 당신의 권리 침해를 막을 수 있을 것이다. 하지만 당신이 그 누구의 권리도 침해하지 않았다면, 이때 설령 당신이 응당 해야 할 것을 행하지 않는다고 하더라도, 당신에게 다른 방식으로 행동하도록 강요할 수 있는 권리를 갖는 제 3자는 없다. 일반적으로 기아 구제를 위한 기부에는 굶주리는 사람의 권리가 포함되지 않는다. 여기에는 오직 그들에 대한 기부자의 '자애'(慈愛)만이 포함되며,[36) 이에 따라 어떤 사람이 강제적으로 당신에게 기부를 종용할 수 없는 것으로 파악된다. 하지만 당신이 식량을 제공하겠다는 계약을 맺었고, 그리하여 이제 그들이 당신의 도움에 대한 권리를 주장할 수 있다면, 당신이 약속을 어겼을 때 식량 제공을 강요하는 것은 합당하다고 생각할 수 있다.

모든 철학자들이 도덕적 권리의 존재를 확신하진 않는다. 일부 사람들은 그러한 개념에 의혹을 가지고 있으며, 그것이 의미하는 바가 정확히 무엇이며, 어떻게 그것이 비교적 당혹스럽지 않은 허용가능성이라는 개념으로 표현될 수 있는지에 대해 의아스러워 했다. 그런데 앞서 살펴본 내용은 한 가지 분석 방법이 있을 수 있음을 시사한다. X는 다음과 같은 경우에 Y에 의해 특정한 방식으로 처우 받을 도덕적 권리를 갖는다. 첫째, X를 그러한 방식으로 처우하지 않는 것이 Y에게 허용되지 않는 이유가 X 자신의 이익과 관련된 경우, 둘째, X가 Y에게 그러한 방식으로 자신을 처우할 것을 강제할 수 있으며, Y가 그렇게 하지 않을 경우 불만을 제기하며 분개할 수 있는 경우, 셋째, 만약 Y가 자발적으로 그렇게 하지 않을 경우

---

36) 〔역주〕 굶주리는 사람이 있다고 했을 때 내가 그들을 도와주는 것은 자혜로운 것이지만 그렇게 할 도덕적 의무를 갖는 것은 아니다. 다시 말해 그렇게 하지 않는다고 해서 제 3자가 나서서 도움을 강제할 수는 없는 것이다. 이 경우 굶주리는 사람은 내게 도움을 청할 권리를 가지고 있지 않다. 반면 나는 어떤 사람을 구타하지 말아야 할 도덕적인 의무를 가지며, 내가 그렇게 하려고 했을 때 제 3자가 나서서 그러한 행위를 막을 수가 있다. 그리고 구타의 위협에 처한 사람은 내게 그렇게 하지 말아야 한다고 말할 권리가 있다.

제3자가 그러한 방식으로 X를 처우하도록 Y를 강제할 수 있는 경우. 이러한 분석에 수반되는 권리에 대한 이해는 권리가 의무(우리가 그 수행을 개인적인 판단에 맡기려 하지 않는)와 상호 관련이 있다는 것이다.

이러한 설명에 따르면 사람들이 생명권을 갖는다는 주장은 그들이 살해되어서는 안 되며, 그 이유가 그들 자신의 이익과 관련된다고 말하는 것에 다름 아니다. 또한 이는 그들이 공손한 처우를 요구할 권리가 있으며, 제3자가 그들이 살해되는 것을 막기 위해 개입할 수 있음을 말하기도 한다. 분명 이는 노직이 말하는 최고의 가치를 갖는 권리 개념이 의미하는 절대적인 권리가 아니다. 이는 허용가능성이라는 일상적인 개념을 넘어선 도덕 개념의 도입을 요구하지도 않는다. 그럼에도 이러한 권리 개념은 우리가 개략적으로 서술했던 삶의 가치에 대한 겸허한 설명과 양립 가능하다. 37)

인간 아닌 동물의 도덕적 지위 재고

도덕적 개체주의의 근본적인 착상 중의 하나는 도덕 규칙이 종-중립적(*species-neutral*)이라는 것이다. 인간에 대한 처우에 적용되는 규칙들과 인간 아닌 동물에 대한 처우에 적용되는 규칙들은 동일해야 한다. 이미 우리는 이것이 평등의 원리와 어떻게 공조할 수 있는지 살펴본 바 있다. 하지만 이러한 생각은 일상적인 생각과는 너무 달라서 일부 사람들에게는 이를 받아들이는 것은 말할 것도 없고 진지하게 생각하는 것마저도 어려울 수 있다. 이에 따라 이러한 생각이 어떻게 다른 두 가지 근본적인 도덕 규칙, 즉 살해에 반대하는 규칙과 고통 야기에 반대하는 규칙과 공조할 수 있는가를 고찰해 볼 필요가 있을 것이다.

살해. 앞의 절에서 나는 인간 생명의 가치를 다루는 이론과, 그리고 이

37) 〔역주〕 여기에서 저자는 생명권 또한 자신의 도덕적 개체주의를 통해 적절히 설명할 수 있음을 보여준다. 이처럼 그는 이 장에서 도덕적 개체주의가 여러 규범 윤리적 문제들에 적절히 대응할 수 있음을 나타낸다.

378

와 호응을 이루는 살해에 반대하는 도덕 규칙에 대한 설명을 개괄한 바 있다. 이에 대한 논의의 결과를 이용해 도덕적 개체주의는 인간 아닌 동물의 생명이 갖는 가치 또한 어느 정도 조명할 수 있어야 할 것이다. 일단 인간 살해가 잘못인 이유들이 분명해졌다면, 우리는 동일한 이유 혹은 유사한 이유가 인간 아닌 동물의 경우에도 적용되는지에 대해 질문해 볼 필요가 있다.

우리는 인간이 단지 생물학적인 생명의 주체일 뿐만 아니라 전기적 삶의 주체임을 살펴보았다. 우리가 중요시하는 것은 전기적 의미의 삶이며, 살해에 반대하는 규칙은 우리가 전기적 삶의 주체라는 사실에 근거한 우리의 이익을 보호하는 것을 핵심으로 한다. 인간 아닌 동물 또한 전기적 삶을 영위하는가? 분명 많은 동물은 그렇지 않을 것이다. 삶을 영위한다는 것은 상당히 복잡한 정신적 능력을 요구한다. 딱정벌레와 새우는 그러한 능력을 가지고 있지 않다. 그들은 매우 단순하다. 하지만 더욱 복잡한 붉은털원숭이와 같은 동물을 고찰해 보자. 붉은털원숭이는 실험 심리학자가 즐겨 사용하는 실험용 동물이다. 그 이유는 진화론적 관점에서 보았을 때 그들은 우리와 매우 가깝고, 이로 인해 그들이 우리의 심리적 특징 중 상당 부분을 공유하고 있기 때문이다. 그들은 영리하며 조직화된 사회 집단 내에서 살고 있다. 그들은 서로 의사소통을 한다. 그들은 서로에게 관심을 가지며, 우리가 살펴 본 바와 같이 서로에게 이타적으로 행동한다. 원숭이 어미와 새끼들은 인간 못지않게 유대감이 강하다. 게다가 그들은 모두 개성이 뚜렷하다. 개별 원숭이의 삶과 성품은 놀라울 정도로 다양하다. 그들의 삶은 인간만큼 지적·정서적으로 복잡하진 않지만, 그럼에도 그들은 분명 삶을 영위한다고 말할 수 있다.

다른 사례들을 제시하는 것은 어렵지 않다. 20세기의 연구자들은 모든 '고등 포유류'의 정신 능력이 인간과 유사하다는 다윈의 관찰 결과를 확증해 주었다. 오랜 계통 발생의 단계에서 우리와 가장 가까운 포유류를 고찰해 보았을 때 우리는 분명 그들이 삶을 영위한다는 사실을 발견할 수 있다. 그런데 우리가 단계를 더욱 내려가 보면 그 단계의 생물에게 전기적 삶과 같은 것이 있는가에 대해 상대적으로 자신감을 갖지 못하게 되며, 이윽고 딱정벌레와 새우에 이르게 되면 그들에게 전기적 삶이라는 개념을 적용할 수 있는지가 의심스럽게 된다.

이상에서의 논의는 동물, 즉 인간과 인간 아닌 동물이 전기적인 삶의 주체가 되는 정도만큼 살해에 반대하는 규칙의 보호 대상이 된다는 도덕적 입장을 받아들여야 함을 시사한다. 하지만 더 많은 내용들을 언급해야 한다. 살해의 잘못됨이 흑백의 문제이어야 할 이유는 전혀 없다. 38) 어떤 살해가 다른 것보다 더 나쁠 수 있다. 그리하여 풍부한 전기적인 삶을 영위하는 동물을 죽이는 경우는 상대적으로 단순한 삶을 영위하는 동물을 죽이는 경우보다 반대할 만한 더욱 분명한 이유가 있다. 이러한 입장은 우리의 반성 이전의 직관에 상당히 잘 부합된다. 우리는 인간을 살해하는 경우가 원숭이를 살해하는 경우보다 나쁘다고 생각한다. 그런데 우리는 원숭이를 살해하는 경우가 딱정벌레를 때려잡는 경우보다 도덕적으로 나쁘다고 생각하기도 한다. 진화론적 시각에서 보았을 때 이는 매우 공정한 처사다. 인간과 인간 아닌 동물의 삶에 정확히 동일한 가치가 부여될 필요는 없다. 왜냐하면 인간의 특별한 심리적 능력은 그들의 삶이 더욱 가치가 있다고 말할 수 있는 이유를 제공하기 때문이다. 마찬가지로 이렇게 말한다고 해서 다른 모든 동물의 삶을 무가치하다고 치부할 수 있는 것은 아니다. 반대로 일관성을 갖추고자 할 경우 우리는 다른 동물들이 우리와 유사한 삶을 영위하는 정도만큼 동물 살해를 유사한 정도로 중요하게 생각해야 한다. 그들의 삶이 복잡할수록 그들을 살해하는 것에 대한 반대는 더욱 거세진다.

이러한 생각은 우리의 일부 반성 이전의 느낌에 부합되긴 하지만, 다른 느낌과는 상반되는 방향으로 나아간다. 지난 세기 동안 다윈주의가

---

38) 〔역주〕 단순히 옳으냐 그르냐를 넘어 어떤 살해가 더 나쁘고, 어떤 살해가 덜 나쁜지의 차이가 있을 수 있다는 것. 예를 들어 안락사의 경우는 덜 나쁜 살해 유형이 될 것임에 반해, 아무런 이유도 없이 위대한 지도자를 살해하는 것은 훨씬 나쁜 유형의 살해가 될 것이다.

승리함으로써 인간과 다른 동물에 관한 우리의 직관이 일부 수정되었다. 하지만 완전한 변화와는 거리가 멀었다. 대체로 보았을 때 우리의 느낌은 전과 다름없이 다윈 이전의 개념들에 의해 모양새가 갖추어지고 있다. 그리하여 많은 사람들은 '고등 포유류'를 음식으로 사용하는 관행, 그들의 가죽을 장식용 의류로 사용하는 관행, 단순히 스포츠를 즐기기 위해 동물을 죽이는 관행을 아무렇지도 않게 생각한다. 도덕적 개체주의는 이러한 관행들을 재고해 보길 요구한다. 더욱이 우리는 모든 인간의 삶이 칸트가 '본래적 가치' 혹은 '위엄'이라고 부른 바를 갖추고 있으며, 그리하여 인간이 갖추고 있는 독특한 특징과 상관없이, 모든 인간의 삶이 인간 아닌 동물의 삶에 비해 가치가 있다고 본능적으로 생각하는 경향이 있다. 이것이 바로 침팬지와 같이 영리하고 감각이 발달한 동물의 생명에 비해 절대로 전기적 삶의 주체가 될 수 없는 테이사크 병에 걸린 아이의 생물학적 생명이 존중되는 이유다. 도덕적 개체주의는 이러한 판단이 잘못되었음을 시사하기도 한다.

고통 야기. 아퀴나스와 칸트는 동물에게 고통을 주는 것이 잘못이라는 데에 동의했다. 하지만 그들은 그 이유가 동물 자체에 대한 관심과 전혀 무관하다고 생각했다. 그들은 동물에게 고통을 주는 것이 잘못인 이유가 그것이 사람들을 더욱 잔인하게 만들 수 있기 때문이라고 말했다. 도덕적 개체주의는 이와 같은 견해를 거부하며, 동물에 대한 가혹 행위는 단순히 인간에 대한 부수적인 효과 때문이 아니라, 동물 자체에 대한 직접적인 영향 때문에 반대해야 한다고 말할 것이다. 괴롭힘을 당한 인간들이 고통을 당하듯이, 괴롭힘을 당한 동물 또한 고통을 당한다. 이는 그러한 괴롭힘이 잘못되었다고 말하는 가장 큰 이유이다. 양자 모두가 고통을 느낀다면 우리는 한쪽을 괴롭히는 데에 반대하는 것과 **동일한** 이유로 다른 쪽을 괴롭히는 데에도 반대해야 하며, 반대를 위한 근거로 한쪽의 고통만을 생각하고 다른 쪽의 고통에는 무관심한 태도를 취하는 것은 일관되지 못하다.

비록 동물학대가 잘못이긴 하지만, 동물에게 고통을 야기하는 것이 정당화될 수 있는 경우가 전혀 없다고 말할 수는 없다. 마치 우리가 인간에게 고통을 가하는 데에 정당성을 부여받을 수 있는 경우가 있는 것처럼, 우리가 동물에게 고통을 야기하는 것에 정당성을 부여할 수 있는 경우도 간혹 있다. 어떤 경우이건 고통을 야기할 경우 그에 대해서는 반드시 적절한 이유가 있어야 한다. 그리고 만약 그러한 고통이 크다면, 그것을 정당화하는 이유 또한 그에 상응하여 강력해야 한다. 한 예로 매우 영리하고 사교적인 동물인 사향고양이에 대한 처우를 고찰해 보자. 사향고양이는 조그만 우리 안에 갇힌 채로 어두운 헛간에 방치된다. 그곳은 불을 이용하여 온도가 110도로 유지된다. 사향고양이는 죽을 때까지 그런 상태로 갇혀 있게 된다. 이와 같은 터무니없는 처우를 무엇으로 설명할 수 있는가? 사향고양이는 향수 제작에 유용한 물질을 산출하는 불행한 동물이다. 사향은 고양이가 살아있는 동안 하루에 한 번씩 고양이의 생식기로부터 긁어내는데, 이는 향수를 사용하고 난 후에도 그 향기를 조금 더 지속되게 한다. 열은 고양이들의 신진 대사에 영향을 주며, 그리하여 사향의 '생산'을 증진시킨다. 마치 의도적으로 생식기 주변의 속살을 드러내고 부어오르게 하는 과정이 수반되는 사향을 긁어내는 과정이 그런 영향을 주듯이 말이다.

사람들은 흔히 이러한 사실을 전해 듣고 충격을 금치 못하며, 즉각적으로 이러한 방식으로 만들어진 향수의 사용이 잘못되었다고 결론내린다. 하지만 이러한 결론에 이르는 추론이 정확히 어떻게 진행되는가를 고찰할 필요가 있다. 이에 관여하는 도덕 원리 — 인간에 대한 우리의 처우에 활용하는 원리와 동일한 — 에 따르면 고통을 야기하는 것은 이를 정당화할 적절한 이유가 있지 않은 이상 잘못이다. 사향으로 만든 향수는 상당한 고통을 야기하면서 생산된다. 여기서 문제는 우리가 이러한 제품을 즐겨 사용한다는 사실이 고양이의 고통을 정당화할 만큼 충분히 적절한 이유냐는 것이다. 분명 그렇지 않다. 향수는 매우 사소한 물건이다. 더욱이 향기를 조금 더 지속되게 하는 것은 더욱 하찮은 일이다. 사람의 이익이라면 어떤 사람의 이익이든 인간 아닌 모든 동물의 이익을 능가한다고 생각하지 않는 이상, 우리는 향기를 지속시키는 것에 관한 인간의 이익이 동물의 고통을 능가한다고 결론내릴 수 없다.

사향으로 만든 향수를 더 이상 사용하지 않는 것은 악명 높은 족쇄 덫으로 잡은 동물의 가죽 사용을 그만두는 경우와 마찬가지로 어려운 일이 아니다. 요컨대 그러한 제품들은 우리들 대부분에게 그다지 중요하지 않은 것이다. 그런데 동물을 식용으로 사용하는 경우에 대해서도 비슷하게 말할 수 있다. 만약 실제로 그러하다면 대부분의 사람들은 이로 인해 자신들의 행동을 훨씬 철저하게 바꾸어야 할지도 모른다. 식사 시간에 소비되기 위해 사육되어 도축되는 동물 또한 고통을 느끼는데, 여기서 문제는 우리가 그들의 맛을 즐긴다는 것이 그들의 고통을 정당화하기에 충분한가이다.

대부분의 사람들은 식용으로 사육되어 도축되는 동물에게 야기되는 고통의 양을 매우 과소평가한다. 그들은 막연하게 도축장이 잔인하다고 생각하며, 그곳에서 이루어지는 도축 방식이 더욱 인도적으로 변해야 한다고 생각한다. 하지만 도축장을 방문해서 보게 되는 장면은 동물의 일생에서 비교적 짧은 삽화에 지나지 않는다. 사람들은 그러한 장면이 아닌 다른 경우에는 동물에 대한 처우가 매우 괜찮으리라고 상상한다. 하지만 실상은 이와 다르다.

예를 들어 송아지는 뒤돌아서거나 심지어 편안히 앉지도 못할 만큼 좁은 우리에서 평생을 보낸다. 고기 생산업자들이 이와 같은 곳에서 평생을 보내게 하는 이유는 송아지가 운동을 할 경우 근육이 단단하게 되어 고기의 질이 낮아지며, 송아지들에게 적절한 생활공간을 마련해 줄 경우 엄청난 비용이 들기 때문이다. 이러한 우리 안에서 송아지들은 자연스레 하고 싶어 하는 몸치장 등의 기본적인 행동마저도 하지 못한다. 왜냐하면 송아지들에게는 자신의 머리를 뒤틀 만큼의 공간이 허용되지 않기 때문이다. 인간의 아이들과 마찬가지로 송아지들 또한 무엇인가를 핥고 싶어한다. 그런데 송아지들이 마구간의 측면을 헛되이 핥는 장면이 목격되곤 한다.

이러한 모습을 보이는 이유는 송아지들이 핥을 어미가 옆에 없기 때문이다. 고기의 색을 엷고 맛있는 것처럼 보이게 하기 위해 그들에게는 철분과 섬유소가 모자라는 유동식이 주어진다. 송아지의 철분에 대한 갈망은 너무 강렬하다. 이에 따라 송아지는 평소에 자신의 소변을 싫어하지만, 그럼에도 뒤돌아설 수 있으면 소변까지 핥으려 할 것이다. 이러한 문제를 해결해 주는 것은 송아지가 뒤돌아서지 못하게 막는 협소한 마구간이다.

우리가 식용으로 먹는 다른 동물에 대해서도 유사한 이야기를 들려줄 수 있다. 수백만 마리의 닭을 말 그대로 '생산'하려면 닭을 조그만 공간에 빽빽하게 집어넣을 필요가 있다. 일상적으로 8마리에서 10마리의 닭이 신문 한쪽보다 좁은 공간에서 사육된다. 닭은 이리저리 걸어 다니거나 심지어 자신의 날개를 펼치지도 못하기 — 둥지를 짓는 일은 말할 것도 없고 — 때문에 심술궂게 되어 다른 놈들을 공격한다. 알을 낳는 암탉들 사이에서는 문제가 더욱 가중되기도 한다. 왜냐하면 너무 밀집된 상태에서 닭들이 움직이지 못하게 되고, 이에 따라 닭의 발톱이 우리의 철사로 된 바닥을 감싸도록 자라서 한군데에서 꼼짝달싹 못하게 되기 때문이다. 꼼짝달싹 못하게 된 닭은 아무리 필사적으로 노력해도 공격을 피할 수가 없다. 부리 절단은 이에 대한 효율적인 해결책이다. 생산업자는 다른 놈들에게 가할 수 있는 상처를 최소화하기 위해 닭들의 부리를 자른다. 부리 절단은 고통스럽다(부리에는 신경이 있다). 하지만 이는 일상적으로 시행되는 다른 종류의 절단에 비해 그리 고통스럽지 않을 것이다. 소가 거세되는 이유는 과밀한 장소에서 사육되는 닭들이 당연히 갖게 되는 자연스럽지 못한 '심술궂음'을 방지하기 위해서가 아니다. 소는 거세될 경우 성질이 온순해지고, 체중이 늘어나며, 수컷 호르몬으로 인해 오염될 가능성이 낮아진다고 알려져 있다. 바로 이러한 이유로 소는 거세되는 것이다. 싱어는 다음과 같은 말을 전한다.

영국에서는 동물이 매우 어리지 않는 이상 수술시에 마취를 해야 한다. 하지만 미국에서는 마취가 일반적인 관행이 아니다. 수술은 다음과 같은 과정을 거쳐서 시행된다. 우선 소를 움직이지 못하게 하고, 칼로 음낭을 찢어발겨서 고환을 노출시킨다. 그 다음으로 고환을 차례대로 움켜쥐고 잡아당겨서, 그것을 연결하는 건(腱)을 파괴시킨다. 소가 나이가 들었을 경우에는 건을 아예 잘라 버릴 필요가 있다. 39)

다시 한 번 밝히지만, 고통을 야기하는 데 반대하는 도덕 규칙은 적절한 이유 없이 고통을 가해서는 안 된다고 말하며, 만약 고통의 양이 크다면, 그것을 정당화하는 이유 또한 그에 상응해서 강력해야 한다고 주장한다. 우리는 동물이 이 모든 과정을 감내해야 할 강력한 이유가 있다고, 다시 말해 우리가 우리 스스로 영양분을 취하기 위해 그렇게 해야 한다고 생각하기 쉽다. 하지만 조금만 생각해 보면 이것이 잘못된 생각임을 파악할 수가 있다. 우리는 육식을 선호하는데, 이것이 우리가 생존하기 위해 고기를 먹어야 하기 때문은 아니다. 채식 또한 영양이 풍부하다. 본질적으로 보자면, 고기가 포함되는 식사를 우리가 선호하는 이유는 단순히 습관 때문이며 우리가 고기 맛을 즐기기 때문이다.

이것이 우리가 육식을 중단해야 함을 의미하는가? 그러한 결론은 반박을 받을 것이다. 일부 사람들은 "반대해야 하는 것은 육식이 아니라, 그들에게 고통을 주는 관행이다. 물론 우리가 그들에 대한 처우방식에 반대해야 하며, 그들에 대한 처우개선을 위해 노력해야 할지도 모른다. 하지만 그렇다고 우리가 육식을 중단해야 한다는 결론이 도출되진 않는다"라고 말할 것이다. 이는 우리가 일상적으로 먹을 수 있을 만큼 충분한 양의 고기를 생산하는 경우와 동물에 대한 인도적인 처우가 양립 불가능하다는 사실을 깨닫기 전까지는 설득력 있는 주장처럼 들릴 것이다. 고기 생산 산업에서 잔혹한 방법이 사용되는 이유는 생산자들이 잔인하기 때문이 아니라, 그러한 방법이 경제적이기 때문이다. 생산자들은 그러한 방법들을 통해 사람들이 살 수 있는 정도의 가격에 제품을 판매할 수 있

39) Singer, *Animal Liberation*, p. 152.

게 된다. 이렇게 보자면 동물의 처우개선을 위해 노력한다는 것은 곧 우리들 대부분이 채식으로 전환하기 위해 노력한다는 것을 의미하게 될 것이다. 이렇게 말하는 이유는 동물들에 대한 처우개선을 성공적으로 이루게 될 경우 더 이상 고기가 제공될 수 없을 것이기 때문이다.

흔히 일반인들은 채식주의를 채택하는 사람들이 일상적인 관점과 다른 도덕적 견해를 가지고 있다고 생각하며, 채식주의가 상식과 다른 원리들에 호소하여 옹호된다고 여긴다. 하지만 만약 이상에서의 논의가 건전하다면, 그 반대가 참일 것이다. 불필요한 고통을 야기하는 데 반대하는 규칙은 모든 도덕 원리 중에 가장 상식적인 입장이며, 그러한 규칙을 받아들일 경우 우리는 고기생산 사업을 포기하고 대안적 식사를 채택해야 한다는 결론을 곧장 받아들이게 된다. 이러한 측면에서 고려하자면 우리는 채식주의를 매우 보수적인 도덕적 입장으로 생각해 볼 수 있을 것이다.

생체해부

동물학대에 대한 다윈의 부정적인 감정은 유별날 정도로 강했고, 이는 인간에 대한 학대를 안타깝게 생각하는 것과 일맥상통했다. 아버지의 성품을 회상하면서 아들인 프랜시스 다윈(Francis Darwin)은 다음과 같이 썼다. "다른 무엇보다도 아버지의 마음을 크게 아프게 한 두 가지는 동물과 노예에 대한 가혹한 태도였다. 두 가지에 대한 아버지의 혐오감은 매우 강했고, 이러한 문제들에 경솔한 태도를 나타내거나 감정이 결여되어 있을 때 아버지의 분개는 극에 달했다."[40] 여러 일화들은 다윈이 느꼈던 그러한 감정이 얼마나 강했는지를 잘 보여주고 있다. 비록 일반적으로 온순했고 대중과의 만남을 싫어했지만 다윈은 학대당하고 있는 동물을 보았을 때 벌컥 화를 내기도 했다. 프랜시스는 아버지의 이러한 태도를 다음과 같은 사례를 통해 보여주고 있다.

---

40) Francis Darwin, Clark의 *The Survival of Charles Darwin*, p. 76에서 인용.

하루는 아버지가 학대당하는 말을 보고서 학대하는 사람에게 격렬하게 항의했다. 아버지는 이에 따른 흥분의 상태에서 창백하고 숨이 막히는 듯한 모습으로 산책에서 돌아왔다. 또 한 번은 조마사(調馬師)[41]가 자신의 아들에게 말 타는 방법을 가르치는 장면을 아버지가 보았는데, 그 조그만 아이는 두려워하고 있었고, 조마사는 우악스러웠다. 아버지는 이를 중단시켰고, 마차에서 뛰어나오면서 조마사를 거칠게 나무랐다.

또 다른 조그만 사건 한 가지. 이는 다윈의 동물에 대한 인도적인 태도가 이웃들에게 잘 알려져 있었음을 보여주는 사건이다. 올핑턴(Orpington)에서 다운(Down)까지 마차로 이동해 가는 방문객이 마부에게 더 빨리 달리라고 주문했다. "글쎄요. 만약 내가 이만큼 말에게 채찍질을 하면서 다윈 씨를 태워드렸다면, 아마도 그는 마차에서 내려 나를 마찬가지로 학대했을 겁니다"라고 마부는 말했다.[42]

다윈의 동물에 대한 감정은 《인간의 유래》에서의 다음과 같은 선언에 적절히 반영되어 있다. "하등동물에 대해 자애(慈愛)심을 나타내는 것은 인간이 받은 가장 고귀한 덕목 중의 하나다."[43] 이는 도덕 정서 발달의 최종 단계를 나타낸다. 그는 다음과 같이 말했다. 우리의 관심이 "모든 쾌고 감지 능력을 갖춘 존재에게 확장되었을 때"에야 비로소 우리의 도덕성은 최고 수준에 도달한다.

다윈은 동물의 처우 개선을 위한 대중 운동에 어느 정도 관여하기도 했다. 1863년 그는 대중 월간지 〈가드너의 신문〉(*Gardener's Chronicle*)에 '해로운 동물과 덫'이라는 제목의 글을 게재했다. 그는 해로운 동물을 잡는 데 이용되는 쇠덫[44]은 문명인들이 감내하기엔 너무 잔혹하다고 주장했다. 그의 수사(修辭)는 동물의 권리를 옹호하는 오늘날의 잡지에서도

---

41) 말을 길들이는 사람.
42) Darwin, *Life and Letters* iii. p. 200.
43) Darwin, *Descent of Man*, p. 101.
44) Darwin, *Collected Papers* ii, p. 83.

여전히 살펴볼 수 있다.

> 만약 고양이 혹은 다른 동물이 잡혔을 경우에 느끼는 고통을 깨달으
> 려 한다면, 우리는 수족이 밤새도록 덫의 쇠이빨 사이에 끼어 있고,
> 도망가려는 계속된 시도 속에서 날로 커지는 고뇌가 어떠할지 상상
> 해 보아야 한다. 사지가 끼어서 찢어진 채 덫에 잡혀 버둥거리고 있
> 는 동물을 5분 동안 계속 쳐다볼 수 있는 사람은 그리 흔치 않을 것
> 이다. 그럼에도 나라 안의 잘 보존된 사유지들에서 동물들은 매일
> 밤 이와 같은 고통을 받는다. 그리고 사냥터 관리인이 인도적이지
> 않거나, 눈앞에서 끊임없이 흘러가는 고통에 냉담해지도록 성장한
> 경우, 목격자에 따르면 그들은 24시간 혹은 심지어 36시간 동안 덫
> 을 그냥 방치하는 것으로 알려져 있다. [45]

다윈은 쟁점이 "우리가 동물에 대해 공감을 느끼는가가 아니라, 그들이 고통을 느끼는가"임을 지적할 만큼 신중했다. 그는 "우리는 자연스럽게 유해한 동물보다는 토끼처럼 겁 많고 무해한 동물에 더욱 공감을 느낀다. 하지만 우리는 모든 경우에 동일한 고뇌를 느껴야 한다"[46]고 썼다. 동물의 고통은 우리에게 직접적이고 아무런 매개가 없는 도덕적 관심을 환기시키며, 그 동물이 겁이 많건, 무해하건, 귀엽건 혹은 껴안고 싶건 그와 관계없이 유사한 고통은 유사한 관심의 대상이 되어야 한다.

하지만 과학자로서의 다윈의 동물에 대한 도덕적 관점은 엄정한 실험대에 놓이게 되었다. 1870년 프랜시스 다윈이 '생체해부 반대운동'[47]이라고 부른 운동이 영국을 들끓게 만들었다. 대중 회합이 개최되고, 진정서가 회람되고, 의회에 법안이 상정되었으며, 과학자들은 수세에 몰렸다. 다윈은 불가피하게 논쟁에 휩쓸리게 되었다. 그의 인도주의적 충동이 과학이 진보해야 한다는 욕구와 충돌하였고, 그는 불편한 상태로 양

45) 앞의 책, pp. 83~84.
46) 위의 책, p. 84.
47) Darwin, *Life and Letters* iii. p. 201.

자 사이에 끼어 있었다. 그럼에도 선택을 강요했을 때 그는 과학을 선택했다. 이러한 문제에 대한 그의 언급은 그가 불편해 하고 있음을 보여주고 있다. 1871년 그는 한 기자에게 다음과 같은 글을 보냈다.

> 당신은 생체해부에 대한 제 견해를 묻고 있습니다. 저는 생리학에 대한 참된 탐구를 위해 생체해부가 정당화될 수 있다는 데에 어느 정도 동의합니다. 하지만 단순히 가증스럽고 혐오스러운 호기심을 충족시키기 위한 해부는 안 됩니다. 생체해부는 저를 몹시 고통스럽게 하는 주제이며, 따라서 이에 대해서는 더 이상 말하지 않겠습니다. 그렇게 하지 않을 경우 저는 오늘 밤 잠을 이루지 못할 것 같습니다. [48]

다운 하우스 방문객들에게는 이러한 주제를 화젯거리로 내놓는 것이 금기시 되었다는 이야기가 전해지기도 한다.

이와 같이 염려를 했음에도 불구하고 다윈은 마침내 "생체해부에 대해 말해야 할 바를 공개적으로 표명할 수 있는 사람은 모두 그렇게 해야 할 의무가 있다"[49]고 결론 내렸다. 1875년 그는 성원 중에 헉슬리가 포함되어 있었던 왕립 생체해부 위원회(Royal Commission on Vivisection)에서 증언을 했고, 내무상에게 압박을 가하여 '동물을 보호할 수 있으면서, 동시에 생리학에 방해가 되지 않는'[50] 법안을 통과시키는 데 앞장섰다. 하지만 동물을 보호하는 더욱 급진적인 법안이 통과되었다. 이는 다윈이 현명한 방안이라고 생각했던 것보다 진일보한 법안이었다.

반(反) 생체해부론 진영은 코비(Francis Power Cobbe)[51]가 이끌었다. 그녀는 빅토리아 시대 영국의 도처에서 볼 수 있었던 훌륭한 인물들 중의 하나였다. '미스 코비'(Miss Cobbe)라고 불렸던 그녀는 어릴 때부터 열

---

48) 앞의 책, p. 200.
49) 위의 책, p. 209.
50) 위의 책, p. 204.
51) 〔역주〕영국 빅토리아 시대의 활동가이자 저술가. 특히 여성의 사회적 지위 보장과 동물학대 반대운동에 힘썼다.

렬한 여권론자였다. 더블린 출신인 그녀는 젊었을 때 철학을 공부했고, 칸트에 대한 글을 썼으며, 유니테리언(*Unitarian*) 교52) 전도사였다. 1870년대 초반 그녀는 비교적 보수적인 입장을 취했던 왕립 동물학대 방지협회(Royal Society for the Prevention of Cruelty to Animals)의 대안으로 영국 반(反)생체해부협회(British Antivivisection Society)를 만들었다. RSPCA는 하층 계급 사이에서 벌어지는 동물학대에 초점을 맞춘 상층 계급의 조직이었다. 그들은 흔히 말을 때리는 노동자의 이미지를 연상했다. 하지만 미스 코비의 조직은 더욱 급진적인 도덕적 시각을 갖추고 있었고, 정치적으로는 더욱 평등주의적이었다. 그 분노는 노동자에게 향해 있지 않고 상층 계급의 과학자에게 향해 있었다.

미스 코비는 자서전에서 다윈과의 우호적이었던 관계에 대해 서술하고 있다. 이러한 관계는 1869년 여름 그들이 이웃으로 지낼 때 비롯되었다. 다윈을 아는 다른 사람들과 마찬가지로 그녀는 동물에 대한 다윈의 온화한 감정에 마음이 이끌렸다.

그는 저레인트(Geraint)라 불리는 내 친구의 온화하고 아름다운 나이 든 조랑말을 기쁜 마음으로 이용했다. 내 친구는 다윈이 마음대로 말을 이용할 수 있도록 허락했다. 이러한 동물에 대한 그의 관대함, 조랑말의 머리에서 파리를 계속해서 날려 보내려는 노력, 그리고 그의 개 폴리에 대한 사랑 … 은 그의 매우 호감이 가는 성품적 특징이었다. 53)

하지만 미스 코비의 관심은 동물에만 국한되지 않았다. 1869년 다윈은 《인간의 유래》를 쓰고 있었고, 두 사람은 다윈이 계통화하여 나타내려 했던 도덕발달 이론에 대해 서로 논의했다. 그녀는 다윈을 칸트의 도덕

---

52) 〔역주〕그리스도교 정통파의 중심 교의인 성부·성자·성령의 삼위일체 교리에 반대하는 사람들. 이들은 신의 단일성을 주장하며, 예수는 신이 아니라고 본다.

53) Cobbe, *Life* ii, p. 445.

철학에 관심을 갖게 하기 위해 노력했으나, 그다지 성공을 거두지 못했다. 그녀는 그가 칸트를 읽어야 한다고 주장했다. 하지만 다윈은 탐탁지 않게 여겼다. 어찌되었건 그녀는 《도덕 형이상학 기초》의 사본을 그에게 보내주었다. 후에 그들은 개의 정신 능력과 밀(John Stuart Mill)의 과학철학에 대해 서로 서신을 교환했다.

다윈은 함께 나누었던 대화를 기억하면서 미스 코비에게 출판 직전의 《인간의 유래》 사본을 보내 주었다. 이를 읽고 그녀는 이 책이 "내게 커다란 경종을 울려 주었다"[54]고 말했다. 1871년 4월 그녀는 〈신학 논평〉(*Theological Review*)에 《인간의 유래》에 대한 논평을 실었다. 그녀는 다윈이 인간과 동물 간의 유사성을 강조하면서 동물의 권리를 옹호하는 강력한 논증을 제시했음을 깨달았으며, 그리하여 나중에 '다윈주의의 도덕적 함의'에 관한 글을 출간하였다. 하지만 그녀는 진화가 인간 본성에 함의하는 바에 불편함을 느꼈으며, 자유주의적 열의로 무장하는 데 진화론을 추가하지 않았다. 결국 그녀와 다윈의 관계는 단절되었다.

> 다른 수많은 즐거움과 마찬가지로, 저명한 사람과의 이러한 즐거운 교제는 1875년 반생체해부 운동이 시작될 무렵 종지부를 찍었다. 다윈 씨는 결국 (그의 《자서전》이 보여주듯이) 끊임없이 자신들의 관행을 지지해 달라고 요청했던 생체해부학자 옹호 도당의 중심에 서게 되었다. 조랑말의 목에 붙어 있는 파리를 날려 보내려 했던 사람이 생체해부의 옹호자로 모든 유럽 앞에 우뚝 서는 통탄할 만한 장면을 보여주었던 것이다. [55]

반생체해부 운동의 일환으로 코비는 런던 〈타임즈〉(*Times*)에 신랄한 편지들을 썼는데, 다윈의 관점에서 보자면 그녀는 과학자들을 부당하게 매도하는 잘못을 범하고 있었다. 그는 '모든 생리학자들을 매우 지독한

---

54) 앞의 책, p. 447.
55) 위의 책, p. 449.

방식으로 매도[56] 하는 데 이의를 제기했다. 왕립 생체해부위원회는 영국의 생리학자들이 실험대상 동물을 학대하는 잘못을 범하지 않고 있다고 결론내렸으며, 다윈은 그들의 판결을 받아들였다. 비록 그가 영국에 비해 유럽의 연구자들이 인도적이지 않다고 생각했지만 말이다. 그럼에도 다윈이 거부했던 반생체해부주의자들의 주장은 꽤 온건한 편이었다. 미스 코비와 그녀의 동료들은 대체로 생체해부 폐지론자들이 아니었다. 그들은 동물에게 고통을 주는 모든 실험들이 금지되어야 한다고 주장하지 않았다. 그들의 목표는 그보다 겸허했다. 그들은 되풀이되는 동일한 연구를 없앰으로써 그러한 연구에 사용되는 동물의 수를 줄이길 원했다. 그들은 오직 확실하게 이익을 산출하는 연구에 한해서만 살아있는 동물 실험을 허용할 것을 요구했다. 그리고 마취약을 항상 사용하길 요구했다. 마지막으로 그들은 허가제를 채택하여 개인이 아무런 책임 없이 원할 때마다 마음대로 실험할 수 없도록 조치를 취해 줄 것을 요구했다. 이처럼 언뜻 보았을 때 온건해 보이는 제안들을 다윈이 거부한 이유는 그의 딸에게 보내는 편지에서 설명되고 있다. 딸은 분명 생체해부 문제를 놓고 다윈을 압박했을 것이다.

> 네 편지로 인해 나는 생체해부〔나는 '생체해부'보다는 이를 대신할 예컨대 마취절개(anaes-section)[57] 와 같은 새로운 단어가 만들어지길 바란다〕에 대해 몇 시간 동안 생각을 해보게 되었단다. 그리고 네게 매우 불만스럽게 보일 내 결론을 적어보도록 하마. 지금까지 나는 생리학이 가장 위대한 과학 중의 하나라고 생각해 왔다. 나는 이 분야가 얼마 있지 않아 분명, 그리고 나중에는 더욱 확실하게 인간에게 커다란 혜택을 주리라고 생각한다. 하지만 다른 모든 학문으로부터 판단하건대, 추상적인 진리를 향한 탐색에서 그러한 혜택은 오직

---

56) Darwin, *Life and Letters* iii. p. 206.
57) 다윈이 이와 같은 단어를 생각해 보는 이유는 마취절개라고 할 경우 적어도 생체해부를 할 때 마취를 시킨다는 의미가 포함되어 덜 잔혹하다는 느낌을 줄 수 있기 때문이다.

간접적으로만 주어질 것이다. 생리학은 오직 살아있는 동물에 대한 실험을 통해서만 발전할 것이 분명하다. 이러한 생각을 기준으로 보았을 때 나는 오늘날 우리가 건강 등과의 관련성을 파악할 수 있는 데에만 연구를 한정하려는 제안을 철없는 태도라 생각한다. 처음에 나는 생체해부를 오직 공공 실험실에서만 이루어지도록 제한해야 한다고 생각했다. 하지만 나는 이러한 실험실이 대체로 런던과 케임브리지, 그리고 옥스퍼드에 있다는 이야기를 들었다. 물론 일부 실험실이 다른 곳에도 있긴 할 것이다. 그런데 이 경우 오직 일부 큰 도시에 살고 있는 사람들만이 연구를 수행할 수 있을 것이며, 나는 이것이 커다란 해악이라 생각한다. 만약 집에서의 연구를 개인에게 허용하고, 그들에게 인증이 주어져야 한다면, 나는 인증을 받을 수 있는 대상을 누가 결정할 수 있을지 모르겠다. 이러한 연구를 훌륭히 수행할 가능성이 가장 높은 사람은 잘 알려지지 않은 젊은 사람들이다. 만약 감각이 없어지지 않은 동물을 해부한다면 나는 그런 실험을 하는 사람들을 마땅히 엄중하게 처벌해야 한다고 생각한다. 하지만 이에 대해서도 나는 치안 판사나 배심원이 과연 그러한 처벌 판결을 내릴 수 있는지 의구심이 생기는구나. 때문에 나는 일부 실험들을 너무 자주 시행하거나(실제로 그럴 것 같은데) 마취약을 사용해야 함에도 하지 않았을 경우, 이를 인도주의적인 감정을 이용해서 해결해야 한다고 결론 내린다. 이러한 관점에서 나는 현재의 소동에 기뻐하고 있다. 하원이 얼마나 비과학적인가를 감안한다면, 그리고 영국의 신사들이 인도적(여기서 '인도적'은 그들이 즐기는 스포츠를 고려치 않을 경우에 대한 평가다. 이러한 스포츠로 인해 동물들은 생리학자들의 실험대상이 되는 경우에 비해 백 배 또는 천 배의 고통을 느끼게 된다)임을 감안한다면 엄중한 법률이 통과될 가능성이 높은데, 만약 그러한 법률이 통과된다면 그 결과로 생리학 ─ 지난 수년간 영국에서 정지되어 있는 ─ 이 쇠퇴하거나 아예 중단될 것임에 명약관화하다. 이때 생리학적 연구는 오직 대륙에서만 시행될 것이다. 이 경우 영국에서 이와 같은 중차대한 주제를 연구하는 사람들이 크게 줄어들 것인데, 나는 이를 염려하지 않을 수 없다.[58)]

   다윈은 발의된 법률의 배경이 되고 있는 도덕적 충동에 반대하지 않았
다. 오히려 그는 이러한 충동을 받아들이고 있는 듯이 보인다. 실제로 어
떤 의미에서 보았을 때 그는 법률의 내용에 대해 반대하지 않았다. 그는
그러한 법률이 통과되었을 경우에 초래되는 결과가 무엇인지, 그리고 그
러한 법률이 현명하게 집행될 수 있는지에 대해서만 관심이 있었던 것처
럼 보인다. 오늘날 이와 같은 관심은 상대적으로 별다른 관심을 끌지 못
할 듯하다. 오늘날 우리는 과학적 탐구를 포함한 거의 모든 분야에 대한
정부의 광범한 규제에 익숙해져 있다. 다윈이 살아있을 당시부터 지금까
지의 경험은 합당한 정도의 지력을 통해 연구가 규제될 수 있고, '쇠퇴하
거나 아예 중단'되지 않고서도 얼마든지 규제가 이루어질 수 있음을 보여
주고 있다.

   20세기에는 다윈이 감히 꿈꾸지도 못할 새로운 변화가 나타났다. 다윈
은 연구가 줄어들지 않고 늘어나길 원했는데, 그는 자신의 희망이 받아
들여진 규모에 놀라움을 금치 못했을 것이다. 미국에서만도 1억 8천～2
억 3천 마리의 동물이 매년 연구실 실험에 사용된다(이러한 어림잡은 추산
은 미 의회 기관인 기술평가국이 제공했다. 동물권리 옹호집단은 이보다 더
많으리라고 추산하고 있으나 확실한 것은 아무도 모른다). 다윈 역시 실험
동물의 사용에 관한 도덕적 논쟁이 과학에 유리한 방향에서 해결되길 원
했다. 이러한 논쟁이 어떤 방향으로 전개되어 나갔는지 알았다면 그는
매우 실망했을 것이다. 오늘날 실험동물의 수가 엄청나게 많아지면서 논
쟁은 더욱 격렬해지면서 계속적으로 이루어지고 있다.

   1870년대와 마찬가지로 1970년대는 실험실 동물에 대한 여론환기 활
동이 확산된 시기였다. 이 시기의 활동가들은 과거에 미스 코비가 활용
할 수 있었던 것보다 훨씬 비중 있는 지적인 지지를 모을 수 있게 되었다.
첫째, 동물문제는 호주의 철학자 싱어의 관심의 대상이 되었으며, 다윈
이 딸에게 편지를 쓴 지 정확히 100년 후인 1975년 《동물해방》이 발간되

---

58) 앞의 책, pp. 202～203.

었다. 철학과 활동가의 지침을 적절히 조합한 책(한 독자는 채식주의자가
되는 싱어의 지침을 언급하면서 '조리법이 포함된 유일한 철학 책'이라고 말했
다)인 《동물해방》은 새롭고도 더욱 공세적인 동물복리 운동의 안내서가
되었다. 과학시설은 동물을 윤리적으로 대하려는 사람들의 모임(People
for the Ethical Treatment of Animals)[59]과 같은 과격한 조직들의 활동으
로 인해 위협을 받게 되었으며, 이와 동시에 신문지상의 비판을 받기도
하면서 수세에 몰리게 되었다.

　다음으로 1982년 톰 리간(Tom Regan)[60]의 《동물의 권리 옹호》(*Case
for Animal Rights*)는 더욱 급진적인 입장을 견지했다. 미국의 철학자인
리간은 동물의 도덕적 지위를 보장하려는 싱어의 입장이 충분하지 못하
다고 주장했다. 그는 동물의 복리에 관심을 갖는다는 사실만으로는 충분
하지 않다고 말했다. 복리란 참작의 대상이 될 수 있는 무엇이며, 다른
가치들과 바꿀 수 있다.[61] 공리주의자인 싱어는 어떤 실험이 고통을 최
소화하도록 고안되었다면, 그리고 그것이 해악보다 선을 야기했다면 그
것이 정당화될 수 있음을 허용한다. 그는 이러한 최소한의 실험기준마저
도 통과하지 못할 대다수의 연구를 비판한 데에 지나지 않는다. 하지만
리간은 이와 같은 공리주의적 계산을 하려 하지 않는다. 대신 그는 '동물

---

59) 전 세계 2백만 명의 회원이 있는 동물 권리를 위한 세계적인 단체로, 일명
　　PETA로 불린다. 1980년에 설립되었으며, 미국 버지니아의 노퍽에 본부를 두
　　고 있다.

60) 〔역주〕 리간에 의하면 인간은 칸트가 주장한 바와 같이 누구나 수단이 아닌
　　목적으로 대우를 받을 가치를 지닌다. 이처럼 목적으로 대우해야 할 이유는
　　인간 각자가 고유한 삶(*life*)을 영위하기 때문이다. 그런데 리간에 따르면 동
　　물도 고유한 삶을 영위한다. 이렇게 보았을 때 동물 또한 수단이 아닌 목적으
　　로 대우 받을 내재적 가치를 가지며, 이에 따라 동물은 침해받을 수 없는 일정
　　한 도덕적 권리를 갖게 된다.

61) 〔역주〕 어떤 동물의 복리에 관심을 갖는다는 것은 그 동물이 살아있는 동안
　　평안함을 누렸다면 어느 순간에 그 동물의 목숨을 앗아갈 수 있다는 의미를
　　함축할 수 있다. 경우에 따라 조건부로 동물들의 목숨을 빼앗을 수 있다는
　　것이다.

또한 인간과 다를 바 없이 어떤 상황에서도 침해되어선 안 될 권리를 갖는다'는 점을 인정해야 한다고 말했다. 설령 성취해야 할 커다란 선이 있다고 해도 말이다. 싱어가 개혁가였다면 리간은 폐지론자였다.[62]

하지만 이론철학에 관심이 없는 사람들에게는 양자의 차이가 크지 않아보였다. 그들이 보기엔 양자 모두 동물옹호론자였으며 양자 모두가 과학시설 비판자였다. 동물의 복리를 강조하건 동물의 권리를 강조하건 동물해방 운동의 호소력은 정치한 논리보다는 실험실에서 쥐, 개, 그리고 원숭이들에게 가해진 바에 대해 사람들이 느끼는 분노에 의존하고 있었다. 싱어의 책은 생생한 서술이 포함되어 있었다. 과학자들은 그러한 서술이 사람들을 오도한다고 공공연히 비난했다. 하지만 연구자들이 실제로 어떤 일을 하는지 모르는 다른 사람들은 그러한 서술을 보고 눈이 휘둥그레졌다.

1960년대 후반 위스콘신대학의 심리학자 할로와 수오미(Stephen J. Suomi)는 일련의 실험을 수행했다. 이는 싱어의 책이 발간된 이후 악명이 높아진 실험이다. 동물은 심리학 분야에서도 실험용으로 활용되고 있는데, 이는 다윈이 미처 생각하지 못했던 20세기에 이루어진 또 다른 발달이다. 다윈은 동물실험이 필요한 학문분야는 오직 생리학에 국한된다고 생각했다. 하지만 오늘날 연구동물을 주로 활용하는 사람들은 생리학자들이 아니다. 오히려 심리학자, 그리고 상업제품을 개발하고 실험하는 등 전혀 다른 분야에 종사하는 사람들이 수백만의 연구동물을 사용하고 있다.

---

62) 〔역주〕싱어는 공리주의자로서, 이익동등고려의 원칙에 따라 동물의 도덕적 지위를 평가했는데, 이에 따르면 동물의 목숨을 빼앗음으로써 많은 이익이 산출될 경우 이는 허용될 수 있다. 반면 칸트주의를 다소 수정한 리간은 동물이 고유한 삶을 영위할 경우 그들의 목숨은 절대적인 가치를 가지며, 이에 따라 우리는 어떠한 경우에도 이들 동물의 목숨을 빼앗을 수 없다고 생각한다. 이처럼 싱어는 동물의 목숨을 빼앗을 수 있는지의 여부에 대해 유연한 태도를 가졌음에 반해, 리간은 아예 원천적으로 이를 허용해선 안 된다고 생각했다.

할로와 수오미는 어미의 거부반응이 새끼에게 야기하는 정신병리를 연구하는 데 관심이 있었고, 이에 따라 그들은 어미가 기르길 거부한 붉은 털원숭이 새끼들을 데리고 와 정신병리학의 유형을 연구하기로 결정했다. 하지만 그들은 즉각적으로 문제에 직면했다. 붉은털원숭이들이 연구 대상으로 선택된 이유는 원숭이들이 심리적으로 인간과 유사하기 때문이었다. 그런데 연구자들은 자식에 대한 애착이 인간의 어머니와 유사한 원숭이 어미로부터 어떻게 자식에 대한 거부반응을 유도할 수 있는지 생각해 낼 수가 없었다. 그 해결책은 어미의 거부반응을 모사하는, 어미 대체 기계를 사용하는 방법이었다. 그들은 괴물로 탈바꿈할 수 있게 만든, 천으로 된 대리모에게 애착을 갖게 함으로써 아기 원숭이에게 정신병리를 야기하려 했다. 그들은 이를 '기막힌 착상'이라고 서술했지만, 불행하게도 이러한 기계는 그들이 원하는 바를 이루는 데 도움을 주지 못했다. 다음은 자신들의 첫 번째 노력에 대한 할로와 수오미의 직접적인 서술이다.

이들 괴물 중 첫 번째 것은 천으로 만든 어미 원숭이였다. 이는 계획이나 필요에 따라 고압의 압축공기를 내뿜도록 고안된 기계였다. 천으로 만든 어미 원숭이에서 뿜어 나오는 공기는 새끼 원숭이를 몸체로부터 떼어낼 수 있을 정도로 강력했다. 새끼 원숭이가 어떤 행동을 취했으리라고 생각하는가? 새끼 원숭이는 점점 더 세게 어미를 껴안았다. 왜냐하면 두려움에 질린 새끼가 필사적으로 어미에게 달라붙었기 때문이다. 이러한 방법은 새끼 원숭이에게 정신병을 유도해 내지 못했다.

하지만 우리는 포기하지 않았다. 우리는 또 다른 대용 괴물어미를 만들어 냈는데, 이는 달라붙어 있는 새끼의 머리와 이빨이 흔들릴 정도로 매우 강렬하게 진동을 일으키도록 고안된 장치였다. 그런데 새끼는 더욱더 대용어미에 달라붙었다. 우리가 만든 세 번째 괴물은 그 몸 안에 철사틀이 내장되어 있었으며, 이는 앞으로 튀어나와서 새끼를 복부표면으로부터 떼어낼 수 있도록 고안되어 있었다. 새끼는 계속해서 어미 몸에서 떨어져 나가 바닥을 뒹굴었는데, 새끼는 이에 굴하지 않고 천으로 된 몸체 안으로 철사틀이 다시 기어들어 갈

때까지 기다렸다가 또다시 대용물에 달라붙었다. 마침내 우리는 많은 못이 달린 어미를 만들어 냈다. 명령에 따라 이 어미는 복부표면 전체에 걸쳐 날카로운 놋쇠 못을 표출시킨다. 새끼들은 이와 같은 뚜렷한 거부행동에 낙담했지만, 그래도 못이 원래 위치로 돌아갈 때까지 기다렸다가 어미에게 돌아가서 안겼다. [63]

연구자들은 "이러한 새끼 원숭이들의 행동이 놀랍지 않았다"[64]고 말했다. 왜냐하면 원숭이건 인간이건 상처를 받았거나 꾸지람을 들은 어린것들이 위안을 받을 수 있는 유일한 방법은 어떤 대가를 치르더라도 어미와 친밀한 접촉을 갖는 것이기 때문이다.

할로와 수오미에게 사회적 고립을 통해 실제 괴물어미를 만들어 내겠다는 착상이 떠오른 것은 바로 그때다. 할로는 수 년 동안 '곧추선 고립방'(*vertical isolation chamber*) 이라고 불리는 조그만 녹슬지 않는 쇠로 만든 고안물을 이용하여 붉은털원숭이의 사회적 고립효과를 연구하고 있었다. 방에 대한 착상은 간혹 낙담한 사람들을 "절망의 우물에 빠졌다"[65]고 서술한다는 사실에 영감을 받은 것이었으며, 한 논문에서 그는 이 장치를 "직관에 기초하여 피실험 원숭이에게 육체적·심리적인 절망의 우물을 만들어 낼 목적으로 고안했다"[66]고 썼다. 원숭이들은 태어난 지 몇 시간 되지 않아 그 방에 수용되었고, 완벽하게 고립된 채로, 아무것도 하는 일 없이 거기서 18개월가량 생활했다. 할로는 "어떤 동물을 아주 어렸을 때 매우 철저하고도 지속적으로 고립시켜 놓을 경우, 그러한 동물은 주요한 사회적 감응방식이 두려움이 되는 사회-정서 수준으로까지 격하된다"[67]는 사실을 발견했다.

63) Harlow and Suomi, "Induced Psychopathology in Monkeys", p. 9.
64) 위의 책.
65) 위의 책, p. 11.
66) 위의 책.
67) Harlow, Doddsworth, and Harlow, "Descriptive Behavior in Young Monkeys", p. 11.

398

실제 괴물어미를 만들기 위해 할로와 수오미는 암컷 원숭이를 곧추선 고립 방에서 사육했고, 다음으로 '강간 침대'라고 부른 장치를 이용해 그들을 임신시켰다(예비 어미들에게는 수컷들과의 정상적인 성관계를 허용하지 않았다. 왜냐하면 그것이 고립이라는 조건을 어그러뜨릴 것이기 때문이다. 이 외에도 그들은 고립 상태에서 사육된 원숭이들이 "교접시에 유아적이면서 서투른 노력을 할 따름"[68] 이라는 점을 이미 알고 있었다). 고립된 상태에서 양육된, 인위적으로 임신이 이루어진 이러한 어미들이 자신들의 새끼를 어떻게 다룰까? 그러한 원숭이들은 실험자들이 만들어낸 다른 어떤 대리모보다도 새끼를 학대했다. 할로와 수오미는 다음과 같이 보고했다.

> 그들은 두 증후군 중 하나의 증세를 나타냈다. 어미 없이 자란 어미들이 나타낸 증후군 중 하나는 새끼들에게 아무런 주의를 기울이지 않는 것이었다(새끼가 우는 소리를 들은 정상적인 어미는 지체 없이 새끼를 가슴에 끌어안으려 할 것이다). 다른 어미들은 포악하고 치명적이었다. 그들이 좋아하는 장난 중의 하나는 이빨로 새끼들의 두개골을 부수어 버리는 것이었다. 하지만 정말로 진절머리가 나는 행동은 새끼의 얼굴을 바닥에 부딪치게 하고, 그 다음에 앞뒤로 문질러 버리는 것이었다. [69]

하지만 새끼들에게는 아무런 정신병리적 증상이 나타나지 않았다. 왜냐하면 새끼들은 심지어 최악의 괴물어미에게마저도 죽임을 당하든지 혹은 어미들이 정상적인 어미로서의 행동을 보이기 시작할 때까지 줄기차게 되돌아왔기 때문이다. 최소한 이러한 측면에서 보았을 때 실험은 실패로 끝났다.

이러한 실험을 도덕적으로 반대할 이유가 있는가? 할로와 수오미는 자신들이 어떤 선(善)을 도모하는 데 기여하고자 한다고 주장했다. 그들은 정신병리학을 연구하고 있었고, 다른 연구자들의 연구와 더불어 그들의

68) Harlow and Suomi, "Induced Psychopathology in Monkeys", p. 10.
69) 위의 책.

연구 또한 궁극적으로 심리적 교란을 받는 인간들을 처우하는 새로운 방식을 발견하는 데까지 이어질 수 있었다. 하지만 소기의 목적을 달성하기 위해 그들은 연구대상이 될 정신병리적 증세를 나타내는 피실험 대상이 필요했다. 매우 합당하게도 그들은 인간에게 정신병리를 야기하는 것은 비윤리적이라고 생각했다. 이에 따라 그들은 차선책으로 가능한 한 인간과 가장 유사한 존재에게 정신병리를 야기했던 것이다.

하지만 도덕적 개체주의자는 인간을 실험용으로 사용하는 것이 잘못이라면, 처우에서의 차이를 정당화하는 인간과 동물 간의 적절한 차이가 존재하지 않는 이상 동물을 활용하는 것 또한 잘못이라고 주장할 것이다. 할로와 수오미는 자신들의 연구에 활용되고 있는 동물에 관한 상당한 양의 적절한 정보를 제공하고 있다. 그들은 인간의 아이와 새끼 원숭이가 얼마나 유사한가를 서술하는 데 상당한 분량의 지면을 할애하고 있다. 그들은 어미의 사랑이 인간의 아이에서와 마찬가지로 원숭이에게도 중요하다고 설명한다. 실제로 그들은 일반적으로 새끼 원숭이들이 날렵하다는 점을 제외하고는 정서적·지적인 필요라는 측면에서 새끼 원숭이와 인간의 아이 사이에 '별다른 차이가 없다'고 말하기도 한다. 그들은 정상적인 어미 원숭이들이 기꺼이 양육의 짐을 지려 하고, 인간의 어머니와 동일한 유형의 모성애를 갖추었으며, 새끼가 상처를 입었을 경우 인간과 동일한 종류의 정신적 고통을 느낀다. 이 모든 사실은 양자 사이에 적절한 차이가 과연 발견될 수 있는지에 대한 의문을 제기한다.

우리는 이러한 문제를 딜레마의 형태로도 나타낼 수 있을 것이다. 이는 인간의 경우를 살펴보기 위해 동물을 모델로 사용하는 심리학적 연구라면 어떤 경우에도 발생할 수 있는 딜레마다. 만약 피실험 동물이 우리에 대한 모델이 되기에 충분할 정도로 우리와 유사하지 않다면 그러한 실험은 목적을 상실할 것이다(이것이 할로와 수오미가 인간과 붉은털원숭이들 간의 유사성을 장황하게 강조하는 이유다). 하지만 동물이 우리의 모델이 될 정도로 충분하게 우리와 유사하다면 인간에게 가능하지 않은 방식으로 동물을 처우하는 것은 정당화될 수 없을 것이다. 연구자들은 논리적 올가미에 걸려 있다. 연구의 유용성을 옹호하려 할 경우 그들은 동물과 인간 사이의 유사성을 강조해야 한다. 하지만 그러한 연구를 윤리적으로 옹호할 경우 그들은 차이를 강조해야 한다. 문제는 두 마리 토끼를 동시에 사냥할 수 없다는 점이다.

다윈은 인간이 이익을 얻기 위해 동물을 희생시키는 일이 그리 나쁘지 않다고 생각했다. 하지만 딜레마가 발생하게 된 이유는 그의 진화론적 관점이 승리를 거두었기 때문이다. 동물을 인간에 대한 심리학적인 모델로 활용하는 전반적인 구상은 다윈주의로 인한 결과다. 다윈 이전에는 단순한 동물을 연구함으로써 인간의 정신에 대한 지식을 얻을 수 있다고 진지하게 고민해 본 사람이 아무도 없었다. 이와 유사하게, 인간 학대에 반대하는 이유와 동일한 근거로 동물 학대를 반대해야 한다는 생각 또한 다윈 이후에 나타났다. 이러한 생각은 인간과 인간 아닌 동물을 근본적으로 다르게 파악하지 않는 입장에 바탕을 두고 있다. 다윈의 생체해부에 관한 언급을 고려해 보았을 때, 우리는 그가 자신의 연구가 시사하는 바를 충분히 이해하지 못했다고 말해야 할 것이다.

결 론

우리가 살펴본 바와 같이 다윈은 '직접적인 논증들'이 종교적인 믿음에 별다른 영향을 주지 못하리라고 생각했다. 그 대신 그는 과학이 발전함에 따라 '인간의 정신이 점차적으로 해명되면서' 유신론이 약화되리라고 생각했다. 이와 같은 생각은 분명 일리가 있다. 논증 때문에 종교적인 입장을 바꾸는 경우는 극히 드물다. 종교는 단순한 추리를 통해 대적하기에는 너무나도 강한 방책들에 둘러싸여 있다. 반면 과학의 진보는 사실이 존재하는 방식에 대해 우리가 가지고 있는 전체적인 그림을 불가피하게 바꾸어 놓는다. 이는 훨씬 강력한 힘으로 작용한다. 그런데 이와 유사한 주장을 도덕적 믿음에 대해서도 제기할 수 있다. 단순한 논증 때문에 자신의 도덕적 입장을 바꾸는 경우는 극히 드물다. 설령 이 책에서의 모든 논의들이 옳다고 해도, 독자들이 별다른 이의 없이 그 결론을 받아들인다면 오히려 그러한 사실이 매우 놀라운 일이 될 것이다.

우리는 도덕적인 변화가 논증을 통해 직접적인 방식으로 이루어졌다기보다는, 매우 복잡한 역사적 과정을 거친 결과라고 생각해 볼 수 있을 것이다. 여기에서 논증은 종속적인 역할을 맡을 따름이다. 내가 염두에 두고 있는 특별한 과정은 4단계로 이루어진다. 첫 번째 단계에서는 사람들이 전통적인 도덕을 쉽게 수용한다. 왜냐하면 이는 모든 사람들(혹은 거의 대부분의 사람들이라고 해도 별다른 차이가 없다)이 확신하는 세계관의 지지를 받고 있기 때문이다. 이러한 단계에서의 도덕적 견해는 믿지 못할 정도로 간단하다. 칸트가 밝히고 있듯이 인간은 '본래적인 가치, 즉 존엄성'을 갖는다. 이로 인해 그들은 '모든 가치 이상의' 가치를 획득한다. 반면 다른 동물은 ' … 단순히 목적을 위한 수단으로 존재한다. 여기에서 목적은 인간이다'. 이러한 윤리적 입장을 지지하는 세계관은 여러 친숙한 요소들을 갖추고 있다. 원래 그 중심에 지구가 위치하고 있는 우주는 신이 자신의 형상에 따라 만든 인간에게 안식처를 제공하기 위해 창조된 것으로 파악된다. 다른 동물은 신이 인간의 활용을 목적으로 창조했다. 이렇게 보았을 때 인간은 다른 동물과 구분되며, 근본적으로 다른 본성을 지닌 존재다. 이러한 사실은 인간의 특별한 도덕적 지위를 정당화한다.

두 번째 단계에서는 그와 같은 세계관이 붕괴되기 시작한다. 물론 이는 다윈 훨씬 이전부터 시작되었다. 사람들은 이미 지구가 우주의 중심이 아니며, 천체(天體)라는 측면에서 보았을 때 지구가 특별하지 않아 보인다는 사실을 잘 알고 있었다. 다윈은 인간이 다른 동물과 별개의 존재가 아니라 동일한 자연질서의 일부며, 사실상 인간이 동물과 가깝다는 점을 보여줌으로써 과업을 완수하였다. 다윈이 과업을 완수하였을 때 오랜 세계관은 사실상 허물어지고 있었다.

하지만 이러한 사실이 전통적인 도덕적 입장을 사람들이 즉각적으로 포기했다는 것을 의미하지는 않았다. 굳건하게 확립되어 있는 도덕적 입장은 지배력을 돌연히 상실하지 않으며, 간혹 세기를 넘어서도 지배력을

402

그대로 유지하기도 한다. 싱어가 말하고 있듯이 "설령 이데올로기적 입장의 토대가 밑에서부터 허물어진다고 해도 새로운 토대가 발견되거나, 그렇지 않으면 논리적인 중력의 법칙이 있다면 마치 거기에 도전하듯이 그와 같은 이데올로기적 입장은 그곳에 그대로 버티고 있을 것이다".70)

바야흐로 우리는 도덕발달의 세 번째 단계에 와 있다. 이러한 단계는 사람들이 전통적인 도덕적 관점의 토대를 상실하고 난 후 그러한 견해에 대한 재검토가 이루어져야 한다는 사실을 깨달을 때 도래한다. 동물의 권리를 옹호하는 리간의 책을 검토하면서 노직은 다음과 같이 주장했다. "현재 우리는 종의 성원이라는 사실이 도덕적으로 중요하다는 입장을 뒷받침하는 이론을 가지고 있지 않다. 쟁점은 그리 절박하게 해결해야 할 대상이 아니었기 때문에 아무도 이의 형식화를 위해 많은 시간을 보내지 않았다. 하지만 현재 그러한 이론을 갖추지 못했다는 사실로부터 많은 것을 이끌어내서는 안 된다."71) 지금까지 쟁점이 절박하게 보이지 않았던 이유는 철학자들이 구세계관의 붕괴가 시사하는 바에 충분히 동화되지 않았기 때문이다.72)

만약 전통적인 도덕을 지지하는 새로운 방식이 발견될 수 있다면, 그러한 도덕이 옹호할 만하다는 사실을 밝혀낼 수도 있을 것이다. 노직을 포함한 여러 사람들은 그것이 가능하다고 생각한다. 하지만 이 책은 다른 입장을 옹호했다. 다시 말해 이 책에서는 '인간의 정신에 대한 조명이 점차 이루어질' 경우, 종의 성원 의식에 상대적으로 중요성을 부과하지 않는 새로운 윤리가 탄생해야 한다는 입장을 옹호했던 것이다. 가장 옹호할

---

70) Singer, *Animal Liberation*, p. 231.
71) Nozick, "About Mammals and People", p. 29.
72) 〔역주〕 지금까지는 인간이라는 종의 성원이라는 것이 도덕적 중요성을 갖는다는 것을 충분히 검토해 보지 않았다. 왜냐하면 이는 너무나도 당연한 것으로 받아들여지는 입장이었기 때문이었다. 하지만 진화론은 이러한 당연한 생각에 심각한 의문을 제기했다. 그럼에도 철학자들은 이의 심각성을 제대로 인식하지 못했는데, 그것은 진화론으로 인해 기존의 인간관이 어떻게 변해야 하는가를 철학자들이 충분히 깨닫지 못했기 때문이다.

만한 입장은 특정 형태의 도덕적 개체주의인 것처럼 보인다. 이러한 견해에 따르면 중요한 것은 생물의 개별적인 특징이지 그 생물이 속해 있는 집단이 아니다. 도덕적 개체주의는 모든 존재들의 복리에 동등하게 관심을 가지며, 처우에서의 차이를 정당화하는 적절한 차이가 있을 경우에만 그들간의 차별을 정당화할 수 있다는 생각을 요체로 삼고 있다. 물론 다윈주의 정신과 호응을 이루는 더욱 훌륭한 견해가 있을 수 있다. 하지만 지금으로서는 그런 견해가 어떤 것인지 잘 모르겠다. 그럼에도 우리가 진리를 발견했다고 지나칠 정도로 자신감을 갖는 것은 항상 현명하지 못한 법이다. 이 문제가 어떤 식으로 결론이 나건, 우리는 구세계관의 붕괴로 인해 우리가 압박을 받게 되는 문제들을 더 이상 회피할 수 없다. 과정의 네번째 그리고 최종 단계는 이러한 문제들을 해결할 경우, 그리고 그때 가서야 도달하게 될 것이다. 그러한 단계는 우리의 도덕이 세계에 대한 우리의 이해, 그리고 거기에서의 우리의 위치와 또 다시 편안하게 공존할 수 있게 되는 새로운 평형상태가 발견될 때에야 도달하게 될 것이다.

다윈은 도덕적 진보가 나아갈 방향에 대한 나름의 입장을 가지고 있었다. 우리가 살펴본 바와 같이 그는 도덕 감정이 국가, 인종, 사회적 지위 혹은 결함과 관계없이 궁극적으로 모든 인류를 포함하고, '최종적으로 하등동물'을 포함하는 데까지 확장되리라 생각했다. 이러한 도덕적 선언은 그 자체가 고결하긴 하지만 지나치게 이상적이며, 엄격한 과학적 연구성과와 그다지 관계없는 철학적 환상으로 파악되기 쉽다. 하지만 또다른 가능성이 있다. 그것은 이 책에서 지금까지 내가 옹호하기 위해 노력했던 입장이다. 다윈은 자신의 모든 작업, 즉 자연선택 이론에서부터 그가 분명하게 밝힌 도덕적 전망에 이르기까지 모두 하나라고 생각했다는 점에서 옳다. 이는 우리가 합당하고도 만족스런 전체를 이루고자 할 때 어떻게 우리 사유의 요소들이 상호 지지되어야 하며, 어떻게 그러한 요소들이 함께 조화를 이루어야 하는가에 대한 관념을 통해 견지되는 하나의 견해인 것이다.

감사의 글

항상 분명하게 드러나는 것은 아니지만 이 책에서 다룬 주제들은 다른 저자들의 저서에 힘입은 바 크다. 이에 따라 나는 특별히 유용하다고 생각했던 일부 저서들을 언급하면서 그에 대한 신뢰를 보내고자 한다.

다윈과 다른 19세기의 과학인들을 다룬 굴드의 논문들은 훌륭한 저술과 영민한 해석의 귀감이다. 내가 핵심적인 철학적 논의에서 굴드와 의견이 다르다는 점 — 그는 다윈주의가 아무런 종교적 혹은 도덕적 함의를 갖지 않는다고 생각한다 — 이 그의 저술로부터 많은 것을 배웠다는 사실을 모호하게 만들어서는 안 된다.

클라크(Ronald Clark)의 《찰스 다윈의 생존》(*Survival of Charles Darwin*)은 다윈의 삶에 관한 다방면에 걸친 정보를 얻는 데에 많은 도움이 되었다. 그의 책 《헉슬리 가문》(*The Huxleys*) 또한 토머스 헉슬리에 대한 정보를 얻는 데에 도움이 되었다. 그레이에 대한 정보는 뒤프레(A. Hunter Dupree)의 탁월한 자서전에서 입수했다.

헐(David Hull)이 《다윈과 그의 비판자들》(*Darwin and His Critics*)에 쓴 입문적인 장문의 논문은 주옥같은 논문이었다. 나는 특별히 그의 목적론에 관한 논의에 많은 도움을 받았다. 현대 과학이 아리스토텔레스의 과학과 어떻게 다른가에 대해서는 홀(Everett Hall)의 《현대과학과 인간의 가치》(*Modern Science and Human Values*), 그리고 아담스(E. M.

Adams) 의 《윤리적 자연주의와 현대의 세계관》(*Ethical Naturalism and the Modern World-View*) 에서 많이 배웠다. 전성설에 관한 내용은 《현대 과학의 구성》(*Construction of Modern Science*) 에서의 웨스트폴(Richard Westfall) 의 설명을 참고하고 있다.

. 행동의 기원에 관한 사회생물학의 설명에서 윤리의 독립성에 대해 내가 언급한 내용은 네이글(Thomas Nagel) 의 논문인 "자율적인 이론적 주제로서의 윤리"에서 영향을 받았다. 키처(Philip Kitcher) 의 《분에 넘치는 야망》(*Vaulting Ambition*) 은 내가 사회생물학에 대해 가장 많이 배운 책이다.

크로커(D. R. Crocker) 의 "인간중심주의: 나쁜 관행인가 정직한 편견인가?" 는 동물행동학자들이 대중에게 이야기하는 경우와 서로에게 이야기하는 경우를 대비시키는 착상을 제공했다. 내가 인용한 일부 사례들은 크로커 또한 제시하고 있는 것들이다.

마지막으로 이 책을 쓰는 데 네 명의 친구가 직접적으로 도움을 주었다. 내가 다윈에 관한 저술들에 관심을 갖게 된 것은 UAB에서 벤딧(Theodore M. Benditt) 과 "다윈, 맑스, 그리고 프로이트"에 대해 공동으로 강의를 하면서다. 나는 벤딧과 다윈에 대해 이야기를 나누면서 이 책을 쓰고자 하는 커다란 동기를 갖게 되었다. 그 후 과학철학에 대한 지식이 나를 훨씬 능가하는 동료 킨케이드(Herold Kincaid) 가 여러 논점을 취하는 데 도움을 주었다. 이후 클라크(E. Culpepper Clark) 와 스튜어트 레이첼즈(Steward Rachels) 가 각기 이 책의 초고를 읽어주었으며, 문체와 내용에 관한 도움이 되는 지적을 해주었다. 이 네 사람에게 특별히 감사드린다.

1. 원저자 소개

《동물에서 유래된 인간》의 저자 제임스 레이첼즈(James Rachels)는 1941년 미국 조지아의 콜럼버스에서 태어났다. 1962년 머서대학(Mercer University)을 졸업한 그는 1967년 채플 힐의 노스캐롤라이나대학에서 박사학위를 받았다. 그 후 리치먼드대학, 뉴욕대학, 마이애미대학, 듀크대학 등에서 강의를 했던 레이첼즈는 2003년 암으로 사망하기까지 버밍햄에 있는 앨라배마대학의 철학과 교수로 재직했다. 레이첼즈는 평생 동안 낙태, 동물의 도덕적 지위, 그리고 안락사 등의 응용윤리의 문제에 관심을 가지고 이들에 대한 연구에 전념했다. 특히 그는 적극적인 안락사와 소극적인 안락사의 구분을 통해 안락사에 대한 철학적 논의 수준을 한 단계 높이는 데 기여했다는 평가를 받고 있다. 그는 미국을 대표하는 응용윤리학자였는데, 관련분야에서 그가 쓴 저서와 논문들은 거기에 찬성을 하건, 반대를 하건 어느 정도 언급이 되어야 하는 것으로 파악되고 있다.

레이첼즈는 평생 6권의 책을 썼고, 85편의 논문을 썼으며, 7권의 책을 편집했다. 그의 대표적인 저서는 다음과 같다.

- *The End of Life: Euthanasia and Morality* (Oxford University Press, 1986)
- *Created from Animals: The Moral Implications of Darwinism* (Oxford University Press, 1991)
- *Can Ethics Provide Answers? Other Essays in Moral Philosophy* (Rowman and Littlefield, 1997)
- *The Right Thing to Do: Basic Readings in Moral Philosophy* (McGraw-Hill, 1999)
- *The Elements of Moral Philosophy* (McGraw-Hill, 4th edition 2002) ; 《도덕철학의 기초》(김기덕·노혜련·박소영 옮김, 나눔의 집, 2006)

2. 책의 의의

《동물에서 유래된 인간》은 다음과 같은 점에서 시사적이라 할 수 있을 것이다.

1) 진화론이 서구문화 전반에 미친 영향을 가늠해 볼 수 있다

대체로 보았을 때, 서구의 종교적·철학적 전통에서는 오직 인간만의 존엄성을 이야기하며, 이를 토대로 각종 문화적 발달이 이루어졌다고 해도 과언이 아니다. 하지만 다윈의 진화론은 서구문화의 기저를 흐르고 있는 이와 같은 전통에 의문을 던진다. 레이첼즈는 책의 앞에서 다윈의 일대기를, 다음으로 도덕 및 종교의 진화론과의 관계, 그리고 인간이 존엄하다고 말하는 근거를 촘촘히 살펴본다. 이와 같은 과정을 거친다는 것은 사실상 진화론이 서구문화에 미친 전반적인 영향을 검토한다는 의미를 담고 있다. 독자들은 책을 읽어나가면서 진화론이 구체적으로 어떠한 방식으로 서구문화의 근원을 이루고 있던 종교적·철학적 토대에 영향을 주었는가를 가늠해 볼 수 있게 될 것이다. 이러한 논의는 긍정적이건 부정적이건 철학적 사고를 심화하고, 세상을 보는 또 다른 시각을 얻는 데에 도움을 줄 수 있을 것이다.

2) 우리의 도덕적 사유를 근본적으로 재검토할 수 있다

어릴 적부터 받아온 교육의 영향 때문인지는 몰라도 우리는 흔히 인간 외의 다른 존재에게까지 도덕적 지위를 부여하는 것을 부당하다고 생각한다. 우리는 인간 중심적인 생각을 너무나도 당연하다고 생각하면서 살아가고 있으며, 이에 대한 의문을 제기할 때 당황하거나 부정적인 평가를 하려는 경향이 있다. 하지만 레이첼즈는 이러한 경향이 다른 종을 부당하게 차별하는 태도로, 일종의 편견이라고 주장한다. 그에 따르면 우리가 진화론을 받아들일 경우 도덕적 개체주의라는 규범이론을 수용하게 되는데, 도덕적 개체주의는 일종의 평등의 원리로, 이에 따르면 동물은 고통을 느낄 수 있다는 측면에서 인간과 다를 바 없으며, 적어도 우리가 인간의 고통에 관심을 갖는다면 동물들의 동일한 고통에도 마땅히 관심을 가져야 한다. 기존의 고정된 생각의 틀을 벗어나서 레이첼즈의 입장에 따라 인간이 도덕적으로 존중받아야 하는 이유가 무엇인가를 따져볼 때, 그리고 우리가 도덕적으로 배려해야 할 대상이 어떤 존재인가를 숙고해 볼 때 우리는 오직 인간만을 배려의 대상으로 삼을 수 없음을 인정하지 않을 수 없게 될 것이다. 그리고 이러한 과정을 통해 우리는 자신이 고수해 왔던 생각이 얼마나 편협했는가를 깨달을 수 있게 될 것이다.

3) 자연주의적 오류를 재고해 볼 수 있다

다수의 철학자들은 과학이라는 사실의 영역이 가치의 영역에 시사하는 바가 없다는 점에 의견을 같이하고 있다. 한마디로 사실로부터 가치를 연역해 낼 경우 자연주의적 오류(*naturalistic fallacy*)를 범하게 된다는 것이다. 이와 같은 비판은 진화로부터 인간의 지침을 구해 각종 제도를 확립하고자 하면서 약육강식을 정당화하려 한 19세기의 사회진화론이 미친 폐해로 인해 더욱 부각되었다. 물론 이 책의 저자인 레이첼즈 또한 이와 같은 자연주의적 오류가 오류라는 입장에 동의하지 않는 바는 아니다. 그럼에도 그는 우리의 일상적인 추론방식에 주목하여 비록 사실로부터 가치를 논리적으로 연역해 낼 수는 없어도, 가치를 이끌어내는 것이 전혀 부당하지만은 않다고 주장한다. 자연주의적 오류가 무엇인가를 어느 정도 알고 있는 독자들은 레이첼즈의 논의가 과연 자연주의적 오류의 벽을 넘어설 수 있는가를 흥미롭게 살펴볼 수 있을 것이다.

4) 학문 상호간의 연계를 도모한다

오늘날 여러 학문분야는 극도로 분화되어 있으며, 이는 제 학문의 발달에 커다란 장애요인이 되고 있다. 이러한 상황이 문제라는 현실에 대한 판단 하에 최근 학문분야 간의 비생산적인 간극을 메우려는 학제간의 연구가 활성화되고 있으며, 이를 독려하는 것이 학문적 대세이자 사회적 요구이다. 《동물에서 유래된 인간》은 바로 이와 같은 요구에 부응하고 있는 책이라고 말할 수 있다. 이 책은 다윈이 자연선택 이론을 발견하게 되기까지의 역사와 자연선택 이론에 대한 설명만이 아니라, 이러한 이론이 윤리와 종교 등에 함의하는 바에 대한 논의 등을 포괄적으로 다루고 있다. 한마디로 이 책은 자연과학과 인문학을 넘나들며 통섭적 사고의 전형을 보여주고 있는 것이다. 때문에 이 책은 제반학문 사이의 지속적인 관계정립과 그 현재적 자리매김을 하는 좋은 본보기가 될 수 있을 것이다. 이 책은 오늘날 여전히 팽배해 있는 자연과학과 인문·사회과학의 양립구도의 벽을 허물고, 각 학문의 고유성과 연관성을 직시하여 서로를 보완하고 비판적으로 바라볼 수 있는 학문적 토양을 마련하는 데 기여할 수 있을 것이다.

3. 책의 개략적인 내용 1)

진화론은 동물과 인간의 차이가 질적인 것이기보다는 양적인 것이라는 사실적 정보를 제공해 주었다. 하지만 우리는 그러한 진화적 사실로부터 동물의 도덕적 지위를 직접적으로 연역해 낼 수 없다. 이는 19세기 사회진화론이나 현대진화론이나 별다른 차이가 없다. 진화론은 어떠한 경우에도 사실의 영역에 속해 있으며, 이에 따라 이로부터 직접적으로 가치를 연역해 내고자 할 때엔 결국 자연주의적 오류를 범하게 된다. 그런데 사실로부터 가치를 이끌어낼 때 자연주의적 오류를 범하게 된다는 비판은 항상 유효한가? 여기서 우리는 가치를 이끌어낸다는 주장을 좀더 상세히 구분할 필요가 있다. 그 이유는 사실로부터 도덕이론을 직접 연역(deduce)해 낼 수는 없어도 이를 통해 특정한 도덕이론을 지지(support)함으로써 궁극적으로 동물의 도덕적 지위를 확보할 수 있는 길이 열릴 수 있다고 생각해 볼 수 있기 때문이다.

일반적으로 도덕이론은 그것이 배경으로 삼는 요소들이 있다. 그 중

---

1) 이 글은 2006년 봄 〈철학연구〉 98호(대한철학회)에 기고한 역자의 논문 "동물의 도덕적 지위에 대한 진화론의 함의"에서 일부를 가져온 것이다.

인간관 및 세계관 등을 포함하고 있는 형이상학적 신념은 도덕이론의 배경을 이루고 있는 매우 중요한 요소다. 트리그(Roger Trigg)는 도덕이 이와 같은 형이상학적 신념이나 배경과 무관하지 않다고 주장한다.

> 호모 사피엔스 종의 구성원에 대한 살해가 영원한 중요성을 갖는 어떤 형상을 갖는 존재에 대한 살해, 창조주로서의 신에게 특별한 가치를 갖는 존재에 대한 살해로 파악될 경우, 그것은 개의 고통을 덜어주는 것과는 매우 다르게 된다. 2)

이처럼 어떤 존재를 어떠한 형이상학적 기준으로 파악하느냐에 따라 그 존재에 대한 처우 방식이 달라질 수 있다. 트리그에 따르면 만약 인간에게 가장 커다란 이익을 주는 것이 고통제거라고 전제할 경우 안락사 시행이 비교적 수월할 것이다. 하지만 만약 신이 인간에게 생명을 부여했다고 전제할 경우, 그에 대한 믿음은 안락사를 완전히 다른 입장에서 바라보게 할 것이다.

그런데 여기에서 고려해 보아야 할 점은 형이상학적 믿음이 사실에 관한 믿음임에 반해 도덕은 가치에 관한 것이라는 점이다. 어떤 형이상학적인 믿음으로부터 당위를 이끌어낼 경우 우리는 사실과 당위를 구분하지 못하는 자연주의적 오류를 범할 수가 있다. 다시 말해 신이 인간에게 생명을 부여했다는 사실로부터 인간의 생명을 존중해야 한다는 가치를 연역해 내고자 할 때 자연주의적 오류를 범하게 되는 것이다. 하지만 그처럼 강한 의미가 아니라 형이상학적 믿음이 특정한 도덕적 믿음을 받아들이는 한 가지 이유를 제공한다는 의미일 경우, 우리는 그러한 믿음으로부터 일정한 가치를 이끌어낼 수 있다고 생각해 볼 수 있을 것이다. 이

---

2) Roger Trigg, *The Shaping of Man*: *Philosophical Aspects of Sociobiology*, New York: Basil Blackwell, 1982, p. 113.

와 같은 입장에서 이 책의 저자인 레이첼즈는 비록 하나의 믿음이 다른 믿음을 함의(*entail*) 하지 않는다고 하더라도, 다른 믿음에 대한 증거(*evidence*)를 제공하거나 다른 믿음을 지지(*support*) 할 수 있으며, 반대로 다른 믿음의 토대를 훼손(*undermine*) 할 수 있다고 주장한다. 예를 들어 우리의 믿음은 계속해서 증거가 누적될 경우 더욱 확실해져 갈 것이고, 증거가 계속 의문시될 경우 신뢰를 상실하게 될 것이다. 이때 두 믿음 간의 관계는 논리적인 함의관계가 아니다. 그럼에도 일상에서 우리는 이와 같은 사유과정을 합당하게 활용하면서 살아가고 있다. 예를 들어 보자.

> ① A 회사는 탁월한 기술능력과 업무수행 능력을 갖추었다. 이에 따라 A 회사가 시공을 맡아야 한다.

예문에서 앞의 문장과 뒤의 문장은 논리적 함의 관계가 아니다. 따라서 앞의 문장을 받아들인다고 하더라도 우리는 뒤의 문장을 받아들이지 않을 수 있으며, 그렇게 하는 데에 최소한 논리적인 모순은 없다. 그럼에도 앞의 문장은 뒤의 문장을 지지하는 훌륭한 근거가 될 수 있다. 만약 앞의 문장을 받아들였음에도 불구하고 뒤의 문장을 받아들이지 않는다면 우리는 이를 불합리하다고 생각할 것이다.

그런데 우리가 ①에 대한 믿음이 전체적으로 잘못이었다고 생각할 수 있다. 그리하여 다음과 같이 생각이 바뀔 수가 있다.

> ② A 회사의 기술능력이 생각보다 탁월하지 않으며, 업무수행 능력 또한 다른 회사에 비해 뒤진다. 이에 따라 A 회사가 시공을 맡아선 안 된다.

②에서는 A 회사의 능력에 대한 믿음이 무너짐으로써 결국 두 가지 믿음의 전환이 이루어졌는데, 이 중 ②의 앞 문장은 새로운 사실적 정보로 인해 사실적 믿음이 전환된 것이다. 그리고 이와 같은 사실적 믿음의 전환은 뒤의 문장인 당위에 관한 믿음까지 전환시켰다. 이와 같은 두 가지 전환에서 논리적인 필연성을 갖는 것은 없다. 그럼에도 이러한 전환은 전혀 어색하지 않으며, 매우 합당하다고 할 수 있다. 이처럼 비록 논리적인 함의관계가 아니라도 우리는 일상 속에서 흔히 온당한 사유를 하며, 심지어 사실을 근거로 당위를 이끌어낼 때에도 마찬가지다.

여기서 어떤 믿음의 토대가 훼손된다는 것은 어떤 믿음이 거짓임이 입증되었다는 주장보다는 약하지만, 그럼에도 자신의 믿음에 대한 확신이 약해졌다는 주장보다는 강한 의미이다. 믿음에 대한 확신이 약해지는 것은 설령 합리적이지 않다고 하더라도 일어날 수 있는 과정이다. 예를 들어 특별한 이유가 없음에도 어떤 강박관념으로 인해 특정한 믿음을 포기하는 경우는 이에 해당한다. 반면 위의 ①과 ②는 비록 필연적인 함의관계는 아니지만 그럼에도 합리적인 사유과정을 거쳐서 일어나는 변화다.

이와 같은 논의가 어느 정도 설득력을 갖는다면 설령 논리적 함의를 말하진 않는다고 하더라도 우리는 어떤 사실적 믿음의 변화로 인해 기존의 생각과는 다른 형이상학적 배경이나 믿음을 갖게 될 수 있을 것이다. 이어서 우리는 그와 같은 믿음과 밀접하게 연관된 새로운 도덕을 받아들일 수 있을 것이다. 거꾸로 말하자면 종전과 다른 형이상학적 믿음이나 세계관을 갖는다는 것은 기존의 도덕을 더 이상 받아들이지 않는 이유가 될 수 있는 것이다. 이러한 생각이 어느 정도 설득력이 있다면 우리는 진화적 사실에 대한 지식을 확보함으로써 새로운 가치를 받아들일 수 있다고 생각해 볼 수 있을 것이다.

그렇다면 진화론은 우리의 믿음을 변화시키는 데 얼마만큼의 역할을 할 수 있을까? 레이첼즈는 진화론이 기존의 형이상학적 배경뿐만 아니라, 그와 연관된 도덕에 상당한 영향을 주고 있다고 생각한다. 대체로 보았을 때 오랫동안 서구사람들의 마음을 지배했던 형이상학적 믿음은 오직 인간만이 신의 모습에 따라 만들어진 신의 특별한 피조물로, 동물과는 엄연하게 구분된다는 신학적인 믿음이었다. 레이첼즈는 이를 신의 형상테제(*Image of God Thesis*)라고 부른다.

> 신의 형상을 본떠서 만들어진 존재는 오직 인간뿐이다. 이에 따라 인간은 특별하며, 다른 피조물들과는 달리 인간은 신의 사랑과 관심의 대상이다. 신의 형상을 본떠서 만들어지지 않은 다른 피조물들은 인간이 사용하기 위해 제공되었다. 우리는 이러한 생각을 '신의 형상 테제'(*image of God thesis*)라고 부를 수 있을 것이다. 3)

그런데 인간이 구체적으로 어떠한 측면에서 신의 모습을 닮아 있는가를 물을 때 많은 사람들은 이성능력을 든다. 인간은 이성능력을 갖추고 있음으로써 신을 닮아 있으며, 이러한 이성능력으로 인해 다른 동물들과 구분된다는 것이다. 이처럼 오직 인간만이 이성적이며, 이에 따라 특별한 존재라는 믿음을 레이첼즈는 합리성 테제(*Rationality Thesis*)라고 부른다. 그는 이를 다음과 같이 정식화한다.

> 서구의 역사를 통틀어 흔히 제기되는 답변은 오직 인간만이 이성적이라는 것이다. 아리스토텔레스는 문제에 대한 그리스적 세계관을 드러내면서 인간이 이성적 동물이라고 말했고, 바로 이와 같은 측면에서 다른 모든 피조물들과 다르다고 말했다. … 우리는 이를 '합리성 테제'(*rationality thesis*)라고 부를 수 있을 것이다. 인간이 특별한 이

---

3) James Rachels, *Created from Animals*: *The Moral Implications of Darwinism*, Oxford University Press, 1991, p. 87; 김성한, 《동물에서 유래된 인간》, 나남, 2009, p. 170.

유는 오직 그만이 이성적이기 때문이다. 인간 아닌 동물들은 이성적
이지 않으며, 이에 따라 인간과 비교의 대상이 될 수 없다. 4)

　이와 같은 두 가지 테제는 종전의 서구사람들이 인간생명의 신성함 또
는 인간의 존엄성을 부각시키기 위해 강조했던 믿음이었다. 그런데 17세
기의 과학혁명 이래 이와 같은 믿음은 줄기차게 도전받게 되고, 급기야
다윈의 진화론은 사람들이 가지고 있던 기존의 신학적인 믿음에 적지 않
은 타격을 가하게 된다. 다윈의 자연선택을 통한 진화론은 인간의 영혼
이 진화의 산물이라는 주장을 담고 있는 듯했는데, 이에 따라 인간이 다
른 인간 아닌 동물들에 비해 유달리 존엄하지도, 존중되어야 할 대상도
아니라는 의미를 함축함으로써 신의 형상테제가 흔들리게 되었다. 이에
반해 과거에는 인간과 비교조차 할 수 없던 인간 아닌 동물들의 지위는
상대적으로 격상된 듯했다. 종전의 신학적인 관념에서는 동물들이 인간
의 편의에 따라 임의로 사용할 수 있는 존재에 지나지 않았다. 하지만 시
간이 흐를수록 동물과 인간의 유사성이 부각되었고, 이에 따라 인간과
동물의 차이가 좁아지게 되었다. 이처럼 진화론은 신의 중재자로서의 인
간의 위상을 재고케 하고, 인간이 다른 동물들과 다를 바 없이 진화의 우
연적 산물임을 보여줌으로써 인간의 지위를 격하시켰으며, 이로 인해 상
대적으로 다른 동물들의 지위가 상승되었다. 긍정적인 측면에서 이야기
하자면 진화론은 동물과 인간의 격차를 줄임으로써 양자간의 조화를 도
모하는 데에 기여했다고 말할 수 있을 것이다. 레이첼즈에 따르면 이와
같은 인간과 동물에 대한 인식의 변화와 더불어 도덕에서도 변화가 일어
나고 있다. 바야흐로 도덕에서도 인간중심적인 패러다임으로부터 각각
의 개체들의 동일한 특징에 대한 동일한 처우의 중요성을 강조하는 패러

---

4) James Rachels, 앞의 책, pp. 87~88; 김성한, 앞의 책 p. 170.

다임으로의 변화가 일어나고 있는 것이다. 레이첼즈는 이 중 후자의 패러다임을 '도덕적 개체주의'라고 부르며, 이것이 신의 모습을 닮은 인간 중심의 세계관으로부터 진화론적 세계관으로의 전환에 호응하는 도덕적 관점이라고 주장한다. 이러한 도덕적 관점에 따르면 모든 존재는 각자가 갖는 특징에 따라 적절하게 대우받아야 한다. 여기에서 어떤 존재가 어떤 집단에 소속되어 있는가는 고려의 대상이 되지 않으며, 이에 따라 그 존재가 인간이라고 해서 특별한 대우를 받는 것은 아니다. 레이첼즈는 이와 같은 도덕적 개체주의가 평등의 원리를 담고 있다고 주장하면서 이를 다음과 같이 나타낸다.

> 처우의 차이를 정당화할 수 있는 개체들간의 적절한 차이가 존재하지 않는 이상, 개체들은 동일한 방식으로 처우되어야 한다.[5]

여기에서 적절한 차이란 다음과 같은 것이다. 예를 들어 동물들은 글을 읽거나 셈을 할 수 있는 능력이 없기 때문에 학교 입학에서 차별을 받아도 무방하다. 이 경우의 차별은 차별을 정당화해 줄 차이가 있기 때문에 합당하다. 아마도 이와 같은 경우의 차별은 동물에게 고통을 주지 않을 것이다. 이에 반해 인간에게 고통을 주지 않고 동물들에게만 고통을 주는 것은 차별이라 할 수 있다. 그 이유는 고통을 느낄 수 있는 능력이라는 측면에서 동물과 인간은 차이가 없으며, 따라서 양자는 그와 같은 고통과 관련해 동일한 방식의 처우를 받아야 하는데 다른 방식으로 처우를 받았기 때문이다.

레이첼즈에 따르면 도덕적 개체주의는 인간과 다른 동물 사이에 근본적인 종적인 차이가 있음을 부정하면서 각각의 개체가 갖는 특징의 중요

---

5) James Rachels, 앞의 책, p. 176; 김성한, 앞의 책, p. 325.

성을 강조한다는 측면에서 진화론과 호응을 이루는 도덕체계이다. 물론 이러한 도덕체계가 진화론이 함의하고 있는 바는 아니다. 그럼에도 진화론의 발견을 인정할 경우 우리는 이러한 도덕을 받아들이는 것이 합당하다고 생각할 수 있으며, 이를 채택할 경우 동물들은 일정한 도덕적 지위를 부여받게 된다. 이처럼 진화론으로부터 가치를 직접 도출하려는 것이 아니라 진화론을 통해 우리의 생각이 전환되고, 이어서 도덕적 개체주의라는 새로운 도덕적 패러다임을 받아들이게 된다면 우리는 진화론이 동물의 도덕적 지위에 시사하는 바가 있다고 말할 수 있을 것이다.

ADAMS, E. M., *Ethical Naturalism and the Modern World-View*, Chapel Hill: University of North Carolina Press, 1960.

AQUINAS, ST THOMAS, *Basic Writings of St Thomas Aquinas*, ed. Anton C. Pegis, 2 vols. ; New York: Random House, 1945.

＿＿＿, *Summa Contra Gentiles*, trans. English Dominican Fathers, New York: Benziger Brothers, 1928.

＿＿＿, *Summa Theologica*, trans. English Dominican Fathers, New York: Benziger Brothers, 1918.

ARDREY, ROBERT, *The Territorial Imperative*, New York: Atheneum, 1966.

ARISTOTLE, *The Basic Works of Aristotle*, ed. Richard McKeon, New York: Random House, 1941.

AUGUSTINE, ST, *Basic Writings of Saint Augustine*, ed. Whitney J. Oates, 2 vols. ; New York: Random House, 1948.

＿＿＿, *The City of God*, ed. Vernon J. Bourke, Garden City, NY: Doubleday Image Books, 1958.

AYER, A. J., *Language, Truth and Logic*, rev. edn., New York: Dover Books, 1946.

BARASH, DAVID, *The Whisperings Within*, Harmondsworth: Penguin, 1979.

BEECHER, HENRY WARD, *Evolution and Religion*, New York: Fords, Howard and Hulbert, 1885.

BERGSON, HENRI, *Creative Evolution*, trans. Arthur Mitchell, with a Foreword by Irwin Edman, New York: Random House Modern

Library, 1944; originally published in 1907.

BINDER, EANDO, "The Teacher from Mars", in *My Best Science Fiction Story*, ed. Leo Margulies and Oscar J. Friend, New York: Pocket Books, 1954.

BLACK, MAX, "The Gap between 'is' and 'Should'", *Philosophical Review*, 73(1964), Reprinted in *The Is-Ought Question*, ed. W. D. Hudson, London: Macmillan, 1969.

BUTLER, JOSEPH, *The Works of Joseph Butler*, 2 vols.; Oxford: Clarendon Press, 1896.

CARNEGIE, ANDREW, *The Gospel of Wealth*(first published in 1900), Reprinted in *Darwin: A Norton Critical Edition*, ed. Philip Appleman, New York: Norton, 1979.

[CHAMBERS, ROBERT], *Vestiges of the Natural History of Creation*, London: John Churchill, 1844. [But published anonymously.]

CHOMSKY, NOAM, *Aspects of the Theory of Syntax*, Cambridge, Mass.: MIT Press, 1965.

CLARK, RONALD W., *The Huxleys*, New York: McGraw-Hill, 1968.

_____, *The Survival of Charles Darwin: A Biography of a Man and an Idea*, New York: Random House, 1984.

COBBE, FRANCIS POWER, *Darwinism in Morals and Other Essays*, London: Williams and Norgate, 1872.

_____, *LIfe of Francis Power Cobbe*, 2 vols.; Boston: Houghton, Mifflin, and Company, 1894.

COHEN, CARL, "The Case for the Use of Animals in Biomedical Research", *The New England Journal of Medicine* 315, 1986, pp. 865~70.

CONNER, FREDERICK W., *Cosmic Optimism: A Study of the Interpretation of Evolution by American Poets from Emerson to Robinson*, Gainesville: University of Florida Press, 1949.

CROCKER, D. R., "Anthropomorphism: Bad Practice, Honest Prejudice?", in *The Understanding of Animals*, ed. Georgina Ferry, Oxford: Basil Blackwell, 1984.

CUVIER, GEORGES, *The Animal Kingdom*, London: Henry G. Bohn, 1863; originally published in 1829~30.

DARWIN, CHARLES, *The Autobiography of Charles Darwin*, ed. Nora

Barlow, New York: W. W. Norton, 1969.

_____, *Charles Darwin's Notebooks*, 1836~1844, transcribed and ed. Paul H. Barrett et al, Ithaca: Cornell University Press, 1987.

_____, *The Collected Papers of Charles Darwin*, ed. Paul H. Barrett, 2 vols.; Chicago, University of Chicago Press, 1977.

_____, *The Correspondence of Charles Darwin*, ed. Frederick Burkhardt and Sydney Smith, Cambridge: Cambridge University Press, 1985 and following. (이는 다윈의 편지를 모아 놓은 결정판으로, 다른 모든 판들을 대체할 것이다. 이 책을 쓰고 있는 지금까지(1989.5.) 1850년 까지의 다윈의 서신이 포함된 4권의 책이 출간되었다).

_____, *The Descent of Man, and Selection in Relation to Sex*, London: John Murray, 1871. (복제본이 Princeton University Press에서 1981에 출 간되었다. Random House, New York, n. d. 는 제 2판(1874)을 the Modern Library series로 재발간했다).

_____, *The Expression of the Emotions in Man and Animals*, London: John Murray, 1872, Reprinted by the University of Chicago Press, 1965.

_____, *The Formation of Vegetable Mould, through the Action of Worms*, London: John Murray, 1881. (University of Chicago Press에서 복제 본을 1985에 발간하였다).

_____, *Journal of Researches into the Natural History and Geology of Various Countries Visited by HMS 'Beagle'*, London: Henry Colburn, 1839; 2nd edn., 1845; final edn. revised by Darwin, 1860. (1860년 판이 *The Voyage of the Beagle* (ed. Leonard Engel, Garden City, NY: Anchor Books, 1962)로 재발간되었다. 인용 쪽수는 후자의 판에 따른 것이다).

_____, *The Life and Letters of Charles Darwin*, ed. Francis Darwin, 2 vols.; London: John Murray, 1888. (3권짜리 판으로도 발간되었 다).

_____, *Metaphysics, Materialism, and the Evolution of Mind: Early Writings of Charles Darwin*, transcribed and annotated by Paul H. Barrett; with a commentary by Howard E. Gruber, Chicago: University of Chicago Press, 1974.

_____, *The Movements and Habits of Climbing Plants*, London: John Murray, 1865.

_____, *On the Origin of Species by Natural Selection*, London: John

Murray, 1859. (제1판의 복제본이 Harvard University Press에서 1964에 재발간되었다. 제2판(1860)은 Random House, New York, n. d. 가 the Modern Library series로 재발간했다).

_____, *On the Various Contrivances by which British and Foreign Orchids are Fertilised by Insects*, London: John Murray, 1862; 2nd edn., 1877 (Second edition reprinted by the University of Chicago Press, 1984).

_____, *The Structure and Distribution of Coral Reefs*, London: Smith, Elder and Company, 1842 (Reprinted by the University of Arizona Press, Tucson, 1984).

_____, *The Variation of Animals and Plants under Domestication*, 2 vols.; London: John Murray, 1868; American edn., New York: Appleton, 1896.

_____, and HENSLOW, JOHN STEVENS, *Darwin and Henslow: Letters 1831~1860*, ed. Nora Barlow, Berkeley: University of California Press, 1967.

_____, and WALLACE ALFRED RUSSEL, *Evolution by Natural Selection*, Cambridge: Cambridge University Press, 1958. (다윈과 윌리스가 1858년 공동으로 출간한 자료 외에, 이 책에는 다윈이 최초로 자연선택에 대해 쓴 미발행 저술 "the Sketch of 1842, and the Essay of 1844"가 포함되어 있다).

DARWIN, ERASMUS, *Zoonomia, or the Laws of Organic LIfe*, 2 vols.; London: J. Johnson, 1794~6.

DENNETT, DANIEL C., *Brainstorms*, Montgomery, Vt.: Bradford Books, 1978.

DESCARTES, RENÉ, *The Philosophical Works of Descartes*, trans. Elizabeth S. Haldane and G. R. T. Ross, 2 vols.; New York: Dover Books, 1955.

DEWEY, JOHN, *The Influence of Darwin on Philosophy and Other Essays in Contemporary Thought*, New York: Henry Holt and Company, 1910.

DUPREE, A. HUNTER, *Asa Gray*, Cambridge, Mass.: Harvard University Press, 1959.

EISELEY, LOREN, *Darwin and the Mysterious Mr X*, New York: Harcourt Brace Jovanovich, 1979.

ERLANGER, STEVEN, "A Scholar and Suicide: Trying to Spare a Family",

New York Times, 26 Oct. 1987.

FERRY, GEORGINA (ed.), *The Understanding of Animals*, Oxford: Basil Blackwell, 1984.

FLEW, ANTONY, *Evolutionary Ethics*, London: Macmillan, 1967.

FOSSEY, DIAN, *Gorillas in the Mist*, Boston: Houghton Millin, 1983.

FREUD, SIGMUND, *The Future of an Illusion*, trans. James Strachey, New York: W. W. Norton and Company, 1961.

GILLESPIE, NEAL C., *Charles Darwin and the Problem of Creation*, Chicago: University of Chicago Press, 1979.

GODLOVITCH, STANLEY, GODLOVITCH, ROSLIND, and HARRIS, JOHN (ed.), *Animals, Men, and Morals*, New York: Taplinger, 1972.

GOODALL, JANE (LAWICK), *In the Shadow of Man*, Glasgow: William Collins, 1971.

GOULD, STEPHEN JAY, "Darwinism Defined: The Difference between Fact and Theory", *Discover*, Jan. 1987, pp. 64~70.

_____, *Ever Since Darwin*, New York: W. W. Norton and Company, 1977.

_____, *The Flamingo's Smile*, New York: W. W. Norton and Company, 1985.

_____, *Hen's Teeth and Horse's Toes*, New York: W. W. Norton and Company, 1983.

_____, *The Panda's Thumb*, New York: W. W. Norton and Company, 1980.

GRAY, ASA, *Darwiniana: Essays and Reviews Pertaining to Darwinism*, ed. A. Hunter Dupree, Cambridge: Mass, Harvard University Press, 1963.

_____, *Letters of Asa Gray*, ed. Jane Loring Gray, 2 vols.; Boston: Houghton, Mifflin, and Company, 1893.

_____, *Natural Science and Religion: Two Lectures Delivered to the Theological School of Yale College*, New York: Charles Scribner's Sons, 1880.

GRUBER, HOWARD E., *Darwin on Man*, Chicago: University of Chicago Press, 1981.

HAECKEL, ERNST, *Generelle Morphologie*, 2 vols.; Berlin: Reimer, 1866.

_____, *Natürliche Schöpfungsgeschichte*, Berlin: Reimer, 1868.

HALL, EVERETT W., *Modern Science and Human Values*, New York: Dell Publishing Company, 1956.

HARLOW, H. F., DODDSWORTH, R. O., and HARLOW, M. K., "Total Isolation in Monkeys", Proceedings of the National Academy of Science 54, 1965, pp. 90~2.

HARLOW, H. F., and HARLOW, M. K., *Lessons from Animal Behavior for the Clinician*, London: National Spastics Society, 1962.

HARLOW, H. F., and SOUMI, S. J., "Induced Psychopathology in Monkeys", *Engineering and Science* 33, 1970, pp. 8~14.

HOBBES, THOMAS, *Leviathan*, ed. Michael Oakeshott, Oxford: Basil Blackwell, 1960; first published in 1651.

HOFSTADTER, RICHARD, *Social Darwinism in American Thought*, rev. edn., Boston: Beacon Press, 1955.

HOOKER, J. D., *Life and Letters of Sir Joseph Dalton Hooker*, 2 vols.; London: John Murray, 1918.

HULL, DAVID L., *Darwin and His Critics*, Chicago: University of Chicago Press, 1973.

HUME, DAVID, *Dialogues Concerning Natural Religion*, New York: Hafner, 1957; originally published in 1779.

_____, *A Treatise of Human Nature*, ed. L. A. Selby-Bigge, Oxford: Oxford University Press, 1888.

HUTTON, JAMES, *Theory of the Earth*, Edinburgh, 1795.

HUXLEY, T. H., *Evidence as to Man's Place in Nature*, London: Williams and Norgate, 1863. (Reprinted by the University of Michigan Press, Ann Arbor, 1959).

_____, *Science and Christian Tradition*, New York: Appleton and Company, 1897.

_____, *Science and Culture and Other Essays*, New York: Appleton and Company, 1888.

KANT, IMMANUEL, *Foundations of the Metaphysics of Morals*, Trans. Lewis White Beck, Indianapolis: Bobbs-Merrill, 1959.

_____, *Lectures on Ethics*, Trans. Louis Infield, New York: Harper and Row, 1963.

KITCHER, PHILIP, *Vaulting Ambition*, Cambridge, Mass.: MIT Press,

1985.

KNIGHT NEWS SERVICE, "Doctor Who Told How He Helped Terminally Ill Wife is Indicted", *Birmingham News*, 10 Sept. 1987 .

KUHSE, HELGA, *The Sanctity-of-Life Doctrine in Medicine*, Oxford: Oxford University Press, 1987.

LAIDLER, KEITH, "Language in the Orang-utan", in *Action, Gesture, and Symbol: The Emergence of Language*, ed. Andrew Lock, London: Academic Press, 1978.

_____, The Talking Ape, London: Collins, 1980.

LAMARCK, JEAN BAPTISTE, *Zoological Philosophy*, Chicago: University of Chicago Press, 1984; originally published in 1809.

LORENZ, KONRAD, *King Solomon's Ring*, trans. M. K. Wilson, New York: Crowell, 1952.

_____, *On Aggression*, New York: Harcourt Brace Jovanovich, 1966.

LUCAS, ERHARD, "Marx und Engels: Auseinandersetzung mit Darwin zur Differenzzwischen Marx und Engels", *International Review of Social History* 9, 1964, pp. 433~69.

LYELL, CHARLES, *The Geological Evidences of the Antiquity of Man*, London: John Murray, 1863.

_____, *Life, Letters, and Journals of Sir Charles Lyell* ed. Katherine Murray Lyell, 2 vols. ; London: John Murray, 1881.

_____, *Principles of Geology*, 3 vols. ; London: John Murray, 1830~1833.

MACKINNON, JOHN, "The Behavior and Ecology of Wild Orang-Utans", *Animal Behavior* 22, 1974, pp. 3~74.

_____, *In Search of the Red Ape*, London: Collins, 1974.

MALTHUS, THOMAS, *An Essay on the Principle of Population*, 5th edn. 3 vols. ; London: John Murray, 1817.

MASSERMAN, JULES H., WECHKIN, STANLEY, and TERRIS, WILLIAM, "'Altruistic' Behavior in Rhesus Monkeys", *American Journal of Psychiatry* 121, 1964, pp. 584~5.

MAVRODES, GEORGE, I., "'Creation Science' and Evolution" (letter), *The Chronicle of Higher Education*, 7 Jan. 1987, p. 43.

MAYR, ERNST, *The Growth of Biological Thought*, Cambridge, Mass. : Harvard University Press, 1982.

MOORE, G. E., *Principia Ethica*, Cambridge: Cambridge University

426

Press, 1903.

MORRIS, DESMOND, *The Naked Ape*, New York: McGraw-Hill, 1967.

NAGEL, ERNEST, *The Structure of Science*, New York: Harcourt, Brace, and World, 1961.

NAGEL, THOMAS, "Ethics as an Autonomous Theoretical Subject", in *Morality as a Biological Phenomenon*, ed. Gunther S. Stent, Berkeley: University of California Press, 1978.

NOZICK, ROBERT, "About Mammals and People", *The New York Times Book Review* 27, Nov. 1983.

NOZICK, ROBERT, *Anarchy, State and Utopia*, New York: Basic Books, 1974.

PALEY, WILLIAM, *Evidences of the Existence and Attributes of the Deity, Collected from the Appearances of Nature*, London: Faulder, 1802. (Partially reprinted in *A Modern Introduction to Philosophy*, ed. Paul Edwards and Arthur Pap, 3rd edn. New York: Free Press, 1973).

PASSMORE, JOHN, *Man's Responsibility for Nature*, New York: Charles Scribner's Sons, 1974.

PERRY, RALPH BARTON, *The Thought and Character of William James*, 2 vols.; Boston: Little, Brown, and Co., 1935.

PIUS XII, POPE, *Humani Generis*, False Trends in Modern Teaching, trans. R. A. Knox, London: Catholic Truth Society, 1953.

RAWLS, JOHN, *A Theory of Justice*, Cambridge, Mass.: Harvard University Press, 1971.

REGAN, TOM, *The Case for Animal Rights*, Berkeley: University of California Press, 1983.

_____, and SINGER, PETER (eds.), *Animals Rights and Human Obligations*, Englewood Cliffs: Prentice-Hall, 1976.

RICKABY, JOSEPH, *Moral Philosophy*, London, 1892.

SEDGWICK, ADAM, *The Life and Letters of the Reverend Adam Sedgwick*, ed. John Willis Clark and Thomas McKenny Hughes, 2 vols.; Cambridge: Cambridge University Press, 1890.

SINGER, PETER, *Animal Liberation*, New York: New York Review Books, 1975.

SKINNER, B. F., "Behaviorism at Fifty", in *Behaviorism and Phenomenology*, ed. T. W. Wann, Chicago: University of Chicago

Press, 1964.

SOUMI, STEPHEN J., and HARLOW, HARRY F., "Depressive Behavior in Young Monkeys Subjected to Vertical Chamber Confinement", *Journal of Comparative and Physiological Psychology* 80, 1972, pp. 11 ~ 13.

SPENCER, HERBERT, *The Data of Ethics*, New York: Thomas Y. Crowell & Company, 1879.

_____, *Social Statics*, London: John Chapman, 1851.

TIGER, LIONEL, *Men in Groups*, New york: Random House, 1969.

TRIVERS, R., and HARE, H., "Haplodiploidy and the Evolution of the Social Insects", *Science* 191, 1976, pp. 249 ~ 63.

VAN DEN BERGHE, PIERRE, *Human Family Systems*, New York: Elsevier North-Holland, 1979.

WALLACE, ALFRED RUSSEL, *Alfred Russel Wallace: Letters and Reminiscences*, ed. James Marchant, 2 vols.; London: Cassell and Company, 1916.

WECHKIN, STANLEY, MASSERMAN, JULES H., and TERRIS, WILLIAM, JR., "Shock to a Conspecific as an Aversive Stimulus", *Psychonomic Science* 1, 1964, pp. 47 ~ 8.

WESTFALL, RICHARD S., *The Construction of Modern Science: Mechanisms and Mechanics*, Cambridge: Cambridge University Press, 1971.

WILSON, EDWARD O., "Human Decency is Animal", *New York Times Magazine*, 12 Oct. 1975.

_____, *Sociobiology: The New Synthesis*, Cambridge, Mass.: Harvard University Press, 1975.

WITTGENSTEIN, LUDWIG, *Tractatus Logico-Philosophicus*, trans. D. F. Pears and B. F. McGuiness, London: Routledge & Kegan Paul, 1961.

WOOLDRIDGE, DEAN E., *The Machinery of the Brain*, New York: McGrawHill, 1963.

ZIRKLE, CONWAY, *Evolution, Marxian Biology, and the Social Scene*, Philadelphia: University of Pennsylvania Press, 1959.

찾아보기

(용어)

430

지은이 약력

제임스 레이첼즈 (James Rachels)

1941년 미국 조지아의 콜럼버스에서 태어났다. 1962년 머서대학(Mercer University)을 졸업한 그는 1967년 채플 힐의 노스캐롤라이나대학에서 박사학위를 받았다. 그 후 리치먼드대학, 뉴욕대학, 마이애미대학, 듀크대학 등에서 강의를 했던 레이첼즈는 2003년 암으로 사망하기까지 버밍햄에 있는 앨라배마대학의 철학과 교수로 재직했다. 레이첼즈는 평생 동안 낙태, 동물의 도덕적 지위, 그리고 안락사 등 응용윤리의 문제에 관심을 가지고 이들에 대한 연구에 전념했다. 특히 그는 적극적인 안락사와 소극적인 안락사의 구분을 통해 안락사에 대한 철학적 논의수준을 한 단계 높이는 데 기여했다는 평가를 받는다.

옮긴이 약력

김성한

고려대학교 불문학과를 졸업하고, 동 대학원 철학과에서 "도덕의 기원에 대한 진화론적 설명과 다윈주의 윤리설"로 박사학위를 받았다. 2009년부터 경희대학교 학부대학 객원교수로 재직하고 있다. 저서에는 《생명윤리》 등이 있고, 《동물해방》, 《사회생물학과 윤리》, 《섹슈얼리티의 진화》 등을 번역하였다. "오늘날의 진화론적 논의에서 도덕이 생래적이라는 의미", "에드워드 윌슨의 윤리적 입장에 대한 재구성과 비판적 검토", "종차별주의 옹호 논변에 대한 대응" 등 다수의 논문이 있다.